Terapia Regresiva Reconstructiva: una luz en el laberinto

Terapia Regresiva Reconstructiva: una luz en el laberinto

Un método para reparar el alma

Volumen I

Luis Antonio Martínez Pérez Ph.D.

www.librosenred.com

Dirección General: Marcelo Perazolo
Dirección de Contenidos: Ivana Basset
Diseño de cubierta: Daniela Ferrán
Diagramación de interiores: Federico de Giacomi

Primera edición en español - Impresión bajo demanda

ISBN: 978-1-59754-453-5

Para encargar más copias de este libro o conocer otros libros de esta colección visite www.librosenred.com

Comentarios de algunos profesionales sobre el libro

"Teórica y práctica perfectamente fundida en un libro que dará mucho que hablar en este nuevo siglo. Sin duda, estamos ya en la Cuarta Fuerza del movimiento de la Psicología y contemplando en primera persona un cambio de paradigma sobre la enfermedad, presentada de manera clara y precisa."

Dr. José María Martínez Gómiz

Médico traumatólogo del Hospital
Gregorio Marañón de Madrid
(España)

"Me pareció un trabajo muy interesante por la temática desarrollada, la cual es desplegada y puesta al lector con metodología, seriedad y ética. Un enfoque particular y unas técnicas llevados de la mano de un maestro conocedor del proceso de aprendizaje y de las técnicas en sí mismas. Su entrega y aportes son permanentes y amorosos, lo cual permite ir consolidando durante el transcurso de la lectura un ambiente de respeto y comprensión hacia todos los enfoques del mundo de la salud. En lo personal me sensibilizó aún más, sobre el enorme impacto de las emociones que acompañan nuestras experiencias y como marcan nuestras vidas y las de los que nos rodean. Me refuerza la creencia de mi responsabilidad sobre lo que aporto a las personas con las que interactúo y amo. En lo profesional, como médico, me ha permitido ampliar la mirada a otros horizontes del conocimiento y disponer de más recursos, de tal forma que enriquece de manera importante mi disponibilidad y competencia para asistir y acompañar a las personas que acuden a mí en la búsqueda de entender sus problemas y en la búsqueda de soluciones para sus dificultades emocionales".

Dr. Alvaro Gutiérrez Guerrero

Jefe medicina Interna Hospital de Bogotá. Profesor de la Universidad

"Excelente, el autor no solo sabe transmitir sino que lo hace con gran altruismo. Una gran aportación al mundo psicoterapéutico y una nueva forma de entender la medicina psicosomática"

Dr. Francisco Javier Orozco

Médico homeópata Guadalajara (México)

"Hace 25 años conocí el psicoanálisis y me dediqué a su estudio completo y aplicación clínica, trabajando y usándolo como herramienta importante junto al aspecto farmacológico de mi profesión; noté que, en el mejor de los casos, me llevaba mucho tiempo (meses o años) resolver la problemática de mis pacientes ya que tenía que iniciar con la idea, el pensamiento, para enganchar la emoción y el sentimiento. Veinte años después me enteré de la Terapia Regresiva Reconstructiva en la cual me formé, llevándome la sorpresa de que la gran ventaja sobre el psicoanálisis es que en la T.R.R. sacamos a la luz primero la emoción y el sentimiento para reparar lo patológico, utilizando lo racional, es decir, las ideas y pensamientos como herramienta para dicha resolución de la patología, en mucho menos tiempo de terapia. Estoy convencido que esté fantástico libro, se convertirá en un punto de referencia para todos aquellos que sientan la necesidad, como yo, de ayudar a sus pacientes desde otra perspectiva que no sea solamente la que hemos practicado hasta ahora por los medios convencionales con los que fuimos formados en las Universidades de medicina y psicología".

Dr. J. Jaime Reyes Macip
Médico Psiquiatra Psicoanalista

"Ha abierto un nuevo camino en mi vida profesional. Se deben incorporar estos nuevos enfoques terapéuticos en la preparación de los terapeutas nóveles que vienen. Excelente en todos los sentidos".

Dr. Jorge Delgado Castellano
Doctor en Psicología. Profesor de
la Universidad de Psicología de
Panamá (Panamá)

"El autor hace una perfecta mezcla entre la teoría y la fantástica muestra de transcripciones literales de la práctica clínica. Después de asistir a los cursos prácticos, me cambió la vida a nivel profesional. Tras 20 años de práctica clínica, aprendí una forma más rápida y efectiva para llegar a la raíz de las problemáticas; es como haber dejado de ir a pie, cuando hay jet".

Dra. Luz Adriana Valle Santa
Dra. En Psicóloga Clínica.
Profesora de la Universidad del
Rosario, Bogotá (Colombia)

"Cada página de este libro se constituyó para mi en una gran vivencia personal. La buena fundamentación conceptual y prácticas, invita a profundizar en el área. Genera un replanteamiento, especialmente en el ejercicio de las ciencias humanas y las ciencias de la salud porque profundiza en las situaciones problemáticas del ser de manera certera y ágil, posibilitando la comprensión de eventos y la superación de obstáculos en la vida. Me encantaría profundizar y participar en investigaciones sobre esta área".

Dra. Aracelly Quiñones Rodriguez
Licenciada en Psicología y Pedagogía. Doctora en Creatividad. Universidad Autónoma de Madrid.

"Realmente quiero felicitar al autor por la labor que está realizando en pro del bienestar de los seres humanos; sabe dar fuerza para hacer de esta terapia una forma de vida, una forma de trabajo y una misión de vida. Me felicito por haber sido uno de los afortunados en leer estos trabajos previos y poder expresar aquí mi impresión personal y el impacto tan grande que me ha causado la lectura de esta obra.

Dr. José Santiago Sequeira Molina
Psiquiatra, Investigador y Docente - Nicaragua (Nicaragua)

"Unos contenidos muy científicos, muy bien documentados y muy amplios. En la práctica es como aprender a operar; tienes al lado al cirujano que va guiando tu bisturí para que no mates al paciente. Esto le da mucha seguridad al terapeuta que se adentra en el mundo de las regresiones con el soporte de un gran experto con tanta habilidad técnica y humana. Simplemente, un libro excelente"

Lic. Miguel Mendoza
Psicólogo Clínico - Teólogo - San José (Costa Rica)

"Este libro da un vuelco a la vida profesional de cualquier Psicólogo Clínico, ya que de un lado cuenta con un excelente método pedagógico que permite la rápida aplicación con un lenguaje sencillo y accesible a todo el mundo y por otro lado los resultados en cuanto a eficacia y a optimización del tiempo terapéutico son asombrosos.

Lic. Ramiro Hurtado Patiño

Psicólogo Clínico, Catedrático de Psicología de la Universidad de Bogotá. Colombia

"El libro resulta muy interesante, instructivo y se ha escrito con mucha seriedad y rigor, utilizándose una línea de trabajo excelente, que permite ayudar a todas las personas que lo necesiten, sin excluir a nadie, mujeres, hombres, ancianos, niños. Todos en algún momento llegaremos a necesitar de el, ya la ciencia cada día se va dando más cuenta que la Psicología convencional está caduca".

Lic. Ramón Soler

Psicólogo Clínico. (Murcia-España)

"Un contenido teórico claro y muy didáctico y unas sesiones prácticas de mucha contención. Más allá de lo que me había informado. Maravilloso".

Dr. Elisa Bertha Martínez

Psicóloga y Terapeuta Familiar Sistémica - Caracas (Venezuela)

"Si todos los médicos de hoy en día tuviésemos en nuestras manos este conocimiento de base, la historia de la medicina sería distinta, sé que labraríamos un camino diferente al pronóstico y evolución de los pacientes".

Dra. Imelda Victoria Pérez Prior

Puerto de Veracruz (México)

"Me gustaría resaltar dos aspectos fundamentales de este libro. El primero es que nos encontramos ante una Terapia revolucionaria que, estoy segura, de aquí a unos años va a cambiar la salud y la vida de miles de personas de todo el mundo. La segunda, y no menos importante, es que por fin podemos tener en el mercado un libro que realmente contemple la Terapia Regresiva desde el enfoque terapéutico y no simplemente como novelas de ficción o cuentos que después de terminados su lectura para poco nos valen.

Lc. Elena Mayorga Toledano
Historiadora - Málaga (España)

"Super completo y muy didáctico. Herramientas muy útiles para el terapeuta. Mucho más serio y profesional de lo que he leído hasta ahora en esta materia. La humanidad requiere de herramientas como ésta".

Lic. Sara Macías
Psicóloga Clínica – Buenos Aires (Argentina)

"Considero que es de mucha utilidad para lograr detectar la problemática rápidamente e intervenir. Organizado, claro y con una buena secuencia metodológica, con prácticas para modelar el "cómo" se hace. Rico en escenarios y que le deja al lector con ganas de más".

Dra. Milagros Rodríguez González
Doctora en Psicología. Guadalajara (México)

"Es toda una experiencia increíble el poder leer las páginas de este libro. Me quedo sin palabras leyendo la maestría con la que trabaja en autor en sus sesiones regresivas. Los conocimientos que nos transmite a lo largo de sus páginas valen todo el oro del mundo y es una experiencia que a todos nos debería tocar recorrer. Es algo realmente espectacular y nos hace replantearnos muchas cosas en el campo médico.

Dra. María Lucia Ordoñez Rueda

Médico Especialista en Medicina Ocupacional (Colombia)

"La lectura de este libro ha sido como sentir la escoba de Dios que barre todo aquello que de alguna manera se ha manchado sobre lo que Él ha puesto en los Seres Humanos y me ha permitido tener una mayor habilidad, capacidad y entendimiento sobre lo que la Teología me enseñó del Cielo, Purgatorio e Infierno. La Terapia Regresiva Reconstructiva lo está llenando y está haciendo algo hermoso que es ayudarnos a entender para cubrir los vacíos que hay todavía en las personas y que a través de esta técnica, podemos lograr ayudar a muchos pacientes y beneficiarnos mutuamente. Es una luz hermosa que hay en el mundo y muchos hemos empezado a prender esa velita para ayudar a la Humanidad".

Lic. Alfredo Pedraza Arias

Psicólogo, Filósofo, Teólogo y Sacerdote (Colombia)

"He tenido oportunidad de leer muchos libros y realizar infinidad de cursos, pero este libro va directo a la práctica, a algo verdaderamente concreto, preciso, y nos muestra una serie de herramientas fantásticas, y de manera especial a los profesionales que se dedican al mundo de la salud, y el libro se sella de manera magistral, con broche de oro".

Hernando Camilo Zúñiga Chaparro

Abogado y General Ex Comandante en Jefe de las Fuerzas Armadas de Colombia

"Después de leer el libro, siento una gran sensibilidad que aún me inunda en la emoción. Es una gran oportunidad para todos nosotros el poder recibir tanta sabiduría por parte de una persona. Todos los profesionales del mundo de la salud tenemos una Misión que cumplir, y la del autor es maravillosa. Después de leer este libro, uno se lleva un compromiso que no se debe quedar solamente en él. A nivel profesional, no tengo palabras para poder explicar que enriquecida me siento".

Lic. Juana Gurrola Moreno

Psicóloga Clínica. Psicoanalista
(Chihuahua)

"La humildad, entrega y presencia amorosa que realiza el autor a lo largo del libro me desbordó. Realmente es diferente a todo lo que hasta ahora había conocido. Se facilita toda la información de manera directa, clara y práctica, no se esconde como en otros autores"

Lic. Jorge Eliecer Ruiz Alvarez.

Psicólogo Clínico. Especialista en
PNL. (Bogotá- Colombia)

"Doy gracias a todos esos Seres que han Iluminado al autor para que haya podido llegar a estructurar toda esta información y situarla en el lugar en el que está en estos momentos en cuanto a credibilidad y seriedad a nivel mundial".

Lic. Beatriz Carolina González

Psicóloga Clínica. Directora
del Instituto de Constelaciones
Familiares de Chihuahua (México)

"Estoy muy feliz de haber leído y participado en los cursos que imparte Luis Antonio Martínez porque mis expectativas han sido ampliamente superadas. Le agradezco a este libro el que me haya demostrado quien es el terapeuta, porque la enseñanza médica nos ha inculcado siempre que el terapeuta, el que cura, el que sana es el médico y en realidad esta es la gran ganancia del libro, demostrar que esto no es así. Se que este es un paso más para otros muchos que tienen que venir en la evolución médica, pero me pareció muy importante y estoy muy agradecido por su ciencia, profesionalismo y entrega que demuestra el autor a lo largo de todas sus páginas y por todo lo que esto representa para la Humanidad".

Dr. Héctor Manuel Galindo

Médico Internista. Servicio
Cuidados Intensivos. Bogotá

"Tanto la parte teórica como técnica es formidable. Claramente se refleja en el mismo los años de práctica y conocimiento profundo que tiene el autor en esta materia. Desde la primera vez que comencé a poner en práctica este modelo de trabajo me di cuenta que en una sesión conseguía lo que antes tardaba un año a través del psicoanálisis. No puedo decir otra cosa que gracias por la síntesis que se hace de todo una vida volcada a la investigación y trabajo clínico".

Lic. Carlos Gilio

Lic. Psicología. Psicoanalista
(Córdoba - Argentina)

"Leí el libro con la actitud de ver el vaso casi vacío y me hizo comprender algo que leí hace mucho, pero era nada más una frase... ahora la entendí; es lo que le dice el principito al zorro "recuerda que solo con el corazón se puede ver bien". Lo esencial es invisible para los ojos".

Lic. Guillermo Gilbert

Medicina Tradicional China y
Psicoanalista. (México)

"Como médico he ido a gran cantidad de cursos y he leído cientos de libros sobre temas específicos en donde te hablan de una cosita muy concreta que se descubrió y lo demás es exactamente lo mismo que ya sabía antes. Por esa razón deje de ir a muchos cursos y leer libros. Decidí entonces solo leer artículos que realmente merezcan la pena y que me enseñen algo nuevo y en este libro lo encontré. Sinceramente creo que la Humanidad debe estar agradecida al autor por tan excelentes conclusiones que nos deja como fruto de tantos años de investigación en la Terapia Regresiva y la Psicoogía Transpersonal".

Dr. Laercio Carvajal

Médico Especialista en Pediatría y
Miterapia Pravertebral. Profesor de
Fisiología Celular y Humana en la
Universidad de Ciencias Médicas
U.M.S.N.H.

"Me sirvió mucho a organizar y sintetizar muchas cosas que ya sabe uno pero nunca les has dado un sentido práctico. Espero que me ayude para utilizarlo en la práctica médica y creo que es una oportunidad de seguir creciendo y aprendiendo en este campo que es infinito. Por aquí podemos caminar mucho tiempo y creo que nunca llegaremos al final pero es una gran oportunidad para todos"

Dr. Víctor Luis González Carrillo

Médico Internista

"Encontré la llave de mi tesoro y pude entender muchas cosas que desde la niñez traía conmigo"

Dr. Roberto Gamaliel Saldivar Silva

Médico anestesiólogo Tanatólogo.
(Tmp)

"Dentro de todo lo que estudiamos y andamos en el camino buscando, vamos tomando pedacitos de cada lugar donde nos paramos. En primer lugar, para crecer uno personalmente y luego para tratar de ayudar a los demás en lo que uno pueda. Creo que con lo que aprendí en estas páginas, se abre un panorama nuevo para mí en cuanto al trabajo personal y al trabajo que puedo hacer en el futuro con mis pacientes y con quien se acerque a mí. Le agradezco mucho a Luis Antonio el tener la oportunidad de recibir este conocimiento suyo".

Dr. Arturo Ochoa Calderón

Médico Cirujano. Homeópata.
Medicina Biológica

"Alguna vez soñé que tenía que existir un método que fuese el nexo de unión entre diferentes disciplinas del mundo de la salud. Para mí fue muy grato leer y comprobar en este libro que si existe algo que une tantas cosas. Que bueno que me demostraron que si lo hay".

Dr. Flavio Heredia Vázquez

Médico Especialista en Terapia
Neural y Homeopatía.

"Me confirma muchas cosas que ya andaban revoloteando por mi mente. Me ha permitido tener más herramientas en mi cajita y tener muy claro que en la vida no hay ningún "debe de ser". Me he dado cuenta que muchas de las cosas que creíamos no son así y que no hay un solo camino para sanar, sino que constantemente estamos abriendo nuevos horizontes por donde avanzar. La T.R.R. realmente te plantea hacer una profunda introspección y reconocer donde está la esencia y el sentido de la vida".

Lic. Fernando Fung

Psicólogo, Musicoterapia y EMDR.
Director del D.I.F. (Desarrollo Integral
Familiar) de Tampico (México)

"Cuando se para en lo desconocido siempre causa una cierta incertidumbre. Para los médicos que estamos inmersos en una serie de acontecimientos importantes sociales como son el nacimiento, los tratamientos, el consuelo de las gentes, y todo esto proyectándolo a otro nivel, creo que sería magnífico manejarlo a otros niveles como la educación escolar, la prevención, etc, para que nuestra ceguera no llegara a tanto, que estuviésemos con lentes, que podamos conocer un poquito más de lo que podemos hacer para ayudar a otras gentes".

Dr. Nayir Fayad Izquierdo
Medico Familiar
(Villahermosa- México)

Reynaldo Solorzano Zepeda
Lic. en Ciencias Sociales.
Esp. Adicciones

A mi querida esposa que me enseñó cómo desde el verdadero amor se construyen
los cimientos de la estabilidad, la salud y la libertad.

Gracias por enseñarme a amar

Prólogo

Cuando en enero de 2005 comenté con Luis la importancia de escribir un libro donde expusiera paso a paso el conocimiento que él ofrece a sus alumnos en los diplomados de Terapia Regresiva Reconstructiva, nunca imaginé que en tan breve tiempo pudiese llegar a manos del lector una obra tan completa y mucho menos imaginé que me invitara a prologar tan magnífico libro. De antemano mi agradecimiento por tan excelsa distinción.

A los que nos ha tocado la suerte de vivir este cambio de siglo, hemos sido testigos de las grandes transformaciones que ha sufrido la humanidad: nos ha tocado ver caer muros separatistas y con ello, regímenes de poder; hemos asistido a una globalización en la comunicación mundial donde los conceptos de espacio y de tiempo se minimizan al volverse instantáneos, convirtiendo este mundo en una gran aldea en donde todos sus habitantes dejan de tener fronteras y comparten sus problemas, conocimientos y soluciones a toda la humanidad, haciéndonos avanzar unidos hacia el bien común, que es la felicidad.

En el campo de la ciencia se han derrumbado los paradigmas *Newtonianos* y *Cartesianos*, dando paso a la física cuántica moderna y a una concepción del hombre diferente del *Cartesiano*; hoy se concibe el cuerpo, la mente y el alma como un todo sincrónico e interconectado.

En el campo del psicoanálisis *Freudiano*, la psicología conductista y conductual, y la psicoterapia de fármacos, estamos asistiendo al final de su máximo rendimiento y están a punto de convertirse en sistemas anquilosados que pronto deberán ser retroalimentados con los nuevos conocimientos que de la mente humana se tiene hoy en día.

Como consecuencia de lo anterior y ante la necesidad de un cambio, hemos visto surgir en los últimos años nuevas corrientes científicas que intentan refrescar la psicología y psicoterapia clásicas como son: la psicología humanística, la Gestalt, la PNL, la psicoterapia transpersonal, la psicoterapia *Ericksoniana* y en especial la Psicoterapia Regresiva con sus exponentes más destacados como el doctor Morris Notherton, el doctor Brian Weiss, el doctor José Luis Cabouli, el creador de la Anatheóresis, Joaquín Grau y muchos otros más; y es aquí donde esta obra que ahora tiene usted en sus manos, se convierte en punto de referencia, pues no sólo aprovecha los conocimientos previamente expuestos por esos maestros, sino que aporta la experiencia, el conocimiento y la didáctica de un profesor docto en la materia, como es el caso de Luis Antonio Martínez Pérez, quien yendo más allá, nos ofrece lo que ningún otro autor regresionista ha hecho: escribir el primer libro de texto que existe sobre Terapias Regresivas.

Una de las cosas que distingue la Terapia Regresiva Reconstructiva de Luis Antonio Martínez Pérez, es que a diferencia de los otros autores que basan su terapia sólo en vidas pasadas –excepto el doctor Cabouli, quien hace referencia a la etapa prenatal y al parto–, en la Terapia Regresiva de Luis, la Regresión es más ambiciosa y completa, pues su trabajo terapéutico no sólo involucra la primera infancia, el nacimiento, las diferentes formas de nacer y las repercusiones psíquicas del trauma del parto; la etapa prenatal desde la reunión de los gametos –aspecto transpersonal de esta psicología– hasta los sucesos acaecidos dentro y fuera del claustro materno que pueden ser causa de traumas y emociones retenidas por un ser en formación, que sólo comprende su mundo desde su hemisferio derecho, el cual es eminentemente emocional; a mayor abundamiento, hoy sabemos que hay una comunicación directa verbal vibracional entre la madre y el feto, así como también comunicación emocional a través de mediadores químicos y endorfinas, de aquí que todo lo que le sucede a la madre –no sólo en el aspecto físico sino en el emocional– tiene repercusiones en el feto y le dejan profunda huella con repercusiones en la edad adulta.

Este es un libro sumamente didáctico que contiene numerosos escenarios con los cuales puede llegarse a los sitios más profundos de la mente; múltiples opciones diseñadas para adaptarse a las diferentes personalidades y situaciones de cada paciente: desde *test* proyectivos hasta escenarios para verificar y calificar el resultado de las terapias. Escenarios que son el producto de más de 27 años de experiencia de Luis en esta terapia.

Por otra parte, el lector verá que en esta obra no se descuida el valor que tiene la regresión a vidas pasadas como lo preconizan otros autores, pero aquí se le da su justa dimensión; tampoco se descuida la parte igualmente transpersonal que corresponde a la vida entre vidas –el Bardo al que hacen referencia los budistas tibetanos–, tiene un capítulo igualmente transpersonal y sumamente interesante que corresponde a la terapéutica psicofísica que se obtiene en un escenario de regresión denominado "Hospital Astral".

Este libro nos presenta un escenario por demás interesante como tratamiento del cáncer y de otras enfermedades crónicas degenerativas, denominado "Intrabody", donde el paciente hace un trabajo mental hacia su conciencia celular induciendo a su sistema inmune a actuar de manera directa e intencionada contra la enfermedad, incursionando el autor de esta manera en el campo de la moderna psiconeuroinmunología.

De igual manera, Luis se ocupa de las adicciones y de las fobias, y nos ofrece escenarios regresionistas para buscar y abordar esos traumas en su punto de origen.

Otras de las características que distinguen la Terapia Regresiva Reconstructiva del profesor Luis Antonio Martínez de las demás terapias regresivas, es que el paciente debe explorar todos y cada uno de los escenarios existentes: infancia, nacimiento, etapa prenatal, vidas pasadas, etcétera, pues cada escenario localiza traumas en diferentes niveles, y para que una sanación sea completa, debe eliminarse del paciente la mayor parte de traumas que existen en los diferentes niveles de conciencia: primero localizar el hecho traumático y a continuación revivirlo con la misma intensidad del momento original; entenderlo, aceptarlo, ver cómo afecta a su vida actual y finalmente reconstruir con el hemisferio izquierdo y con la ayuda del terapeuta, cómo debía haber sido entendido y manejado por el paciente de manera ideal ese momento traumático, siendo ésta la fase Reconstructiva de la terapia, que asegura una curación permanente. Resulta obvia la importancia de reconstruir los hechos en cada sesión, de aquí el haber acuñado el término Terapia Regresiva Reconstructiva.

Habría mucho más qué decir de esta magnífica obra, pero dejo que los lectores hagan sus propias conclusiones; lo único que les puedo asegurar es que este libro es único en su género, y que estoy seguro de que pronto será un texto de referencia para psicólogos, terapeutas, médicos y para todos aquellos que estén interesados por la salud mental de sus enfermos y del ser humano en general, pues a fin de cuentas no habrá salud física si no se tiene una buena salud mental.

No quiero concluir sin antes felicitar al maestro y amigo, profesor Luis Antonio Martínez Pérez, por compartir con amor y desinterés su experiencia en este campo. Estoy convencido de que su obra será reconocida por todos los interesados en el tema, y que este libro está destinado a ser una obra de referencia para la psicoterapia de este milenio.

Doctor Armando del Follo Valencia[1]

México, agosto 2006

[1] El doctor Armando del Follo Valencia tiene las especialidades de Medicina Interna, Cirugía General Gastrointestinal y Oncología Médico-Quirúrgica, habiendo sido el Subjefe de Enseñanza del Instituto Nacional de Cancerología y fundador del Servicio de Oncología del Hospital General de Veracruz. En la actualidad es profesor titular de la cátedra de Oncología de la UV y Coordinador de la cátedra de Anatomía de la Facultad de Medicina de la Universidad Autónoma de Veracruz, Gobernador de la Sociedad Mexicana de Estudios Cancerólogos y Presidente de la Sociedad Veracruzana a beneficio del enfermo del cáncer.

Agradecimientos

Este libro no podría haberse escrito si antes no hubiese aparecido la obra de muchos investigadores que han ido aportando sus trabajos, tanto en el campo de la medicina como de la psicología, la física cuántica, la biología, la filosofía y la religión, que en muchos casos permanecen en el anonimato.

Gracias desde aquí a todos los componentes de esa interminable lista, ya que a través de su entrega, esfuerzo, tesón y experiencias, fueron dando diferentes enfoques y abriendo puertas para que mucha gente tenga hoy en día acceso a este mundo tan fascinante de la Psicología Transpersonal y al trabajo que otros que les seguimos hemos desarrollado, como es el caso del libro sobre la Terapia Regresiva Reconstructiva que tiene usted en sus manos.

Gracias a todos los maravillosos maestros que he tenido a lo largo de mi vida, tanto profesional como personal, en especial a los profesores Conchita Soler, Fernando Ríos, Joaquín Grau, David Cooper, Milton Erikson, Masao Kon, Patrick Segui, al Taita –*Chamán* de la selva colombiana del Putumayo– don Lucho Flores, al *Marakame* –*Chamán* Huichol de Real de Catorce en México– don Antonio Carrillo Montaña, al *Ah Men* Tzunum –*Chamán* Sacerdote Maya y actual Subdirector de Patrimonio Intangible de Guatemala–, al Gangah gabonés Enri Tchingona y a la babalao brasileña Sara Dosantos; gracias a todos por su profunda enseñanza, bondad, sencillez y amor, ya que ellos me mostraron un camino por el que debemos, como eternos aprendices, seguir en un constante caminar a lo largo de nuestra vida y disfrutar de la belleza que el Universo nos regala a cada instante.

Gracias a mis pacientes que son los que me han enseñado y me han formado a través de los años mostrándome la esencia, fundamentos y verdaderos valores de la vida y me han permitido con sus vivencias y emociones que dejaron volcadas en mi diván, crear este método estructurado de trabajo.

Gracias a los alumnos que han ido pasando por los cursos que imparto en muchos países de Latinoamérica, Europa, Canadá y USA, porque ellos me dieron su calor, su apoyo y ánimo para escribir y estructurar en un libro, parte de los apuntes de los cursos que imparto desde hace años.

Gracias a mis compañeros de la Asociación por su apoyo incondicional y ánimo para recordarme constantemente que tenía que terminar el libro.

Gracias a las universidades y organismos de los diferentes países que me han dado su apoyo y aval en la difusión de la TRR y han potenciado la preparación de profesionales en esta especialidad a través de AETRA a nivel internacional, y especialmente gracias a la Universidad Autónoma Villa Rica de Veracruz (México); a su Rector, el maestro D. Irón Ariza García y a su Director de la Facultad de Medicina, el Dr. Jorge Sempé que me abrieron las puertas de su Universidad y abanderaron mi trabajo desde un comienzo.

Gracias al prestigioso oncólogo y catedrático de la Facultad de Medicina de la Universidad Autónoma de Veracruz, el doctor Armando del Follo por su generosa e inestimable aportación y divulgación de la Terapia Regresiva Reconstructiva, y por los invaluables consejos y apoyo desde el día que lo conocí para hacer que esta terapia sea ubicada en el lugar que se merece y respetada por todos, dentro del mundo de la Salud Integral.

Gracias al doctor José María Martínez Gómiz y a los licenciados Carlos Gilio y Claudia Saldaña por el trabajo de revisión de este libro y sus aportaciones al mismo.

Y en especial, gracias a ti papá por tu sabiduría, comprensión y apoyo incondicional, y por ese gran amor que siempre transmitías a tus alumnos a lo largo de toda una vida de entrega a tu pasión que fue la enseñanza y la preparación de "nuevos aventureros de la vida". Ahora, desde "el otro lado", sé que siempre estás presente en todos mis cursos y supervisas atentamente y con gran paciencia mi labor pedagógica.

Sinceramente, gracias a todos los que con sus aportaciones, testimonios, sesiones de trabajo, esfuerzo realizado y la energía que me han regalado para impulsar el proyecto, han permitido que este libro que tiene usted hoy en sus manos, sea una realidad y ojalá a través de su lectura le permita conocer un poquito más sobre este bálsamo para el alma que es la Terapia Regresiva Reconstructiva.

Un abrazo fuerte para todos los que creyeron en la Terapia Regresiva Reconstructiva.

Prefacio

Desde hace varios años estuvo siempre presente en mí la idea de escribir un libro que pudiera reflejar la experiencia y vivencias que he tenido a lo largo de mis años de actividad profesional y de investigación, para que las personas que vienen detrás e inician su camino en este fascinante mundo de la Terapia Regresiva Reconstructiva, puedan tener en sus manos un manual de referencia que les sirva de candil en la oscuridad del laberinto en el que incursionan con sus pacientes. Todo esto se ha visto aún más presionado en los últimos años por infinidad de alumnos, que después de haberse formado conmigo en diferentes países de todo el mundo, me han estado demandando que esto se lleve a cabo.

Cuando yo empezaba a formarme con estas técnicas, nunca tuve la suerte de encontrar un libro que realmente me sirviera para aprender, formarme y explicar cómo hacer las cosas, fue necesario esperar muchos años para que durante la práctica y a través de investigaciones llevadas a cabo con infinidad de pacientes que amablemente se prestaron a ello, pudiera empezar a conocer a algunos maestros con los que sí pude aprender, intercambiar mis experiencias y nutrirme de sus conocimientos en diversos enfoques terapéuticos que me sirvieron para consolidar mi actual forma de trabajar. Por esa razón, este ha sido el planteamiento principal para desarrollar estas páginas que ahora tiene usted entre sus manos.

Este libro no pretende ser un tratado de psiquiatría ni tampoco un ensayo de psicología, sociología o teología, y mucho menos enfrentarme a través de él a las estructuras consolidadas de las diferentes escuelas de enseñanza en el mundo de la salud que puedan estar establecidas en la actualidad. El objetivo es que sea un libro de consulta de la Terapia Regresiva Reconstructiva para aquellos que tienen interés en adentrarse a conocer un poco más sobre este enfoque de la salud, y aunque resulte arduo de leer, espero queden satisfechos aquellos que buscan un manual como guía de trabajo para el profesional. Por eso creí oportuno introducir transcripciones reales de sesiones terapéuticas íntegras que serán de gran ayuda al principiante.

También he querido excluir el uso de terminologías extrañas en su pronunciación o el entendimiento real de su significado, y simplemente he tratado de utilizar un lenguaje sencillo y accesible a todos los lectores, llamando a las cosas por su nombre y sin necesidad de inventar nada nuevo; he intentado transmitir los conocimientos que he ido adquiriendo sobre la Terapia Regresiva Reconstructiva llamándola como siempre se conoció sin buscar un término extraño que la aleje de su verdadera esencia.

No hay verdades o realidades absolutas o si queremos decirlo de otra manera, hay más de 6 mil 500 millones de verdades; tantas, como seres humanos vivimos en este planeta. El secreto real de la vida no es quedarse únicamente en el conocimiento estructurado sino abrirse al misterio de las cosas y dejarse sorprender por ellas. El materialismo moderno nos ha acostumbrado a despojarnos de la necesidad de sentirnos responsables de nuestros actos. Yo le invito a que nuevamente tome esta responsabilidad en sus manos haciéndole saber que este libro está basado en el método de prueba, error y observación de los resultados clínicos sobre mis experiencias reales con pacientes a lo largo de 27 años de trabajo, y que usted podrá quedarse con aquella parte que considere interesante para su desarrollo personal o profesional sin la necesidad de tener que admitir todo lo que en el mismo se desarrolla.

No le pido que crea en nada de lo que aquí se dice, sólo medite después de leer, practique con estos escenarios y herramientas que le ofrezco y después llegue a estructurar sus propias ideas. Usted será el único responsable de las conclusiones que quiera sacar.

La única consideración que me gustaría hacer, es que todo terapeuta profesional debe tener un pensamiento crítico que le diga que "no lo sabe todo" y de esta forma tener presente que no hay un antídoto de la razón para todas las propuestas que se presenten en cada momento de nuestra evolución.

La persona que pretenda medir este libro solamente con el metro de la ciencia ortodoxa se encontrará a veces en serios conflictos, ya que para entender la Terapia Regresiva Reconstructiva (TRR) debemos ser capaces de ir más allá de las respuestas absolutas y lógicas establecidas por la actual ciencia y mantener una mente abierta a la espontaneidad y liberada de protocolos establecidos para poder así profundizar en los misterios que se esconden en lo más profundo de nuestro inconsciente. Nuestro medio ambiente nos ha condicionado para creer que el mundo externo es más real que el mundo interno; sin embargo, el modelo que plantea la TRR y que va muy unido a las investigaciones actuales de la física cuántica, plantea justamente lo contrario: todo lo que creamos dentro de nosotros creará y dará forma a ese mundo exterior, y en función de eso viviremos en "nuestro mundo"... el que nosotros construimos.

Si usted actúa de este modo y con esta predisposición, se permitirá a sí mismo quitarse un velo de sus ojos y adentrarse en un mundo fascinante lleno de sorpresas a cada paso que dé en la práctica de esta terapia, y abrir así el modo del diálogo y la comunicación entre especialistas que desde diferentes enfoques de la medicina y la salud integral, intentan como único objetivo ayudar a sus pacientes. Yo no pretendo acabar con el sistema establecido sino simplemente aportar un granito de arena para mejorarlo.

Para terminar, es muy importante aclarar que este no es un libro para que cualquiera que lo lea se ponga a hacer psicoterapia sin la debida preparación académica previa; es un libro que sirve como introducción general al mundo de la Terapia Regresiva Reconstructiva y sobre todo permite al profesional que, habiéndose formado previamente en estas materias, tenga en sus manos un manual y una guía para utilizarla en su trabajo diario con sus pacientes en consulta.

Cómo empezó todo esto

La primera vez en mi vida que escuché hablar de regresiones, fue en Casablanca; yo tenía ocho años de edad. Han pasado ya más de cuarenta de aquello y aún recuerdo y tengo grabada en mi mente la imagen de aquella extraña señora: Madame Azulay. Era la madre de un amigo de mis padres que vivía en una casa cercana a la nuestra; aunque a decir verdad, estaba más tiempo en mi casa que en la suya. Era una persona muy mayor, de origen judío y viuda de un militar francés que conoció en Marruecos. Yo la consideraba como mi abuela puesto que pasaba muchas horas conmigo; a veces me daba de comer, revisaba los trabajos del colegio y me acostaba después de contarme algún episodio de la interesante y extensa historia de su vida. Esta mujer, en su largo camino de evolución constante, había estudiado psicología, enfermería, metafísica, espiritismo, parapsicología, chamanismo, manejo de energías, la cábala y qué sé yo cuántas cosas más que me hacían sentir una profunda fascinación por ella.

Desde que alcanzo conscientemente a tener uso de razón, siempre recuerdo las historias mágicas que nos relataba a mi hermano y a mí, y cómo entre un extraño sentimiento de miedo y admiración, me dejaba envolver por aquél mundo fantástico que día a día recreaba en la *sala de estar* de mi casa mientras cuidaba de mí cuando mi madre estaba atareada con su trabajo.

Ella nos hablaba del poder que tenemos todos nosotros en nuestra mente y cómo podríamos adiestrarlo para nuestro beneficio y evolución personal; también nos hablaba de la "magia" en todas sus vertientes y comentaba de vez en cuando algunos *trabajitos* que personas del "lado oscuro" pueden hacer. Pero siempre nos confortaba diciendo que pasara lo que pasara, nosotros estábamos protegidos desde la "Luz" y nunca nos pasaría nada malo. Todo sería bueno y estábamos predestinados a ayudar a otros con ese conocimiento que iríamos adquiriendo.

El tiempo que viví en Marruecos –12 años– y el tiempo que pasé junto a esta maravillosa mujer, creo que me permitió –como mínimo– dejar la puerta abierta a distintas experiencias que a veces no es capaz de entender ni racionalizar nuestro hemisferio izquierdo, pero que sin embargo vive con gran fuerza y emotividad nuestro hemisferio derecho.

A los 5 ó 6 años, ya la señora Azulay nos enseñó cómo dialogar dentro de los sueños y hacer estos conscientes –años más tarde aprendería que lo que hoy llamamos "sueños lúcidos" era aquello que esta mujer nos enseñó–, y cómo enfrentarnos a los fantasmas, monstruos o personas malas que pudiesen aparecer en nuestras pesadillas, y no asustarnos con ello. En el fondo era muy sencillo: hacerles frente y ponerlos en situaciones que los ridiculizaran; automáticamente perdían toda su fuerza aterradora y nos hacían primero reír, y después darnos pena de ellos, entenderles e incluso hacerlos nuestros aliados o amigos. En mis fantasías lúdicas pintaba a los dragones de rosa y les ponía gafas de alta graduación; a las brujas les ponía trenzas de punta y a los romanos que querían matarme les convertía las espadas en chocolatines que con el Sol se ablandaban y se derretían. Si intentaban tirarme por un acantilado, me convertía en *Peter Pan* y volaba, y si no podía correr, era capaz de respirar profundamente y fortalecer mis piernas para potenciar todos mis músculos y avanzar a gran velocidad. Toda esta forma de jugar en mis sueños me llevó a sentirme más seguro en esa etapa tan importante de mi vida, e incluso a controlar qué tipo de sueños quería tener cada noche.

Mi primera "regresión" ocurrió a la edad de nueve años. El día anterior bajé como otras veces a un sótano que había en casa para jugar y corretear como cualquier niño de mi edad. La puerta siempre se quedaba abierta y yo desde abajo controlaba y veía la luz del piso de arriba, aunque también había luz en el sótano; pero aquel día una corriente de aire cerró de golpe la puerta y dejó en mí grabado un sentimiento de miedo y dolor muy fuerte que ocasionó una crisis de pánico que se prolongó durante todo el día. A la mañana siguiente *madame* Azulay se había enterado por mi madre de lo sucedido y decidió enseñarme otro juego: Después de entrar en un estado de relajación muy placentero –como acostumbraba–, me situó en un cine imaginario donde estaba junto con toda mi familia y nos disponíamos a ver una película que iba a explicar ese sentimiento de miedo y pena que experimenté el día anterior. A partir de ese momento empezaron a surgir en mi mente imágenes; primero de mi etapa intrauterina y más tarde de una "supuesta vida anterior" que me permitieron entender la analogía que acababa de hacer: conocer el origen de ese miedo y cómo desbloquearlo. Fue otra vez algo mágico y al terminar ese experimento me sentí otra persona, totalmente aliviado y con una gran paz interior. Ya no tuve más miedo de bajar al sótano a jugar aunque me quedara a oscuras.

Años más tarde llegó una nueva fascinación y descubrimiento de lo que me rodeaba: encontré a otro Ser fantástico en el mundo: era mi padre. Aquel hombre –aunque siempre estuvo físicamente a mi lado– que parecía lejano e inalcanzable en mi niñez, resultó ser un súper hombre, culto, inteligente, respetado y por encima de todo un ser humano con un corazón increíblemente grande donde había cabida para todo el mundo. Cuando esto ocurrió fue mi mayor gloria y satisfacción puesto que a partir de ahí, cada nuevo día se convertía en algo diferente ya que él era una fuente inagotable de recursos, como el baúl de las sorpresas que siempre que lo abres hay algo nuevo por descubrir. A lo largo de todos los años que vivimos juntos hasta su "muerte" –cambio de envoltura–, no dejó ni una sola vez de sorprenderme positivamente y enseñarme la importancia de la entrega hacia los demás para conseguir la paz interior y que nuestro recuerdo perdure en el tiempo en la mente de la gente que te ha querido.

Creo que todas estas vivencias marcaron para siempre mi vida y me situaron en un camino que poco a poco voy recorriendo y en el que día a día me sorprendo y fascino con lo que experimento y lo que veo, oigo, siento y comparto con mis pacientes.

Al llegar a la adolescencia comencé a interesarme por la medicina, las matemáticas y la docencia, trabajos a los que mi padre había dedicado toda su vida, aunque en el fondo yo tenía una gran atracción y me sentía fascinado por otra área que me parecía mucho más misteriosa: se trataba de la parapsicología y el mundo de las cosas "inexplicables" bajo los parámetros y conocimientos actuales de la ciencia. Lamentablemente no había en España oficialmente una carrera o algún centro privado serio que permitiera formarme y poder obtener una maestría en estos temas, y a partir de ese momento decidí entonces estudiar Psicología Clínica e intentar acercarme lo más posible al conocimiento de la mente humana.

Afortunadamente después "cayeron" en mis manos los libros de Lobsam Rampa y sus narraciones en los monasterios tibetanos del Himalaya, donde supuestamente se había preparado a lo largo de un arduo aprendizaje de toda una vida; pero años más tarde se supo que el autor de todos estos libros no fue un monje sino un señor inglés que nunca salió de su país cuando escribió esos libros. Sin embargo a mí no me decepcionó y saqué el lado positivo de todo ello, para mí fue otra revelación y anclaje para comenzar a leer todo lo que podía sobre la religión budista y las experiencias de esos países "del otro lado del mundo", y esto me volvió a abrir nuevas puertas para ese constante aprendizaje.

Después, durante años estuve leyendo lo más posible lo que había en el mercado sobre estos temas; me interesé por la mitología griega, los egipcios, el budismo, el hinduismo, la antroposofía, las canalizaciones, comencé un recorrido –que aún continúa– por diferentes lugares del mundo que me permitió un mayor acercamiento a otras culturas, absorbí conocimiento de muchos *chamanes* de toda Latinoamérica, Centroamérica, Norteamérica y África negra; probé diferentes *plantas sagradas* –yagé/ayahuasca, peyote/hikuri, San Pedro/achuma, chacruna, iboga, diferentes especies de hongos– y comencé a trabajar sin parar en terapia e investigar de manera compulsiva sobre los estados ampliados de la conciencia, y por último decidí comenzar a compartir con otros todo lo que hasta ese momento había aprendido.

Desde entonces nunca me he alejado de esta línea de trabajo en la que me veo totalmente inmerso y fascinado por lo maravilloso que es en sí el ser consciente de que estoy vivo y de lo poquito que sé de mí y de la vida. Como comento en los cursos que imparto por diferentes países, afortunadamente soy consciente de lo poco que sé y me siento cada día más burro y abierto a adquirir nuevos conocimientos, disfrutando al saber que estoy en un sendero que no tiene fin y que sólo se avanza por él cuando uno se pone a caminar. Vivo en un eterno aprendizaje de caminante curioso e inquieto con los ojos bien abiertos para observar todo a mi alrededor, y tengo la suerte de enriquecerme muchísimo de mis pacientes y alumnos que se van cruzando en ese eterno camino de la vida y que me dan la enseñanza para potenciar el crecimiento del Ser que llevo dentro de mí.

Espero que este libro le permita a usted encontrar un nuevo camino en su descubrimiento personal.

El autor: Luis Antonio Martínez

Advertencia

La TRR no es una terapia alternativa sino integrativa, complementaria y de apoyo a cualquier tratamiento médico o psicológico, y por lo tanto en ningún caso pretende sustituir el necesario consejo o tratamiento médico o psicológico ante cualquier duda sobre su estado de salud.

La utilización de estas técnicas en manos de personas inexpertas podría acarrear desequilibrios emocionales en ciertas personas, por lo cual aconsejamos rotundamente a los interesados en experimentar una Terapia Regresiva Reconstructiva, que se abstengan de ponerse en manos de personas que no estén debidamente calificadas ni haber sido formadas en algún centro especializado y avalado en esta materia con carácter internacional, y no tengan previamente una titulación de Licenciado en Medicina o Psicología Clínica que les autorice a ejercer esta actividad.

Finalmente, nunca se deberá tratar con esta terapia a ningún sujeto contra su voluntad o bien presionado por sus familiares o allegados.

Introducción

Este manual se divide en capítulos para facilitar al interesado el manejo de estas técnicas regresivas que, aunque milenarias, han sido rescatadas poco a poco por diferentes especialistas de la salud de todas partes del mundo.

En estas páginas encontrará un método de intervención clínica para abordar los planos más profundos del Ser.

Si se pregunta quién es el autor de este manual de abordaje terapéutico, la respuesta es Luis Antonio Martínez Pérez, quien desde su formación y conocimientos en Psicología, Medicina Tradicional China, Hipnosis Clínica, Terapias Vibracionales y Doctorado en Medicina Psicosomática, ha dedicado 27 años de su vida a la investigación y práctica clínica de la Terapia Regresiva Reconstructiva para poder reunir en este libro el fruto de su trabajo.

La publicación de este método tiene como objetivo prioritario la divulgación de dicho tratamiento para dar respuesta a las diferentes manifestaciones de enfermedad o trastornos del alma, donde incondicionalmente, siempre encontraremos emociones bloqueadas de dolor pidiendo a gritos su sanación. Sin embargo el estado de salud es mucho más que la ausencia de enfermedad; por ello, la Terapia Regresiva Reconstructiva que se propone en el interior de esta obra, está indicada para cualquier persona adulta, sea cual sea su condición, género, religión, raza o edad, que esté interesada en su desarrollo personal y en su autoconocimiento.

El camino recorrido hasta la publicación de este libro, ha llevado a su autor, no sólo a ser el observador activo de los pasillos interiores de sus numerosos pacientes, sino también a la experimentación con diversas *plantas sagradas* –yagé, ayahuasca, iboga, peyote, San Pedro, variedad de hongos–, culturas y religiones, en su interés por conocer vehículos directos que conducen a los lugares más recónditos de nuestra maravillosa mente humana. Esta búsqueda incesante en no dejar de cuestionar y la curiosidad por los misterios de la vida y la muerte junto con una creatividad incesante, le llevaron a adaptar y remodelar algunas líneas de trabajo de diversos investigadores, así como a modelar diferentes escenarios nuevos de trabajo junto a protocolos basados en la experimentación clínica cautivando aspectos sumamente favorables.

Como resultado de esta motivación, surgió hace años la Asociación Española de Terapias Regresivas Reconstructivas Aplicadas (AETRRA) para apoyar esta labor jurídicamente a través de un equipo multidisciplinario de terapeutas y adheridos a este enfoque de la Terapia Regresiva Reconstructiva, que sirvió de plataforma para crear la actual Organización Mundial de Terapias Regresivas Reconstructivas Aplicadas. Hace años comenzaron los viajes de Luis Antonio Martínez y otros monitores de la Asociación, formados y autorizados por él para impartir cursos y talleres de trabajo que actualmente ya están consolidados en 22 países con un nivel de satisfacción en los alumnos, muy elevado.

Gracias a la aldea global, las redes y la ausencia de fronteras en la comunicación, esta divulgación se hace mayor día a día y nos sentimos muy orgullosos de poder compartir este conocimiento con todos los psicoterapeutas de habla hispana y anglosajona que estén interesados en ello.

Este libro está pensado especialmente para que sirva de lazarillo a aquellos que comienzan a dar sus primeros pasos en la Terapia Regresiva Reconstructiva y lo agradecerán aquellos que buscan un manual que sirva de guía. Por esa razón, el autor ha introducido transcripciones reales de sesiones terapéuticas íntegras que serán de gran ayuda al principiante.

La Terapia Regresiva Reconstructiva es eso, lo nombre: Regresar para sanar. Abundan denomin... cadas e incomprensibles en el afán de inventar sinóni... lejos de conseguir una exclusividad, lo que logran es únican... te confundir a las personas interesadas en experimentarla.

El lenguaje que encontrará en este libro es sencillo y se ha evitado dentro de lo posible el uso de tecnicismos; no tiene entre sus manos un tratado científico ni el libro pretende extraer conclusiones determinantes, más bien está centrado en que sirva como manual divulgativo de la Terapia Regresiva Reconstructiva Aplicada, tanto en profesionales del campo de la psicología como de medicina, sociología y pedagogía, así como en aquellas personas que de alguna forma estén interesadas en el mundo de la salud y su autoconocimiento.

Los escenarios de trabajo y el método expuesto están basados en las experiencias reales de Luis Antonio Martínez a lo largo de muchos años de consulta terapéutica, por lo cual se exponen hipótesis, no verdades científicas demostrables empíricamente, ni se ofrecen estadísticas o estudios a doble ciego, pero sí numerosos resultados terapéuticos que a fin de cuentas es lo que vale.

Ha sido utilizado un gran número de sesiones de trabajo con pacientes reales, pero en todas ellas han sido cambiados los nombres y algún otro pequeño dato de los testimonios para preservar el anonimato y evitar que se pueda identificar a los protagonistas, ya que no es el objetivo de esta lectura.

El viaje continúa y tras 27 años de práctica y 15 años impartiendo el autor esta formación, los alumnos han solicitado y reiterado la necesidad de que se haga el libro para que sirva como guía del novel que emprende sus primeros pasos.

Pues ya lo tiene usted en su poder... esperamos le sea de utilidad en este largo y misterioso recorrido lleno de interrogantes.

Junta Directiva de AETRA

Capítulo I
Hablando de la Terapia Regresiva

"Los locos abren caminos que más tarde recorren los sabios."

C. Dossi

Derribando el muro de Berlín

Los avances aportados en los últimos años, principalmente por la física cuántica y las nuevas tecnologías, echan por tierra definitivamente el viejo paradigma de la ciencia mecanicista de Newton, que desde el siglo XVII se asienta en creer que el Universo está regido por una sucesión de causas y efectos, y la afirmación de Descartes de: "Pienso, luego existo".

Sin embargo y a pesar de todas estas nuevas investigaciones, nos sigue costando trabajo aceptar nuevas teorías, quizás porque nos asuste alejarnos del sistema establecido por la comunidad científica desde entonces, y preferimos dejar que nuestra mente siga trabajando a partir de estos parámetros y "etiquetas", aunque esto conlleve el que nos sintamos subyugados y limitados exclusivamente al análisis y método de trabajo del hemisferio izquierdo, sin contar con toda la información y conocimiento que nos puede aportar el hemisferio derecho y aprovechar la sinergia de los dos para conseguir nuestro máximo desarrollo, tanto a nivel personal como social y espiritual.

Todavía siguen existiendo muchos prejuicios sobre todo tipo de cosas que la ciencia no puede ordenar, experimentar y *testear* repetidamente para demostrar con pruebas irrefutables que realmente es como se dice que es. Numerosos científicos e investigadores no se atreven a exponer algunas de sus conclusiones por miedo a que esto pueda suscitar un escándalo de connotaciones internacionales y que, tanto los organismos oficiales como los colectivos de trabajo a los que pertenecen, además de la prensa, puedan ensañarse con ellos haciendo descalificaciones de manera gratuita y organizando un *boicot* cada vez que sale una nueva teoría o propuesta de salud integral sin ni siquiera antes haberse enterado a profundidad sobre qué bases y estudios se asienta.

Lamentablemente a diario vemos cómo se arrincona y ridiculiza a muchas personas, que siendo miembros respetados y valorados por sus comunidades, en el momento que han realizado una serie de afirmaciones sobre una tendencia que se sale de los patrones establecidos, se les ha puesto en las listas de "problemáticos", "locos", "desquiciados" o "conflictivos", viendo cómo este cambio de actitud y rechazo del grupo hacia ellos ha generado en numerosas ocasiones, grandes depresiones, desequilibrios familiares y hasta la ruina económica y desprecio en algunos de estos investigadores, que a veces –sometidos a demasiada presión social– han decidido retractarse de las afirmaciones que habían realizado con anterioridad para dejar en un *rincón* sus trabajos de investigación de tantos años de esfuerzo.

Casos como el de Robert Goddard –el padre de los cohetes espaciales- visionario que se adelantó mucho a su época lanzando el primer cohete de combustible líquido en el mundo en 1926 y fue ridiculizado por sus teorías de viajar en cohete por el espacio, podemos encontrar lamentablemente a lo largo de toda la historia de la humanidad. El 16 de Julio de 1969, el mundo entero veía con asombro por televisión como Neil Armstrong salía del Apolo 11 y era el primer ser humano que ponía un pie en la Luna, gracias a las teorías de éste supuesto "chiflado" que la Ciencia criticó y con el que se ensañó 33 años antes.

Una prueba de ello la tenemos en la década de los años 70's, cuando un grupo de casi 200 científicos, entre los cuales se encontraban algunos premios Nobel, firmaron un manifiesto en el que afirmaban que la astrología no tenía ninguna base científica. Un inquieto periodista trató de entrevistar a alguno de ellos y después de las primeras respuestas bastante incoherentes que le dieron, sintió la necesidad de tratar de contactar con todos los componentes de esa lista para que le hablaran de las bases científicas de las que habían partido para hacer tales afirmaciones. Lo sorprendente y realmente lamentable del caso, es que todos se negaron a tener esa entrevista alegando que no tenían suficientes conocimientos sobre ello para hablar. La noticia publicada sobre esta anécdota levantó un gran revuelo en toda la comunidad científica, porque dejaba al descubierto los prejuicios que estas personas tenían sobre la astrología sin saber realmente cuáles eran los principios por los que se regía y sin haberse detenido nunca a investigar sobre ello, antes de realizar un dictamen.

Es lamentable que en muchos casos la Ciencia Oficial rechace absolutamente todo lo que no entra dentro del campo de lo convencional, sistematizando que todo aquello que no es susceptible de dar el mismo resultado después de estar sometido a varias pruebas repetidas, no es válido ni aceptable. En demasiadas ocasiones las nuevas aportaciones e investigaciones de algunos valientes pioneros en sus diversas ramas y especialidades, ha servido y sirve de mofa y escarnio de algunos colectivos demasiado radicalizados y anquilosados en sus ideas preconcebidas de las cosas. Hay un refrán español que dice: "Difama, que algo queda". Por desgracia hay personas que hacen de este lema una cruzada en su vida, y son tan intolerantes y atrevidos que se permiten hacer comentarios destructivos de investigaciones y materias que ni siquiera conocen. No hablemos ya de aquellos que en una línea totalmente conservadora y estricta, siguen los pasos que tomó la Inquisición en su momento cuando creyendo obrar desde "su verdad" y las creencias establecidas en su momento, torturaban a esquizofrénicos y epilépticos pensando que eran personas poseídas por el demonio.

¿Cuántos años o siglos más deberán pasar para admitir que leyes como las de Newton o Descartes, estaban limitadas?, ¿por qué existe tanto miedo a escuchar las conclusiones de las nuevas investigaciones? Ya va siendo hora de estar abiertos a un nuevo paradigma que nos permita quitarnos las orejeras de la tozudez, la venda de la inflexibilidad y la mordaza de la sinrazón.

Si hacemos un pequeño repaso a hitos de quienes han sido los protagonistas de la historia en la investigación y avances de la ciencia, veremos que gran parte de los pioneros fueron –cuando menos– ridiculizados por sus compañeros y rechazados totalmente en un primer momento todos sus planteamientos teóricos o investigaciones que llevaban a cabo.

Galeno (129 al 216) ya demostró que las arterias no portaban aire sino sangre. Muchos siglos más tarde, el español Miguel Servet fue quemado por descubrir la circulación de la sangre y tuvieron que pasar tres siglos más para que su descubrimiento fuera reconocido.

Paracelso (1493–1541). Por su ideología y enfoque que daba sobre la medicina, fue denunciado y expulsado de la universidad en la que impartía clases, y a partir de entonces y hasta su muerte, se pasó la vida errante siendo rechazado por todo el mundo. Muchos años más tarde sus ideas consiguieron revolucionar la visualización que hasta entonces se tenía de la medicina.

Copérnico planteó que no era el Sol y los planetas los que giraban alrededor de la Tierra, sino al contrario. La reacción de la ciencia fue desacreditarlo de manera inmediata, terminando su vida en 1543 marginado por parte de los *sabios* y *maestros* del conocimiento de la época. Sin embargo su obra *Teoría heliocéntrica* fue la base y los cimientos de todos los escritos que se publicaron después, de autores como Galileo, Brahe, Kepler, Newton, Eistein…

A pesar de que Aristóteles, en el siglo IV a.C. había elaborado una teoría astronómica basada en la esfericidad del mundo y más tarde en el siglo II, el geógrafo y matemático Tolomeo reforzaba lo mismo con sus observaciones, tuvieron que pasar muchos siglos hasta que Cristóbal Colón descubrió las Américas para admitir que la Tierra era redonda.

A Galileo en 1610 se le persiguió y fue procesado por la Inquisición por comentar que la Vía Láctea era como un enjambre de estrellas y que Júpiter tenía lunas a su alrededor.

Años antes, en 1530, ya había sido quemado Giordano Bruno por las mismas razones, y aún antes de eso, en 1431 Juana de Arco fue quemada en la hoguera bajo la acusación de brujería, para después ser canonizada como santa en el año 1920.

En la Edad Media a los enfermos de epilepsia se les creía endemoniados y se les quemaba en hogueras o se les encerraba en mazmorras; más tarde se les recluía en hospitales junto a histéricos, paranoicos, esquizofrénicos, etcétera, y a todos ellos se les encadenaba alegando que estaban locos y eran peligrosos, sin prestarles mayor atención médica ni psicológica. Hubo que esperar hasta finales del siglo XVIII para que llegara el doctor Philip Pinel y ordenara que se les quitaran las cadenas y los trataran como enfermos.

Las afirmaciones de Mesmer sobre los fluidos del cuerpo humano similares a los del espacio y su teoría del magnetismo animal, fue rechazada sucesivamente por dos comités de científicos y sabios que se creó en su momento en Francia para tal fin; años más tarde, tras su desprestigio y después de su muerte, otro comité de éstos afirmó que su trabajo tenía realmente un interés científico.

Ante la invención de Benjamín Franklin del *pararrayos*, la crítica argumentó que "si Dios decide castigar al mundo, quién eres tú para impedírselo". Esta era la palabra de los *sabios* del pueblo.

El médico húngaro, Philippe Semmelweis, comenzó a observar en el hospital en el que trabajaba, que una de cada tres mujeres que tenía allí un parto moría de fiebre en los días posteriores al mismo y pensó que quizás el origen de todo ello podría ser porque en muchas ocasiones los médicos y estudiantes de medicina que atendían los alumbramientos, venían directamente del pabellón de anatomía donde previamente habían diseccionado cadáveres y atendían el nacimiento con esas manos sucias. Descubrió así el carácter infeccioso de la fiebre puerperal; entonces obligó a los médicos a que se lavaran las manos con solución de hipoclorito cálcico antes de la intervención a sus pacientes, y la mortalidad bajó del 12.24 al 2.38 por ciento, demostrando así la importancia de la asepsia –la ausencia de gérmenes– en los partos.

Sin embargo, la consecuencia de su descubrimiento fue que lo despidieran del hospital y fue ridiculizado por sus colegas. Murió casi loco antes de que Pasteur y Lister publicaran científicamente lo que él descubrió de manera empírica.

El australiano John F. Cade, en el año 1949, demostró la efectividad del litio en los trastornos maniaco-depresivos, siendo sus estudios el punto de arranque del actual arsenal farmacológico, dentro del campo de los trastornos afectivos. De hecho, aún en la actualidad, las sales de litio siguen siendo la primera elección de tratamiento farmacológico para pacientes con trastorno bipolar. Sin embargo, tuvieron que pasar 25 años –año 1974– para que sus estudios fueran aprobados y aceptados por la medicina.

En los años 80's se ridiculizó en congresos científicos el descubrimiento de que las úlceras se desarrollaban como resultado de una infección por una bacteria llamada Helicobacter Pylori (H. Pylori), y podían tratarse con antibióticos; tuvieron que pasar otros diez años para que esto fuera aceptado y en la actualidad, la medicina moderna ya considera que el 80 por ciento de las úlceras de estómago y el 90 por ciento de las úlceras de duodeno, tienen este origen.

¿Se acuerda cuántos años hubo que esperar para que fueran admitidas las teorías de Einstein?

La homosexualidad, hasta el año 1973, estuvo considerada como una enfermedad mental y así era reconocida por la

Asociación Americana de Psiquiatría; hasta el año 1990 la Organización Mundial de la Salud la tenía en su lista de enfermedades mentales y como tal era tratada –entre otras cosas–, con técnicas de desensibilización sistemática y *electroshock*. Hoy en día todavía hay psiquiatras que abanderan esta idea y tratan a sus pacientes desde este enfoque terapéutico.

En el siglo V antes de Cristo, los griegos ya hablaban sobre la idea de que toda la materia podía estar compuesta de unidades indivisibles o átomos, pero tuvimos que esperar hasta mediados del siglo XIX para que la ciencia lo aceptara con la culminación de la Teoría Celular de Schleiden y Schwann.

Estos personajes y su problemática relación con el "Sistema", son sólo una pequeña muestra de los giros y opiniones que las instituciones científicas han dado a lo largo de la historia, y cómo las nuevas investigaciones y descubrimientos han cambiado por completo lo que años antes se pensaba y aseveraba que era la "verdad".

El sólo hecho de hacer un breve repaso por los innumerables episodios de la historia que muestran lo ciega que estaba la comunidad científica en cada uno de esos momentos, nos debería llevar a mostrar una actitud mucho más tolerante, transigente y comprensiva por cualquier investigación que multitud de grupos están realizando en diferentes partes del mundo sin tomar una postura cerrada, radical y poco tolerante ante cualquier nueva línea de trabajo que se sale de los estándares reconocidos y aceptados. La toma de conciencia de tantos errores que cometimos a lo largo de la historia, debería hacernos más humildes, detenernos un instante y reflexionar si queremos seguir cometiendo los mismos fallos y ser juzgados en un futuro como viejos obstinados con la venda en los ojos, del mismo modo que ya lo fueron nuestros antepasados.

Con esto no digo que sea innecesario que exista un punto de vista científico más riguroso –al cual apoyo– que busque el máximo de garantías para establecer lo que es o no es, dentro de nuestras limitaciones que, como vemos, son muchas y a diario. Simplemente, invito a todo el equipo científico para que se permita el beneficio de la duda y estar abiertos a escuchar nuevas posibilidades y enfoques que sirvan a todos para seguir avanzando en el misterioso mundo de nuestra existencia.

Si afortunadamente hace años que aquel lamentable "Muro de Berlín" cayó a pesar de la solidez que tenía y fue algo muy positivo para el mundo entero, permitamos entonces que también caiga el muro del cerramiento y la tozudez del orgullo, del *ego* que todo lo acapara, nos ciega y nos hace creer estar en posesión de la verdad. Dejemos eso atrás, seamos más tolerantes, dialoguemos y avancemos todos unidos en una sola dirección que sea por el bien de la humanidad sin necesidad de buscar méritos personales de quién hizo más que el otro; sencillamente, hagamos como decía el recién fallecido Owen Chamberlain cuando le entregaron en 1959 el Premio Nobel de Física por el descubrimiento del Antiprotón: "Lo máximo que un científico puede desear y a su vez hacer, es ayudar a poner algunos ladrillos en el edificio construido que llamamos conocimiento científico". Sigamos su ejemplo y hagamos un planteamiento cada uno de nuestra semillita de la colaboración para que veamos nacer y crecer árboles hermosos y sólidos, con raíces fuertes y seguras y ramas altas y tupidas en un mundo mejor, más solidario, más amoroso, más fraternal y lleno de mentes dispuestas a escuchar y aprender cada día algo nuevo de todos los que nos rodean. No nos dejemos cegar por la luz artificial de la prepotencia y la vanidad, no dejemos que se agote nunca nuestra creatividad y la capacidad de sorprendernos y maravillarnos a diario por algo nuevo. Hay millones de cosas hermosas por las que tiene sentido el que estemos aquí y nuestro compromiso como terapeutas es apoyar a todos los que quieran vivir en un mundo más feliz y saludable. Enseñémosles a caminar en él.

¿Qué es la Terapia Regresiva?

Son unas técnicas psicológicas utilizadas desde hace más de tres mil años por multitud de culturas, tanto orientales como occidentales y avaladas cada vez más por los avances en la investigación de la ciencia actual –psicología humanística, psicología transpersonal, física, neurobiología, medicina, psicofisiología–, que sin centrarse en exposiciones de tipo racionalista ni materialista y sin hacer descripciones nosológicas, intentan profundizar y escuchar los trasfondos de la mente con una actitud abierta, con tolerancia y predisposición para observar al ser humano desde otro ángulo de conciencia, y poder así comprender y solucionar conflictos que, habiéndose intentado a través de otro tipo de terapias más convencionales, no han tenido la respuesta esperada.

El objetivo de la Terapia Regresiva Reconstructiva es que la mente de la persona retroceda en el tiempo para localizar información –problemas o resistencias– del pasado que quedó guardada en el inconsciente sin haber podido ser entendida ni expresadas las emociones que éstas a su vez generaron, y dejar que afloren aquellas situaciones reviviéndolas nuevamente para entender cómo, frente a diversos impactos emocionales dolorosos, el embrión, feto, bebé o niño, tuvo que aprender una serie de patrones de conducta para poder sobrevivir, reconocer cada uno de ellos y darse cuenta de cómo se convirtieron en creencias inconscientes que han ido generando a lo largo del tiempo un desequilibrio interno a través de una continua tensión física y una carga patológica que han desarrollado unos núcleos enfermizos, causantes de su malestar actual y que lo mantienen atado a una estructura rígida de su personalidad (episodios traumáticos no resueltos).

Para trabajar correctamente con la TRR es necesario conseguir un grado óptimo de relajación, pasando a un estado de ondas cerebrales Theta en el que existe un alto grado de emotividad, idóneo para provocar la libre asociación del inconsciente y a través de él potenciar la abreacción o catarsis. Así, con esta liberación emocional, afloran los sentimientos.

Este puente entre la emoción y el sentimiento facilita la comprensión y el entendimiento de lo que está pasando; gracias a ello el sujeto toma conciencia, acepta y entiende, que si bien estos patrones le han permitido continuar viviendo, no ha sido de la manera más adecuada para su equilibrio emocional, y ahora tiene la oportunidad de empezar a cambiar estas conductas inhibitorias. La emoción incluye tanto las sensaciones físicas en determinadas zonas anatómicas en forma de presión, dolor punzante, nudo, ahogo, etcétera, como las sensaciones o experiencias mentales que llamamos sentimientos, como el bienestar, el miedo, el placer o el rechazo.

Los sentimientos son las emociones hechas de manera consciente y por esto es lógico que sea la búsqueda de ellas lo que nos abra la puerta al proceso de la Terapia Regresiva Reconstructiva.

Todos hemos experimentado cómo luego de experiencias de placer o descanso nos quedamos relajados y tranquilos, y por el contrario, cuando se produce el descontrol emocional, nos encontramos "enfermos" a manera de urgencia intestinal, aceleración del ritmo cardiaco, ahogo, opresión en el pecho, mareo, alteración del sueño, etcétera. De este modo las emociones, las sustancias químicas que nuestro cuerpo produce y los órganos internos, están relacionados íntimamente.

Esos núcleos morbosos o enfermizos comprenden estas relaciones y es por eso que las estructuras se dañan, y el flujo energético se bloquea produciendo diferentes cúmulos emocionales y somatizaciones físicas. Sin embargo esto no tiene por qué ser definitivo, siendo esta estructura susceptible al cambio si se modifica el modo reaccional ante las diferentes y, en ocasiones imprevisibles situaciones de la vida.

Como primer paso, al dejar fluir libremente las emociones retenidas tomando conciencia de cómo hemos podido vivir con ellas, sentimos una gran liberación y podemos en el presente, en el "aquí y ahora", buscar la forma de transformarlas en vivencias positivas a través de otros estímulos perceptivos y experiencias mentales que favorecen la plasticidad de los circuitos neuronales. Este cambio se lleva a cabo promoviendo en la persona la creación interna de nuevos modos de comportamiento que generarán emociones más saludables y, por tanto, sentimientos positivos, haciendo a su vez que la percepción del mundo que le rodea comience a cambiar iniciándose de este modo el giro o transformación terapéutica.

Todos estos episodios traumáticos se producen principalmente en las primeras fases del desarrollo cerebral –vida intrauterina, nacimiento e infancia–, por cuyo motivo hay que incidir en estas etapas en las sesiones de trabajo terapéutico.

El trabajo debe ser metódico, preciso y con mucha paciencia, ya que nuestra función es ayudar a nuestros pacientes a ir desenredando una madeja de lana hasta llegar a encontrar y eliminar el núcleo, la raíz enfermiza donde se originaron los primeros impactos que hoy están saliendo a la luz y les están provocando todo tipo de alteraciones físicas o emocionales en su vida diaria.

Es muy importante tener siempre presente esto: si en el jardín de su casa crece mala hierba entre el césped y usted se limita a pasar por encima la máquina que lo corta, en principio parece haberse solucionado el problema pero esto sólo es una medida transitoria puesto que no la elimina sino que al contrario, la fortalece y se expande con mayor rapidez. Su misión debe ser enfocada a arrancar las raíces de la misma para evitar que se reproduzca y propague por todas partes. Esta es la tarea que exactamente debemos realizar en nuestra terapia; partimos de un síntoma por el cual el paciente ha llegado a nuestra consulta, pero la clave con su explicación y la respuesta para dar solución a este síntoma, a estos comportamientos que se están dando en el presente, debemos buscarlas en el pasado.

La toma de conciencia de los mismos le puede permitir al paciente ver las cosas de otra manera: desconectar la corriente del dolor, volverse menos aprensivo, más seguro de sí mismo, establecer sus propias metas y cambiar para hacerse un futuro mejor, y en eso está el sentido de nuestro trabajo: proporcionar las herramientas necesarias para que se produzca en el sujeto el autoconocimiento que mejore su calidad de vida, y sea dueño y responsable de sus propios actos.

La Terapia Regresiva Reconstructiva, al igual que las terapias denominadas transpersonales, no "etiqueta" a la persona dentro de los diagnósticos convencionales colocándole un nombre en base a un síntoma. En las Regresiones se considera que los problemas y las vivencias de cada uno de nosotros son únicos e irrepetibles, y por esta razón el acercamiento a cada paciente se realiza desde la visión de un Ser único y la observación y el trabajo hacia un enfermo, y no hacia una enfermedad.

En qué casos se recomienda y contraindicaciones

La Terapia Regresiva Reconstructiva es recomendable para los adultos ante cualquier trastorno psicológico, enfermedades psicosomáticas o como coadyuvante en enfermedades físicas agudas y/o crónicas degenerativas.

También es muy adecuado el acercamiento a ella para las personas que tienen familiares con alguna problemática de las descritas anteriormente, ya que les permite entender el conflicto que se está viviendo a nivel familiar.

Cuando nos encontremos ante enfermedades mentales graves hay que extremar las precauciones, por lo que solamente es recomendable su práctica con un clínico experto con amplios conocimientos de estas patologías y una afianzada experiencia como *terapeuta regresivo reconstructivo.* El uso de técnicas disociadoras puede ocasionar un efecto contrario al que se busca si el terapeuta no es el adecuado, ya que estos pacientes sufren trastornos graves de la personalidad y su estado de conciencia puede verse perjudicado.

Con adolescentes y niños no es conveniente trabajar todos los procesos de la TRR en su totalidad, pues su sistema nervioso está en desarrollo, los hemisferios cerebrales aún tienen que terminar su crecimiento y por ello se recomienda trabajar sólo algunos pasos de la TRR y centrarnos en los aspectos simbólicos de la misma sin entrar nunca a desenmascarar lo que hay detrás de estas imágenes. Por ello, nos quedamos solamente trabajando con visualizaciones guiadas o técnicas de imaginería que son siempre incorporadas como juegos para el niño.

En el caso de mujeres embarazadas también es necesario tomar precauciones para que las vivencias de la madre no afecten al feto –en capítulos posteriores se detalla cómo proceder en estos casos–, ya que puede ocurrir que la mujer esté embarazada al comenzar la terapia o que su embarazo se produzca en el transcurso de la misma.

Recomendamos el acercamiento a la Terapia Regresiva Reconstructiva a todas aquellas personas que se encuentren en un momento de crecimiento o inquietud espiritual, de la "búsqueda de algo más", ya que la TRR proporciona las claves para permitir el conocernos mejor, enriquecer nuestro mundo interior y llevarnos a vivir estados de expansión de conciencia, entendiendo mejor a las personas que nos rodean para que finalmente todo esto podamos resumirlo en tres palabras pilares de nuestra vida: Ser más felices.

Por último y en relación con sus indicaciones, que sirva como anécdota el hecho de que cada vez que una persona ha entrando en mi consulta con la típica pregunta: "¿Esto puede valer para...?", la contestación siempre ha sido la misma: "No lo sé, vamos a probar". Esta es la línea que he intentado siempre transmitir a todos los profesionales que se han ido formando conmigo, y ciertamente han habido casos sorprendentes denominados por la medicina convencional: "Casos de remisión espontánea", en los que ningún especialista ha sido capaz de explicar cómo ha sucedido, pero la enfermedad cedió en su avance y actualmente son personas que gozan de un buen estado de salud, cuando su pronóstico era totalmente devastador.

Los *Chamanes*, *Marakames* y Sacerdotes Mayas de Centro y Sudamérica; los amerindios y los Gangas de Centroáfrica, hablan de la obligatoriedad de hacer una recapitulación, que no es más que una revisión completa de la propia vida para poder incrementar nuestra autoestima, mejorar nuestros contactos familiares y sociales, y alcanzar un estado de armonía plena. La Terapia Regresiva Reconstructiva puede suponer, en estos términos, esa recapitulación para lograr una mayor madurez emocional que nos permita aceptar esa "sombra" de la que hablaba Jung, e integrándola, poder conseguir –por fin– ser los únicos responsables de nuestras vidas.

Historia y evolución de los estados ampliados de conciencia y las técnicas regresivas

Diferentes escuelas psicológicas y formas de pensamiento

Desde los orígenes de la humanidad podemos reafirmar que todas las culturas primitivas han utilizado los estados ampliados de conciencia como parte de sus cultos religiosos o como una vía para mejorar los procesos curativos.

Hace ya más de siete mil años, los Yoguis en la India, a través de la hiperventilación, accedían a estos niveles para llegar así al estado de unificación con sus dioses.

La primera información documentada sobre la regulación del quehacer médico se encuentra asentada en el código de Hammurabi –actualmente en el museo de Louvre–, pero hay otros papiros especialmente interesantes sobre estos trabajos realizados por los sacerdotes egipcios, como son el papiro Berlín núm. 13602 (siglo I a.C.) que contiene información sobre medidas preventivas, o los papiros de Ebers (1550 a.C.), Hearst (1300 a.C.) y Harris (1150 a.C.). En los mismos, además de hablar de aspectos que hacen mención a la medicina que hoy conocemos como más convencional y catalogar diversas enfermedades internas, oculares, cutáneas, de las extremidades y diferentes descripciones, también se hace referencia a fórmulas mágicas y religiosas, así como procedimientos básicos para provocar estados ampliados de conciencia que permitían curar infinidad de enfermedades. Lamentablemente con la destrucción de la Biblioteca de Alejandría –contenía más de 700 mil volúmenes–, que se cree fue creada a principios del siglo III a.C. e incendiada –se especula que por orden del obispo de Alejandría, Teófilo– a finales del siglo IV cuando el emperador Teodosio prohibió las religiones paganas, se perdió la mayoría de los secretos que utilizaban nuestros antepasados para la sanación, información que hoy sería de incalculable valor para los avances de la ciencia.

En Persia, China o el Tíbet, siempre se contempló a la medicina como holística, considerando la armonía entre cuerpo, mente y espíritu. El cuerpo debe vibrar en armonía con el cosmos, o en caso contrario se produce la enfermedad. El trabajo interior permite la conexión con los dioses –macrocosmos– y abre al paciente una vía de comunicación para sanar. Esta tradición sigue también muy arraigada hoy en día entre los *Chamanes* de todo el mundo, quienes la utilizan como medicina sagrada y en los rituales de iniciación.

En Grecia la medicina tuvo una sólida base mágico-religiosa influenciada por culturas más antiguas como las mesopotámicas –caldeos, persas, asirios– y las africanas –Egipto–. Se consultaban los oráculos y los dioses participaban directamente en la sanación de los hombres. En el Templo de Delfos se podía leer: "Gnosei Seauton" –conócete a ti mismo–, y se trabajaba con la medicina psicosomática y la curación a través de inducciones hipnóticas. Platón ya mencionaba cómo un buen discurso puede producir estados de conciencia que generen en nuestro organismo diferentes tipos de sustancias químicas que afecten a nuestros estados anímicos. En sus escritos podemos encontrar innumerables referencias en relación a la medicina psicosomática como esta máxima: "Cuida bien el alma si no quieres enfermar del cuerpo y de la cabeza".

Platón utilizó la alegoría de la caverna como una metáfora para explicar aspectos de la condición humana, pero si viviera en el siglo XXI, entre nosotros, podría representar esto mismo con los mundos creados en el ciberespacio; a través de ellos una persona puede entrar en contacto con individuos u objetos que parecen reales pero que en realidad no lo son. Platón seguramente los habría rescatado para traerlos hacia el mundo real. "Podemos conocer la verdad y la verdad nos hará libres", pero en general nadie desea ser libre y Platón sugiere que recibirían a sus libertadores con insultos y que incluso intentarían matarlos.

También Pitágoras, aunque culturalmente es más conocido por sus aportaciones en las matemáticas, era un gran filósofo y conocedor de la *psiquis* humana, como podemos leer en alguno de sus escritos: "Que tu cuerpo no sea la cárcel de tu alma". Y Aristóteles, hace referencia a los distintos usos de la palabra y la gran fuerza persuasiva que puede ejercer para conseguir la curación.

Muchos lugares, tales como Pérgamo, Atenas, Éfeso, Epidauros o Delfos, fueron puntos neurálgicos y lugares de peregrinación, donde los pacientes eran sometidos a diferentes tipos de tratamiento con especial énfasis en los trabajos con sueños dirigidos y con estos estados ampliados de conciencia para curar sus enfermedades.

Especialmente en Epidauros, en el Templo del Dios de la medicina, Asclepíades –conocido como Esculapio por los romanos–, los enfermos llegaban al recinto sagrado y se quedaban allí a dormir. Durante la noche y al apoderarse de ellos el sueño, entraban en una fase denominada por los sacerdotes vigilantes del templo con el nombre de "incubatio", en la cual Asclepíades entraba en la mente de cada paciente para reconocer su enfermedad y darle el tratamiento adecuado. La prueba final era el paso por "El Tolo", una especie de laberinto subterráneo donde el enfermo tenía que llegar hasta el centro del mismo. Allí se producía la catarsis y a través de ella, la curación. Los enfermos, antes de abandonar el lugar, dejaban colgado en la puerta del Templo algún objeto personal como prueba de la remisión de su enfermedad.

Entre los mayas y aztecas la vida se veía como una lucha entre los dioses del bien y del mal. La enfermedad se producía como castigo por haber ofendido directamente a los mismos o sus leyes impuestas, y por lo tanto los tratamientos tenían un gran contenido religioso. Los sacerdotes utilizaban lo que denominaban "Sueños Mágicos", que eran estados ampliados provocados por la ingesta de ciertas sustancias psicoactivas –enteógenos– como la mescalina o el peyote, que al ser ingeridas producían experiencias místicas; a ello le unían la imposición de manos y los cantos y bailes sagrados a través de los cuales podían acceder a entrar en el cuerpo de sus pacientes para sanarlos.

Si analizamos muchas de las documentaciones del siglo X, podemos ver en ellas que los médicos Sufíes de Andalusí estaban mucho más avanzados en conocimientos que los de la medicina que se practicaba en el resto de Europa. Adquiridos de culturas anteriores como la egipcia y la griega, también utilizaban los Estados Ampliados de Conciencia para curar –por medio de la sintonización del paciente– con el centro del orden cósmico y hacer la reconexión con el principio original, y en estos estados sus pacientes podían hacerse un autodiagnóstico de enfermedades.

A partir del siglo XIV la Iglesia Católica adquiere un papel predominante en la práctica de estas técnicas inductivas, ya que muchos médicos ignorantes atribuían todas las enfermedades incurables y otras de las que desconocían sus remedios, a "brujería". Se creía que enfermedades como la histeria o la epilepsia eran consecuencia de los malos espíritus y las posesiones diabólicas, estando exclusivamente en manos del clero el poder manejar estas situaciones. En 1486 se publicó el manual para cazadores de brujas *Malleus Maleficarum –El martillo de las brujas–*, apareciendo consigo una epidemia de brujería; muchos pobres enfermos fueron directamente condenados a la hoguera y otros "salvados" por "la fuerza de la palabra de Dios". Un sacerdote que alcanzó mucha fama por sus curaciones masivas y fue muy respetado y temido por todo el mundo, era Gasmer, quien teniendo un hábil manejo del poder de la palabra y la fuerza de las creencias, conseguía inducciones colectivas y así expulsaba a los demonios del cuerpo de los enfermos que acudían a él.

La explicación dada por la Iglesia de la fuerza para curar, era que estaba en el poder que Dios había delegado en los sacerdotes como sus representantes en la Tierra.

Johann Weyer fue uno de los pocos médicos que se atrevió a enfrentarse contra los abusos y excesos del sistema impuesto de "cacería de brujas", pero eso sólo le sirvió para que sus críticos se abalanzaran sobre él y fuese acusado de conspirador y partícipe de actos de brujería por parte de los Juristas y de la Inquisición.

A principios de la segunda década del siglo XVI, Teofrasto Bombast Von Hohemheim, conocido como Paracelso, estableció que si los astros ejercían cierta influencia sobre la Tierra como se creía, y nosotros aprendíamos a manejar esa energía, entonces podríamos ejercer influencia sobre otras personas y ayudarles a sanar. Fue un pensador renacentista muy avanzado para su época, con ideas muy interesantes de lo que hoy llamamos medicina psicosomática, pero que le costó ser tachado de hereje y expulsado de la ciudad de Basilea, donde vivía.

La figura más importante que aparece a mediados del siglo XVIII es el médico austriaco Mesmer (1734-1815), quien se hizo famoso por sus curaciones con imanes a lo que llamó "Teoría del magnetismo animal". Su teoría se basaba en la influencia de la Luna y los astros en el cuerpo humano y sus enfermedades; creía que el cuerpo humano estaba formado por un fluido semejante al del espacio que recorre por dentro nuestro cuerpo y que regula la actividad del mismo, y que cuando éste se queda bloqueado, se produce la enfermedad. Si se conseguía la transmisión de ondas magnéticas a la persona, se podrían equilibrar las dos partes y recuperar la salud. Para restablecer el equilibrio se debía sintonizar la energía del paciente con la energía universal, haciendo uso del magnetismo.

En una primera etapa trabajaba con imanes que colocaba encima de sus enfermos, aunque más tarde se dio cuenta de que sólo con su presencia también se curaban –nacimiento indirecto de la hipnosis inductiva y el efecto placebo–. En muy poco tiempo su nombre ya era conocido por todo Austria, e incluso en otros países de Europa; pero a su vez, creó gran envidia y temores entre el cuerpo médico oficial que veía cómo su trabajo empezaba a ponerse en entredicho y se cuestionaba la efectividad de la medicina convencional.

Mesmer consiguió la simpatía y protección de la emperatriz María Teresa, pero este poder lo llevaría también a su caída, ya que los médicos de la Corte aprovecharon la recaída de una ahijada de la emperatriz, llamada María Theresa Paradis –a la que Mesmer había supuestamente curado de una ceguera provocada por desórdenes histéricos–, para acusarlo de impostor y charlatán, y forzar a la Emperatriz a que lo expulsara de la Corte.

Decidió entonces irse a París y empezar de nuevo, donde al poco tiempo recuperó su fama. Allí diseñó una especie de bañera gigante en cuya base había puesto imanes y en donde podían meterse grupos de más de 30 personas al mismo tiempo provocando catarsis en cadena, en donde en muchos casos los pacientes se curaban de sus enfermedades (trató principalmente casos de mujeres que sufrían histeria).

Las proezas que estaba realizando Mesmer fueron del conocimiento del rey Luis XVI, quien le propuso escribir un libro sobre esa forma de curar y que enseñara a los médicos de la Corte las técnicas que él utilizaba; Mesmer rechazó la oferta y esto creó un gran malestar en Luis XVI, quien entonces ordenó crear dos comisiones científicas que se formaron con miembros de la Sociedad Real de Medicina, de la Facultad de Medicina y de la Academia de Ciencias, para que investigaran y evaluaran los trabajos de magnetismo animal que desarrollaba Mesmer y su principal discípulo, el doctor Charles D'eslon. Los experimentos que llevó a cabo la comisión nombrada, se centraron, no en si funcionaba o no lo que hacían estas dos personas, sino en si se había descubierto un nuevo magnetismo.

Estas comisiones, formadas por Benjamín Franklin, Antoine Lavoisier, Joseph Ignace Guillotin, Jean Sylvain Bailly y Jussieu, diseñaron una serie de pruebas y a algunas personas se les hizo creer que estaban siendo sometidas a los tratamientos de Mesmer, cuando no era así; mientras a otros, se les sometía al tratamiento sin que ellos lo supieran. Los resultados y conclusiones fueron que los efectos de Mesmer se debían puramente a su poder de sugestión y a la imaginación, y por lo tanto que el magnetismo o "fluido animal" no existía y no tenía ningún interés científico. Esto provocó que Mesmer cayera en un gran desprestigio y se le acusara de farsante, por cuyo motivo tuvo nuevamente que cambiar de país. Vivió en el pueblo suizo de Frauenfeld ejerciendo como médico rural durante una década, y fuera del círculo polémico del magnetismo animal; incluso rechazó una propuesta de la Academia de Ciencias de Berlín para explicar sus teorías, y finalmente murió en Suabia (Alemania) en 1815 sin aportar nada nuevo en los últimos años de su vida.

En 1837 la Academia de Medicina creó otra comisión para estudiar nuevamente el efecto del magnetismo animal, dando como resultado el mismo que emitió la comisión encabezada por Franklin.

A finales del siglo XVIII sobresalen los trabajos de Giuseppe Balsamo, mejor conocido como Conde Alejandro de Cagliostro (1743-1795), médico de formación que siguió los pasos de Paracelso, alquimista y ocultista, iniciado en los Grandes Misterios y en la Gran Pirámide, emisario de la Gran Hermandad Blanca y perteneciente a las Logias más importantes de esos momentos –los Caballeros de Malta y la Masonería–. Da un giro radical en las creencias que hasta ese momento se tenían, y afirma que las curaciones no se producen por la intervención divina sino que tienen una base racional y explicable, y demuestra que no es necesario ser sacerdote para conseguir resultados positivos con los pacientes. Demostraba sus poderes al controlar la mente de las personas y manipularlas a su antojo –estado profundo de hipnosis en ondas Delta–. Al ser una persona envidiada por mucha gente, tanto de la nobleza como del clero, se aprovechan estos comentarios y los testimonios de la mujer de éste para acusarlo de hereje y adorador del diablo, y se le condena a muerte por parte de la Inquisición. El papa Pío VI le conmutó la pena de muerte por cadena perpetua a cambio de que se retractara de sus aseveraciones, cosa que hizo pero al estallar la Revolución Francesa y temiendo que lo pudieran liberar, el 28 de agosto de 1795 lo estrangularon en su celda de la fortaleza de San Leo.

Armand de Chastenent, conocido como el Marqués de Puysegur (1751-1825), siguiendo las ideas del magnetismo animal, trabaja haciendo que sus pacientes abracen un árbol grande que tiene en su casa –que supuestamente está magnetizado– y potencia en ellos el cambio de los estados de conciencia; esto llevaba a muchos pacientes a alcanzar un estado muy profundo de relajación al que llamó "estado sonambúlico" o "crisis perfecta".

Se aparta de los pasos de su maestro Mesmer, negando la existencia de fluidos magnéticos y abanderando un *slogan*: "Cree y ocurrirá". Su planteamiento, que sería el punto de partida de la psicología moderna, se basa en que para que exista éxito psicoterapéutico se deben dar: la creencia en la eficacia de la cura, el deseo de curar y la naturaleza de la relación entre el paciente y el terapeuta.

Puysegur observó que a los pacientes, cuando estaban en estos estados ampliados de conciencia, se les activaba de forma sorprendente la memoria, llegando a recordar cosas que de manera consciente les resultaba imposible. Más tarde también descubre que pueden autodiagnosticarse y a partir de ese momento adopta una postura más pasiva, dejando que sean los propios pacientes quienes van marcando el camino y proponen sus vías de mejora.

Con la supervisión del famoso botánico Paurent de Jessieu, comprobaron que el Comité de Científicos de la Academia Francesa se había equivocado al estudiar el magnetismo animal, ya que los sujetos con los que ellos experimentaron, reaccionaban no sólo con una inducción directa a través de la palabra, sino incluso con sólo una orden mental o indicándoselo con un dedo cuando éstos estaban de espalda y no podían verlo. Esto quería decir que entonces sí que unas personas podrían influir en otras con sólo su deseo.

El abate José Custodio de Faria (1756-1819), quien había conocido la obra de Mesmer y a Puysegur, y estudiado sus trabajos, niega que la cura esté basada en el magnetismo y empieza a trabajar en lo que el llamó "sueño lúcido". Cambió el nombre de "magnetizador" y "magnetizado" por los de "concentrador" y "concentrado", e incorpora en sus trabajos la concentración de la mirada logrando con esto una gran relevancia en la confianza entre el paciente y el terapeuta. También observa que la causa del sonambulismo reside en el paciente y no en quien induce la sesión. Fue uno de los pioneros en usar la hipnosis para el tratamiento de enfermedades psicosomáticas y psiquiátricas, pero tanto la prensa como el cuerpo médico, se burlaron de sus trabajos acusándolo de "feriante". También desarrolló lo que hoy conocemos como fenómeno poshipnótico y la autosugestión. Murió de un infarto cerebral en la celda de un asilo de París en la indigencia más absoluta y ridiculizado por todos.

Philippe Pinel (1745-1826), médico Jefe del hospital de locos de Salpêtrier (París), empieza a tratar a los locos como enfermos mentales y no como a criminales o poseídos, estaba convencido de que las brujas eran personas con trastornos mentales. Abre nuevos caminos en el campo de la neurología, ya que hasta ese momento se pensaba que la enfermedad mental provenía únicamente de lesiones nerviosas cerebrales. A través de nuevas líneas de investigación se comienza a plantear que muchos problemas de los que tiene el hombre son de tipo emocional. Asienta las bases para trabajar con los enfermos mentales, cambia el término "loco" por el de "alienado", y ordena que les quiten las cadenas incorporando el diálogo y la atención personalizada a los mismos.

En Inglaterra, unos años más tarde, John Ellioston, quien llegó a ser el Presidente de la Real Sociedad Médica en Londres, demostró cómo a través de los estados ampliados de conciencia se conseguían efectos positivos en casos en los que la ciencia médica había tenido rotundos fracasos. También en esa época James Esdaile obtiene un gran renombre gracias a sus operaciones sin anestesia en soldados, cuando estuvo destinado como militar en la India.

James Braid (1795-1860), médico cirujano oftalmólogo inglés, demostró que se podía inducir sin utilizar el método del magnetismo animal de Mesmer; para ello, hacía que sus pacientes fijasen la mirada en un objeto luminoso que colocaba por encima de sus cabezas, y observó cómo a través de la repetición constante de estímulos luminosos, se conseguía la inhibición de ciertas áreas corticales paralizando los centros nerviosos de los ojos y desestabilizando el equilibrio del sistema nervioso, afirmando que esos estados ampliados de conciencia se conseguían como consecuencia de reacciones de tipo fisiológico.

Mientras el paciente observaba el objeto, Braid a su vez inducía sugestiones verbales que potenciaban el trance y le hacían entrar en lo que llamó "un sueño nervioso". Le da el nombre de hipnosis –su nombre proviene del griego "hipnos": Dios del Sueño, y "Gnosis": conocimiento–, aunque más tarde reconocería que no era el término más adecuado para describir lo que sucede en estos estados. También emplea la hipnosis como anestesia y publica varios libros sensacionales sobre el hipnotismo y su relación con el sistema nervioso.

El famoso cirujano alemán Rudoff Heidenhain, quien había sido siempre un detractor de estas técnicas, se convenció de las mismas cuando su propio hermano se sometió a una sesión en la que le hicieron beber tinta pensando que era cerveza.

Escuela de Nancy: Fue creada por el médico francés Jacque Liebeault (1823-1904) que renunció a su título académico y se nombró curandero. Su método hace una combinación entre las técnicas de James Braid y las del abate Faria, creando la terapia por sugestión y plantea que el trance es un estado normal y no patológico. Asimismo, descubre que las sugestiones sólo funcionan si la persona que las recibe está predispuesta a ello. Por eso acuña el término de "autosugestión". Además demostró cómo el sujeto puede recordar las sesiones si se le pide que lo haga. De esta Escuela salieron otros personajes de prestigio como Berheim y Coué.

Hyppolyte Bernheim (1837-1919): Es alumno de Liébeault y afirma que todo el mundo puede ser sugestionable en mayor o menor medida. A través de estos estados de conciencia inicia el estudio de diferentes patologías y no sólo la histeria, como lo hiciera en su momento la Escuela de París. Induce a sus pacientes a que las ideas e imágenes que ven en estados hipnóticos, después se transformen en actos concretos. Más adelante abandona la hipnosis y basa su trabajo en sugestiones directas a sus pacientes acuñando el término "psicoterapia".

Emilio Coue (1857–1926): Farmacéutico. Profundiza en los trabajos de Liebeault sobre la hipnosis y en la autohipnosis. Experimenta la autosugestión con sus pacientes observando cómo funciona el efecto placebo dándoles de beber agua coloreada y haciéndoles creer que tomaban medicinas. Crea un método para que las personas se autoprogramen a pensar en positivo popularizando una frase que más o menos decía: "Cada día, a todas horas y desde todos los puntos de vista, me encuentro cada vez mejor", que aconsejaba recitar a sus pacientes varias veces a lo largo del día. Se pudo observar cómo los sujetos sometidos a este estudio progresaban con mucha más rapidez que los pacientes que no utilizaban el mismo sistema. Se fue a vivir a Estados Unidos creándose a partir de él la Escuela Americana.

Escuela de París: Jean Martin Charcot (1825-1893) fue la figura más relevante de la misma. Neurólogo de gran prestigio, comienza revisando las teorías de Mesmer pero rápidamente centra sus trabajos en investigar la relación entre la histeria y la hipnosis, y cómo la parálisis histérica no se debía a lesiones estructurales del sistema nervioso, además de cómo podía producirse o eliminarse bajo los estados ampliados de conciencia. Diferencia tres tipos de niveles hipnóticos: Letargia, estado parecido al sueño; Catalepsia, donde el sujeto se queda inmóvil conservando la postura en la que se le deje, y Sonambulismo, que era el estado magnético descrito por Puysegur –pérdida de conciencia–. Demostró cómo muchos casos de supuestas posesiones no eran tales, sino ataques de histeria.

Pierre Janet (1859-1947): Dedicó toda su vida a la investigación y a la enseñanza. Sus primeros trabajos fueron sobre el sonambulismo y el hipnotismo, y cómo utilizar la sugestión para buscar y modificar los recuerdos patógenos.

Fue discípulo de Charcot y trabajó junto a él en Salpêtrier en la investigación de la histeria, siendo el director del Laboratorio de Psicología Patológica. Investigó sobre cómo las emociones estaban directamente implicadas en los trastornos orgánicos, y fue uno de los fundadores de la medicina psicosomática. Elaboró la teoría del *automatismo psicológico* total o parcial para explicar los comportamientos amnésicos que se observan en los estados de desdoblamiento de la personalidad, expresión de síntomas esencialmente histéricos emanados de *ideas fijas subconscientes* derivadas éstas, a su vez, de acontecimientos vividos de manera traumática, de los cuales los "ataques" son la reproducción. Estuvo enfrentado a las ideas de Freud y comentó que él había creado el método catártico antes que éste.

Paul Marie Louis Pierre Richer (1849-1933): Miembro de la Academia de Medicina y Jefe de Laboratorio de la Clínica de Enfermedades del Sistema Nervioso, continúa la línea de investigación y trabajo que había iniciado Charcot con la hipnosis, y sus investigaciones sirven como aporte a Freud para desarrollar su teoría y trabajo sobre el inconsciente.

J. Breuer (1842-1925). Se puede decir que este médico fisiólogo es el precursor del método que más tarde se llamó "psicoanálisis". En esa época (1870-1880) no existían tratamientos eficaces para los trastornos psicológicos, estaba naciendo la psiquiatría y a este tipo de enfermos se le trataba con un enfoque puramente neurológico. Se utilizaba gran variedad de fármacos, entre ellos la morfina, el hidrato de cloral y el cloroformo, las estimulaciones eléctricas y curas en balnearios. Josef Breuer inicia un trabajo muy profundo y personalizado con una paciente llamada Bertha Pappenheim a la que llamó "Anna O", que estaba muy afectada emocionalmente y disparó los cuadros clínicos de una histeria a raíz de vivir durante varios meses la relación con su padre moribundo. En las sesiones de trabajo esta mujer pudo sacar a flote todas sus emociones contenidas a lo largo de los años, simplemente a través de una relajación y el diálogo guiado con Breuer que le permitía una descarga emocional; y según ésta se producía, se pudo observar cómo sus síntomas iban desapareciendo. A este "todo" le llamó "cura por la palabra" o método hipnocatártico.

Durante unos años apoyó económicamente a Freud y ejerció como una importante figura consejera para él, aportando y compartiéndole sus experiencias, e incluso éste retomó el caso de "Ana O" entre los años 1880 y 1882, y absorvió y aprendió muchísimas cosas de su amigo. En 1895 escribieron la obra *Estudio sobre la histeria* basado en este caso; éste fue realmente el verdadero trampolín para Freud, que le permitió poco más tarde iniciar el desarrollo del psicoanálisis. Poco después romperían su relación debido a las discrepancias y a la importancia que daba Freud al factor sexual en la histeria.

Sigmund Freud (1856-1939): Estudia en la Escuela de París con Charcot y después con Bernheim en la Escuela de Nancy. Desde muy joven tuvo una gran vocación científica. Trabaja en el Área de Neurofisiología en el Instituto de Ernst von Brücke, y después de eso con una sólida formación y base neurológica, se le otorga una beca para ir a estudiar a París donde se inicia en la hipnosis, siendo discípulo de Charcot durante varios años. Después de las aportaciones hechas por su amigo Breuer, decide abandonar la línea de su maestro, ya que le costaba mucho poder inducir a estados hipnóticos a sus pacientes. Continúa la investigación de Breuer dando lugar al nacimiento del psicoanálisis y la libre asociación de ideas, estableciendo las bases de la psicología moderna.

La aportación más importante de Freud es hablar del inconsciente y cómo a través del mismo se podían descifrar las causas y el origen de los problemas que tenían los pacientes. También habla de las resistencias como mecanismos de defensa y de la "transferencia" como una proyección de los problemas y conflictos personales de los pacientes que dirigen hacia el terapeuta.

Introduce los conceptos del Ello que es la parte animal del ser humano y la zona de la mente donde se sitúan los impulsos instintivos y primarios en el "Yo" que es más realista y coherente en sus actos, y es el responsable de aportar una organización a los instintos y condicionar la conducta y el "Súper Yo" que, influenciado por el entorno social y cultural en el que nos hemos criado, interioriza el concepto de lo prohibido, de lo moral, y por lo tanto es el responsable de la censura y los sentimientos de culpa.

Los últimos años de su vida los vivió atormentado por un cáncer de mandíbulas que le hacía insoportable aguantar el dolor y el olor que desprendía de sus mandíbulas podridas.

Murió por una sobredosis de morfina –tres dosis seguidas– que le inyectó un amigo que hizo que dejara de respirar. Está considerado el "Padre de la psicología moderna".

Entre los seguidores y discípulos de Freud, que aportaron nuevos avances al psicoanálisis, cabe destacar a Alfred Adler, William Stekel, Otto Rank, Carl Jung, Ferenczi, Kart Abraham, Lacan, Melanie Klein, Winnicott, Françoise Dolto y su hija Ana Freud.

Alfred Adler (1870-1937): Médico oftalmólogo seguidor de las teorías y trabajos de Freud, se une a éste y es nombrado en 1910 Presidente de la Asociación Psicoanalítica de Viena, editando junto con el maestro la Revista de Psicoanálisis. En 1911 después de la publicación de su primer libro y discrepancias que surgen con Freud, decide abandonar la Asociación y crear su propia escuela. Su modelo psicológico se centra en las influencias del entorno familiar y social en el carácter del sujeto y en la creación de un sentimiento de inferioridad del mismo, que trata de compensar manifestando una voluntad de superioridad y poderío, pero ejercida en el mismo plano de sentirse inferior. Este instinto se llamó afán de perfeccionamiento. El sujeto se separa del grupo y hay que volver a enseñarle a aceptarse y a integrarse.

Sandor Ferenczi: Médico neurólogo y psiquiatra, fue uno de los más cercanos discípulos de Freud, pero desde su publicación del libro *Talaza: psicoanálisis de los orígenes de la vida sexual,* en 1924, comenzaría su distanciamiento con Freud, ya que éste no veía con buenos ojos las ideas de Ferenczi sobre el posicionamiento del terapeuta con respecto al paciente. En su libro hablaba de la importancia de la proximidad al mismo y a lo que denominó "técnica activa". También propuso la incorporación de métodos sugestivos –entre otros la hipnosis– al trabajo con el psicoanálisis, creando una fuerte polémica con su maestro Freud. La dura crítica y valoración del libro C*onfusión de lengua entre el adulto y el niño: el lenguaje de la ternura* *y de la pasión,* por parte de su maestro, hizo que fuese el punto final, y que Ferenczi se separara para siempre de Freud.

Carl Gustav Jung (1875-1961): Se han escrito cientos de libros basados en las teorías de este psiquiatra que fue el fundador de la Escuela de Psicología Analítica, quien no solamente se centró en la psicología sino que también demostró un gran interés por los movimientos religiosos, la cultura oriental, la vida después de la muerte, el mundo espiritista y hasta los ovnis.

Fue discípulo y colaborador de Freud, y durante un tiempo participó en las tertulias de éste último; intercambió puntos de vista con el mismo, viajó con él a diferentes congresos y hasta fue el primer Presidente de la Asociación Psicoanalítica Internacional, pero después de su publicación del libro *Metamorfosis y símbolos de la líbido*, Freud rompió las relaciones con él porque Jung no estaba de acuerdo en admitir que la totalidad de las neurosis fuesen producto de una sexualidad reprimida. Jung parte de una teoría sobre la existencia de una conexión entre el "yo" y la humanidad en general, a lo que denominó "inconsciente colectivo". Es un conocimiento con el que todos nacemos y compartimos, e influye en todas nuestras experiencias y comportamientos.

También concede una gran importancia a los sueños y los considera una puerta abierta a la interpretación del inconsciente. La información de muchos de sus planteamientos teóricos le llegaron a través de la interpretación de sus propios sueños. Su relación psicoanalista-psicoanalizado la concibe de igual a igual, debiendo el analista conocer muy a fondo el historial clínico de su paciente. A partir de 1913 la ruptura con Freud es definitiva, y en 1958 funda su propia escuela y método de trabajo que denomina *Psicología Analítica.*

Esta es una de mis frases favoritas de Jung: "Si queremos entender la jungla, no nos podemos contentar con sólo desplazarnos por los alrededores, debemos entrar en ella, no importa lo extraña o aterradora que pueda verse".

A partir de Freud y Jung mucha gente comienza a descubrir qué emociones olvidadas les habían marcado profundamente sin que pudieran recordarlo, y esto hace que aparezca un nuevo enfoque en la manera de tratar a los pacientes y las enfermedades mentales.

Ivan Pavlov (1849-1936): Piensa que la hipnosis se produce como una respuesta condicionada por la palabra y capaz de modificar la actividad cerebral.

Fernández Colavida en 1888, presentó en el Congreso Espiritista Internacional, celebrado en Barcelona, su trabajo sobre numerosos casos de regresión en el tiempo a *vidas pasadas*.

Albert de Rochas fue coronel de ingenieros y administrador de la Escuela Politécnica de París. Cuando se jubiló se dedicó de tiempo completo a algo por lo que siempre había sentido gran pasión: el estudio de los estados ampliados de conciencia. Escribió varios libros sobre estos temas; en ellos recoge los diferentes bloques de trabajo que en la actualidad se analizan en Terapia Regresiva: niñez, nacimiento, claustro materno, espacio entre vidas y vidas pasadas. En sus últimos años se dedicó a recopilar pruebas y datos que pudieran conformar las vidas pasadas descritas por sus pacientes. En 1911 publicó su libro *Las vidas sucesivas*. Su primera experiencia de regresión hipnótica la realizó en 1890.

El doctor Santiago Ramón y Cajal (1852-1934), además de su ya conocida gran aportación a la neurociencia en sus investigaciones sobre el sistema nervioso por la que le concedieron el Premio Nobel de Fisiología y Medicina en 1906, también sentía una gran inquietud y afán por conocer aspectos relacionados con el espiritismo y el mundo de los sueños, y a partir de 1889 desarrolló un gran interés por investigar el alcance de los Estados Ampliados de Conciencia, y sobre todo cómo se podrían utilizar para que sirvieran de analgésico natural en intervenciones quirúrgicas. De hecho, comenzó a practicar con innumerables amigos y pacientes y hasta utilizó estas técnicas en el parto de sus dos últimos hijos.

Lamentablemente todos los apuntes de su trabajo de esos últimos años, que estaba recopilando para hacer un nuevo libro, desaparecieron al ser bombardeado en la guerra civil española el hospital donde trabajaba, con lo que se perdió una gran aportación a la ciencia sobre sus investigaciones.

Johannes Heinrich Shultz (1884-1962): Psiquiatra alemán. Después de formarse y practicar el psicoanálisis, comienza a investigar la relación entre mente y relajación, creando en 1920 la técnica de "entrenamiento autógeno" que consistía en la repetición de ciertas frases como: "Tu brazo se vuelve pesado", "sientes una calidez en todo el cuerpo", "tu cuerpo pesa más y más". Según sus propias palabras, "el principio sobre el que se fundamenta el método consiste en producir una transformación general del sujeto mediante determinados ejercicios fisiológicos y racionales, y que en analogía, con las más antiguas prácticas hipnóticas exógenas, permite obtener resultados idénticos a los que se logran con los estados sugestivos auténticos".

Este sencillo método hoy en día, sigue utilizándose por parte de muchos psicólogos para la relajación de sus pacientes.

En 1929 el doctor Cloquet realizó una mamectomía sin anestesia química, aún desconocida. A partir de esta fecha se realizaron numerosas intervenciones clínicas con este sistema.

A raíz de la Primera Guerra Mundial, hay un resurgimiento de la hipnosis para trabajar con los problemas psicológicos y traumas causados en los excombatientes. Los psiquiatras Wingfield y Hadfield experimentaron con soldados que tenían diferentes traumas, haciéndoles regresar al momento en que éstos se habían producido y reviviéndolos nuevamente. Se observó que con esto mejoraban notablemente y en muchas ocasiones curaba totalmente a los afectados.

Edgar Cayce (1877-1945): Fue un brillante sensitivo estadounidense que dejó una amplia documentación sobre la existencia de "vidas sucesivas". Al morir en el año 1945, su secretaria se encargó de recopilar los más de 2 mil 500 casos que trató sobre este asunto, y años más tarde se creó una fundación que lleva su nombre y en la cual se pueden conseguir los numerosos libros que escribió a lo largo de esta vida.

Conferencia de Boulder (Colorado): En 1949 se establece una polémica entre médicos y psicólogos. Los primeros pretendían que sólo los psiquiatras pudieran realizar psicoterapia. A partir de ese momento se generan nuevos modelos terapéuticos diferentes al psicoanálisis, apareciendo el conductismo y la Terapia Humanista.

En 1955 la Asociación Médica Británica respalda la práctica de la hipnosis en la formación universitaria de medicina. Tres años más tarde, la Asociación Psicológica Americana establece la hipnosis como especialidad médica.

Entre los años 60's y 80's, basándose en los descubrimientos del ruso Pavlov, aparece la denominada psicología científica, *El conductismo,* que pretende acercarse y ser más reconocida por la medicina moderna y dejar *arrinconados* los trabajos realizados hasta ese momento por otras líneas de pensamiento. Su planteamiento es que los trastornos mentales sin base orgánica son problemas atribuidos a un aprendizaje inadecuado de pautas no deseables y por lo tanto susceptibles de ser modificados en base a nuevos patrones de aprendizaje. Es Skiner quien asienta definitivamente el método de modificación de conductas en forma práctica. Se abandona la idea de fuerzas mentales, fluidos de energías o la incidencia del inconsciente en los trastornos psíquicos, y se basa exclusivamente en la observación del comportamiento y el estímulo/respuesta o gratificación/castigo. En 1958 Wolpe escribe *Psicoterapia por inhibición recíproca,* donde demuestra cómo este tipo de terapia es efectiva en el tratamiento de las neurosis sin tener que someterse a tratamientos largos y costosos a través del psicoanálisis.

En los años 60's también se crea –al margen de la línea oficial– el movimiento humanístico como "tercera fuerza" frente a las dos oficialmente establecidas, que son el psicoanálisis y el conductismo. Dentro de este modelo se encuentran ubicados el *Análisis Transaccional (*Eric Berne), la *Gestalt* (Perls) y la *Psicoterapia centrada en el cliente* (Carl Rogers y Maslow). En 1961 se crea la Asociación Americana de Psicología Humanista como respuesta a una alternativa al sistema convencional establecido en ese momento (psicoanálisis y conductismo).

Carl Rogers (1902-1987): En 1951 crea una terapia centrada en el sujeto e inicia un proceso de investigación sobre la relación terapéutica. Considera que todos los individuos poseen una capacidad para lograr el crecimiento, la salud y la expansión total de su personalidad, y crea un ambiente cálido y acogedor en las sesiones de trabajo, dejando que su cliente hable de lo que quiera sin ser dirigido por el terapeuta. Esto permite que el sujeto vaya avanzando hasta asumir su propia responsabilidad y madurez.

Abraham H. Maslow (1908-2000): Creó su famosa pirámide de necesidades donde su orden de prioridad va en función de las situaciones que se dan en cada momento de la vida de un sujeto; por poner un ejemplo, diré que personalmente nunca he dado tanto valor a lo que es un trago de agua hasta la primera vez que decidí atravesar el desierto del Sahara con unos cuantos amigos. En ciertos momentos la fijación de una botella de agua y no digamos ya de una cerveza, era algo que se había establecido como una prioridad para mí, y en esos instantes hubiera pagado cantidades astronómicas de dinero a cualquiera que me hubiese conseguido algo que, normalmente todos los días, tengo a la mano abriendo un simple grifo.Maslow estableció cinco escalones en el siguiente orden: las necesidades fisiológicas, las necesidades de la seguridad, la necesidad de sentirse amado y de pertenencia a grupos, la necesidad de la estima y la necesidad de nuestra propia actualización. Cada una de estas etapas va entrando en juego una vez que está satisfecha la fase anterior. Cuando uno tiene una necesidad cubierta se le genera otra nueva de diferente nivel. De poco nos vale el reconocimiento personal de nuestro jefe con una palmadita en la espalda o un reloj de conmemoración de aniversario, si nuestro salario no alcanza para llegar hasta el final de cada mes. Estas necesidades están estructuradas en nosotros a nivel genético como instintos.

Terapia Familiar Sistémica: La forma de actuar de una persona no se puede separar del resto de los miembros que componen la unidad familiar y recibe toda la influencia de la misma actuando en consecuencia. El cometido de la terapia es involucrar a toda la familia en el proceso de trabajo y que mejore su comprensión y trato hacia el paciente.

Terapia Cognitiva: Se puede decir que el padre de la terapia cognitiva fue Alfred Adler (1897-1937), afirmando que desde muy pequeños adquirimos una serie de esquemas perceptivos que generarán unos patrones de conducta en el futuro de manera inconsciente. En la terapia lo que se hace es pasar al plano de la conciencia estos esquemas. En la actualidad, el movimiento cognitivo está abanderado por Albert Ellis y Aaron Beck.

Jacob Levy Moreno (1889-1974): De origen búlgaro, estudió la carrera de medicina en Viena y en 1925 se fue a vivir a Nueva York.

Es uno de los pioneros del trabajo terapéutico en grupo y en 1921 desarrolló el "teatro de la improvisación", donde los pacientes, a través de diferentes escenificaciones y con ayuda de otros actores, podían conseguir resolver sus problemas. Esto sería el principio de lo que más tarde tomaría una estructura terapéutica completa que llamaría "Psicodrama".

Se trata de poner en movimiento al paciente a través de diferentes técnicas y reglas terapéuticas guiadas de dramatización, haciéndolo que actúe y haga una puesta en escena, tanto de acontecimientos pasados como futuros –sean reales o imaginarios–, y el intercambio de roles o proyecciones; de esta forma el sujeto va relatando su historia viviendo diferentes momentos emotivos para que reaccione ante ellos, produciéndose en algunas situaciones verdaderas catarsis que le permitirán darse cuenta de su forma de actuar y de relacionarse con el entorno, además de poder buscar alternativas de cambio, ser capaz de enfrentarse a esos problemas y resolverlos, potenciando así nuevos patrones y modelos de conducta diferentes. En la obra intervienen el escenario, un director, el protagonista principal, los ayudantes –actores secundarios– y el público que evalúa.

Basado en el psicodrama, hoy en día se desarrolla con gran influencia otra terapia llamada *Constelaciones familiares,* que parte exactamente del mismo principio que el psicodrama pero con ciertas variantes.

Fritz Perls (1893-1970): Médico y psicoanalista, abandona esta línea de trabajo por considerarla insuficiente e influenciado por la Terapia Humanista de Maslow, el psicodrama de Moreno, el trabajo corporal, el budismo y el zen, da forma a la Terapia Gestalt en la que utiliza todo lo que necesita en cada momento con absoluta libertad. El enfoque que él da, más que enseñar un estilo de vida, es mostrar un modelo terapéutico. Basó su práctica en desarrollar el potencial humano a través de la introspección espontánea.

Erich Fromm (1900-1980): Estudió Filosofía y Psicoanálisis estando influenciado por las teorías, tanto de Freud como de Marx, y trató de aplicar estas ideas a los problemas sociales y culturales añadiendo a ellas el concepto de "libertad" como característica principal del ser humano, y considerando a las personas fruto de su propia cultura. Su modelo terapéutico busca armonizar las necesidades de la persona y de la sociedad en donde vive.

Después de escribir su libro *Miedo a la libertad* en 1941, se distanciaría para siempre de la figura de Freud.

Milton H. Erikson (1901/1980): Psiquiatra estadounidense considerado como un psicoterapeuta extraordinario y el hombre de ciencia más innovador que ha habido en el mundo en esta materia. Siempre criticó la rigidez, tanto en pensamiento como en metodología de las diferentes escuelas de psicología y psiquiatría del momento. Rompió con el esquema tradicional de terapias largas y creó un estilo de intervención terapéutica breve, basándose principalmente en una aguda observación del comportamiento, el contenido y tono de las palabras de sus pacientes, y la forma de pronunciarlas orientándose más en el aquí y ahora, y resultados inmediatos. Sistema éste que revolucionó el enfoque convencional: "La vida hay que vivirla en el presente para el mañana".

En 1957 fundó la Sociedad Americana de Hipnosis Clínica, y a partir de ese momento se dedicó a impartir conferencias y seminarios a profesionales de todo el mundo. Entre los años 70's y 80's se publicaron muchos libros de sus discípulos, entre los que se pueden destacar los volúmenes recogidos por Ernest Rossi, Jeffrey Zeig –actual Presidente de la Fundación Erickson– y los textos de Grinder y Bandler, que años más tarde desarrollarían la Programación Neurolinguística (PNL).

Alfonso Caycedo (1932–Actual): Nacido en Colombia, se traslada a estudiar la carrera de Medicina a Madrid. En 1958 termina la especialidad de Neuropsiquiatría y se interesa por la hipnosis, aunque ésta se encuentra muy desacreditada por el uso que le han dado como espectáculo de feria. Gran amante de la cultura oriental, investiga en ella e incorpora diferentes elementos del budismo y el zen, dando forma a un nuevo estilo de terapia que bautiza con el nombre de "Sofrosis".

W. Gray Waler: Médico neurólogo, siguiendo los trabajos desarrollados por James Braid, descubre en 1950 que las luces no sólo afectan a la zona responsable de la visión, sino que también altera los ritmos cerebrales y la actividad cerebral de todo el córtex.

Años 50's y 60's: Resurgimiento del interés por los estados ampliados de conciencia y focalización en trabajos con vidas pasadas. Se realizan importantes aportaciones por parte del psiquiatra Denisse Kelsey y el profesor Nath Barnejee, que en el año 1953, al frente de un destacado equipo multidisciplinario, reunió 1 mil 100 casos de supuestas vidas pasadas. Unos años más tarde es de destacar la importante labor del doctor Ian Stevenson en el estudio de la reencarnación, así como de la psicóloga Edith Fiore y las también psicólogas Winafred Blake y Helen Wambach, el inglés Arnall Bloxham y el español profesor Fassman.

También en la década de los 50's el doctor Alexander Cannon retoma los estudios de De Rochas y estudia 1 mil 400 casos con sujetos voluntarios que acceden todos ellos a experiencias de vidas pasadas. A pesar de que Cannon era muy escéptico sobre este tema, termina admitiendo que la "reencarnación" puede ser real e inicia los trabajos con pacientes de verdad, con los que el enfoque de la psiquiatría o psicoterapias más convencionales, no había funcionado.

Esta línea de pensamiento se ve reforzada a través del movimiento *hippie,* que en su máximo apogeo, en los años 60's, muchos cantantes, pintores y bohemios famosos de todo tipo, se fueron a países de oriente para encontrar y dar un sentido a su vida; a su regreso al mundo occidental, traen consigo las creencias reencarnacionistas, que más tarde diversos psicoterapeutas incorporan en sus trabajos. A nivel terapéutico se piensa que si existe un trauma cuyo origen está en una vida anterior, el revivirlo hará que éste desaparezca.

En la década de los 60's el sueco Thorwald Defletsen retoma nuevamente este tema investigando y comprobando con sus pacientes, cómo el trabajar esas supuestas vidas pasadas permite al sujeto curar muchos problemas físicos y mentales que tiene en el presente. También aclara que muy pocos de los datos referidos por sus pacientes pueden ser corroborados, pero eso poco importa si los resultados son positivos para ellos mismos.

También en esta misma década el doctor Morris Netherton escribe varias obras, entre ellas *Vida pasada, un abordaje psicoterapéutico,* y funda a principios de los años 60's la Asociación Americana para el Estudio, Investigación y Tratamiento en Psicoterapia de Vidas Pasadas. Netherton es uno de los pioneros y personas más sobresalientes de este siglo en nuestro campo de trabajo, y presenta programas formativos alrededor del mundo. En sus experiencias revivió su propio naufragio y encontró en un cuaderno de bitácora de la Marina Americana, el nombre del barco que reconoció en Estados Ampliados de Conciencia mientras realizaba sesiones de trabajo propias. En su trabajo, utiliza tanto las sensaciones del cuerpo como las emociones que tiene su *cliente* para llegar al origen del trauma, sacarlo a la luz, comprenderlo y sanarlo.

En los años 70's Carl Simonton trabaja en técnicas de imaginería y visualizaciones dirigidas para enseñar a enfermos de cáncer a luchar contra su enfermedad, teniendo resultados bastante sorprendentes. Se observa cómo la mente ejerce un cierto control sobre el sistema nervioso vegetativo. Estos son los comienzos de la actual psiconeuroinmunología.

Los estudios que realiza el doctor Joel Whitton lo llevan a proponer en 1973 al Comité Médico de la Toronto Society for Psychical Research, dirigir un trabajo sobre la reencarnación. En el mismo observa que los fracasos o éxitos en otras vidas pasadas condicionan la estructura de la personalidad del momento actual. "No creer no significa negar, y creer no significa probar".

En el año 1976 Jeffrey Iverson escribió el libro *Más de una vida* y en 1979 Peter Moss dio forma a los trabajos realizados por Joe Keeton, y escribe el libro titulado *Encuentros con el pasado.* Otro aporte interesante lo realiza Ian Wilson en 1981 con su libro *Mind out of time (La mente fuera del tiempo).*

Joel Whitton investiga principalmente en el área que se denomina "espacio entre vidas" o el antiguo Bardho descrito por los tibetanos.

Edith Fiore investiga las relaciones Kármicas; es decir, las conexiones que se dan en esta vida entre personas que ya se conocían de vidas anteriores y saber qué necesitan aprender en esta vida para su posterior evolución.

Raymond Moody (California): Su investigación durante más de 20 años sobre casos de muerte clínica y revivirlos con técnicas de resucitación cardiaca, se materializa en su primer libro en los años 60's titulado *Vida después de la vida*. En ella se describe multitud de casos en los que revelan experiencias de "muerte" y la aparición de un túnel de luz por el que se les llama para un nuevo camino. Después de esta investigación comenzó a tratar a sus pacientes con regresiones observando el gran valor terapéutico de las mismas.

Brian Weiss (1944–Actual): Médico Psiquiatra graduado en las universidades de Columbia y Yale, trabajó como Jefe del Departamento de Psiquiatría del Hospital Monte Sinaí de Miami. A raíz de las experiencias vividas con una de sus pacientes, en la que tras diferentes sesiones de "supuestas vidas pasadas" consiguió resolver los conflictos que la tenían atada en su presente, el doctor Weiss se adentra de lleno en el mundo de las vidas pasadas investigando sobre las experiencias y lo que ocurre más allá de la muerte, y comienza a escribir una serie de libros tras el gran éxito que alcanzó con sus dos primeros: *Muchas vidas, muchos maestros*, y A *través del tiempo*. Todo ello le representa un drástico cambio y transformación personal. Sus planteamientos le generan, como a otros muchos a lo largo de la historia, crear una gran polémica en la comunidad científica y verse rechazado por la misma. Su principal mérito en el trabajo de las Regresiones es el que un gran número de personas en todo el mundo ha podido acercarse a conocer todo lo relacionado con la Terapia Regresiva, iniciándose con sus *best sellers* que se editan por millares en *tiradas* con cada nuevo título que la editorial lanza al mercado, de igual modo que ocurrió en décadas anteriores con los libros de Lombsan Rampa y el conocimiento de los Lamas, o Carlos Castaneda con las fascinantes experiencias de los *chamanes* mexicanos y su trabajo con algunas *plantas sagradas*.

Años 70's y 90's, la importancia de la vida prenatal y el nacimiento: A lo largo de estos años han ido apareciendo infinidad de autores que elaboran teorías basadas en la importancia de las cosas que percibe el feto dentro del claustro materno y el momento de su nacimiento para crear una estructura que definirá en el futuro sus pautas sociales de comportamiento. En esta línea, Alfred Tomates –ya en 1949– descubrió y detectó con toda precisión, cómo el feto reaccionaba en función de los acontecimientos externos que vivía la madre y era capaz de escuchar su entorno sonoro que llega a través de la conducción ósea (columna vertebral).

También en los años 70's, Richard Bandler y John Grinder desarrollan en Santa Cruz (California) la Programación Neurolingüística bajo la influencia teórica de Gregory Bateson, y dan forma a los trabajos realizados por personajes tan geniales como Erickson, Perls o Virginia Satir. Estudian con detenimiento y precisión lo que hacen estos terapeutas de manera intuitiva y sistematizan una serie de reglas para que puedan ser reproducidas, enseñadas y aprendidas por otros. Descubren que hay diferentes tipos de maneras de pensar y procesar la información en cada uno de nosotros, y cómo a través de la comunicación y del lenguaje se producen cambios en el comportamiento de las personas.

Uno de los pequeños secretos de la PNL es llegar a comprender cómo las personas acceden a sus pensamientos a través de la observación de sus movimientos oculares, estructurando así tres grupos de personas: visuales, auditivas o cinestésicas.

Psicología Transpersonal (1980-Actualidad): A partir de estas investigaciones se abre un nuevo campo en el estudio de la mente y muchas personas aportan investigaciones serias para ir llegando a otro tipo de enfoque de la medicina en el que la enfermedad y la manera de abordar su curación, va mucho más allá del puro trabajo sintomático y se incluye la dimensión espiritual del ser humano.

Ken Wilber (1949–Actualidad): Inició la carrera de Medicina pero enseguida comenzó a leer trabajos de psicología y filosofía, y se interesa profundamente por la cultura oriental. Más tarde iniciaría los estudios de bioquímica que también abandona para centrarse exclusivamente a formarse de manera totalmente independiente e iniciar su trabajo de escritor con la publicación de 16 libros relacionados con la espiritualidad y la ciencia. Por su correcto y profundo trabajo en esta materia, se le ha denominado el "Albert Einstein de la conciencia".

Karl Pribram investigó para descubrir dónde reside la memoria y dónde es almacenada. A esto se le llamó, *engramas.*

Otros autores e investigadores como Leboyer, Ludwing Janus, Thomas Verny, Janov (*Grito primal*), Leonard Orr (*Rebirthing*), Patrick Drouot, Stanislav Grof (*Respiración holotrópica*) Joaquin Grau (*Anatheóresis*), Roberto Assagioli (*Psicosíntesis*), David Coopers (*Antipsiquiatría*), Hans Ten Dam (*TVP*), Ernest Rossi, Ernest Pecci, Candace Pert, Bernie Siegel, William James, Rüdiger Dalhke, Ian Stevenson, Melvin Morse, Elisabeth Küblere-Ross, Roger Woolger, Gaston Bachelard, Marie Louise Von Franz, Robert Stein, Alice Millar, William Roll, J. Bjorkhem, Ronal Wong, William James, Morton Prince y Boris Sidis L. Ronald Hubbard, Virginia Satir, Charles Tart, R. Walsh, W. Harman, J. Welwood, Hazel Dening, Hernani Guimaraes, Irene Hickman, José Luis Cabouli, Amalia Estévez, Joy Manne, Arthur Guirdham, Helen Wambach, Raymond Moody, Henry Bouldoc, Meter Ramster, Richard Gerber, Ken Ring, Morey Bernstein, Carol Bowman, Gina Cerminara, Norman Cousins, Denisse Kelsey y tantos otros a los que pido disculpas y que quedan aquí sin nombrar por no hacer interminable esta lista, realizan importantes aportaciones a los avances en todo lo relacionado con la mente humana, los estados ampliados de conciencia y las regresiones, y gracias a todos ellos y a las reflexiones que personalmente me hicieron tener a lo largo de mi experiencia profesional, hoy en día ha sido posible que este libro salga a la luz y usted pueda ahora tenerlo entre sus manos.

Ojalá que este pequeño recorrido por la historia y estos personajes en los que me he centrado, destacando sus importantes aportaciones a la investigación, le haya servido como punto de partida para comprender que para ser un buen terapeuta, como mínimo es necesario tener, al menos, una base y conocimientos de las diferentes Tendencias y Escuelas Psicológicas, y por lo tanto es casi una obligación inexcusable conocer lo máximo posible de todos los creadores de estas corrientes, principalmente aquellos que en los últimos cien años han hecho grandes aportaciones en beneficio de la Psicoterapia. Piense que no hay una técnica terapéutica que sea "la única". Por eso, si quiere ser un buen Terapeuta Regresivo Reconstructivo, deberá conocer las cosas que hizo un largo número de profesionales que han aportado su entrega, ilusión, cariño y amor en el trabajo para ayudar a que muchas personas tengan una mejor calidad de vida interior, aunque no aparezcan sus nombres en ningún libro ni pasen a la historia escrita. Simplemente, muchos decidieron aportar y compartir sus conocimientos con la certeza de que "el saber no ocupa lugar, nos hace más sabios y encima quema karma".

Capítulo II
Explorando nuestra mente

"El hombre, si se lo propone, puede ser el escultor de su propio cerebro."

Ramón y Cajal

Los dos cerebros

Nuestro cerebro actual es el resultado de millones de años de evolución y de adaptaciones necesarias para nuestra supervivencia en la vida de esta hermosa Tierra en la que habitamos.

Todos procedemos de esa historia evolutiva; por esa razón, nuestras estructuras nerviosas y secreciones internas, son similares para afrontar la vida que se nos presenta día con día.

Los seres humanos utilizamos ese mismo cerebro para recoger las percepciones, pensar, relacionarnos con nuestro entorno y afrontar los desafíos en la búsqueda de nuestras metas.

Durante la etapa intrauterina, el crecimiento de nuestras neuronas es increíblemente rápido alcanzando un número de cientos de miles por minuto y creando más de 40 mil sinapsis por segundo en cada centímetro cuadrado de la corteza cerebral.

Se estima que el cerebro humano, al nacer, tiene unos 100 mil millones de neuronas o células nerviosas y pesa aproximadamente unos 350 gramos, tan sólo entre el 20 y 25 por ciento del volumen del cerebro adulto. Este crecimiento nervioso en la niñez y adolescencia se produce no sólo por el aumento del tamaño de las neuronas sino por el desarrollo de axones y dendritas que son ramificaciones del cuerpo neuronal que se multiplican e interconectan unas con otras, facilitando así la comunicación nerviosa –o sinapsis– y el intercambio de información entre esa red neuronal y la formación de la mielina, que es una sustancia que recubre los axones o terminaciones nerviosas. Así, el peso promedio del cerebro adulto es de 1.4 kg a la edad de 18 años y suele mantenerse hasta los 50 años aproximadamente, donde empezarán los cambios.

En la primera etapa del niño el proceso evolutivo es muy alentador, ya que el cerebro alcanza el volumen del adulto casi al fin de la primera década de vida. Tras comprobaciones realizadas por científicos, se observa prácticamente una inexistente conexión neuronal al nacer y cómo la densidad de estas conexiones se desarrolla en el curso de los primeros años de vida.

Para conseguir un desarrollo cerebral adecuado y saludable, es imprescindible su estimulación temprana desde el nacimiento. Todos sabemos que los bebés que crecen privados de afecto, abandonados o sin tener cubiertas sus necesidades básicas, se desarrollan con más lentitud y con un nivel de ansiedad mayor que los bebés atendidos correctamente en un entorno protegido y amoroso. Este menor desarrollo psicomotor es consecuencia de una deficiente estimulación de la neuroplasticidad, siempre que no haya lesiones cerebrales.

Se puede definir la neuroplasticidad como la capacidad del sistema nervioso para aumentar –regeneración neuronal– o disminuir el número de ramificaciones neuronales y sinapsis –conexión entre dos neuronas– a partir del estímulo sobre el córtex cerebral mediante la llegada de potenciales de acción a las neuronas. Estos potenciales de acción pueden mejorar nuestro rendimiento intelectual o por el contrario, reducirlo. Durante el desarrollo intrauterino y después, tras el nacimiento y en los primeros años de vida, se pueden crear de 30 mil a 50 mil sinapsis por segundo en cada centímetro cuadrado de la corteza cerebral (la corteza cerebral adulta tiene unos 2 mil 200 cm cuadrados).

Pero no vamos a profundizar sobre ello, ya que nos sacaría de la intención de este libro; sólo mencionaremos que la neuroplasticidad es la base estructural del aprendizaje y si bien es cierto que con la edad disminuye la capacidad neuroplástica del cerebro, también lo es que la forma de evitar su deterioro precoz es a través del estudio, la lectura, la creación, la invención y la relación de conocimientos. Ejercitando nuestro cerebro de todos los modos posibles, conseguiremos mantenerlo joven e inquieto; es decir, ágil.

Recuerdo breve anatómico del Sistema Nervioso Central

Comenzaremos hablando de la neurona o célula nerviosa cuya función es la transmisión de información a través de nuestro sistema nervioso mediante impulsos eléctricos. La neurona se compone de cuatro partes especializadas: el cuerpo neuronal, el axón, las dendritas y las terminaciones sinápticas. El cuerpo neuronal contiene lo necesario para su mantenimiento; es decir, su nutrición, producción de energía, síntesis de moléculas, etcétera. También contiene el núcleo que es como una bolsa porosa donde se encuentra el material genético –ADN–. De este cuerpo neuronal emergen dos prolongaciones distintas: las dendritas, que son prolongaciones pequeñas, numerosas y cortas. Tienen unas protuberancias denominadas espinas dendríticas, y el axón es único y largo –algunos llegan a medir hasta un metro de longitud–. El extremo del axón se dilata formando las terminaciones sinápticas (podemos imaginar que son como unas ventosas que se adhieren a las espinas dendríticas de las neuronas vecinas, constituyendo así las zonas de contacto o sinapsis).

Para que el impulso eléctrico transmita información a través de estas redes neuronales, es necesaria la participación de mensajeros químicos o neurotransmisores; éstos son pequeñas moléculas químicas que actúan en las zonas de contacto o sinapsis. El axón funciona como un cable eléctrico que conduce el impulso hasta las terminaciones sinápticas donde provocará la liberación química del neurotransmisor que sale hasta llegar a la dendrita de la neurona siguiente.

Las neuronas secretan diferentes neurotransmisores, dependiendo de su localización en el sistema nervioso y de su función dentro de esa red neuronal. Se han identificado más de cincuenta y la mayoría de los fármacos que se utilizan en psiquiatría y neurología van dirigidos a modular las sinapsis, aumentando o inhibiendo determinados neurotransmisores o sus receptores con el fin de reequilibrar la bioquímica nerviosa.

He seleccionado siete neurotransmisores con sus características brevemente resumidas por si algún lector está interesado en ellos:

- Acetilcolina: fue el primero que se descubrió. Permite el movimiento voluntario y lo emplean las neuronas responsables de la contracción muscular. Importante en procesos como la atención, el aprendizaje o la memoria. Se han observado niveles bajos en enfermos de Alzheimer.
- Serotonina: asociado al bienestar, disminuye la ansiedad y eleva nuestro estado de ánimo. Los fármacos antidepresivos y plantas como el Hypericum Perforatum –hierba de San Juan o Hipérico–, actúan sobre él potenciando su acción. Importante su acción en ciclos como vigilia y sueño, el dolor o el apetito.
- Dopamina: implicado en la respuesta física y su motivación. Es potenciada por el alcohol y la cocaína. Se han observado niveles altos en enfermos esquizofrénicos, comprobándose que en exceso puede producir alucinaciones. Sin embargo, en enfermos de Parkinson hay bajos niveles, causando un deterioro del movimiento.
- Encefalinas: son opiáceos del propio organismo. Reducen la tensión nerviosa, relajan y son reguladores del dolor. Se potencian con fármacos derivados de la morfina y drogas como la heroína.
- GABA: es el inhibidor más importante ya que produce inhibición en la neurona receptora. Es el principal mo-

dulador de la actividad cerebral. Los fármacos tranquilizantes potencian su acción.

- Noradrenalina: modula la capacidad de respuesta física y mental en situaciones de alarma. Participa en los cambios del nivel de atención. En el sueño su actividad es baja y se potencia con las anfetaminas.
- Glutamato: es el más extendido en el córtex cerebral. Es indispensable para el desarrollo cerebral, aprendizaje y memoria a largo plazo.

Además de neuronas, nuestro cerebro tiene otro tipo de células llamadas *células de glía* –o neuroglía–, que en griego significa pegamento, ya que se pensaba que su acción era dar firmeza a las neuronas. Son entre 10 y 50 veces más numerosas que las neuronas. Éstas no pueden transmitir el impulso nervioso pero contribuyen al desarrollo del sistema nervioso, le dan firmeza, controlan el flujo sanguíneo e incrementan la rapidez del impulso nervioso por el revestimiento de los axones con mielina, que es como un protector aislante en ese cableado; también controlan los niveles de los neurotransmisores y fagocitan restos de neuronas degeneradas en condiciones patológicas, restituyendo la integridad del sistema nervioso.

El sistema nervioso humano se compone del Sistema Nervioso Central formado por la médula espinal y el encéfalo, y el Sistema Nervioso Periférico está compuesto por los ganglios e infinidad de nervios que recorren nuestro cuerpo.

Haremos un repaso del Sistema Nervioso Central mencionando que la *médula espinal* es una especie de cordón alargado que recorre el interior de nuestra columna vertebral; de ella salen nervios que trasladan información a las extremidades y vísceras. Por esta razón, una lesión o ruptura puede ocasionar pérdida de sensibilidad y falta de respuesta en el movimiento.

El *encéfalo* está situado en el interior del cráneo y está formado por el tronco, cerebelo y cerebro. El tronco conecta la médula espinal con el cerebro, transportando la información desde nuestro cuerpo al cerebro y al contrario; es "el corre ve y dile". Tiene otras importantes misiones como regular la respiración, la capacidad para tragar alimentos, la sensibilidad de la cara, los movimientos de los ojos, los latidos del corazón o la presión sanguínea. El cerebelo se encuentra detrás del tronco encefálico y es el que se encarga de la postura del cuerpo, su equilibrio y la ejecución y coordinación de los movimientos voluntarios. Evolutivamente el tronco encefálico y el cerebelo son las partes más antiguas y constituyen el 15 por ciento del peso, el 85 por ciento restante corresponde al cerebro.

A pesar de las muchas investigaciones que se han realizado sobre el cerebro, éste sigue siendo la estructura más maravillosa y misteriosa del Universo, ya que aún hay infinidad de cosas del mismo que son desconocidas para la ciencia en la actualidad. Se sabe que es la computadora más grande y completa que jamás se haya creado, pero se desconoce su capacidad real de almacenaje y la memoria que pueda tener.

A diferencia de cualquier computadora creada por la mano de los humanos, que no puede soñar ni procesar pensamientos o generar emociones, y que cuando se desenchufan los cables de la corriente eléctrica deja de trabajar, el cerebro es capaz de generar todo esto y nunca se desconecta, ni siquiera cuando estamos durmiendo; sigue enviando señales a través de más de un trillón de conexiones neuronales. Además de ese entramado sostenido y alimentado por unas doscientas mil millones de neuroglias –tejido que forma la sustancia de sostén de los centros nerviosos compuestos por una finísima red en las que están incluidas células especiales muy ramificadas–, entra en juego otro factor, ya que dependiendo de los distintos niveles de ondas cerebrales en las que nos encontremos en diferentes momentos, sus posibilidades son ilimitadas, percibiendo la realidad desde diferentes ángulos de conciencia.

Se dice que normalmente podemos estar utilizando entre el uno y el cinco por ciento de su capacidad real, aunque algunos investigadores lo han llegado a comparar con un grano de arena en relación a toda una playa. La realidad es que conocemos muy poco del mismo pero en verdad es algo maravilloso que nos deja fascinados.

Actualmente se conoce que el cerebro es el Director de Orquesta que dirige el resto de nuestros órganos, y que en función de cómo mueve su batuta, regula el flujo de información que llega a todo nuestro organismo.

Los dos hemisferios cerebrales y sus funciones

El cerebro está dividido en dos hemisferios: el izquierdo y el derecho, separados por una fisura longitudinal, de adelante hacia atrás. Aparentemente son iguales, simétricos como si fueran las dos partes de una nuez; sin embargo, funcionalmente son distintos. En diferentes intervenciones quirúrgicas para intentar frenar los ataques epilépticos, se pudo comprobar cómo al seccionar el cuerpo calloso y las conexiones nerviosas que sirven de unión entre los dos hemisferios, realizaban ciertas funciones de manera independiente el uno del otro. A través de estos experimentos, hoy en día sabemos que estos hemisferios tienen dos formas diferentes de adquirir y procesar la información, y por tanto los conocimientos. Son distintos y complementarios, funcionando como si de uno sólo se tratara, gracias a ese cuerpo calloso que los une mediante un haz de axones que transmiten e intercambian constante información entre los dos hemisferios. También se ha comprobado científicamente que cuando un hemisferio está más activo, el otro permanece en un estado más pasivo de funcionamiento.

Parece una nuez y es debido a los surcos que forman el córtex cerebral que constituye la parte externa que envuelve núcleos más internos como el tálamo, los núcleos basales, el hipotálamo, el hipocampo y la amígdala.

El córtex ocupa la mayor parte de nuestro cerebro, tiene mucho qué ver con las capacidades cognitivas: la conciencia, la personalidad, el lenguaje y el pensamiento abstracto –todo lo que nos diferencia del resto de mamíferos–, y también es responsable de otras funciones motoras y sensoriales. Se divide en cuatro lóbulos: frontal, parietal, occipital y temporal. En ellos hay áreas diferenciadas que procesan la información que nos proporcionan los cinco sentidos sobre el medio que nos rodea, así como áreas como el habla o la memoria. No entraremos en detalles sobre estas áreas, sólo las mencionaré sabiendo que tenemos zonas cerebrales dedicadas a cada uno de los sentidos. La información recibida en cualquier parte del cuerpo, viaja por los nervios, entra en la médula espinal y pasa por el tálamo antes de llegar al córtex sensorial primario del hemisferio opuesto. Por ejemplo, la presión que notamos cuando saludamos con un apretón de manos con la derecha, es detectada por el hemisferio cerebral izquierdo.

Así, el hemisferio izquierdo rige la parte derecha del cuerpo y trabaja en el mundo físico, percibe de manera objetiva y es capaz de distinguir y hacer una separación entre "dentro" y "fuera", entre el "yo" y "el otro", y es responsable de la capacidad analítica; es lógico, razona, contrasta hechos, procesa la información por pasos, es lineal e interpreta y enjuicia, estando constantemente alerta y en permanente vigilancia de todo lo que ocurre en el exterior de nosotros. Es cuantitativo y en él se da la destreza manual, el cálculo y la numeración, además de crear la estructura del lenguaje verbal y escrito. Trabajamos más con este hemisferio cuando estamos en bandas de ritmos rápidos de frecuencias cerebrales –Beta/Gamma–, y suele ser el hemisferio más dominante de la población –alrededor del 90 por ciento– a partir de los siete y hasta los 10 años de edad, dado el sistema establecido de sociedad en que vivimos –principalmente la occidental–, en el que todo gira a través del método, análisis, reflexión, intereses personales, competitividad y un continuo "mantenerte alerta y despierto", etcétera, dejando poco espacio para el altruismo o la creación de ideales y sueño.

Las fantasías procedentes de las quimeras internas se permiten en edades tempranas; sin embargo al adolescente y con mayor presión aún al adulto, se le exige una atención centrada en esa parte productiva y analítica propia del hemisferio izquierdo. Esto a su vez hace que este sistema de vida nos genere mucha más carga de responsabilidad, y por lo tanto mucho más estrés y tensión que a veces nos resulta imposible desprender de nuestro cuerpo, ni siquiera a través de la vía de escape de los sueños, ya que en muchas ocasiones tampoco éstos resultan reparadores. Hasta nuestro plan educativo de enseñanza, está principalmente focalizado en potenciar el hemisferio izquierdo a través de un sistema formativo demasiado lineal y sistematizado, donde la imaginación es, a mi juicio, escasamente estimulada.

El hemisferio derecho, por otra parte, rige la parte izquierda del cuerpo y trabaja en el mundo no físico; percibe de manera subjetiva y en función de cuanto más ritmos de frecuencias de banda baja se encuentre –Alfa/Theta/Delta– la separación y distinción entre el "yo" y "el resto" o "dentro", "fuera", la hacen más compleja. Se mueve por analogías, por metáforas y por la intuición, utilizando como hilo conductor las emociones y los sentimientos, creando imágenes, símbolos y arquetipos. En él no existe el espacio ni el tiempo, pero sí la globalidad, la fantasía, la creatividad y la capacidad de percibir, sentir y apreciar la música y hacer los matices de diferenciación de los colores. Este hemisferio está más desarrollado en el neonato y hasta que alcanzamos la edad de entre siete y 10 años, que es cuando empieza a potenciarse más el análisis. Es el hemisferio que utilizamos para ir creando nuestras estructuras mentales.

A veces hay personas que me preguntan si es mejor desarrollar más nuestro hemisferio derecho o si es malo tener más adiestrado el izquierdo. Mi respuesta es siempre la misma: Los dos hemisferios son igual de importantes para nuestra adaptación y evolución, y aunque uno predomine más que otro en función de la actividad que en cada momento estamos desarrollando, es imprescindible tener una equilibrada y correcta comunicación entre ambos, a la vez que fomentamos la capacidad de cada uno de ellos. Sería impensable creer que en una sociedad como la nuestra, alguien podría sobrevivir por mucho tiempo sólo funcionando con hemisferio derecho y se moviera exclusivamente por la intuición o por lo que le dicta su corazón de manera totalmente abierta y sin restricciones. Esto sólo conllevaría muchos tropiezos y cada vez más dificultades de sobreponerse; pero tampoco podemos dejar que nuestra vida esté conducida exclusivamente por un hemisferio frío y calculador, que en todo momento sólo busca encontrar sentido a todo lo que le rodea de manera totalmente analítica y material. Lo ideal, como todas las cosas en la vida, es poder estar en el punto medio y aprovechar la sinergia producida por nuestros dos hemisferios trabajando en paralelo y con el mismo objetivo: poder desarrollarnos al máximo posible de la manera más feliz y reparadora para cada uno de nosotros.

Al fenómeno de dominancia de un hemisferio cerebral para determinadas funciones se le denomina lateralidad, siempre teniendo en cuenta que aunque ésta exista, los dos hemisferios actúan de forma coordinada gracias al cuerpo calloso que conecta las neuronas de un hemisferio con las del otro a través de millones de axones. Esto permite la interrelación de las funciones lateralizadas, por ejemplo incorporar las emociones en el habla o el pensamiento. Una anécdota es que el cuerpo calloso es comparativamente más grueso en mujeres que en hombres, y puede que esta diferencia marque la facilidad de las mujeres para expresar sus emociones.

La zona del lenguaje se encuentra en el hemisferio izquierdo y está formada por dos áreas: el área de Broca que es la zona capaz de convertir y expresar nuestros pensamientos en palabras, y el área de Wernicke que es la parte responsable de la comprensión oral y escrita del lenguaje.

Con la vista ocurre que la información del ojo derecho llega al córtex visual del hemisferio izquierdo y viceversa. Las distintas áreas del córtex visual reciben esta información y la envían a la asociación visual donde se vincula con información subjetiva y emocional, dando como resultado la percepción consciente final del objeto.

Por ejemplo, si miramos un ramo de flores blancas, una parte del córtex visual está percibiendo su forma tridimensional, otra su color y otra su posición, pero según nuestro estado de ánimo o experiencias vividas anteriormente que incluyan un ramo de flores blancas, el estímulo visual será interpretado como estimulante o deprimente, dependiendo de las asociaciones mentales preexistentes con ese mismo objeto, en este caso el ramo de flores blancas.

Podríamos intentar potenciar ya desde la escuela, que no sólo se incluyeran asignaturas como Matemáticas, Física, Química o Lenguaje, sino también materias como la imaginería, relajación, potenciación de las capacidades extrasensoriales, intuición, creatividad, narrativa, magia... seguro que daríamos un salto cualitativo de gran magnitud en la evolución del ser humano y en la resolución de problemas. En este sentido cabe destacar las aportaciones que realizó la doctora Montessori en el nuevo modelo de enfoque en las escuelas que llevan su nombre y que se encuentran repartidas por todo el mundo.

Los cinco niveles de ondas cerebrales

Los seres humanos utilizamos estos dos hemisferios y trabajamos más con uno u otro en función de los estados y ondas cerebrales en los que nos encontremos en diferentes momentos y situaciones. En el año 1929, el psiquiatra suizo Hans Berger pudo registrar, a través de la invención del electroencefalograma, la actividad eléctrica cerebral y sus diversas variaciones. Años más tarde, Loomis, Harvey y Hobart sistematizaron esta actividad de los impulsos electroquímicos que se generan en las neuronas y que provocan las ondas cerebrales, dividiéndolas en cinco grandes grupos que determinan diferentes planos de conciencia. Esta división empieza a partir del plano '0' donde clínicamente decimos que una persona está muerta y llega a sobrepasar los 30 Hz de oscilación por segundo. Veamos esta clasificación:

- *Ondas Gamma:* Más de 30 oscilaciones por segundo. Se dan en ataques epilépticos y en algunos estados psicóticos. Son las menos conocidas e investigadas; no se sabe casi nada sobre este grupo, ya que no es conveniente provocar intencionalmente este tipo de ondas por sus efectos devastadores de destrucción neuronal. Últimamente se ha comprobado que también se dan, en ocasiones aisladas, en algunas personas en éxtasis y cuando están en estados de experiencias transpersonales.
- *Ondas Beta:* Oscilan entre 14 y 30 frecuencias por segundo. Son más prominentes en regiones frontales y centrales del encéfalo. Este estado corresponde al de vigilia... cuando

estamos despiertos. Es un estado que implica la actividad espontánea en los adultos: la acción, tanto física como mental. En este estado se percibe la realidad externa y estamos volcados hacia ella. Saber que hay algo fuera de nosotros. En los estados anteriores todo está dentro de nosotros.

- *Ondas Alfa:* Oscilan entre las siete y 14 frecuencias por segundo. Se originan en las regiones posteriores del encéfalo. Son propias del reino animal. En las personas, su característica principal es la sensación que percibimos de gran paz y quietud, donde se empieza a acallar lo externo y sólo llegan pensamientos tranquilos. Es el nexo de unión entre el cuerpo y la mente. Se utiliza mucho en los estados de meditación, yoga, etcétera.
- *Ondas Theta:* Oscilan entre los 4 y 7 Hz de frecuencias por segundo y proceden de las regiones temporales. En estas ondas se vive un estado profundo de relajación. En él existe un alto grado de inspiración creativa y de emotividad, potenciándose la capacidad de aprendizaje y la vivencia de hechos pasados; es justo el umbral del sueño. Es el estado ideal para trabajar en la Terapia Regresiva Reconstructiva, porque provoca la libre asociación del inconsciente, potenciando la actividad del hemisferio derecho e inhibiendo parcialmente la del hemisferio izquierdo, de manera que entienda lo que siente el derecho pero sin la censura ni represión constante que mantendría este hemisferio izquierdo en pleno rendimiento, bloqueando parte de las posibles emociones que pretenden salir al exterior desde el hemisferio derecho. En estos niveles de ondas se puede llevar al paciente retrocediendo en el tiempo hasta dar con la experiencia de su raíz enfermiza que es la causa de sus problemas actuales.
- *Ondas Delta:* Su frecuencia está por debajo de los 4 Hz. Predominan en todas las regiones cerebrales, son características de los lactantes y la primera infancia, y en los adultos durante las fases más profundas del sueño no REM. Provoca

el tercer grado de hipnosis –hipnosis profunda en el que se alcanza un estado de hipersugestibilidad–. En estos niveles se puede estimular y reforzar el sistema inmunitario.

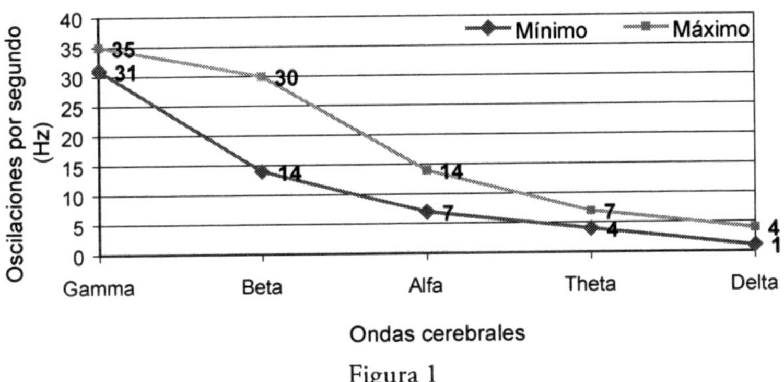

Figura 1

A su vez, todos estos grupos los podemos englobar en dos grandes bandas de frecuencia cerebral: los llamados ritmos lentos –Delta, Theta, Alfa– y los denominados ritmos rápidos –Beta y Gamma–. Cada uno de estos dos bloques corresponde a los dos hemisferios cerebrales: izquierdo y derecho.

A través de múltiples estudios de laboratorio, se ha comprobado que la inducción a ondas de ritmo lento –Delta, Theta y Alfa– liberan una gran cantidad de neurotransmisores, provocando un aumento en la comprensión de nuestra propia historia y evolución, promoviendo nuestro aprendizaje con un nuevo enfoque más abierto y tolerante en la visión de la vida, dando más flexibilidad a nuestras anteriores y rígidas creencias. Esta disposición nos hará adaptarnos con mayor fluidez ante los cambios existenciales que no cesan.

Nuestra especie humana apareció hace unos 200 mil años; la raíz es antigua pero la humanidad es reciente; fue nuestro cerebro y su capacidad para la emoción, el afecto y la cultura, lo que nos hizo humanos. Este cerebro nuestro se debate entre el amor y la guerra, el goce de la compañía y la soledad del espíritu, la creación y la destrucción.

La emoción es generadora de vínculos y relaciones sociales, pero también en la Terapia Regresiva Reconstructiva –TRR– es la llave que nos abre la puerta de entrada a la conciencia… el vehículo que nos conduce al centro de nuestro Ser.

El control de las emociones se logra gracias a muchas estructuras cerebrales que no he mencionado aquí, pues se escapa al propósito de estas páginas. Los humanos somos felices o infelices gracias al buen funcionamiento de todas ellas y las sustancias químicas que generamos. Nuestras cualidades dependen de ello, así como los afectos, la solidaridad, la empatía, la curiosidad por conocernos y comprender mejor nuestro entorno, pero estas estructuras tan complejas son también las responsables de que en ocasiones nos compliquemos la vida y aparezca la depresión, los miedos, la frustración y otros estados generadores de enfermedad. Todo depende del uso que hagamos de nuestras capacidades cerebrales y emotivas; así pasamos del equilibrio a la agitación o desasosiego mental. Es nuestra responsabilidad conocer los límites, a menudo imprevisibles y desconocidos, que delimitan la salud de la enfermedad.

Alguien dijo que la capacidad del ser humano para el sufrimiento es increíble; esto tiene que ser verdad pues si hemos perdurado tanto como especie, es porque no sucumbimos fácilmente, nos cuesta rendirnos. Nuestro cerebro tiene que desarrollar estrategias para su supervivencia, no sólo en cuanto a cubrir las necesidades materiales básicas sino también actitudes dirigidas a conseguir una mayor cuota de felicidad, aunque a veces fracasemos en los intentos; son estos fracasos precisamente los que nos hacen avanzar generando pensamientos encaminados a nuestra superación. Sin estos desafíos nuestro cerebro no sería lo que es.

Como en el resto de las especies, en lo más profundo de nuestro cerebro se encuentra la perpetuación y el interés por la vida; por ello, atentar contra la vida de otro, se considera algo perverso e inhumano. Respetando nuestra existencia y facilitándola, añadiremos valor a nuestra propia evolución.

Capítulo III
Salud emocional y factores que inciden en ella

"El verdadero descubrimiento no consiste en buscar nuevos paisajes sino en cambiar de punto de vista."

Proust

Las dos medicinas

En la antigüedad, las ciencias como las Matemáticas, la Medicina, la Astronomía, la Filosofía y la enseñanza, se estudiaban y transmitían al mismo tiempo que otras áreas relacionadas con aspectos mágicos como la influencia de los astros en el comportamiento humano y el manejo de las plantas. Todo el conocimiento estaba en manos de una sola figura que era el mago, sacerdote, santón o hechicero del lugar, y cuando una persona estaba enferma se le trataba en su totalidad cuerpo-mente-alma, sabiendo que si algo afectaba a una de las partes, automáticamente las otras también estarían dañadas. Ahí tenemos a nuestros grandes sabios de la antigüedad: Paracelso, Hipócrates, Aristóteles, Pitágoras, Platón, Sócrates, Leonardo DaVinci, etcétera, todos ellos poseedores de cualidades excepcionales y reconociendo el alma como parte fundamental del Ser. Hasta el siglo XIX la medicina era una sola sin hacer distinción entre la moderna –científica-alópata– y la tradicional (holística).

Los avances de la biología, la farmacoterapia, la robótica y nuevas tecnologías, hacen que a partir de ese momento se separe el estudio y tratamiento de la mente por un lado y el cuerpo físico por otro como si fueran elementos totalmente disociados, y no sólo llega ahí sino que día a día se va adentrando más en la especialización técnica y científica, y van emergiendo nuevas subespecialidades para ir centrándose más en un órgano concreto o parte de él hasta llegar a especialidades tales como es la actual medicina celular.

Consecuencia de todo esto ha sido el alejamiento del concepto de un TODO a través de un interés creciente en el detalle, y por ello la medicina convencional se convierte en una ciencia fría y distante donde lamentablemente hoy en día se habla del paciente de la habitación 304 sin conocer, en muchos casos, ni siquiera el nombre de la persona que ocupa este espacio.

Viniendo de una familia en donde han habido profesionales del mundo de la medicina científica, me he visto involucrado y debatiendo en innumerables ocasiones sobre este aspecto, llegando a reconocer algunos de mis familiares inmersos en esta línea, que tenía razón en cuanto a ese distanciamiento que yo reprocho de la medicina alópata, poniendo como justificación que lamentablemente hay demasiados enfermos y muy poco tiempo para poderles dedicar, y por esta razón en muchas ocasiones se prefiere no conocer a profundidad el entorno de los pacientes para no sentirse demasiado involucrado en sus emociones y vivencias.

Quiero dejar claro que el objetivo de las dos medicinas es el mismo: la recuperación de la salud de los pacientes. Si bien, los caminos son diferentes.

Así, la medicina científica se centra siempre en el plano físico y visible, su impulso es el racionalismo *Cartesiano* y focaliza su trabajo en la supresión de los síntomas que presenta en cada momento el paciente por la vía más rápida sin llegar al origen de los mismos y sin conceder al enfermo la posibilidad de asumir un rol activo que le permita responsabilizarse de su propia enfermedad y su actitud ante la vida. Es una medicina sintomática y paliativa, contempla el cuerpo humano desde esa visión que propondría Descartes en el siglo XVII en la que los cuerpos vivos son máquinas similares a relojes, la visión mecánica del Universo.

Este *mecanicismo* ha permitido grandes avances técnicos gracias a la investigación biológica y fisiológica, pero tiene como contrapartida que el paciente se sitúa en esa posición pasiva donde "se deja que le hagan" y tras un largo desfile de ir de especialista en especialista, los médicos le diagnostican y le dicen, en el mejor de los casos, lo que tiene; lo clasifican, hacen un pronóstico de su enfermedad donde poco puede hacer el paciente –salvo ponerse en sus manos–, y al final ellos le irán marcando las pautas para la eliminación de los síntomas.

Para ello, esta medicina científica ortodoxa trabaja sobre los órganos, tejidos, células... se sirve de la cirugía para extirpar aquello que considera está interfiriendo el buen funcionamiento del conjunto del organismo, inventa prótesis y órganos artificiales para sustituir las partes dañadas de nuestro cuerpo, descubre nuevas vacunas y utiliza la farmacología para que los productos químicos actúen en el organismo.

Sin embargo, a medida que van apareciendo nuevos fármacos y vacunas para combatir ciertas enfermedades, vemos cómo van apareciendo otras nuevas; unas veces a manera de reacciones adversas como consecuencia de los efectos secundarios de los medicamentos, y otras debido a toxinas procedentes del medio ambiente en el que estamos inmersos, donde los alimentos tienen demasiados agentes químicos. Nuevos virus y bacterias más agresivas y resistentes a los antibióticos, aparecen incesantemente.

Se ha erradicado la peste, el sarampión, la difteria, la viruela, la lepra, la tuberculosis, pero sin embargo emergen con toda su morbosidad enfermedades como el ébola, el Sida, nuevas formas del cólera, la hepatitis 'C' y 'E', el SARS –Síndrome Respiratorio Agudo Severo–, la encefalopatía espongiforme bovina y su transmisión al hombre, numerosas enfermedades de origen autoinmune y neurológicas, así como intolerancias y procesos alérgicos que se manifiestan en la piel o se traducen en desórdenes digestivos.

Toda esta amalgama de síntomas, síndromes idiopáticos –de etiología desconocida– y trastornos múltiples, desbordan a la comunidad científica que se queda sin respuestas en muchos casos. En los últimos 20 años se han descubierto nuevos gérmenes productores de nuevas enfermedades, y se estima que en los próximos años aparecerán 200 nuevas bacterias que afectarán a la salud humana. La medicina no deja de investigar ni un minuto. Como dice Aldous Huxley: "La investigación de las enfermedades ha avanzado tanto, que cada vez es más difícil hallar a alguien totalmente sano".

La realidad es que el porcentaje de enfermos en el mundo, en relación a la población, sigue siendo el mismo. Si no se enferma de una cosa, se enferma de otra. Quizás estamos intentando tapar con cinta aislante una manguera de riego en mal estado, de forma que a medida que tapamos en un sitio se abre un agujero nuevo en otra parte sin llegar a tomar la medida más adecuada que sería ir a cortar la llave de paso del agua.

La medicina holística, por su parte, tiene una visión más global e integradora, tratando de aliarse con el síntoma y buscar qué nos está queriendo decir. Investiga la manera de interpretarlo e intentar descifrar qué se esconde detrás de él para saber realmente lo que de verdad nos está ocurriendo. Se mantiene cercana a la persona que en esos momentos está sufriendo y trata de que el paciente incorpore lo que realmente le falta para estar sano sin etiquetar con una denominación clínica el padecimiento de la persona.

Se valoran los aspectos mentales como determinantes, ya que se consideran indicadores de la reacción mórbida; o dicho de otra manera, nuestro modo de responder a agentes patógenos, nuestra constitución y los antecedentes familiares, marcan las líneas de predisposición a padecer determinados trastornos. Así, con nuestro modo reaccional, nos inclinamos ante determinadas enfermedades y, curiosamente, en la práctica clínica se comprueba cómo, por poner ejemplos, las humillaciones añejas tienen predilección por manifestarse en la piel, mientras que las personas muy tímidas suelen tener dolores de estómago frecuentes o las personas tristes padecer enfermedades de vías respiratorias.

La actitud de la Medicina Holística ha sido siempre mucho más abierta, tolerante y cercana al individuo, y trata al conjunto del Ser en todos los niveles. Le interesa cómo vive el afectado su enfermedad, por eso huye de las clasificaciones. En esta medicina no hay diagnóstico ni clasificación, se evitan las etiquetas porque no existen dos enfermedades iguales, como no habrá dos personas ni tratamientos iguales.

Y ahora la pregunta es: ¿Cuál de las dos medicinas es la mejor? Es evidente que las dos formas de enfocar la curación son necesarias y deben caminar de la mano hacia una misma dirección, tratando de sumar esfuerzos para el avance y beneficio de la humanidad; para ello, es necesario que la medicina científica baje del pedestal en el que muchos de sus colectivos y profesionales se posicionan, y no quiera seguir manteniendo la exclusiva de la credibilidad y la totalidad del poder en sus manos, e intente comprender a la otra medicina sin establecer por ello una caza de brujas. ¿Qué le asusta realmente? ¿Nos recuerda esto algo de la historia que hemos visto en las páginas anteriores? ¿Por qué no mirar a países como China, Alemania, Francia o Inglaterra? En ellos existe una cultura médica en la que conviven estas dos formas de acercamiento sin esa rivalidad y descalificaciones que observamos en otros países; ninguna pretende ser la única sino que los esfuerzos deberían dirigirse a complementarse.

Cada día es mayor el número de médicos que se cuestionan la efectividad de ciertas maneras de trabajar que realizan en su profesión; debemos tratar de quitarnos las medallas distintivas de *ganadores de nada* para bajar al terreno de la colaboración que será la única vía de potenciar el bienestar en este planeta. Afortunadamente cada vez hay más equipos multidisciplinarios trabajando en algunos hospitales o centros privados que unen sus esfuerzos, conocimientos y todos los recursos que están a su alcance en función de cada una de sus especialidades en beneficio de sus pacientes. De ese modo muchos médicos o psiquiatras recomiendan técnicas como la Acupuntura, Reflexología, Reiki, Shiatsu, Naturopatía, Bioenergética o Terapia Regresiva Reconstructiva a pacientes que consideran, obtendrían buenos resultados eliminándose efectos indeseados por una medicación muy potente y que lejos de conseguir "eliminar", lo que hace es añadir enfermedades nuevas a otras zonas del cuerpo, haciendo cada vez más complejo su tratamiento.

Si observamos lo que está ocurriendo en los últimos años, cada vez más gente está volviendo a repoblar aquellos lugares que antaño se despoblaron para ir a las grandes urbes. Mucha gente ha entendido que el sistema de vida y los valores que se apreciaban en las grandes ciudades no se adaptaban a la realidad de sus necesidades interiores, creándoles un estrés continuo y un malestar generalizado que poco a poco les estaba produciendo un daño irreparable. Pero han sabido cambiar este ritmo de vida, dejar atrás sus puestos de trabajo –en algunos casos como ejecutivos de grandes empresas– para volver a los espacios libres de polución e integrarse y vivir en la naturaleza. Del mismo modo, podemos observar que muchas personas están acudiendo nuevamente a la medicina tradicional, quizás para sentirse más acogidas y entendidas por crear un espacio donde se les permite una vía de diálogo a través de la que pueden expresar sus sentimientos, sin miedo a ser reprochados o censurados por ello. En la actualidad, se calcula que más del 75 por ciento de la población ha acudido alguna vez a este tipo de medicina, ya que la oficialmente reconocida les estaba fallando y no les da respuestas a sus necesidades. Las personas necesitamos que nos escuchen, sentirnos acogidas y más cuando nos sentimos enfermas. Si estamos tratando de explicar a nuestro médico familiar un cierto dolor que nos acompaña en determinadas ocasiones y lo asociamos, por ejemplo, a una reestructuración en nuestra empresa o a un problema sentimental, y en ese momento se nos saltan las lágrimas, es muy probable que el profesional nos remita al psiquiatra sin hacer comentario alguno, con lo que nuestro malestar aumenta y nos sentimos extraños porque lo primero que pensamos es: ¡Qué mal debo estar cuando me manda al psiquiatra! ¿Me estaré volviendo loco?

¡Por favor! Siga el consejo del título de una película de A. Amenábar... *Abre los ojos.*

¿CÓMO SE PRODUCE LA ENFERMEDAD?

Carecería de todo sentido el que una persona que observa humedad en su casa se limitara a llamar a un pintor para que diera una mano de pintura encima de la pared, sin más, ya que tarde o temprano, al no conocer el origen real que ha ocasionado esta humedad, volvería de nuevo a aparecer. Lo correcto sería picar esa pared o subir al tejado de la casa para encontrar el origen de todo eso y descubrir que, quizás unas tejas levantadas por donde se filtra el agua, han provocado el daño en la pared de nuestra habitación. Hasta no llegar al tejado, descubrir la causa y repararla, la pared no cesará de filtrar la humedad y por muchas capas de pintura que pretendamos dar, tarde o temprano el problema volverá a surgir.

¿Es más importante nuestra casa que nuestro cuerpo? ¿Por qué entonces nos conformamos con intoxicarnos con infinidad de medicamentos con el único fin de bloquear los síntomas sin preocuparnos de buscar su origen? No sería cuando menos cuestionable preguntarnos: ¿Qué está sucediendo con una persona que en pocos años ha sido intervenida quirúrgicamente en reiteradas ocasiones, y observar cómo detrás de cada solución a un problema aparece, de manera automática, otro nuevo? Ya existe hasta un término –yatrogenia– para hacer referencia a estas patologías producidas como consecuencia de una mala actuación farmacológica. ¿No cree que cuando menos esto nos debería causar un poco de tristeza?

Nuestra creencia es que el cuerpo sólo informa de la situación real de la mente, recuerde el comentario que hacía Platón: "Si quieres sanar tu cuerpo, cuida bien tu alma". Los síntomas sólo nos sirven como llamada de atención para indicarnos que algo está fallando dentro de nosotros. Si en su coche se enciende una luz roja o anaranjada que tiene un dibujo de un depósito de gasolina, no desconecta ese fusible sino que sabe que es una ayuda para indicarle que el depósito de gasolina ha entrado en la reserva y deberá reportar lo antes posible antes de que su vehículo le deje *tirado* en mitad de la carretera. Esto parece obvio y sin duda tacharíamos de chiflado a aquél que viéramos que golpea con un martillo esta bombilla para librarse del problema, pero yo le pregunto ahora: ¿Cuántas bombillas rompemos a lo largo de la vida de nuestro coche interior? ¿No le parece paradójico que debiendo ser lo más querido y apreciado por nuestra parte, lo maltratemos de esa forma? Sería interesante que todo el mundo empezara a tomar conciencia de cómo a diario están maltratando a su cuerpo, mente y espíritu, y lo más triste es cómo somos capaces de acostumbrarnos a ello.

La enfermedad somatizada es la que llamo "el aviso" o la enfermedad con minúsculas, ya que pienso que es consecuencia de otra mayor que es la que denomino ENFERMEDAD con mayúsculas o enfermedad emocional. Comienza a susurrarnos levemente y si no le prestamos atención, entonces termina llamándonos a gritos.

Para exponer mi visión de la salud y la enfermedad, primero deberemos hablar del concepto de salud. Este es algo más que la ausencia de enfermedad. Tal como refiere la Organización Mundial de la Salud: "Es un estado de completo bienestar físico, mental y social, y no sólo la ausencia de la enfermedad o debilidad". La salud es relativa a cada individuo y se mide mejor en términos de la habilidad de una persona para comprender su potencial de disfrutar de la vida, con debilidad o sin ella.

El concepto de vitalismo es la base de todas las terapias holísticas y está en función de esa habilidad para resistir la enfermedad; de ese modo el cuerpo sano tendrá una mayor resistencia, pero la manifestación de la enfermedad también se considera una indicación de la respuesta vital del cuerpo ante esos agentes patógenos.

La rueda emocional

Desde el punto de vista de la Terapia Regresiva Reconstructiva –TRR–, la enfermedad es consecuencia de procesos emocionales no resueltos que generaron energías que se encuentran estancadas en diferentes partes de nuestro cuerpo físico y tarde o temprano desembocan en síntomas que afectan, tanto al equilibrio psíquico como físico de la persona. Para ilustrarlo, he incluido un dibujo del proceso de manejo de las emociones, al que he denominado "Rueda del bienestar y la salud".

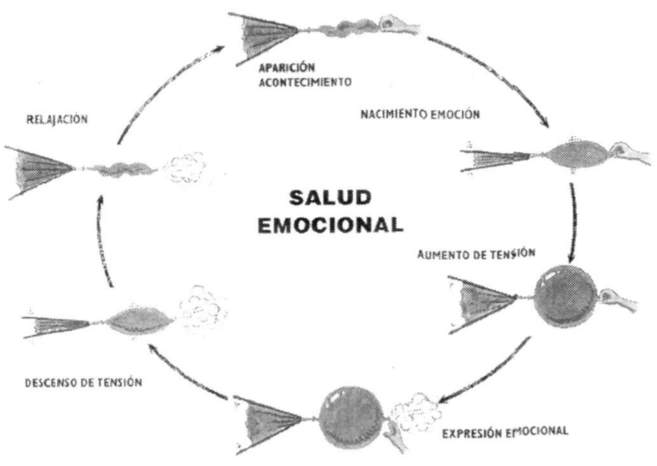

Figura 2

Nuestra mente desarrolla mecanismos inconscientes de defensa ante estímulos que proceden del exterior y que nos desestabilizan. Algunos de estos mecanismos de defensa son:

- La represión es un proceso psicológico por el cual ciertos impulsos o contenidos mentales son puestos fuera de la conciencia e impulsados al inconsciente por resultar inaceptable. Por ejemplo: la represión del deseo de venganza hacia un padre agresivo.
- La racionalización se produce cuando buscamos de un modo inconsciente razones que justifican deseos y actitudes pero sin violentar nuestros principios ético-morales. Por ejemplo: un sujeto realiza críticas y humillaciones constantes hacia otra persona, dando "razones justificadas" descubriendo más adelante que siente una fuerte envidia hacia el otro.
- La proyección consiste en atribuir a otra persona u objeto los defectos, sentimientos o deseos que no se quieren reconocer en uno mismo. Por ejemplo: una persona considera egoísta a otra porque no puede aceptar ser consciente de que él/ella es egoísta.
- La introyección ocurre cuando se pierde la capacidad para identificar y expresar los propios deseos porque son sustituidos por los del otro. Por ejemplo: uno de los miembros de una pareja decide que van a ir de vacaciones a un lugar determinado, al otro miembro le produce gran ansiedad porque sus deseos quedan anulados satisfaciendo únicamente los del primero.
- La conversión se produce cuando una carga emocional reprimida se traslada como síntoma somático. Por ejemplo: una persona tiene que hablar en público y de forma súbita se queda afónica.
- La regresión como mecanismo de defensa inconsciente es cuando hay un retorno del comportamiento hacia un modo más antiguo de satisfacción. Por ejemplo: un niño de cinco años que vuelve a chuparse el dedo ante la llegada de un hermano.

- La anulación consiste en hacer lo opuesto de un modo real o imaginativamente al acto o pensamiento precedentes, con el fin de borrar mágicamente todo aquello que resulta molesto. Por ejemplo: una persona que se siente invadida por deseos sexuales hacia alguien y antes de que aparezca el pensamiento "perturbador" se persigna elaborando todo un ritual.
- La negación expulsa de la conciencia del individuo un acontecimiento negativo y actúa como si nunca hubiera ocurrido, mediante este mecanismo la persona niega la realidad de los hechos. Por ejemplo: un hombre afirma haber maltratado en una sola ocasión a su mujer negando un segundo episodio de maltrato.
- La punición es un conjunto de conductas que intentan compensar sentimientos de culpa. Por ejemplo: una mujer después de un largo periodo de no hablarse con su madre, tras el reencuentro la sobreprotege de forma desmedida.

Ocurre que en ocasiones estos mecanismos fallan o el estímulo es tan fuerte que nos quedamos sin nada que nos proteja; entonces llega el desequilibrio ante cada uno de los cientos de estímulos externos que a diario recibimos; nuestro sistema interno genera un sentimiento y éste una emoción que de forma automática hace que nuestro cerebro desencadene un torrente de sustancias químicas que se esparcen por todo el cuerpo y se alojan en diferentes órganos ejerciendo una presión constante dentro de nosotros, intentando buscar el medio de liberarse, del mismo modo que el aire que se introduce en el ejemplo del globo a través del fuelle exterior. La vía de escape para poder canalizar esta energía retenida pasa, en primer lugar, por hacer consciente la emoción que estamos teniendo y reconocer el disparador que la desencadenó. Más tarde deberemos localizar la parte de nuestro cuerpo donde se ha instalado y liberar esa tensión que ha producido a través de expresar abiertamente los sentimientos que nos afloran como consecuencia de ello.

Estas actuaciones condicionan y estructuran la conducta que determina nuestra forma de ser y cómo reaccionamos ante las diversas situaciones de la vida. Nada es porque sí, todo tiene un sentido aunque no seamos capaces de encontrarlo.

La manera de exteriorizar nuestras reacciones, es decir, nuestra conducta, puede abrir una puerta que libere toda esa tensión, haciendo que el globo se desinfle y nuestros canales energéticos estén limpios para permitir que el "Qi" –la energía– fluya con libertad por ellos, y de esa forma estemos preparados para recibir un nuevo estímulo a través de otra nueva experiencia.

El problema es que, lamentablemente, existen muchas circunstancias y situaciones en que no podemos expresar lo que sentimos abiertamente, entonces la puerta queda cerrada, la emoción se aprisiona junto con la sensación física que nos oprime, y la energía queda estancada y localizada en determinadas zonas anatómicas, originando un núcleo morboso que si no lo drenamos, aumentará y ocasionará más lesión. Primero se genera adentro y se va expandiendo hacia afuera pasando de la estructura a la función, del órgano al sistema. La enfermedad va de adentro hacia afuera mientras que la curación lleva el proceso a la inversa: de afuera hacia adentro.

Figura 3

El equilibrio entre estas tres fuerzas dará el nivel de energía. El ideal de curación consistiría en averiguar la causa en uno de estos tres niveles y actuar también en los efectos secundarios en los demás. La interrelación entre esta triple constitución del hombre es de vital importancia, ya que es la que regula nuestra salud.

Las toxinas se encuentran primero fuera de la célula, en su fase humoral –estados agudos–, para pasar a la fase celular –estados crónicos–. La enfermedad tiene tendencia a pasar de una fase a otra, siendo más fácil retroceder a la salud desde la fase humoral.

Las toxinas pueden ser endógenas, producidas en nuestro interior: deficiencias orgánicas, emociones negativas sostenidas en el tiempo, bioquímica descompensada, etcétera; y exógenas, que vienen de fuera de nuestro organismo como por ejemplo los virus, bacterias, agentes contaminantes, alérgenos, radiaciones, etcétera. Es menester excretarlas a través de los emunctorios o sistemas del cuerpo humano que da salida a las secreciones –piel, riñón, mucosas, intestinos–, esto en lo que se refiere a trastornos que nos afectan a nivel físico.

En cuanto a lo mental, hay diferentes modos de reaccionar cuando nos fallan nuestros mecanismos de defensa; es frecuente optar por una de estas dos posibilidades: o bien redirigir hacia otra persona el problema y exteriorizar nuestra contrariedad con el primero que se nos cruza en nuestro camino, o bien, y esta es la peor de todas, callarnos e intentar borrarlo de nuestra mente, dejando así que toda la energía bloqueada nos atrape como una tela de araña quedándose reprimida dentro de nosotros, produciéndose con ello la enfermedad. Como decía el gran médico chino Huo Tuo: "El agua que corre no se pudre". No debemos permitir que esas energías se queden estancadas en nuestro interior porque, al igual que una piscina que no se limpia y renueva el agua, con el tiempo se quedará putrefacta y nos enfermará.

Para llegar a entender todo el proceso degenerativo completo, hay que volver al capítulo anterior donde hablábamos del funcionamiento de los dos hemisferios y entender que en primer lugar, para poder ser conscientes y racionalizar cada uno de los impactos que nos llegan, tanto del exterior como desde nuestro propio interior, ante situaciones concretas en las que nos vemos inmersos, debemos tener plenamente desarrollado nuestro hemisferio izquierdo que es el analítico y reflexivo, y es capaz de llegar a conclusiones lógicas pudiendo entender en sus procesos lo que en esos momentos está ocurriendo. Pero nuestros mecanismos de defensa nos hacen huir de esos sentimientos que generan esas emociones, haciendo que de este modo se aferren más a nuestro cuerpo.

Si hemos vivido ciertos episodios dolorosos en diferentes etapas de nuestra vida, donde todavía este hemisferio no estaba plenamente desarrollado y funcionábamos regidos por un hemisferio derecho donde sólo existe la parte emotiva y no hay capacidad de análisis, entonces sólo podremos retener de esas experiencias el dolor que nos han ocasionado, ya que este hemisferio derecho siente pero no tiene la capacidad de analizar, deducir y comprender lo que está ocurriendo. Como desencadenante de todo ello, esta primera experiencia emocional se quedará atrapada en el plano inconsciente de nuestra mente y la energía que desencadenó todo el proceso encontrará cerradas las puertas de salida, quedando sepultada en los fondos del inconsciente y esperando lograr algún día ver la luz. Pero lo reprimido se resiste a salir a la luz de manera sencilla ante el análisis intelectual de un hemisferio izquierdo del adulto que tiene un enfoque muy dispar al suyo; por esta razón, tenemos que volver a esas experiencias a través del mismo hilo conductor: la emoción, que es el idioma de nuestro hemisferio derecho.

El enfoque que realizaban personas como Breuer, Freud o Jung, son desde el punto de vista de la TRR muy acertados, ya que a través de la observación de sus pacientes, descubrían emociones y episodios de su vida que tenían aparentemente olvidados y los sacaban al plano consciente, siendo entonces cuando comenzaban a sentir una mejoría, entendiendo hasta qué punto todas estas experiencias les podían haber dejado una importante huella y condicionantes en sus vidas; pero en sus planteamientos, a través de hacer un análisis pormenorizado de toda su historia, resulta limitante ya que a partir de determinado momento hacia atrás, es imposible de manera consciente acceder a los recuerdos y mucho más todavía a revivir situaciones concretas. Por esta razón, en la Terapia Regresiva Reconstructiva se trabaja en un nivel de ondas cerebrales que permite una eficaz comunicación entre los dos hemisferios en un lenguaje sencillo; así, el izquierdo entiende lo que siente el derecho e inmediatamente lo hace consciente. Esto nos permite tener acceso directo a esa información que permanecía guardada en los archivos de nuestro inconsciente y se mantenía oculta en los lugares más recónditos de este hemisferio.

El trabajo de la terapia, por tanto, no es quedarse en las épocas de la vida del paciente en las que él, de manera racional y analítica, puede repasar su historia, sino que hay que retroceder hasta esa edad temprana en la que la persona almacenaba todo lo que acontecía en ese vasto hemisferio derecho.

Capítulo IV
Estructura de la terapia

"Al igual que la belleza de la perla nace desde la enfermedad y el sufrimiento, así también nacen el conocimiento, la noble naturaleza humana y el sentimiento humano purificado del sufrimiento y el dolor."

Rudolf Steiner

Elementos a tener en cuenta cuando se va a iniciar una terapia

Tal como dice el doctor Francisco Albertos: "Vivimos en una sociedad en la cual el enfermo se pone en manos de los médicos y acepta pasivamente el papel de consumidor para que éstos le supriman los síntomas y las molestias sin que tenga que meditar, por ejemplo, sobre su modo de vida y la posible reforma de sus comportamientos".

Este modelo de entender la relación paciente-terapeuta está caduco, y sus resultados mediocres deben hacer que nos planteemos la búsqueda de otros modelos en donde el enfermo sea el Director de su propia orquesta y coja la batuta para marcar el compás y el ritmo de todos los instrumentos para que suenen al unísono. El paciente no debe ser un mero elemento pasivo que se limita a ponerse en nuestras manos para que "lo curemos", hay que partir de la base que, en el mejor de los casos, si se cura será gracias a él y por lo tanto debe asumir desde el primer día la responsabilidad de su proceso y hacerse cargo también de su cuerpo y mente para conseguir su bienestar personal, sabiendo que su mejor terapeuta será él mismo.

Debemos entonces hacer que se movilicen todos los recursos, tanto internos como externos con los que cuenta el sujeto, para que de esta manera las piezas de su maquinaria funcionen coordinadamente con suavidad y sin ruidos estridentes.

Esta actitud responsable y activa por parte del paciente es de suma importancia, pues sin ella todos los recursos y técnicas psicológicas adolecerán de la ilusión de recuperar el bienestar y, precisamente, es esta ilusión la emoción que facilita la motivación necesaria para ese anhelado giro terapéutico.

La Medicina Tradicional China lleva más de tres mil años afirmando que es necesario observar al enfermo como un conjunto de sus partes y actuar desde diferentes ángulos para restablecer el equilibrio perdido; para ello, sus áreas de trabajo se centran, no solamente en la acupuntura y la moxibustión, sino también en la fitoterapia, el masaje y el ejercicio.

Desde la Dinastía HAN –206 a.J.C. año 220– el médico Hua Tuo incorporó el ejercicio físico en el modelo de recuperación, creando la gimnasia de los cinco animales que era una imitación que tenía que hacer el paciente del tigre, ciervo, oso, mono y ave –este sería el nacimiento del Chi Kung–. Es importante que integremos este pensamiento en nuestro estilo de trabajo y lo llevemos a la práctica involucrando al paciente al máximo en actividades, no solamente emocionales sino físicas. Haciendo que la terapia sea un proceso pro-activo desde el principio, conseguiremos que esa motivación empuje a la consecución de objetivos y a que nuestro paciente siga interesado en su vida y en cómo mejorarla.

Si todos los profesionales de la salud fueran capaces de pensar de esta manera, estoy convencido de que daríamos un gran salto en el bienestar general de la humanidad. Robert B. Stone se aventuró hace algunos años a estimar que la toma de conciencia de una medicina holística, llevaría a los Estados Unidos a poder recortar sus gastos de sanidad en más de 100 mil millones de dólares al año; son cifras a tener muy en cuenta ya que si, a su vez, estos ahorros se reinvirtieran en investigación en todo tipo de terapias... ¿hasta dónde podríamos llegar?

Compromisos que debe adquirir el paciente

Las promesas son un preludio inútil si detrás de ellas no hay una acción concreta; tal y como figura en el refranero español: "Las promesas se las lleva el viento" y como contraposición ese otro: "El movimiento se demuestra andando", en este sentido, mi propuesta terapéutica es que los compromisos se conviertan en acciones específicas; de esta manera, podremos analizar los resultados haciendo paralelamente un seguimiento de la evolución de nuestros pacientes. Es recomendable realizar una serie de tareas antes, durante y después de la terapia por parte del paciente, que iré detallando más adelante. A continuación, algunos consejos que pueden servir como modelo o guía al terapeuta para establecer su marco de actuación:

Antes de iniciar la terapia

El paciente debe redactar un manuscrito lo más extenso posible sobre su situación actual y la forma de entender y vivir su entorno:

- Cuál es su estado de ánimo actual
- Qué cosas le gustan de sí mismo y de los demás
- Cómo se siente en determinadas situaciones concretas, qué situaciones le generan el miedo
- El balance de su vida. ¿Qué espera de ella?
- Los objetivos que quiere conseguir a través de la Terapia Regresiva Reconstructiva

Debe entregar una copia de este escrito a su terapeuta para que este material forme parte de su expediente e historial personal. El escrito será comentado con el Especialista en TRR para poder aclarar cualquier punto que no esté del todo concreto. Recuerde que los objetivos deberán ser además de concretos, medibles y alcanzables de manera razonable. La copia que se queda el paciente se cerrará en un sobre y lo guardará en algún lugar de su casa, sin volver a leerlo hasta que se le indique por su parte (lógicamente esto será cuando hayamos comprobado que todos los puntos que se habían establecido como metas a alcanzar, estén conseguidos y por lo tanto estaremos ya pensando en finalizar todo el proceso terapéutico).

A lo largo de la terapia

Hay que partir de la premisa de que lamentablemente en una inmensa mayoría de los casos las personas pasan el tiempo de su vida simplemente vegetando, dejando que transcurran las cosas de manera automática y sin ser conscientes de que la vida pasa de prisa y cuando nos queremos dar cuenta, ya es demasiado tarde para hacer muchas cosas de las que siempre quisimos y se quedaron en quimeras. Por esa razón, hay que hacer que nuestros pacientes se movilicen y comiencen a reaccionar ante muchas situaciones y tomen contacto con la vida, tanto exterior como interior.

Tomar contacto con el exterior. Pasear y tomar conciencia del entorno escuchando todos los sonidos que le sea posible captar y poco a poco ir descubriendo algunos nuevos –ruidos de coches, trinos de pájaros, el caer de la lluvia, los silbidos del viento, sus pasos al andar, el ritmo del corazón–. Con este ejercicio estamos haciendo que nuestro paciente tome conciencia de las cosas de "afuera". Personalmente me gusta decirles que una semana observen todo lo que ven por el suelo, otra semana todo lo que ven a la altura de sus ojos, hacia el horizonte; y otra semana, todo lo que ven mirando hacia arriba.

Tomar contacto con su interior. Cada dos o tres horas, hacer una parada en la actividad que esté realizando y tomar conciencia de su cuerpo, escuchar su respiración y hablarse interiormente por espacio de un minuto. Tomar conciencia de las cosas de "adentro", tanto a nivel físico como emocional.

Escuchar música con frecuencia –melodías suaves de música clásica o *New Age*–. En el caso de personas depresivas, escuchar música alegre que esté compuesta en tonalidades mayores.

Escuchar CD's de relajación para acostumbrarse a la visualización y a soltar tensión. Para ello, recomiendo los CD's que para tal fin tiene puestos a la venta nuestra Asociación a nivel mundial, a través de su página web: www.mundoregresiones.com

Realizar un par de ejercicios de recarga energética (cinco minutos) a diario, al levantarse.

Realizar algún tipo de deporte con regularidad

Llevar una dieta equilibrada

Dibujar, pintar o modelar arcilla

Llevar un diario mientras dura la terapia. Es prioritario, para una óptima evolución del proceso, que el paciente vaya desde la primera sesión escribiendo su diario personal. Este es un compromiso que debe adquirir el interesado con su terapeuta, antes de iniciar su primera sesión de trabajo. Es una oportunidad única que va a tener para poder dejar por escrito y sintetizada "su vida" y "su historia personal", por cuya razón es obligación del terapeuta motivar a sus pacientes a escribir –ya que suelen ser bastante reticentes a hacerlo– desde la primera sesión. En caso contrario, semanas más tarde les será imposible recordar los acontecimientos de manera progresiva, tal como fueron desarrollándose a lo largo de las sesiones en la consulta.

Es aconsejable indicarles que para este fin, compren un cuaderno bastante grande para que no tengan ningún problema a la hora de redactar sus escritos, y en el cual puedan incorporar, si así lo desean, otros objetos personales como fotos, dibujos, recuerdos, cartas... acorde a los momentos que se van viviendo en cada sesión terapéutica.

En este diario, más importante que detallar descripciones de imágenes mentales, es reflejar las emociones que venían unidas a éstas. Se deberían transcribir las experiencias de todas las sesiones terapéuticas así como todas las ideas, sensaciones, analogías, etcétera, que van emanando poco a poco a lo largo de los días y que permitirán unir todas las piezas del rompecabezas y ver la forma del dibujo que hay escondido en él.

Nota: No debemos confundir este diario con las anotaciones y transcripciones que realiza el terapeuta de cada una de sus sesiones de trabajo. Estas son de acceso exclusivo del terapeuta y deberán estar unidas al historial del paciente.

Forma de cumplimentarlo

- **Primer Paso:** Cada vez que el paciente realice una sesión de trabajo, deberá, en el plazo máximo de 24 horas, transcribir la misma, incluyendo no sólo los hechos acontecidos sino las sensaciones y emociones que experimentó en cada momento.
- **Segundo Paso:** Entre sesión y sesión, deberá escribir todo aquello que le venga a su cabeza en relación a su proceso terapéutico.
- **Tercer Paso:** Transcribir todos los sueños que le resulten "interesantes" y que crea pueden tener una relación con toda la información que está saliendo a la luz a lo largo de las sesiones de trabajo.
- **Cuarto Paso:** Anotar todo aquello que crea interesante para comentar o preguntar a su terapeuta en la próxima sesión.

- **Quinto Paso:** Al inicio de cada sesión de trabajo, comentar en Beta con el terapeuta todo lo sucedido a lo largo de esa semana y las reflexiones que se han realizado en esos días. Para ello, es aconsejable haber realizado una síntesis de todo por escrito para asegurarse de que no se olvidará nada.
- **Sexto Paso:** Cada cinco sesiones de trabajo –aproximadamente–, el terapeuta deberá dedicar un tiempo para, junto con su *Cliente*, hacer un balance de la situación y observar cambios, si es que éstos se están dando.

Al finalizar la terapia

Hay que revisar el escrito que se redactó al iniciar la terapia. Se podrá considerar que el trabajo ha finalizado con éxito cuando los objetivos que se establecieron en ese papel que se entregó en un principio, han sido alcanzados; en otras palabras, los cambios experimentados en la persona y su entorno, son verificables en sí misma.

Es momento entonces de pedir un nuevo escrito, en esta ocasión de cierre de terapia, en el cual el paciente redactará un balance de su situación actual comparando los dos estados del Ser –antes y después– y los avances conseguidos con la Terapia Regresiva Reconstructiva.

Establecer sus compromisos para un futuro cercano y tener terminado el *mapa* de "la búsqueda del Tesoro" (ver escenario "La Búsqueda del Tesoro" en Capítulo XIV).

La relajación como herramienta básica para el acceso a los estados regresivos

Aunque usted tenga contratado al mejor mecánico del mundo, éste no podrá arreglar su coche si no dispone de la llave inglesa adecuada para aflojar las tuercas y abrir el motor. Del mismo modo ocurre con la Terapia Regresiva Reconstructiva. Para acceder al material emocional/vivencial archivado, el cerebro necesita empezar a generar ondas de banda ancha que emitan entre 4 y 7 Hz por segundo.

Hay diversas formas de llegar a ello: a través de la hiperoxigenación o hipooxigenación –respiración holotrópica–, el *rebirthing* –renacimiento–, la bañera o tanque de aislamiento sensorial, la repetición constante de mantras, el LSD, la ketamina, diferentes tipos de *plantas sagradas* que se dan en casi todos los continentes como son la Ayahuasca, el Peyote, la Iboga, los hongos, sonidos, música... aunque realmente no hace falta nada de esto ya que a través de una simple relajación profunda se puede llegar a conseguir el mismo resultado sin ningún efecto secundario.

Para muchas personas la relajación no tiene en sí ningún valor, pero algo muy importante que tanto usted como sus pacientes deben conocer, es que este grado de relajación óptima ya es de por sí terapéutico y sana el sistema nervioso. Investigaciones muy actuales a través de resonancias magnéticas, han descubierto y confirmado lo que se conocía y practicaba desde hace miles de años, y es que la meditación trascendental, el zen, el yoga y la imaginería en general, mejoran notablemente la calidad de vida. La práctica a diario de estos estados, incorporándolo a nuestra rutina diaria, produce muchos cambios benéficos en nuestras vidas: elimina estrés, angustias y sufrimientos. Por esta razón, es importante que les enseñemos a nuestros pacientes a practicar la relajación para potenciar el acceso a estos niveles de conciencia y de esa forma conseguir que su recuperación sea más rápida.

Elementos a tener en cuenta al realizar una relajación

Hay muchas más personas de las que se imagina que no son capaces de mantener una respiración uniforme y continua, y podemos observar cómo en muchos momentos se quedan totalmente paralizadas o con respiraciones entrecortadas, interfiriendo todo esto en el correcto estado de su fluir interior.

Piense que la respiración es para nuestra mente lo mismo que el ejercicio físico para nuestro cuerpo, y por esa razón deberá comenzar enseñándole a su paciente la importancia de todo esto y un nuevo planteamiento de acercamiento a la respiración consciente a través de un trabajo que él deberá realizar en su casa. Para ello, el interesado debe buscar un lugar tranquilo y dedicar diez minutos de su actividad diaria a este fin, preferentemente si es por la noche antes de acostarse, y de ser posible lo más liberado de ruidos externos como la televisión, el radio, voces de familiares, luces de alta intensidad, etcétera.

Este es el ejercicio que debe practicar a diario

1. Estirarse varias veces subiendo los brazos por encima de la cabeza lo más alto que se pueda hasta notar cómo realmente el cuerpo comienza a sentirse aliviado por esta acción.
2. Se puede elegir desarrollar el ejercicio en la tradicional postura de "Loto" con las piernas cruzadas (una encima

de otra), los brazos descansando sobre los muslos y la espalda recta, o si se prefiere, se puede realizar el ejercicio metido dentro de una bañera con agua templada, cubriendo con el agua la mayor parte que se pueda de nuestro cuerpo, o bien tirado en la cama. En mi caso concreto, muchas de las ideas para la construcción, desarrollo o adaptación de los diferentes escenarios que están expuestos en estas páginas, llegaron a través de la información recibida en estos estados y dentro de una bañera. También se puede optar por la alternancia de las siguientes tres opciones (deje que la persona experimente, pruebe, compare y elija aquel con el que se siente más cómoda para sí misma).

3. Se cierran los ojos y se comienza con la respiración consciente; es decir, siendo un observador de nuestro cuerpo y viendo cómo actúa. Sintiendo cómo entra y sale el aire a través de nuestra nariz. Sienta cómo al entrar, llega con una energía limpia, blanca y dorada, y cómo al salir se produce un cambio y está más oscura y contaminada, notándose un ligero calor en la exhalación al contacto con el exterior.
4. A veces le llegarán pensamientos de todo tipo a su cabeza; no luche contra ellos, simplemente véalos como si fueran nubes en el cielo. Obsérvelos y vea cómo pasan, se alejan y desaparecen de su campo de visión. Cuando esto ocurra, vuelva inmediatamente a conectar con su respiración… a sentirla otra vez y a centrar toda su atención nuevamente en ella y de manera exclusiva. Si es usted constante, verá cómo en un espacio muy corto de tiempo –antes de un mes– comenzará a notar los beneficios de este ejercicio, ya que la respiración es como el agua que sirve para apaciguar la sed de nuestra alma y el alimento para hacerla crecer y desarrollarse.

5. Después de llevar unos meses de manera ininterrumpida trabajando con este ejercicio, puede usted cambiar y realizar técnicas de respiración sin interrumpirlas, tapándose con el dedo pulgar uno de los dos orificios nasales al inspirar, y al soltar el aire debe hacerse precisamente por este orificio cambiando ahora y taponando el orificio contrario al exhalar.

Lamentablemente en demasiadas ocasiones no se le da a la relajación la importancia que tiene en el proceso terapéutico; ocurre que, a veces, se producen en el transcurso de la sesión terapéutica bloqueos insalvables con otros métodos, mientras que si la persona alcanza ese estado de calma, propio de una relajación profunda, en los niveles de ondas cerebrales Theta, conseguiremos superar la barrera de esos guardianes del inconsciente.

Incluyo a continuación una serie de consejos previos y unos modelos estándar de relajación, a modo de guía que podrá servir al lector que esté iniciando sus primeros pasos en esta disciplina para que, posteriormente, pueda incorporar modificaciones con un lenguaje más acorde con su forma de ser. Sobre todo, nunca olvide que cada paciente es un mundo y el sistema que para uno resulta adecuado para conseguir una buena relajación, a otro puede no resultarle válido; por esta razón, deberá adaptar su modelo guía a cada persona en particular, y no a sus preferencias como terapeuta.

No es necesario utilizar tecnicismos ni palabras sofisticadas al ir describiendo las diferentes zonas del cuerpo que va relajando, puesto que corre el riesgo de que el paciente no llegue a entenderle y haga que esto le produzca el efecto contrario al que pretendía –se altere, se ponga nervioso en lugar de relajarse y se bloquee–. Por esta razón, le recomiendo que maneje un lenguaje universal, sencillo y cercano a la realidad cotidiana en la que el sujeto vive inmerso, y verá cómo le funciona mejor y con más garantías de éxito. Es mejor si utiliza una voz grave y monótona.

Adáptese acompañando y amoldándose a su paciente en las sensaciones que experimenta a lo largo de la relajación. Piense que para que haya un buen *rapport* entre los dos, es necesario que usted también se relaje a medida que induce a su paciente. De esta forma, verá cómo utiliza un lenguaje más creativo y cercano al suyo, y la información fluye con mayor rapidez.

Conecte con su respiración y que la comunicación verbal sea coherente con las sensaciones físicas del paciente –decirle que inspire cuando vea que así lo está realizando el sujeto y no a la inversa–. Poco a poco vaya acompañando a su paciente en las sensaciones que experimenta a lo largo de la relajación. Las palabras "aflojar", "te relajas", "más suelto", hay que mencionarlas en el momento que el paciente exhala y no cuando está inhalando el oxígeno.

Controle la velocidad, el ritmo y la cadencia de sus palabras. Debe existir sintonía y coherencia entre el ritmo de la voz y el contenido del mensaje.

Otra cosa muy importante a tener en cuenta, es que cuando se den respuestas no verbales por parte del paciente –movimientos del cuerpo, guiños, risas– que no han sido sugeridas, deberá usted incorporarlas enseguida a la relajación.

Tampoco deben asustarle las interferencias que puedan surgir del exterior; simplemente incorpórelas también al proceso de relajación. Si mientras está en el proceso de inducción, escucha, por poner un ejemplo, el sonido de una ambulancia que pasa por delante de la puerta de su consulta, no le diga a su paciente que no escucha nada, puesto que esta información producirá en él justo el efecto contrario al que espera. Hace unos años, dando un seminario de Terapia Regresiva Reconstructiva en la localidad de El Escorial, cerca de Madrid, coincidió que en medio de una relajación con todo el grupo de asistentes, realizando el escenario del *globo* –ver en el Capítulo V–, pasó por debajo de las ventanas del hotel donde estábamos, un desfile de comparsas que estaban celebrando una romería de la virgen de esa comarca. En esos momentos, en lugar de parar el proceso y reiniciarlo más tarde, sencillamente incorporé esta comparsa a la visualización que el grupo estaba realizando y mientras ellos viajaban en el *globo*, abajo en una pradera había una romería y unas bandas de música tocando.

En realidad el trabajo es sencillo, se trata de no perder la calma en ningún momento; todo se puede incorporar y utilizar en beneficio del paciente. Los resultados de aquella experiencia fueron sorprendentes, porque un gran número de los asistentes sintió que estaba metido en un grado muy profundo de relajación, gracias a esta inducción improvisada.

Consejos antes de iniciar una relajación:

- No es recomendable tomar café o excitantes antes de una sesión de trabajo.
- Preferentemente haber dejado pasar el periodo del proceso de digestión (más de dos horas después de comer).
- Aconsejar al paciente que vaya al cuarto de baño, si lo necesita, antes de iniciar la sesión.
- Llevar ropa suelta. Que no esté muy ajustada.
- Desabrocharse el primer botón del pantalón, de la camisa, aflojarse el cinturón, la corbata… cualquier cosa que le apriete o le pueda molestar durante la sesión de trabajo.
- Descalzarse, quitarse el reloj, pulseras, pendientes…
- No cruzar las piernas ni los brazos (son mecanismos de defensa que obstaculizan el acceso a nuestro inconsciente más oculto y además bloquean los canales energéticos).
- Es aconsejable poner una manta por encima del cuerpo del paciente, aunque sea en pleno verano –utilizar en estos periodos de calor alguna que sea muy finita para que no resulte molesta–, ya que esto le hará sentirse

protegido. Además, recuerde que al descender los ritmos cerebrales, el cuerpo se enfría.

- Algunas personas se relajan mejor escuchando música de fondo. En este caso, es recomendable poner música clásica suave, *new age,* música de grabaciones de los sonidos de la naturaleza –lluvia, pájaros, ríos–. En cualquier caso, siempre deberemos preguntar al paciente sus preferencias.
- Alguna música interesante podría ser de J.S. Bach, Paul Horn, Kítaro y el sonido de la lluvia, del mar o de los delfines, vibraciones de cuencos, campanas tibetanas, etcétera.

En muchas ocasiones, alumnos de los cursos de Formación de Terapeutas preguntan cómo saber si la persona está o no bien relajada. Existen diferentes indicadores si el terapeuta no dispone de un electroencefalograma que pueda medir sus ondas cerebrales. Lo primero que debe hacer es observar la respiración de su paciente puesto que debe cambiar de una respiración pectoral a otra más profunda y diafragmática; además, es muy importante ver los cambios que se van produciendo a nivel muscular, dándonos cuenta cómo las expresiones faciales de tensión van desapareciendo: se produce un borrado del fruncir del ceño, una distensión muscular de las mejillas, las mandíbulas se sueltan, la tensión o distensión de los párpados; si se tocan las manos, éstas han bajado la temperatura y están más frías, y si observa –como punto de referencia– el sueño de un bebé, éste será muy similar. No obstante, lo más importante es cómo se produce el diálogo en estos estados de conciencia, ya que el paciente habla de manera más pausada y sobre todo utiliza un lenguaje muy alejado de la parte racional y analítica. Expresiones del tipo: "Es como si...", "se parece a...", son indicadores de un buen nivel de relajación. Es el lenguaje del niño el que sale al escenario y actúa. Adáptese a ese lenguaje y conectará con su *Cliente.*

Modelos de relajación

Hay tantos modelos de relajación como terapeutas puedan estar en activo, ya que cada uno de nosotros adoptamos diferentes maneras de trabajar incorporando las cosas que nos parecen interesantes de otras personas, y a su vez creando nuestro propio estilo personal.

Mi recomendación es que usted pueda conocer varios modelos diferentes, de este modo podrá utilizar variantes con sus pacientes y verá cómo cada uno de ellos responde mejor a un tipo diferente de técnicas de relajación. Hay técnicas muy conocidas como la relajación progresiva de Jacobson, la regulación activa del tono según Stokvis y el entrenamiento autógeno de Schultz, pero no vamos a extendernos en explicar cada una de ellas, ya que si le interesa profundizar en esta materia, actualmente puede encontrar títulos de diferentes autores en cualquier librería especializada en psicología, donde le explicarán en qué consisten estos tres modelos y otras muchas variantes.

Yo prefiero presentar otro formato diferente: uno, incidiendo en el cuerpo físico; otro en el energético y sutil; otro de confusión y distorsión, y otro potenciando el trabajo de todos los canales sensoriales a la vez. Seguro que le podrán ser de gran ayuda.

Primera propuesta: Incidiendo en la parte física

> "Túmbate en la cama. Deja tus brazos extendidos a lo largo del cuerpo, y vamos a comenzar con la relajación. Limítate a dejarte llevar. No tienes que hacer nada... tu cuerpo lo hará todo por ti... simplemente, déjate llevar por mi voz, porque mi voz no te perjudica... mi voz te tranquiliza... mi voz te relaja... y mi voz te dice... que a partir de este momento todo será mucho más fácil... mucho más agradable... deja que tu cuerpo se relaje y comience a liberarse de toda la tensión que hay dentro acu-

mulada. Ahora concéntrate en tu respiración... y haz una inspiración profunda... tomas el aire... lo retienes unos instantes... y lo expulsas al tiempo que vas aflojando todo tu cuerpo... inspiras... retienes... y expulsas lentamente por la nariz... vas expulsando toda la tensión, todos tus miedos, el dolor... y tu cuerpo se va abandonando poco a poco... liberando todas las tensiones... Inspiras... retienes y expulsas... hundiéndote en una relajación profunda y perfecta, y olvidándote del mundo exterior sin que nada te importe ni te distraiga de lo que ocurre afuera. Sólo te centras en tu experiencia. Ahora fija tu atención en los dedos de los pies, y aflójalos y relájalos... los empeines y las plantas de los pies... los tobillos... todo suelto... blando... muy relajados... muy flojos... Ahora observa las pantorrillas y déjalas que se aflojen y se desplomen sobre la cama... siente su peso... y la paz interior que esta sensación produce en tu cuerpo... y las pantorrillas caen... relajadas... muy sueltas... sueltas y pesadas. Fíjate en los músculos de los muslos... siente cómo toda su tensión se desborda hacia el exterior y las piernas se derrumban y caen sobre la cama... se aflojan... se abandonan, se aflojan y se abandonan... cada vez más... cada vez más... y te vas dejando llevar a medida que las piernas se vuelven pesadas... muy pesadas... como dos bloques de plomo... y te abandonas a una dulce sensación de somnolencia que va a empezar a envolverte... porque todo va a ser cada vez más placentero y agradable... te abandonas sin que nada llegue a tu mente y las piernas se desconectan del resto del cuerpo... se vuelven muy pesadas... muy pesadas... y produce una agradable sensación de paz... de tranquilidad... y te dejas llevar. Ahora observa los dedos de las manos y siente cómo la sangre fluye lentamente por ellos y se extiende por todo el cuerpo... observa las muñecas... muy flojas... los antebrazos... sueltos... los bíceps... los tríceps... y déjalos flojos... y tus brazos se vuelven más pesados... muy pesados... cada vez más y más pesados... relajados... profundamente relajados... totalmente relajados... y su peso es muy agradable y te induce a un abandono total... relajado y tranquilo. Observa los hombros y siente toda la tensión que hay acumulada en ellos. Déjalos que caigan sobre la almohada... deja que sus músculos y tendones se relajen... se aflojen... se van ablandando cada vez más... más sueltos... más relajados... la tensión se suelta... se diluye y va desapareciendo... no hay tensión y te encuentras cada vez mejor... nada te preocupa... nada enturbia tu mente... sólo hay paz... mucha paz... y la relajación fluye por todo tu cuerpo que se relaja cada vez más... cada vez más... cada vez más. Ahora fíjate en el pecho y observa un pequeño punto de luz de gran intensidad que comienza a girar en espiral y va creciendo... esparciéndose por toda la caja torácica y relajando todos los tejidos; todos tus órganos se van inundando de luz... filtrándose por todas tus células y llenándolas de una agradable sensación de bienestar, de placidez, de plenitud... de paz... mucha paz... paz y tranquilidad. La luz crece y relaja... crece y relaja... inundando el corazón y bombeando esa luz a través de tus arterias... de tus venas... hasta llegar a todos los rincones de tu cuerpo. Ahora esa sensación se extiende por el estómago y relaja todos los músculos del abdomen... que se ablandan... se aflojan... y toda la tensión sale hacia el exterior... relajando... llenándolo todo de calor agradable; te vas dejando llevar por esa sensación de paz... paz y *re-*

lax... que te lleva... te balancea... es muy agradable y placentero. Ahora pon tu atención sobre la nuca e imagina que la luz se extiende por dentro de ella... y sientes cómo toda la tensión que hay aquí acumulada empieza a disiparse... los músculos se sueltan... los nervios... los tendones... la luz va recorriendo tu cuello... tu garganta... relajándolo todo... cada vez más... más y más relajada... profundamente relajada... totalmente relajada... a medida que te hundes hacia tu interior... más relajada. Observa las mandíbulas... sueltas... los labios... las mejillas... la luz se va extendiendo y relajando todo lo que toca... los párpados están cansados y los ojos caen hacia el interior, descansando... caen y se relajan. Los músculos de la frente pierden toda la tensión... y la luz se extiende invadiendo todo el cuero cabelludo que se afloja... se suelta y se relaja cada vez más... Sigues relajándote y tu mente descansa cada vez más... cada vez más... cada vez más. Ahora tu cuerpo está muy relajado y vamos a profundizar más en tu mente. Ahora quiero que visualices y te imagines en lo alto de una escalera de caracol. La escalera está cubierta por una gran alfombra muy mullida, espesa. Miras hacia abajo y resulta un lugar muy acogedor, agradable. Tus pies descalzos se hunden entre la alfombra que los protege y se sienten cálidos, arropados y descansados. Ahora voy a contar del 10 al 1 y a medida que cuente hacia atrás comenzarás a descender los escalones que giran hacia la izquierda, en el sentido inverso a las manecillas del reloj. Con cada escalón que vayas bajando y con cada número de la cuenta atrás, vas a ir notando cómo tu mente se relaja más profundamente. Cuando lleguemos al número uno, tu mente y tu cuerpo estarán profundamente relajados. Comenzamos: 10... empiezas a bajar... 9... cada vez más... 8... tu mente se va abriendo... 7... ya no hay limitación de tiempo y espacio... 6... la sensación de abandono es cada vez más intensa... 5... te relajas... 4... hacia abajo... entrando en tu mundo interior... 3... muy serena y profundamente relajada... 2... bajas... y tu cuerpo se marcha... sintiendo una profunda tranquilidad... 1"

Ahora tu mente está muy tranquila y relajada. A partir de este momento vamos a empezar a trabajar y va a ser una experiencia muy interesante para ti. Al finalizar vas a sentirte muy alegre de haber realizado este trabajo... a partir de ahora tu mente puede recordar, indagar y revivir todo lo que ha ocurrido en el pasado... tu mente se abre... y está predispuesta a regresar en el tiempo para encontrar respuestas a tus problemas actuales...y ahora empezamos".

Nota: En este ejemplo se ha empezado a relajar a la persona desde los pies a la cabeza, pero también se puede realizar a la inversa. Usted puede probar con sus pacientes cuáles son sus preferencias.

Otra cosa importante a tener en cuenta, es que la cuenta progresiva o regresiva de números que se incorpora en una relajación, deberá hacerse en función de si se está relajando –al inicio de la sesión– o sacando de la relajación –al finalizar– al paciente. Hace muy pocos días volví a ver en video una película conocida donde un psiquiatra está relajando a uno de sus pacientes y utiliza para relajarle una cuenta progresiva, es decir del 1 al 10. El conteo que realiza es ascendente mientras que las ondas cerebrales del paciente sabemos que están bajando su ritmo –recuerde el capítulo de los hemisferios cerebrales y sus correspondientes ondas–. Esto no tiene ninguna lógica y lo sensato es hacer una cuenta regresiva –es decir, del 10 al 1–, retrocediendo, del mismo modo que sus ondas cerebrales se relentizan y van bajando.

Segunda propuesta: Incidiendo en el cuerpo energético

Este modelo propone trabajar con los campos energéticos que existen en el cuerpo sutil. Los *chakras* –ruedas– son un sistema de campos energéticos vibratorios, identificados desde tiempos remotos tanto por hindúes como tibetanos y budistas, que aunque no los vemos, al igual que los meridianos en la Medicina Tradicional China, se mueven por canales a lo largo de nuestro cuerpo junto a otros sistemas físicos como el óseo, muscular, nervioso, circulatorio, linfático... la diferencia entre los dos sistemas sutiles es que los meridianos son campos de energía que se han podido medir científicamente, mientras que los *chakras* son campos de luminosidad y todavía no se ha investigado cómo medirlos, aunque los avances de la física cada vez están más cerca de ello.

Existen siete *chakras* principales en el cuerpo etérico asociados al cuerpo físico y todos ellos conectados entre sí, y a su vez conectados en total armonía con el cosmos.

Se encuentran localizados a lo largo de la columna vertebral y sirven como receptores y transmisores de energías elevadas. Al igual que con los Meridianos, cuando se produce una desarmonía entre ellos, es cuando se produce la enfermedad.

La relajación que se describe a continuación puede aplicarse por sí sola o después de una relajación general de las diferentes partes del cuerpo, y cambiar la cuenta atrás del 10 al 1 por este sistema:

> "Ahora quiero que adoptes una posición cómoda con la que tú te encuentres mejor, soltando todos tus músculos, dejándolos blandos, y quiero que te imagines que estás dentro de una gran bañera con agua tibia, muy cómodo, muy tranquilo, y esto hace

que todos tus músculos se relajen, se suelten... siente cómo todo el cuerpo se abandona y se deja llevar, tranquilamente, sin ninguna preocupación, sintiéndote flotar...

Ahora quiero que fijes tu atención en el principio de tu columna, en tu coxis. Observa, porque aquí se encuentra situado tu primer *chakra* –*Chakra raíz*–. Tiene la forma de una flor de cuatro pétalos... deja que poco a poco sus pétalos se vayan abriendo y siente cómo comienza a emanar una energía de color rojo... deja que este color se vaya expandiendo y siente cómo fluye por todo tu sistema circulatorio y cómo a través de tu sangre fluye la vida a todo tu cuerpo... siente el bienestar que produce esta sensación... siente cómo tu cuerpo comienza a vibrar en este nivel... y vas profundizando en tu relajación... (dejar transcurrir un minuto, sólo acompañando al paciente con música de fondo).

Ahora quiero que fijes tu atención un par de centímetros por debajo de tu ombligo. Aquí se encuentra ubicado el segundo *chakra*. Tiene seis pétalos. Fija la atención en ellos y observa cómo poco a poco comienzan a abrirse al tiempo que van emanando una energía de color naranja... deja que esa energía naranja se vaya extendiendo por tu vientre, el bajo vientre; siente cómo fluye ahora por tu zona genital y cómo va revitalizando toda esta área... siente su fluir por tu cadera, los lumbares... y ahora siéntelo cómo penetra por tus riñones, el hígado... y cómo va creando una rueda de energía alrededor de toda esta zona... y esa sensación es muy agradable, muy placentera... la energía fluye alrededor de este círculo energético y te dejas envolver por él... te vas dejando llevar por esta sensación placentera... y cada vez profundizas más en tu relajación... (dejar transcurrir un minuto, sólo acompañado con música de fondo).

Ahora quiero que fijes tu atención en el plexo solar. Ahí está localizado el tercer *chakra*. Tiene diez pétalos. Concéntrate en ellos y observa cómo poco a poco van abriéndose al tiempo que comienza a emanar una energía de color amarillo que empieza a expandirse por toda esta zona... siente ese color amarillo como rayos del Sol... siente su calor cómo te envuelve y produce un ligero cosquilleo muy agradable dentro de ti que te da seguridad, te protege... te hace sentir más seguro... y esto hace que empieces a pensar en positivo, sabiendo que todo lo que te propongas lo podrás conseguir... se genera dentro de ti una gran sensación de amor por los demás... deja que esta energía fluya e impregne tu estómago... el bazo... los intestinos... los músculos... y vas sintiendo cómo entras en un nivel de relajación muy profundo... es muy agradable para ti y te dejas envolver por esta sensación mientras que todos sus pétalos se abren.... (dejar transcurrir un minuto, sólo acompañado con música de fondo).

Ahora quiero que fijes tu atención en el cuarto *chakra*. Este se encuentra situado en el centro de tu pecho. Tiene 12 pétalos... mira cómo poco a poco se van abriendo y todo se cubre de color verde... siente cómo esta energía va filtrándose por tus pulmones... tu corazón... y sigue creciendo... llenándolo todo de una profunda sensación de paz... mucha paz... de bienestar. Ahora sólo sientes quietud en todo tu cuerpo y esto es muy agradable para ti... te envuelve en un profundo nivel de relajación... y te vas dejando llevar... dejándote llevar... (dejar transcurrir un minuto, sólo acompañado con música de fondo).

Ahora toma contacto con tu garganta para localizar el quinto *chakra*. Este tiene 16 pétalos y sientes cómo una energía de color azulado va emanando de sus pétalos y expandiéndose por todas partes... se estimula el tiroides, la laringe se suaviza y se expande... esta energía te recarga de amor y tranquilidad, y suaviza y limpia todas las impurezas y energías negativas de tu garganta... te va abriendo hacia otro nivel de conciencia... y tú te dejas llevar, tranquilo y abandonándote del mundo exterior y centrándote solamente en tu mundo interior... y vas entrando en él... (dejar transcurrir un minuto, sólo acompañado con música de fondo).

Ahora centra tu atención en el entrecejo. Aquí está el sexto *chakra*. Este es el famoso 'tercer ojo' de la tradición tibetana. Su forma es como una flor con dos grandes pétalos que emanan su energía hacia todas partes como si fueran las alas abiertas de una mariposa en movimiento. Observa el color violeta de este *chakra* y siente cómo su energía penetra en forma de espiral por todos los rincones de tu cuerpo, se va extendiendo por tu cuerpo como una gran capa de color violeta que se eleva... Ahora ya estás conectando con tu parte más espiritual y se potencia en ti la percepción extrasensorial.... la intuición... el conocimiento... la tolerancia... la comprensión. Ahora báñate en este color y flota entre estas sensaciones de paz y tranquilidad... (dejar transcurrir un minuto, sólo acompañado con música de fondo).

Ahora centra tu atención en tu coronilla, aquí está situado el séptimo *chakra*. Esta flor está formada por infinidad de pétalos que comienzan a abrirse y emanan una energía de color blanquecino y dorado por todas partes... saltan como si fueran fuegos artificiales y producen pequeñas explosiones que generan una gran paz interior... es muy hermoso... envuelve todo tu Ser y te hace sentir muy tranquilo y con mucha paz... todo es paz y tranquilidad y el *relax* es profundo y muy agradable... ahora estás conectado con el Universo y esto te permite poder estar muy abierto al trabajo terapéutico que vamos a realizar y va a ser muy positivo para ti. Ahora quiero que te imagines envuelto por una energía de luz, sintiéndote rodeado por un halo de paz y tranquilidad, de bienestar y sosiego; hay paz, armonía, tranquilidad, fuerza y seguridad para el trabajo que vamos a realizar... y ahora podemos empezar..."

Nota: Algunas personas trabajan visualizando el sexto *chakra* de color azul oscuro y el séptimo de color violeta. Cada uno de ustedes puede utilizar el color que crea más conveniente o con el que esté acostumbrado a trabajar. Personalmente prefiero trabajar de la forma que les he descrito anteriormente.

Tercera propuesta: Modelo de distracción y persuasión

En este modelo se utiliza la distracción del paciente para que estando atento a los mensajes que se envían a su parte consciente, entre en los otros mensajes más inductivos a través de sugerencias que se transmiten a su inconsciente. En el inicio de este modelo hacemos que el paciente capte la atención a todos los acontecimientos del exterior y desde allí vamos entrando cada vez más hacia el interior de sí mismo.

"Ahora quiero que hagas tres respiraciones profundas y con cada una de ellas vas a dejar que toda la tensión salga de tu cuerpo y te permita desconectarte del mundo exterior. Quiero que ahora tomes contacto con el sonido que escuchas a lo lejos de los coches que pasan por la calle; escucha los sonidos de las voces de las personas que pueden llegarte a ti como un susurro lejano… toma contacto ahora con las cosas que hay en esta habitación, haz un repaso a la librería, mi mesa, las sillas, mi sillón, los cuadros... conecta ahora con el diván sobre el que estás sentado… puedes sentir tu cuerpo sobre él… y también si quieres, puedes sentir el contacto de tu camisa con tu cuerpo… puedes notar el tejido de tu pantalón y si se te antoja, también puedes sentir el contacto de tu anillo en tu dedo… deja que tu cuerpo y tu mente comiencen a conectar entre sí. Ahora puedes darte cuenta y escuchar tu respiración que se vuelve cada vez más ligera… siente cómo con cada respiración… el cuerpo entra en un estado más agradable de sosiego, de tranquilidad… y tú puedes observar… cómo poco a poco… sin hacer nada… se va produciendo este cambio en tu cuerpo… tu Inconsciente quiere salir a la luz para darte un mensaje… si tú quieres puedes empezar a darte cuenta de que percibes muchos más detalles de tu cuerpo y puedes empezar a observar cómo van cambiando las cosas en tu interior… si lo deseas, escucha el mensaje que tiene que darte tu Inconsciente desde tu interior, porque es muy importante para ti y quieres estar en comunicación contigo mismo… y mientras tu Consciente puede percibir cierta relajación en alguna parte de tu cuerpo… tu Inconsciente puede llevar esa relajación a todos tus músculos… y mientras puedes estar percibiendo tu pulso… a través de los dedos de tus manos… tu Inconsciente puede profundizar esa relajación y esa tranquilidad… y en qué momento te das cuenta… de que tu cuerpo está muy tranquilo… que tu respiración se ha vuelto más serena… que tus músculos están relajados y que tú puedes estar disfrutando sanamente… de un momento como este en donde no necesitas pensar nada... ni decir nada, ni hacer nada... un momento... simplemente para estar... para sentir... para vivir... entonces... tú puedes imaginar fácilmente... que paseas por una ciudad muy agradable... y mientras caminas... puedes ver algunos detalles de esta ciudad que pueden llamarte la atención... y si tú sigues caminando por esta ciudad... te vas a dar cuenta de que hay un edificio que te va a llamar la atención... dime... ¿Cómo es este edificio?..." *(Acabamos de unir la relajación con el inicio de un "escenario de trabajo" que en este caso sería "El Edificio").*

Cuarta propuesta: Magnetización

Este modelo extraído del libro de Albert Rochas, *Las Vidas Sucesivas* (1911), propone trabajar en la línea de Paracelso y Mesmer –teoría de los campos magnéticos– y dice así:

> "Situando al paciente sentado frente a ti, se coloca la mano derecha sobre la cabeza del mismo mientras se practica una serie de pases longitudinales de arriba a abajo y combinándolos con la imposición de la mano derecha. Esta magnetización produce una alteración de los estados de conciencia del individuo". (Hipnosis inductiva).

En algunos casos se puede utilizar esta técnica como refuerzo de las anteriores, pero mi consejo es que no se haga de manera aislada.

Quinta propuesta: Modelo de confusión

Las técnicas de confusión están diseñadas especialmente para pacientes muy vigilantes, muy atentos y controladores de todo, que no quieren perder la conciencia.

Cuando una persona entra en trance manteniendo los ojos cerrados, se le puede hacer que dé varias vueltas alrededor suyo, girando. De esa forma nos permite romper con los patrones mentales conscientes y una vez rotas las defensas, podemos meterle las nuevas inducciones diciéndole que ahora su mente inconsciente le va a ordenar y dar solución al problema que tiene. Veamos a continuación una forma de confusión y distorsión del lenguaje.

> "Cierra tus ojos y presta mucha atención a lo que te voy a decir... a mi tono y ritmo de voz, a los sonidos graves y agudos que escuchas en el entorno... a partir de este momento, tu momento es mi momento... y con una inhalación y exhalación profundas, tu cuerpo se encuentra en su mejor momento: es el momento de la relajación... Ahora es el momento de ubicarte en un desierto en donde puedes observar el hermoso color naranja del atardecer en un fondo de cielo azulado –*Al combinar un color primario con su complementario, éstos se realzan y la imagen cobra más fuerza*– y sientes en tu cuerpo el aire tibio y húmedo que te acaricia; pero como yo no soy tú y tú no eres yo, yo estoy observando en este momento –que al igual es tu momento– un amanecer con su fresco rocío y el hermoso azul del cielo que se funde en un *estar* que no es el tuyo ni es el mío. Si tú fueras yo observarías ese amanecer y si yo fuera tú, vería el atardecer del desierto. Sin embargo los dos podemos mirar hacia arriba para ver las mismas estrellas, pero si yo miro hacia abajo, no veo el amarillo de la arena del desierto ni una linda flor púrpura que brota de un cactus; pero si fuera en un campo, vería brotar una bella flor de margarita y si tú miras hacia abajo y yo miro hacia arriba, entonces tengo la sensación de ubicarme en tu momento, que ni es el tuyo ni es el mío... si fuera el tuyo y el mío sería un espejismo, el cual forma parte de una realidad que es irreal. Ahora tú puedes hacer realidad un plácido y relajante oasis donde inesperadamente crece un verde prado que se con-

funde con el rojo de unas flores que crecen en medio del mismo y emanan un delicioso aroma. A tu derecha encuentras un refrescante manantial que se desborda en un hermoso lago azul y si yo estoy frente a ti, puedo ver ese manantial a mi izquierda, que es donde se posa una hermosa mariposa de color naranja en uno de los lotos que flotan en la tranquilidad del agua. Pero como no estoy allí sino aquí y tú no estás aquí sino ahí, las cosas no eran como pudimos haber dicho, ni los prados ni los desiertos están donde creíamos que tenían que estar. Pero si otra persona estuviera a tu lado derecho, viéndome de frente reflejado en un espejo, entonces tu mano derecha estaría junto a su izquierda y su mano izquierda estaría lejos de tu mano derecha y más lejos aún de tu mano izquierda. Y tú, si quieres, te puedes sentir flotar como una flor de loto… tranquilamente, relajadamente, sin nada que te preocupe, sintiendo un ligero balanceo que te acuna, que te mece y te hace sentir sólo paz y tranquilidad… y eso hace que tanto tu cuerpo como tu mente queden muy tranquilos, muy relajados… tan sueltos, que sólo desees flotar… flotar y salir a navegar por el espacio infinito… y sientes cómo te elevas y una energía mágica te envuelve y te lleva hacia una relajación perfecta.

Sexta propuesta: Modelo activando todos los canales sensoriales

Cuantos más canales sensoriales controle y domine nuestro paciente, mayor será el grado de profundización en la relajación y mejores los resultados que se obtengan. Por ello, si conseguimos recrear al máximo la realidad del escenario en el que estamos introduciendo al interesado y tratamos de que active y trabaje con sus cinco sentidos haciendo que las imágenes sean lo más vividas y nítidas posibles, mayores serán los cambios producidos en su sistema interno y la relajación más profunda. Para ello, es interesante que se tengan en cuenta diferentes frases que vayan a conectar con cada uno de estos sentidos –vista, oído, olfato, gusto, tacto–. Veamos un ejemplo de relajación:

> "Te voy a pedir que antes de concentrarte en tu cuerpo te pongas en una posición en que te encuentres lo más cómodo y tranquilo posible. Cierra tus ojos y solamente déjate llevar por el sonido de mi voz. Sólo confía, relájate y deja que tu cuerpo haga todo por ti... simplemente, déjate llevar. A partir de este momento vas a empezar a sentir tu cuerpo muy cómodo... inhala profundamente llenando de aire completamente tus pulmones y dándote cuenta cómo se inflan y al exhalar nota cómo se desinflan y sale el aire un poco tibio y se lleva toda la tensión, todo aquello que te incomoda, te inquieta o te perturba... las toxinas, los miedos, las tensiones, el malestar... y te va relajando poco a poco... y una vez más siente el aire que entra y sale suavemente, a tu propio ritmo, y ve dándote cuenta cómo a través de la respiración, te vas relajando cada vez más profundamente... siente cómo tu cuerpo y mente se relajan cada vez más y más... Muy bien, lo estás haciendo muy bien.
>
> Ahora imagina que te encuentras en un hermoso parque natural donde vas a poder observar, escuchar, sentir, tocar, oler, gustar y en general, percibir a través de todos tus sentidos las maravillas que te brinda este lugar.
>
> A medida que recorres el parque sientes el prado húmedo bajo tus pies –*tacto*–, la tibieza del Sol que acaricia tu piel y la brisa ligera que envuelve todo tu cuerpo produciendo en ti una sensación de bienestar, al tiempo que escuchas el agradable sonido del agua que produce una cascada que cae

desde la montaña *–oído–* que se encuentra muy cerca de ti...

Ahora visualiza *–vista–* un gran lago de agua cristalina, de un bello y especial color azul intenso que te transmite paz, serenidad y bienestar... permite que la simple contemplación de esta belleza te ayude a relajarte aún más... observa la naturaleza que rodea el lago, los diferentes matices de verde y las flores rojas que sobresalen de las plantas... siente la brisa húmeda y tibia que roza tu cuerpo –tacto– y se lleva todos los residuos de estrés, permitiéndote sentir tu cuerpo complemente relajado y en paz...

Ahora busca en la orilla del lago una pequeña barca sujeta a una bolla de color naranja que está flotando en las aguas azules de este lago *–se combina el tinte del color primario azul con uno complementario que es el naranja y al imaginarlos juntos, la imagen se realza y se hace más intensa–*, ve hacia ella y súbete, disponiéndote a disfrutar de un paseo placentero. Ahora tu viaje comienza y una agradable brisa *–tacto–* conduce a la barca... dejas tus manos caer sobre el agua permitiéndote percibir las sensaciones que produce el roce con el agua *–tacto–*. Siéntela pasar a través de tus dedos... de repente, se despierta en ti el deseo de probar la dulzura del agua fresca que apaciguará tu sed *–gusto–*. Puedes meter la mano en el agua y sentir –tacto– su frescor, y ahora puedes beber de esa agua limpia y transparente. La sensación es muy agradable y produce mucha paz interior.

De repente te llega un agradable olor a frutas *–olfato–* mientras la barca te lleva a un islote lleno de árboles y plantas frutales. Llegas al islote, te bajas y te diriges a aquella fruta que tanto te gusta, tómala en tus manos y siente su textura *–tacto–*, reconoce su olor *–olfato–* y observa su color *–vista–*. Ahora disfrútala en cada mordida que le das y percibe cómo al saborearla y sentirla *–gusto–*, tu cuerpo va relajándose cada vez más profundamente, sintiéndote alimentado y nutrido por esa fruta tan especial...

Ahora tomas de nuevo la barca y te acercas a la orilla del lago en una zona donde detectas un hermoso jardín lleno de flores. Al llegar observas *–vista–* una gama increíble de flores por todas partes que te incitan a que las acaricies *–tacto–*. Te acercas a unas rosas que sobresalen entre las plantas verdes que adornan el jardín y decides tocarlas y oler su fragancia. Al hacerlo, notas cómo se desprende un dulce aroma de sus pétalos que inhalas, e inunda todo tu ser una intensa sensación de tranquilidad y decides descansar en un espacio agradable que eliges para tal fin. Te acomodas y sientes cómo tu cuerpo y tu mente están completamente relajados y en paz".

Para finalizar:

Cuando se ha terminado una sesión, no es aconsejable que el paciente ascienda de manera rápida a los niveles de ondas cerebrales Beta –estado de vigilia–. Al igual que hicimos en su momento una relajación previa para llevarlo a los niveles Theta, debemos conducirlo progresivamente a los estados de percepción Beta paulatinamente sin que resulte apresurado ni violento para él. De no hacerlo así, la persona al levantarse puede encontrarse con malestar general, dolor de cabeza, aturdimiento... y necesitar unos minutos de tiempo hasta recuperarse plenamente, sobre todo hasta que le dé un poco de aire en la cara.

Para evitarlo, bastará con que le demos unas pequeñas instrucciones para que esta sintomatología no suceda y el paciente se levante totalmente despejado. Algo parecido a esto puede ser suficiente:

> "Vamos a terminar por hoy. Vamos a volver a tu presente. Yo voy a contar del 1 al 10; a medida que vaya contando irás sintiendo cómo tu cuerpo va volviendo al presente, a este momento, en mi consulta... cuando llegue al número 10 abrirás los ojos y te encontrarás perfectamente. Te vas a sentir muy a gusto, completamente despierto y despejado, y sabiendo que has hecho un trabajo muy interesante y positivo para ti. Recordarás todo lo que ha sucedido y te será muy válido para tu avance terapéutico. Y ahora comienzo a contar: 1, comienzas a subir; 2, vas subiendo; 3, hacia arriba; 4, sintiendo poco a poco tus piernas; 5, sintiendo tus brazos; 6, tu respiración; 7, tomando conciencia del lugar donde te encuentras; 8, moviendo tus piernas; 9, moviendo los brazos, y 10... abre tus ojos, totalmente despejado y despierto".

Como habrá leído, le he mostrado varios modelos de relajación para que usted pueda experimentar con todos ellos y utilizar en cada momento el que considere más adecuado para cada uno de sus pacientes; pero algo importante a tener en cuenta, es cuidar las transiciones entre la relajación y el escenario de trabajo que va a proponer en cada sesión. Estas transiciones deben tener una hilaridad; es decir, si está usted utilizando el modelo de la cuenta atrás, bajando por unas escaleras, no será lógico que al final de las mismas el paciente se encuentre, por poner un ejemplo, en una selva o en un camino. Este tipo de transiciones bruscas, a veces lo único que consiguen es que el paciente se ponga en esos momentos a reflexionar sobre si hay un sentido lógico en lo que está haciendo en esos momentos, y esto haga que, al activarse el hemisferio izquierdo, se salga del nivel de relajación que ya había conseguido en los minutos previos. Por lo tanto, estructure estos diálogos con coherencia sin que generen sobresaltos.

Fases de la Terapia

¿Qué hacer?	**¿Cómo?**
Toma de contacto con los conflictos actuales	A través del hilo conductor de las emociones
⬇	⬇
Localización en la zona del cuerpo donde se encuentra bloqueada la energía	Anclaje con la mano en la zona para conectar con la herida emocional
⬇	⬇
Identificación	Color, forma, densidad, olor, sabor, etcétera
⬇	⬇
Ampliación de la emoción	Extendiendo la sensación a otras zonas del cuerpo
⬇	⬇
Regresión al pasado	Utilizando la emoción como hilo conductor
⬇	⬇
Vivenciar la historia tal como ocurrió en su momento	Produciendo abreacción y descubrimiento
⬇	⬇

Comprender	Intercambio información entre los dos hemisferios

Aceptar	Tomar conciencia de cómo hemos podido vivir con el trauma y buscar las experiencias que nos ha facilitado. Para desatar los nudos del pasado debemos aceptar la realidad que hemos vivido del mismo sin esconderse de ella

Hilar con la vida actual	Dejar que el paciente entienda cómo esas experiencias pasadas están afectando a su vida presente, en el aquí y ahora

Rabia, necesidad de venganza Rabia, necesidad de venganza	Si esto llegara a ocurrir, hay que permitir que el paciente saque toda la rabia que lleva contenida dentro, que drene la herida sacando todo el odio y resentimiento que lleve dentro, pero con la aclaración de que todo lo que quiera hacer, sólo lo podrá realizar a nivel virtual en la consulta

Reconstrucción	Dejar que el paciente experimente una nueva vivencia tal como le hubiese gustado a él que realmente sucediera. Lo importante no es cambiar la historia sino la emoción vivida.

Readaptación de hábitos a la nueva vida	Presentación de alternativas para el futuro

Planes de acción y compromisos para el nuevo presente	Preparar "la búsqueda del tesoro"

Fases de la Terapia

La Terapia Regresiva Reconstructiva no es una varita mágica que hace milagros; por tanto, esperar como pretenden hacernos creer en algunos programas de televisión o algunos libros novelados que podemos encontrar en cualquier librería, que una o dos sesiones sean suficientes para solucionar todos los problemas, es –como mínimo– una ingenuidad. Necio es aquel que piensa que teniendo barrido el *hall* de entrada de su casa, el resto de la misma ya está limpio. Quizás se puede dedicar media hora para dejar en condiciones ese acceso de entrada, pero para afirmar que toda la casa está en perfecto estado de revista, deberá dedicársele un mayor número de horas a realizar las tareas domésticas.

Muchas personas que dicen realizar Regresiones dedican una o dos sesiones y con esto dan por finalizado su cometido –quizás porque ya no sepan cómo continuar–, asegurando a sus pacientes que el problema ya está resuelto. Nada más lejos de la realidad, ya que en muy poco tiempo, lamentablemente esos pacientes podrán comprobar sus carencias cuando vean que todos aquellos miedos, ansiedades o fantasmas del pasado, vuelven a su mente semanas o meses después.

El trabajo terapéutico requiere de una regla de las cinco P's:

- **Profesionalismo** a través de una buena preparación como terapeuta y conocer un buen Método de trabajo.
- **Planificación** y adecuación de cada una de las sesiones de trabajo que vayamos a realizar.
- **Perseverancia** cuando nos topemos contra una barrera de "no estímulos/no emociones", porque esto es solamente un mecanismo de defensa que desarrolla el Consciente de su paciente por temor a ser neutralizado y descubrir la verdad que tanto teme.

- **Prudencia** y **Paciencia** con nuestros pacientes, porque tarde o temprano al final abrirán las puertas para ser libres. Sogyal Rimpoché comenta que "una casa con muchas puertas y ventanas, deja entrar el aire desde muchas direcciones". De la misma manera, para realizar una buena y completa terapia, deberá trabajar con su paciente desde diferentes áreas y abrir muchas puertas y ventanas en su mente que permitan sacar al exterior y *airearse* toda la multitud de experiencias acontecidas a lo largo de su vida que le han llevado a ser esa persona que hoy se encuentra ante usted, en su consulta.

El Inconsciente trata de liberar los recuerdos reprimidos a través de repetir situaciones análogas que llevan unidas emociones similares a las que en su día se vivieron, pero esto no es suficiente para destaparlas ya que sólo se experimenta la emoción sin saber cuál es el origen que la está provocando. Esto genera en el paciente mucho miedo e inestabilidad emocional.

Usted tiene un compromiso como terapeuta, que es enseñar a su paciente a tomar al toro de los miedos por los cuernos de la realidad y afrontar de frente aquellos sucesos que vivió y reprimió en su día, uniendo la emoción de hoy con el acontecimiento del ayer, para poder de esta manera liberar toda la carga emocional que se generó y aún lleva retenida en su interior. Todo esto se va destapando del mismo modo que un juego de *matrioshkas* (muñecas rusas, escondidas unas dentro de las otras).

El paciente debe dejarse llevar a lo que venga, fluir y entregarse sin más, como el que va al cine a ver una película y simplemente observa lo que va sucediendo paso a paso. Las imágenes surgen de manera espontánea y a éstas es a las que hay que dar prioridad anteponiéndolas a las que vienen más elaboradas desde la parte consciente y analítica del hemisferio izquierdo.

La Terapia Regresiva Reconstructiva, según yo la entiendo, tiene una serie de fases de trabajo que tendremos que recorrer imprescindiblemente si queremos que todo el proceso quede bien cerrado. Por esta razón, es importante que a lo largo de toda la terapia tenga presente el esquema de la misma que ha podido observar al inicio de este apartado, y no olvidar que es fundamental que el paciente vaya pasando por cada una de estas fases si quiere encontrar los resultados esperados y completar con éxito todo el trabajo terapéutico.

Cuando el sujeto llega a su consulta, viene con algún problema concreto que tiene necesidad de resolver, y es entonces cuando tenemos frente a nosotros un jeroglífico que hay que descifrar paso a paso para llegar a entender el mensaje que nos quiere mostrar.

Veamos pues estos pasos a seguir:

1. Toma del caso: Historial clínico. Análisis de información en Beta.

Nunca debe iniciar una sesión de Terapia Regresiva Reconstructiva sin antes conocer por qué acude el paciente a usted, saber qué es lo que está buscando o tratando de cambiar en su vida y conocer en qué necesita ayuda. Debe recopilar toda la información necesaria del sujeto en Beta, y ver cómo se expresa y estructura su cerebro izquierdo, ya que esto nos ayudará a ir perfilando el encuadre de la terapia. Por esa razón, una buena toma del caso que recoja los máximos aspectos de la persona y su relación con el entorno, será uno de los elementos indispensables que deberá tener en cuenta al comienzo de la terapia. Es importante que le hable de su problema, de cuándo cree que empezó, que le comente acerca de su familia –padres, hermanos, parejas–, su niñez, su adolescencia, sus creencias y los valores que existen para él en la vida; si conoce algo sobre su nacimiento y el periodo de gestación cuando estaba dentro de su madre, si ha realizado algún otro tipo de terapia o ha estado en tratamiento médico; cuánto tiempo estuvo, qué encontró a través de esos trabajos, si está medicado y qué tipo de fármacos está tomando, etcétera (en el apartado de anexos tiene usted un modelo de análisis de datos para cumplimentar el historial del paciente).

Es fundamental por parte de usted observar todos los detalles. Verá cómo, en muchas ocasiones, en la comunicación verbal y gestual del paciente en esa primera entrevista, ya le está dando pistas del origen de sus problemas, aunque de una manera consciente aun cuando no haya sido procesada. De ahí la importancia de transcribir literalmente los comentarios que le hace para que después pueda llegar a comprender de manera global la problemática que esta persona está viviendo.

Y algo muy importante: por favor, no se le ocurra darle estos impresos a su paciente para que los rellene en casa y se los traiga en la próxima visita, porque de hacerlo así habrá usted perdido el 80 por ciento de la información, ya que no podrá observar las reacciones espontáneas de su paciente ante cierto tipo de preguntas, y además las respuestas estarán totalmente sesgadas y elaboradas con hemisferio izquierdo racional y analítico que buscará la mejor forma de escribir para usted aquello que le ha demandado. Le aseguro que una buena toma del caso le dará muchísima información que después podrá usted *testear* a lo largo de las sesiones de trabajo posteriores.

Para mí es tan importante esta primera toma de datos, que en la formación de terapeutas de nivel avanzado que imparto, dedico mucho tiempo a trabajar con escenificaciones y prácticas reales de entrevistas de análisis de información para que los alumnos adquieran confianza en este apartado tan importante, que será el primer pilar sobre el que se sustente la terapia.

2) Relajación.

Una vez recogidos los datos que estime necesarios, invitará a su paciente a acomodarse en el diván o camilla e iniciará la relajación guiada. Es importante que se lleve al paciente al nivel de ondas Theta –entre 4 y 7 Hz ciclos por segundo–, ya que según expliqué en otro capítulo anterior, es el estado ideal para provocar la libre asociación de ideas. Piense que el sólo hecho de enseñar al paciente a relajarse, ya es terapéutico y los cambios se producen, no sólo en el plano psíquico sino también en el fisiológico, pues los ciclos biológicos del organismo obedecen a estímulos procedentes de ese medio interno pero también del exterior.

3) Búsqueda de los conflictos.

Ya sabe, según expliqué en capítulos anteriores, cómo a nivel conceptual se han producido los daños, pero el terapeuta desconoce totalmente en qué momento empezaron, por lo que deberá pasar a esta tercera fase que es la búsqueda de los conflictos en épocas pasadas de su vida.

El proceder a efectuar el camino de vuelta al pasado con una cuenta atrás en los años, es algo que ha quedado bastante caduco y básicamente relegado a algunas escenas de películas o algún entretenimiento de hipnosis teatral puesta en escena. Este tipo de conducción no es la más adecuada y se lo explicaré con un ejemplo muy concreto:

Pensemos por un momento que estamos viviendo en el año 2025 y que yo he decidido experimentar esta terapia poniéndome en manos de un profesional para que me regrese en el tiempo a encontrar el origen de mis conflictos. Imaginemos que esta persona me conduce al año 2007 y me pregunta qué está pasando en este año. Yo podría caer en este preciso instante trabajando en este libro; es un día maravilloso y le diría que he tenido un día interesante, e incluso podría relatarle mi estado anímico puntualizándolo con un ocho o nueve en una escala del 1 al 10; pero igualmente, podría haber llegado a, sencillamente, la semana pasada donde tuve que eternizarme varias horas en una fila de un organismo oficial para arreglar unos papeles, siendo ya la tercera visita con el mismo fin. En ese momento le aseguro que mi estado anímico era bien diferente al que tengo hoy. Por esta razón, no es recomendable la regresión a través del tiempo, ya que nos podríamos eternizar hasta llegar al núcleo de los conflictos. En su lugar, nos adentramos en el pasado utilizando como hilo conductor las emociones.

Cuando el paciente llega a su consulta es por algún motivo concreto. En el primer contacto con la persona hay que identificar cuáles son esos motivos y qué tipo de emociones le hacen sentir. Es decir, una persona puede acudir a consulta porque no puede soportar más a su madre, a su padre o a su pareja, han cerrado la empresa donde trabajaba, tiene ataques de pánico, no puede permanecer en un lugar cerrado o en un espacio abierto, siente una gran pena o hay miedo, tristeza, claustrofobia, rabia, remordimiento, angustia, ganas de no seguir viviendo... una infinidad de supuestos; el caso es que la vida en sí le hace sentirse desbordada... Esta es la situación concreta que, a su vez, le genera una serie de sensaciones y emociones que son las que nosotros debemos hacer que localice, ya que a través de ellas iniciaremos la vuelta atrás. A veces, cuando la persona le está relatando en Beta sus problemas por los que acude a consulta y usted nota que empieza a surgir algún tipo de emoción, es bueno hacerle alguna pregunta del tipo: "¿Qué sientes ahora cuando me estás hablando? ¿Dónde localizas esto en tu cuerpo? ¿Qué forma dirías que tiene? Y a través de ello, ir hacia atrás a revivir emociones similares en el pasado. Todo lo que reprimimos, no sólo persiste sino que a medida que pasa el tiempo se arraiga y consolida con más fuerza en nuestros esquemas de vida.

4) Localización del conflicto a nivel físico.

Los núcleos traumáticos y las memorias de nuestros daños que traemos como cargas energéticas en nuestro cuerpo, se encuentran almacenadas y enquistadas, no sólo en el cerebro sino también en el Sistema Nervioso Central y por todos nuestros órganos; nuestro cuerpo sabe y recuerda; cada célula tiene almacenada la memoria, tanto del cuerpo como de la mente y del espíritu, y lo impregna todo; somos un holograma inteligente, integrado y único. Por esa razón, utilizamos la terapia corporal y debemos hacer que el paciente tome conciencia de dónde se localiza el dolor, en qué lugar concreto, y que deje que esa parte hable con él para mostrarle lo que necesita para estar en paz, y desde ahí potenciar la emoción que al final conseguirá liberar. El procedimiento es decirle que ponga su mano en ese sitio donde detecta el dolor, e incluso a veces apretamos sobre esa parte dañada para potenciar la recuperación de la vivencia retenida. Una vez incrementada esta emoción, retrocedemos en el tiempo utilizándola como hilo conductor.

Piense que el terapeuta es como un pescador que va a un río que tiene diferentes recodos y pozas donde hay posibilidad de encontrar el pez. *–estas serían las diferentes etapas de la vida del paciente que tendremos que ir recorriendo–;* el pescador tiene una caña *–la Terapia Regresiva Reconstructiva–* con un hilo unido a una bolla *–localizador de emociones–* y un anzuelo con un cebo *–los diferentes escenarios creados–* que ha lanzado al río con la intención de pescar al pez *–el núcleo traumático donde está bloqueado el dolor–*. La bolla serían, en nuestro caso, las emociones de las que debe estar alerta y vigilante, puesto que en el momento que uno ve que la bolla se hunde en el agua, es el instante preciso en el que rápidamente hay que tirar del hilo y la caña hacia arriba para sacar al pez del agua. Si no somos ágiles para captar cuando está comenzando a surgir una emoción en nuestros pacientes, esta se escapará de la misma forma que haría el pez y deberemos volver a poner el anzuelo con cebo para la próxima ocasión. Por eso, cuando la emoción comienza a surgir, nuestro tono de voz debe subir, acelerarse y hacerse más autoritario para no dar oportunidad a que el paciente comience a racionalizar demasiado y la emoción se diluya. Veamos un ejemplo analizando todos estos pasos a través del caso de Fernando:

Cuando llegó a consulta, su motivo principal era el aislamiento que sufría. Se veía totalmente diferente al resto de su entorno y tenía serias dificultades para relacionarse y entablar una relación, tanto de pareja como de amistad. Todo esto se le había agudizado en los últimos dos años –hacía dos años que había muerto su padre–. Al hablar de él lo describe como persona normal, como cualquier padre; un poco frío y algo distante, pero normal. "Era la educación que les daban entonces", es el comentario que realiza como justificación de ello.

En la primera sesión de trabajo, en la toma de datos sobre su historial, comenta textualmente: "Me siento como un bloque de hielo", "a veces me asusto al pensar que nada pueda emocionarme ni hacerme sentir".

Al preguntarle sobre su infancia, dice no recordar muchas cosas sobre ella, pero piensa que tuvo que ser ajetreada porque sus padres no se llevaban bien y discutían muy a menudo. Recojo textualmente su frase: "Mi padre era un dictador".

Terapeuta: Ahora, háblame un poco sobre tu padre. Cuéntame, ¿vive aún?

Paciente: No, murió hace dos años, en noviembre.

Terapeuta: Háblame de él, sobre todo, ¿cómo lo recuerdas tú cuando eras niño, en tu infancia y en tu adolescencia?

Paciente: Papá era el "ordeno y mando", había que hacer todo como él quería, había que ir corriendo a abrirle la puerta en cuanto llegaba... tenía a toda la familia tiranizada, nos amargó la vida a todos. Sobre todo a mi madre... siempre estaba gritando...

En estos momentos al paciente se le enrojecen un poco los ojos, motivo que aprovecho para seguir preguntando y potenciar más la emoción que empieza a sentir.

Terapeuta: ¿Qué sientes ahora según me estás contando esto?

Paciente: *(Comienza a llorar)* Rabia, siento mucha rabia. Hay mucho odio y resentimiento. No quiero aceptar que haya muerto porque hay muchas cosas pendientes con él.

Terapeuta: ¿En qué parte de tu cuerpo lo estás sintiendo ahora?

Paciente: En la garganta...

> **Terapeuta:** Pregúntale ahora qué puede decirte o mostrarte para estar en paz. Dime cuál es la primera palabra que te llega desde ahí.
> **Paciente:** Siento dolor en la garganta y es como si tuviera un nudo que tira desde el estómago a la garganta, siento impotencia... hay mucho dolor... es dolor...

Ya hemos localizado una emoción concreta que podremos utilizar como hilo conductor para destapar esas energías bloqueadas en su interior. Nuestro cerebro mantiene archivadas todas nuestras experiencias y emociones vividas, aunque las haya bloqueado y aparentemente no estén; lo único que ha hecho ha sido impedir que pasen al plano consciente, ha bloqueado los sentimientos –piense que todo lo que reprimimos persiste y se va consolidando con más fuerza a través de un modelo aprendido y repetitivo de manera automática, según va pasando el tiempo–, pero los traumas también se graban a nivel orgánico y hay que llegar hasta ellos; hay que conseguir llegar al núcleo y sentirlo en su totalidad para poder liberarlo. Por esa razón, sugerimos al paciente que localice la parte de su cuerpo que está sintiendo en estos momentos el dolor físico, y unido a la emoción y haciendo un efecto de radar o antena parabólica, dejamos que sea su cerebro el que busque a través de emociones análogas reconocidas en el pasado, donde están enterrados los daños de una vida pasada y conecte con ellos. De esta forma la mente del paciente llegará a un lugar concreto donde ocurrió algún acontecimiento similar a las sensaciones que está reproduciendo en la actualidad. Hay que tener en cuenta que los hechos no aparecen por orden cronológico sino por intensidad del impacto provocado, y después deberemos reordenar la historia. Por lo tanto, no hay que detenerse cuando aparece un patrón concreto sino que debemos asegurarnos de que no haya ningún otro con anterioridad.

5) Revivir los hechos ocurridos.

Situados ya en esos momentos, deberemos dejar que el sujeto vivencie los hechos tal como ocurrieron. No se trata de que los recuerde ni los describa intelectualmente, ya que esto es una función exclusiva del hemisferio izquierdo y nosotros queremos que sea el hemisferio derecho –emocional– el que más trabaje en estos momentos para que produzca una abreacción o catarsis. El dolor es curativo ya que permite sentir a la persona lo que en su día reprimió. Veamos cómo continúa el proceso en el caso de Fernando:

Terapeuta: Ahora quiero que no luches contra esa emoción que estás viviendo, todo lo contrario: quiero que conectes con ella y la sientas con más fuerza dentro de ti. Siente ese dolor en la garganta, la rabia, la impotencia... y ahora, cuando yo cuente del 3 al 1, vamos a ir hacia atrás en el tiempo, a otro momento de tu vida donde estabas sintiendo eso... ese mismo dolor. Vamos a ir a la primera vez que sentiste ese nudo en la garganta. Cuento: 3, 2, 1... ¡Ahora!

Paciente: Estoy en un rincón de la cocina...

Ya ha conectado con una experiencia real del pasado, ya está en regresión vivenciando los hechos; cambia el rostro y en su mirada se refleja el miedo, además de observarse una rigidez y bloqueo físico en todo su cuerpo.

Terapeuta: ¿Qué está ocurriendo?

Paciente: Papá está pegándole a mamá. Le está dando una paliza. ¡La va a matar! ¡La va a matar!

Terapeuta: ¿Tú, qué edad tienes, más o menos?

Paciente: Dos o tres años.

Terapeuta: ¿Y qué estás haciendo?

Paciente: Nada. No puedo hacer nada. Soy muy pequeño. Tengo miedo, me quedo paralizado. Me tapo los ojos y no siento.

Comienza la catarsis y empieza a llorar.

En estos momentos se produce como una explosión, como una bomba que revienta el caparazón que hemos ido creando con nuestro sistema defensivo, haciendo saltar por los aires a ese personaje que creamos en aquel instante para anular a nuestro "yo real" y refugiarse en algún patrón de conducta que le permitía seguir sobreviviendo. Sin embargo, el dolor sólo desaparece cuando conseguimos encontrar la herida, nos damos cuenta del daño que nos está ocasionando y tenemos recursos para limpiarla para que no siga infectando y debilitando nuestro cuerpo y mente. Debemos destapar las emociones no resueltas que no salieron en su día a la luz; aquellas experiencias que se vivieron cuando aún no teníamos suficientemente desarrollado el hemisferio izquierdo capaz de poder interpretar y entender lo que estaba ocurriendo, gracias a su capacidad de análisis –recordar el cuadro de las funciones de los dos hemisferios en el Capítulo II–, y sólo sintió a través de un hemisferio totalmente emocional, como es el derecho, sin posibilidad de entender de dónde venían aquellos torrentes de dolor que se apoderaron de su cuerpo, mente y alma. Cuando somos capaces de revivir estas emociones empezamos a liberar toda la tensión contenida durante tantos años dentro de nuestro Ser y comenzamos a vivir en libertad.

En algunas ocasiones, el paciente al enfrentarse a una situación muy dolorosa, decide abandonar la escena, abrir los ojos e intentar terminar la sesión; usted no debe dejar que el proceso termine de manera precipitada y sobre todo, nunca sin antes estimular, ya que esto podría hacerlo sentir peor de lo que estaba. Para ello, ya veremos en capítulos posteriores diferentes técnicas de encuadre y disociación que se pueden manejar.

Todos estos acontecimientos que están saliendo a la luz, habrá que revivirlos tantas veces como sea necesario a lo largo de la terapia, hasta que el paciente ya no sienta ningún impacto ni tensión al enfrentarse a ellos.

6) Comprensión.

En esta etapa llegamos a la comprensión de los hechos acaecidos, pero sólo encontrándonos en un estado ampliado de conciencia, como ocurre en regresión, es posible trabajarlo adecuadamente; no basta con comprender intelectualmente lo ocurrido como se pretende a través de otro tipo de terapias más analíticas y convencionales, ya que la pulsión no identificada continúa sin ser resuelta. Entramos así en la siguiente fase de la terapia que es la de comprender e integrar lo que ocurrió y los mecanismos de defensa que se crearon en ese momento para seguir adelante. La información la sacó a la luz el hemisferio derecho que era el que la vivenció, acuñó un mal aprendizaje y la guardaba celosamente en sus archivos enviando al exterior información inapropiada que incidía en sus conductas, pero es el hemisferio izquierdo el ahora encargado de comprender y buscar las vías necesarias para que, junto con el derecho, resuelvan el conflicto. Siguiendo con el ejemplo de Fernando:

> **Terapeuta:** Quiero que mires bien lo que está ocurriendo y deja salir tus emociones. ¿Qué estás sintiendo? ¡Vamos! ¿Qué sientes ahora?
>
> **Paciente:** Nada. No quiero sentir. No estoy aquí. No quiero saber nada. Quiero morirme, no estar.

7) Encontrar los patrones de supervivencia.

Ante esta situación, el ser humano tiene un mecanismo interno de autoprotección, de defensa para no sufrir y con ello evitar morir. Entonces genera unos patrones de conducta que le permiten seguir adelante. Trata de borrar los traumas y de esta forma cree protegerse, pero lo único que consigue es reprimirlos, taparlos para dejarlos atrapados a modo de quistes energéticos dentro de sí mismo sin posibilidad de resolverlos y por consiguiente, todo lo que viva a partir de ese momento, lo único que va a hacer es ir reforzando el problema y añadiendo más capas a medida que pasan los años. El trauma original es como un imán y cada vez que nos encontramos en una situación análoga, responde como reacción a la herida emocional atrapándonos con el mismo patrón creado de manera automática.

El trabajo fundamental del terapeuta es hacer que el paciente consiga encontrar esos mandatos, ya que son la piedra angular sobre la que se construyó todo un sistema de defensa y creencias que le ha llevado a la situación actual en el aquí y ahora.

Continuamos con el diálogo en regresión de Fernando:

Terapeuta: ¿Y qué vas a hacer para conseguirlo?

Paciente: Tengo que desaparecer, tengo que irme.

Terapeuta: Y si te vas, si no estás, ¿qué sucederá entonces?

Paciente: Si no estoy, no sentiré.

Terapeuta: ¿Qué es eso que no quieres sentir?

Paciente: No lo sé.

Terapeuta: Sí lo sabes, míralo bien. ¿Qué es eso que no quieres sentir?

Paciente: Dolor.

Terapeuta: ¿Qué es lo que produce ese dolor?

Paciente: La indefensión. No puedo hacer nada.

Terapeuta: ¿Qué te impide hacer?

Paciente: Tengo miedo.

Terapeuta: ¿De quién?

Paciente: De él... de mi padre. Yo soy muy pequeño y no puedo enfrentarme a él.

Terapeuta: ¿Entonces?

Paciente: Entonces me quedo inmóvil. Me alejo. Me evado. No quiero oír, no quiero sentir.

Terapeuta: ¿Y qué pasa cuando no sientes?

Paciente: Si no siento, no sufro.

Acaba de salir el patrón de supervivencia: cuando no se siente, no se sufre.

Terapeuta: Repíteme, ¿qué pasa cuando no sientes?

Paciente: Que no sufro, que no veo lo que está pasando y así no sufro. No siento dolor.

Terapeuta: Y cuando no sufres, ¿qué es lo que no ves que ocurre en la cocina?

Paciente: No veo cómo papá le pega a mamá.

Terapeuta: Entonces... si no sientes, ¿qué ocurre?

Paciente: Que papá no le pega a mamá.

Terapeuta: Repíteme qué pasa cuando no sientes.

Paciente: Que papá no le pega a mamá.

Éste es el beneficio del patrón creado: “A cambio de no sentir”.

Terapeuta: ¿Y tú, cómo te sientes entonces?

Paciente: Bien, porque no sufro. No siento y no sufro.

Terapeuta: Muy bien Fernando. Repíteme, ¿qué haces para que papá no le pegue a mamá?

Paciente: Me bloqueo, no siento y así no sufro... cuando no sufro, no siento que papá le pega a nadie. Si no siento, papá no le pega a nadie.

Terapeuta: Repíteme eso otra vez. *(Intento hacer que el paciente pase al plano consciente el patrón que generó en su día).*

Paciente: Si no siento, papá no le pega a nadie.

8) Entender cómo esta experiencia y esos patrones, están afectando al presente.

Esta es realmente la fase más importante de todas, ya que es la que le está atando a su presente y es la realidad emocional que está viviendo en el aquí y ahora. En este momento es cuando hay que pedir al paciente que vea cómo todo esto ha podido afectar en su vida y cómo puede influir en su situación actual. Veamos cómo sigue esta sesión terapéutica con Fernando:

Terapeuta: Esta forma de actuar de niño te resulta familiar en tu etapa adulta. ¿Ves situaciones y acciones similares entre estas dos etapas de tu vida?

Paciente: Sí. Ahora veo que a lo largo de mi vida siempre he actuado de la misma forma. Siempre he huido de tener relaciones con otros, me he alejado de los demás para no sufrir. Ante situaciones en las que hay un poco de tensión, siempre me bloqueo y ahora me doy cuenta de que siempre era la imagen de mi padre la que estaba presente en todas partes. No soporto la agresividad, la violencia... ahora entiendo.

9) Mostrar qué te enseñaron estos patrones. Para qué sirvieron.

Se produce la comprensión en el individuo. “Todo lo que he vivido ha permitido que hoy sea como soy, que sienta como siento”. “Soy como soy por lo que ha sido mi historia”.

Tenemos que saber que los momentos más difíciles y dolorosos de nuestra vida, son a su vez oportunidades para aprender y seguir creciendo en nuestro proceso de evolución.

Continuando con la sesión de Fernando:

Terapeuta: ¿De qué te sirvió el quedarte inmovilizado?

Paciente: Para no sentir.

Terapeuta: Pero a cambio de eso, ¿cuál ha sido el precio que has tenido que pagar?

Paciente: Ser una persona fría, sin sentimientos... muy analítico, con mucha rabia contenida.

10) Etapa de negación de los hechos.

El paciente niega lo que está viviendo y trata de justificarlo aludiendo que esa información son registros inventados por su mente. "Esto me lo tengo que estar inventando". Esta frase es frecuente y algunos pacientes expresan así esta negación a la semana siguiente, al comentar la última sesión. Nuestra respuesta en estos casos es algo parecido a esto: "Qué importancia tiene que te lo inventes o que aconteciera realmente, lo que importa a partir de ahora son los resultados y los cambios que vayas experimentando dentro de ti".

Sobre la realidad de los hechos se podrían verter ríos de tinta y todos nos conducirían al mismo lugar: es totalmente imposible la demostración empírica que nos confirme que todo ocurrió del modo como el paciente lo vivió en la regresión. Ante un suceso objetivo donde están presentes varias personas, si al día siguiente preguntamos a una por una que nos narre lo que sucedió, veremos que existen tantas versiones distintas como personas –esto me recuerda la fantástica tetralogía de novelas de Lawrence Burell: *El cuarteto de Alejandría,* donde se narra una misma historia en cuatro libros, desde perspectivas diferentes, cada uno de ellos según el punto de vista de los distintos protagonistas de la historia.

Si a esto le sumamos los meses o años de tiempo que han transcurrido, podemos hacernos una idea de la dificultad que reviste la comprobación. Lo importante es de qué forma vivió la persona aquello que ocurrió hace tanto tiempo y cómo eso dejó una huella y un mandato de respuesta emocional ante situaciones análogas; hacer consciente todo ese antiguo proceso emocional, hará que su respuesta cambie. Ese es el mecanismo.

11) Etapa de la culpabilidad y/o de rabia y venganza.

Nos sentimos culpables o con deseos de venganza de muchos de los hechos pasados y nos envolvemos en una espiral de pensamientos rumiantes donde impera un victimismo destructivo, bien juzgando nuestra actitud o culpando a los demás. Sin embargo no aceptamos nuestra responsabilidad de cada acto y pensamiento en nuestra vida, tampoco buscamos soluciones eficaces para intentar reparar estos errores, optando con esta actitud en regocijarnos en ese inmenso dolor donde abundan los sentimientos de culpa, entrando, sin darnos cuenta, en un callejón sin salida.

En los casos en los que el paciente descubre que la causa del dolor fue provocado por algún agresor –sobre todo de su entorno familiar–, y clama su derecho de venganza, debemos dejar que no lo reprima y pueda experimentarlo en su grado máximo, aunque siempre a nivel virtual en nuestra consulta; es decir, permitir que descargue toda la energía putrefacta que lleva en su Ser y dejar que sus instintos primarios afloren sin censuras ni normas morales como compensación al daño vivido durante tanto tiempo.

Muchos pacientes pasan por esta fase y el terapeuta debe reconocerla, sabiendo que se debe superar, de modo que hasta que no llegue a la siguiente etapa de la aceptación, no se podrá avanzar en el proceso terapéutico. En esta fase es muy adecuado que el paciente, estando tranquilo en casa, pueda escribir en un papel todos los sentimientos de culpa, rabia o venganza que tiene y después los queme diciéndolos en voz alta, sintiendo así que se libera de esas ataduras emocionales que lo tenían encarcelado.

12) Aceptar que aquello ocurrió.

Cuando la persona revive sucesos muy traumáticos y tras las etapas anteriores de negación y culpa, viene la aceptación de que aquello ocurrió y no es posible cambiarlo, y –aunado a la comprensión– van casi de la mano. El hecho de aceptarlo no es resignación sino que es lo previo a la transformación; el resignarse es lo contrario a la mutación; la aceptación, en cambio, es el preámbulo a la madurez, y en ella dejamos de batirnos contra nosotros mismos y por el contrario, se produce el encuentro con nosotros y todo lo que nos rodeó y condicionó para ser como somos. El paciente observa y vive su propia historia para darse cuenta, tal como fue, sin que nosotros se la contemos. No juzga los actos, simplemente los entiende y los acepta, buscando simultáneamente una manera constructiva de repararlos y salir renovado de la experiencia. Como dice Foster Perry: "La vida es un espejo, es aceptar las diferentes máscaras de nuestra esencia, sin juzgar nada".

En el ejemplo de Fernando, no se da la etapa de culpabilidad, reconoce enseguida los hechos tal como fueron. Aparece la rabia y llora:

Terapeuta: Cuéntame, ¿qué ocurre?

Paciente: Me da mucha pena, siento un gran dolor. Era un niño muy pequeño para vivir todo aquel horror en casa. Yo no podía hacer nada, sólo sufrir por dentro y vivir el miedo que todo eso me ocasionaba; intentar hacer como que no pasaba nada. Yo sentía el miedo de mamá en mi propia piel, ahora me doy cuenta.

Terapeuta: ¿Qué estás sintiendo en este momento?

Paciente: Odio. Siento mucho odio hacia él, pero ya no puedo hacer nada. Él ya no está, se fue y no pude hacerle o decirle todo lo que realmente sentía hacia él.

Terapeuta: ¿Y tú crees que sabiendo todo lo que te hizo, ahora si estuviera aquí te podrías enfrentar a él y patearlo?, ¿realmente querrías hacer eso?

Fernando duda por unos instantes sin decir palabra alguna. Después contesta.

Paciente: No lo sé. No soy capaz de estar seguro de ello.

13) Saber perdonar-se.

Hay que dejar a la persona el tiempo necesario para que sepa procesar toda la información que ha ido saliendo y no tratar de imponerle el perdón sin que él lo sienta de verdad, ya que en ocasiones algunas personas dicen perdonar cuando realmente no quieren olvidar y siguen aferrados a resentimientos añejos muy arraigados.

Cuando el perdón aparece, los sentimientos de culpa, reproche, rabia y resentimiento se esfuman, y de esa forma, como a través de un proceso alquímico, se transmutan y se convierten en amor, liberándonos de la energía negativa que se encuentra en nuestro interior que nos está haciendo daño. Alguien dijo: "El amor es la mejor goma de borrar la rabia del mundo". Para avanzar es necesario el perdón, ya que sana la sensación de separación de la Unidad. En primer término, perdonarnos a nosotros mismos por las acciones que hemos podido realizar hacia otras personas; saber que todo lo ocurrido nos ha conducido a ser la persona que somos hoy en día y que debemos aceptarnos tal como somos sin sentimientos de culpa ni reproches.

A continuación, saber perdonar a los demás, por mucho daño que estos nos hayan causado. Sin el perdón nunca llegará el cambio transformador y la curación. El odio, la rabia y la venganza, sólo llevan a mantener la herida permanentemente abierta sin poder cicatrizar. El perdón es un bálsamo milagroso capaz de sanar el pasado y curar nuestras heridas; nos hace sentir en paz y eleva nuestro nivel de vibración para estar más cerca de Dios. Es el único camino. Ya lo dijo Gandhi: "Ojo por ojo y acabaremos todos ciegos".

Siguiendo con el ejemplo de Fernando, en el momento que tuvo la duda de lo que realmente quería hacer con su padre, se decidió a hacer una técnica de encuadre –que veremos en el siguiente capítulo– con intercambio de cabezas para que sintiera lo que en aquel momento podía vivir su progenitor. Después de eso se decidió dar por terminada la sesión haciendo un cierre de la misma con estímulos y refuerzos positivos, y dejar que Fernando procesara toda esta información que había salido en regresión, y ver cómo decidía continuar la semana siguiente. Estos fueron sus comentarios nada más al llegar a consulta aquel día:

> **Paciente:** He llorado mucho toda la semana. En sueños he podido hablar con mi padre y entenderlo. Cuando me puse su cabeza supe el dolor que él padecía y que también a él le tocó vivir una vida con mucha violencia doméstica. Quizás repetía lo único que supo aprender y ver de mi abuelo. Él no pudo dar amor porque nunca le enseñaron a sentirlo en su corazón.
> **Terapeuta:** ¿Y qué piensas hacer?
> **Paciente:** Nada. No hay que hacer nada. Simplemente lo entiendo y me da pena, pero ya no tengo odio, no hay necesidad de nada, todo está bien. Lo único que me hubiera gustado era haberle dado un abrazo antes de morir y decirle que lo entiendo.

14) Reconstruir: la reparación emocional.

Lo real y lo imaginario son conceptos que suelen tomarse como antagónicos; o es real o es imaginario, en una "unión imposible" promovida por el racionalismo rígido que nos pone límites continuos a la creatividad. Sin embargo nuestro cerebro no tiene capacidad para reconocer entre lo que es una imagen real u otra creada –alucinación–. La única diferencia es de dónde nos llega la información; decimos que la real llega del exterior mientras la creada sale de nuestro interior. Nuestro cerebro no hace distinción y aunque en esta segunda los estímulos sean irreales, la respuesta a los mismos no lo es y actúa produciendo cambios emocionales y fisiológicos, de la misma manera que cuando el estímulo viene del exterior –lo que llamamos real–. Por lo tanto, si somos capaces de recrear una imagen vivida como la realidad, podrá convertirse en tal y se reconocerá la nueva historia tan real como la original, para transmitirse a todas nuestras células que comenzarán entonces a aprender un nuevo patrón y estrategias para el futuro.

Cuántas veces nos hemos visto embebidos dentro de una película que nos ha provocado infinidad de emociones sentidas, tan reales como si nosotros fuéramos el protagonista y nos hemos descubierto dando un grito o avisando a la víctima que el asesino la iba a alcanzar. Cualquiera de nosotros sentiría miedo si nos hicieran creer que una simple rama en forma de serpiente está a punto de lanzarse hacia nuestra pierna; en ese momento nuestro cuerpo, automáticamente, reaccionaría secretando diferentes sustancias –adrenocortitrofa, adrenalina– que nos harían sentir miedo, sudor, frío, angustia, etcétera. Sin embargo, no es una realidad sino una situación imaginaria. ¿Dónde está entonces la diferencia en esos planos tan sutiles de cuerpo y mente?

El trabajo de nuestro paciente será, después de haber reconocido su patrón de supervivencia, cambiarlo por uno nuevo de vivencia que considere más adecuado y saludable para él, haciéndolo que funda las nuevas imágenes con afirmaciones del nuevo patrón para conseguir anclar lo que se quiere. Todo esto debe vivirlo en presente imaginando que ya tiene conseguido lo que desea. De esta forma se trabaja con los dos hemisferios –derecho con imágenes e izquierdo con palabras de afirmaciones–, creando una sinergia entre ellos.

Actuando de esta manera en la reconstrucción de la historia del paciente, éste puede experimentar que su cuerpo se prepara químicamente en otra dirección, activándose una corriente de información muy diferente a la original y que a modo de impulsos electroquímicos circulantes por su sistema nervioso, se traducen en estados físicos y emocionales más placenteros. Sus células están experimentando una nueva experiencia; si todo esto le resulta agradable, lo repetirá y así comenzará a crear modelos de respuesta, definitivamente más saludables.

En la actualidad, muchos equipos deportivos a nivel mundial, conocen bien la fuerza movilizadora que tienen estas imágenes mentales, y de hecho tienen entre sus filas a colaboradores expertos que trabajan con sus jugadores visualizando situaciones futuras que aún no han ocurrido pero que ellos ya las ven como una realidad. Se han realizado multitud de experimentos donde, por ejemplo, han tomado a dos grupos de encestadores de baloncesto. Al primero, lo estuvieron preparando durante un tiempo en visualizar repetidas veces a lo largo de los días de la prueba cómo encestaban cuando lanzaban a la canasta, mientras que el otro grupo seguía con sus entrenamientos rutinarios. Al finalizar el experimento y evaluar los resultados, el primer equipo había mejorado su técnica de enceste considerablemente en comparación con el segundo.

En el caso de Fernando, esta fue su reconstrucción:

Terapeuta: Ahora tienes la oportunidad de volver a vivir aquella experiencia y decidir si quieres hacer algún cambio en la misma. Cuento 3, 2, 1, y estás nuevamente en la cocina de tu casa, siendo aquel niño. Cuéntame, ¿qué está pasando?

Paciente: Papá se va acercando a mamá.

Terapeuta: Tú ya sabes lo que ocurrió después. ¿Deseas hacer algo nuevo ahora?

Paciente: Sí, voy a ponerme frente a papá y le voy a decir que ya está bien de golpear a mamá. Yo ya sé lo que pasa en su cabeza y por qué hace lo que hace.

Terapeuta: Pues cuéntaselo a él, dile todo lo que necesites expresar ahora.

Paciente: Ya está bien, no vas a volverle a pegar más a mamá. Además, lo único que consigues es que todos te temamos y nos dejes bloqueados y nos des mucho miedo. Pero esto ya está bien, siempre he tenido que callarme, he tenido que esconderme, no sentir para no sufrir, y de esa forma tan estúpida pensaba que quizás no le pegarías más a mamá. Pero todo esto terminó, ya no voy a permitir que le pegues más.

Terapeuta: ¿Y qué vas a hacer para impedirlo?

Paciente: Voy a crecer, me voy a hacer grande y protegeré a mamá.

Fernando experimenta cómo todo esto se está produciendo, cómo va creciendo en tamaño a la vez que su padre comienza a encogerse y perder toda la fuerza que tenía.

Terapeuta: Y ahora, ¿qué quieres hacer? Mira, ahí tienes a papá. Ya no es tan grande ni tan fuerte como era antes, ahora tú eres mucho más fuerte que él. Tú decides lo que vas a hacer.

Paciente: Ahora que lo veo así me da pena... mucha pena. Necesito abrazarlo y decirle que lo entiendo, que he visto en su cabeza y que sé lo que él también sufrió.

Fernando abraza a su padre y llora junto a él, sintiendo cómo la rabia que llevaba contenida durante toda su vida, se diluye para siempre.

Paciente: Ahora me encuentro bien, no hay necesidad de huir más ni aislarme del mundo. Nunca más volveré a tomar ese camino.

15) Readaptación de nuevos hábitos. Cambio de patrones. Búsqueda de alternativas.

Cuando la persona es capaz de cambiar los patrones y hábitos en su vida, se empiezan a generar de manera automática y progresiva situaciones favorables en su día a día; empieza a nacer a esa nueva vida, y para ello debe buscar propuestas concretas. Es importante que aprenda a reemplazar sentimientos negativos redefiniéndolos en términos eminentemente positivos. La negatividad cede y la persona gana motivación ante la vida, la afronta con una mayor autoconfianza y optimismo. Una moneda tiene dos caras y hay que saber darle la vuelta cuando es necesario. Hay que cambiar los patrones de supervivencia por nuevos estilos de VIVENCIA, estimulando así los genes que modifican las proteínas y los neurotransmisores que estimulan la mente. Piense que si nosotros creamos nuestra enfermedad, también podemos curarla.

Acto seguido se deberán anclar los nuevos modelos que se están experimentando a nivel virtual y potenciarlos hacia el futuro, haciendo que el paciente se vea actuando con esos nuevos modelos y las sensaciones que experimenta como ganador, de haber conseguido cambiar y tener una nueva forma de vida. La mente actúa acorde con las pautas aprendidas y la energía que está creando con esta experiencia, establece la futura forma de la realidad en el plano material, de la misma manera que a una pieza musical primero le aparece al compositor la idea de una obra y después la materializa en una partitura dejando la composición escrita.

Esta experiencia virtual se grabará en su sistema celular, para que en un siguiente paso implemente ya en su vida real las acciones que ha vivido en esta reconstrucción en Theta y le lleve a alcanzar la total autorrealización y consecución de objetivos en todas las actividades que emprenda de manera realista y alcanzable.

La Terapia Regresiva Reconstructiva opera de este modo.

> **Terapeuta:** Y ahora, ¿qué vas a hacer a partir de hoy en tu presente, para no seguir sufriendo?
>
> **Paciente:** Ya no sufriré más. Ahora voy a salir con mis amigos, abrir mi corazón al mundo. Que sepan que también tengo alma, que tengo sentimientos y que los quiero compartir con ellos.
>
> **Terapeuta:** ¿Y no te vas a quedar más en silencio y agazapado?
>
> **Paciente:** No.
>
> **Terapeuta:** ¿Qué pasaba cuando antes te callabas y te quedabas paralizado?
>
> **Paciente:** Que no sentía.
>
> **Terapeuta:** ¿Y si no sentías?
>
> **Paciente:** No sufría y papá no le pegaría a mamá.
>
> **Terapeuta:** ¿Y tú quieres seguir paralizado y sin sentir?
>
> **Paciente:** No, nunca más paralizado. Voy a sentir.
>
> **Terapeuta:** Repíteme eso: ¿Qué vas a hacer?
>
> **Paciente:** Voy a sentir.
>
> **Terapeuta:** Dímelo más alto.
>
> **Paciente:** VOY A SENTIR.
>
> **Terapeuta:** ¿Y qué pasará a partir de ahora cuando sientas?

Paciente: Que ya no estaré solo, no seré frío y no tendré miedo de la gente.

Terapeuta: ¿Y todo eso es lo que realmente quieres hacer?

Paciente: Sí.

Terapeuta: Pues así será a partir de ahora.

Se le repiten las frases para que el paciente vaya pasando al plano consciente todos los nuevos modelos y pautas de actuación que va a realizar en su nueva vida; de ese modo se le incorporan anclajes saludables para su futuro.

16) Planes de acción para la nueva vida.

En esta etapa se fijan los objetivos hacia donde se quiere dirigir la persona: qué quiere conseguir en su vida, cuál es su nuevo plan de futuro… y esto hemos de trabajarlo tanto en la sesión regresiva –con hemisferio derecho– como en el diálogo en vigilia con posterioridad –con hemisferio izquierdo–. Esta fase le permite anclar y definir qué es lo que va a hacer a partir de ahora, cuál será su plan de acción, y es por tanto un compromiso consigo mismo.

En ocasiones, esta fase se refuerza con otras técnicas cognitivo-conductuales o psicomágicas, como encargar que realice ciertos actos simbólicos o tareas específicas relacionadas con lo que se ha trabajado en la sesión regresiva, con el fin de que lo lleve a cabo en esa semana hasta la nueva visita. Es como un guiño a su inconsciente; de esa forma nuestro consultante sigue tendiendo ese puente consciente-inconsciente con esa tarea que él entiende instantáneamente.

17) Búsqueda del tesoro.

En esta fase utilizamos como cierre de todo el proceso terapéutico un escenario de trabajo llamado “La búsqueda del tesoro”, que permite sintetizar en un solo cuadro toda la historia del paciente que resume simbólicamente todos los planes de acción de futuro (ver Capítulo XIV “El cierre de terapia”).

Para terminar este apartado, es importante tener siempre presente la primera cualidad que debería tener todo buen terapeuta: la paciencia. Si hacemos buen uso de ella, no sacaremos conclusiones precipitadas con sólo el resultado de una sesión de trabajo. No por el hecho de ver a una persona gritar un día debemos pensar que es un histérico, hay que corroborar que esta actuación se repite en numerosas situaciones para poder afirmar tal hecho. De la misma manera debemos tener cuidado, ya que muchos terapeutas tienden a clasificar y etiquetar a sus pacientes en base a experiencias con otros pacientes anteriores e influenciándose, a veces, con proyecciones propias olvidando que cada persona es un mundo diferente a los demás y no hay ni una sola problemática que se repita dos veces.

Para no equivocarnos, deberemos ceñirnos a los hechos concretos que han ido saliendo a lo largo de las sesiones de trabajo y no a las interpretaciones. No debemos trabajar únicamente con lo abstracto puesto que los símbolos son sólo una vía para llegar a lo concreto.

También quiero añadir que todas estas fases de la terapia no tienen por qué presentarse en una sola sesión de trabajo. Más bien esto suele ser lo atípico y necesitaremos de varias sesiones para ir pasando cada una de las etapas descritas con anterioridad.

Ley de Desplazamientos

Algunos terapeutas a veces me han preguntado cómo debían hacer para que sus pacientes fueran hacia los lugares que ellos tenían en principio previstos antes de iniciar alguna sesión de trabajo. En ocasiones pretendían llevar a sus pacientes a vidas pasadas y en lugar de eso, sus pacientes se han visto en una situación concreta que ocurrió hace unos meses, o bien manteniendo un contacto con algún familiar fallecido o con un *Guía*. Muchas veces el problema radica en un desplazamiento erróneo dentro de un escenario de trabajo; por esta razón, el conocer esta Ley le permitirá moverse con soltura en los diferentes escenarios que detallaré más adelante –ver Capítulo V– y reconducir a sus pacientes en los momentos que considere se están saliendo del marco terapéutico establecido.

Existen cuatro desplazamientos básicos que son: arriba, abajo, izquierda y derecha. Anotamos como primer punto de partida, que antes de subir o ir a la derecha, deberemos bajar e ir a la izquierda. No podemos hacer el tejado de una casa si no tenemos bien asentados los cimientos de la misma. Veamos la simbología de estos desplazamientos:

Esta Ley se basa en conceptos arquetípicos que apuntan a que lo relacionado con "lo que está arriba", obedece a la espiritualidad, los ideales, los logros y lo divino. Sin embargo, si hacemos referencia a lo inferior, lo subterráneo o ir hacia abajo, rápidamente lo relacionaremos con los sufrimientos, lo terrenal o aspectos del concepto junguiano de "la sombra".

Parafraseando a Jung, incluyo la siguiente cita: "Cada uno de nosotros proyecta una sombra tanto más oscura y compacta cuanto menos encarnada se halle en nuestra vida consciente. Esta sombra constituye, a todos los efectos, un impedimento inconsciente que malogra nuestras mejores intenciones". Por tanto, estos rasgos los encontraremos en dirección descendente o hacia abajo.

Dios está en los cielos –arriba– y el demonio en los infiernos –abajo–. Arquetipos adquiridos en la educación cristiana.

También en el lenguaje verbal tenemos incorporadas expresiones como: "Siempre estás en las nubes", para hacer referencia a alguien con tendencia a la imaginación y la fantasía o "Con los pies poco en la tierra". No es casualidad que la paz se simbolice con una paloma blanca, ni tampoco que los monasterios o ermitas se encuentren en zonas elevadas. Los cristianos eligieron los aspectos más espirituales de las teorías platónicas e identificaron el reino de las Formas con el cielo –arriba–, pasando éste a otro símbolo arquetípico que nos sugiere lo más sublime, el premio más anhelado; no existe nada mejor que estar en el cielo. También utilizamos expresiones de subir otro escalón como un aspecto de mejoría y evolución, estar en un nivel superior, estar en la cima, estar en lo más alto, subir de categoría, alcanzar la cumbre, los maestros ascendidos...

Por esta razón, normalmente todo lo que conlleve a subir montañas o al cielo, el Universo... nos llevará a contactos más de tipo espiritual, experiencias transpersonales, contactos con *Guías*, Ángeles e identificación con la Unidad...

Es importante no olvidar que la tendencia natural de muchos pacientes, ya sea de manera consciente o inconsciente ante una situación donde se le ofrezca la opción a elegir entre ascender o descender en diferentes escenarios de trabajo, va a ser, por regla general, la de subir, puesto que como hemos visto anteriormente, normalmente esto nos puede conducir a experiencias de tipo místico o cuando menos, experiencias agradables. Todos tenemos tendencia a quedarnos con lo bueno y huir de lo malo, lo doloroso, lo dañino; pero como también le comentaba, no podemos empezar una casa haciendo un tejado muy hermoso sin antes asegurarnos de que los cimientos han sido revisados y están en perfectas condiciones.

En muchas ocasiones hay pacientes que enseguida acceden a este tipo de experiencia y comienzan a subir hacia lugares hermosos, utilizando esto como un mecanismo de defensa y evasión para huir de la realidad. Por eso, en el desarrollo de las sesiones de trabajo, el terapeuta debe conocer estos movimientos de desplazamiento y si ve que la persona tiene esa tendencia a buscar únicamente escaleras de ascenso, subir montañas, elevarse, entonces deberá reconducir la sesión y hacer que su paciente, primero investigue en lugares que están a pie de tierra o mejor aún, bajo tierra (presente y pasado).

Veamos un ejemplo de este tipo de tendencias y cómo reconducirlas:

Terapeuta: Muy bien. Cuéntame, ¿cómo es esta casa por dentro?

Paciente: Hay pocos muebles, veo una mesa... creo que la usan para comer... hay un fuego donde cocinan la comida.

Terapeuta: Muy bien, ¿qué más cosas ves por ahí?

Paciente: En el salón está todo un poco destartalado... también veo unas escaleras.

Terapeuta: ¿Son de subida o de bajada?

Paciente: Hay dos. Una sube y hay otra más estrecha que baja al sótano y va haciendo una curva.

Terapeuta: ¿Qué sensación experimentas al verlas?

Paciente: La que sube parece muy bonita... creo que arriba debe dar más la luz y se tiene que estar más calientito.

Terapeuta: Y la que va hacia el sótano, ¿qué sientes al verla?

Paciente: No me gusta, me da un poco de miedo... está muy oscura. Se tiene que estar más frío ahí abajo.

Terapeuta: Bueno, en otro momento subiremos a ver la parte de arriba de esta casa, pero ahora quiero que inspeccionemos ese sótano; cuando yo te diga, tú vas a bajar a ver qué cosas hay ahí. Vamos allá...

Como se ve en este ejemplo, el paciente tiene una tendencia a subir, ya que intuye que en la parte de abajo no le esperan acontecimientos agradables e intenta una huida.

El terapeuta debe controlar la situación y no entrar en este juego, puesto que esto implicaría alimentar esa actitud de evitar enfrentarse a sus experiencias dolorosas del pasado; así, el hecho de que el sujeto experimente siempre sesión tras sesión momentos de gratificación para nunca afrontar la realidad de su vida, no sólo es poco útil sino que iríamos en dirección opuesta a la que un Facilitador en Terapia Regresiva Reconstructiva debe encaminar a su *Cliente* y ésta no debe ser otra que revelar los contenidos emocionales dañados y/o reprimidos de su historia personal.

También hay veces en que esa parte inconsciente del paciente sabe que está realizando un juego engañoso con ese intentar ascender, y en algún momento de la sesión, su propio "yo interior le reconduce al sitio donde debe ir". Veamos otro ejemplo ambientado en el escenario de "El Edificio" (ver en Capítulo V):

Paciente: Sí, veo los cuatro ascensores: dos a cada lado del *hall.*

Terapeuta: Muy bien, pues fíjate porque los que están a la izquierda son ascensores sólo de bajada y los de la derecha son sólo de subida. Ahora quiero que presiones el botón de llamada y veas cuál es el primero que se abre.

Paciente: Se ha abierto uno de la derecha... el primero...

Terapeuta: Bueno y... ¿qué vas a hacer?

Paciente: Voy a subir por este.

Terapeuta: Muy bien, ¡pues venga! Sube.

El paciente accede al ascensor, presiona el botón de subida y se eleva.

Paciente: ¡Ahí va!

Terapeuta: ¿Qué ocurre?

Paciente: Pues que se ha abierto la puerta y había como un tobogán y me ha tirado, y estoy otra vez en el *hall* de entrada.

Aquí podemos comprobar lo mencionado en el párrafo anterior; él mismo –su inconsciente– se ha reconducido al inicio, sabiendo que no estaba jugando limpio.

Cuando queremos transmitir sentimientos de abatimiento o pesar, utilizamos frases como: "Me siento hundido" y "he tocado fondo". Al hacer referencia a algo que preferimos no recordar decimos: "Está enterrado en el olvido". Veamos un ejemplo:

Terapeuta: ¿Y qué sensación tienes al ver esa madriguera?

Paciente: No me gusta, creo que puede salir un animal o un bicho, y hacerme daño.

Terapeuta: Pues ahora quiero que te metas por ella y vas a empezar a bajar. Avanza sin miedo y ve contándome lo que ves y sientes.

Paciente: Es muy estrecho, sigo avanzando; ahora el camino se hace un poco más ancho y empieza a descender más hacia el fondo, sigo hacia abajo... llego a un lago que hay en medio de la gruta.

Terapeuta: ¿Y qué vas a hacer?

Paciente: Creo que en el fondo del lago está escondido un cofre.

Terapeuta: ¿Y qué puede contener ese cofre?

Paciente: Las cosas que no he querido ver de mi vida, mi pasado...

Para que el lector pueda ubicarse en esta Ley de Desplazamientos, le propongo que mentalmente me conteste la siguiente pregunta:

Si la línea trazada más abajo fuera la línea de su vida y su momento actual, su presente... y se encontrara donde he marcado una cruz... ¿en qué punto señalaría el principio de su vida?, ¿en la parte de la izquierda o en la derecha? ¿Y el final?

________________________X________________________

Nuevamente a nivel arquetípico, tenemos en nuestra cultura –asociado– que el pasado está en la izquierda y el futuro en la derecha. Por esta razón, cuando dentro de un escenario una persona se dirige hacia la izquierda, normalmente nos situará en su pasado, lo que ya sucedió. Asimismo, la derecha está asociada a lo que está por venir, lo que nos espera o el futuro. A continuación, analice este ejemplo:

El paciente ha llegado a una playa.

> **Terapeuta:** Muy bien, ahora quiero que te acerques a la orilla y sientas el contacto con la arena prensada y húmeda bajo tus pies... ahora quiero que mires hacia la izquierda y vas a ver cómo poco a poco va apareciendo una niebla muy espesa por esa parte, ¿la ves?
> **Paciente:** Sí.
> **Terapeuta:** Pues ahora comienza a caminar en esa dirección y a medida que yo voy contando del 10 al 1, tú te vas a ir metiendo dentro de esa niebla, vas a seguir andando y poco a poco vamos a ir regresando hacia atrás en tu pasado, a buscar esa información pendiente, esa información que necesitas rescatar ahora para seguir tu proceso de evolución...

Si se hubiera intentado llevar al paciente hacia el pasado caminando en la otra dirección de la playa, es decir, hacia la derecha, probablemente no se hubiera conseguido llevarlo a experiencias pasadas

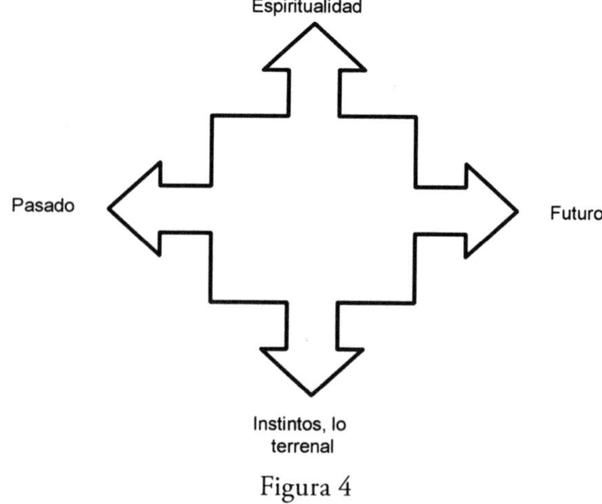

Figura 4

Esta Ley de Desplazamientos nos permite estructurar la terapia y dirigir al paciente, según la fase que estemos trabajando.

En la práctica clínica cuando deseemos accesar al pasado, siempre utilizaremos direcciones a la izquierda; si queremos que afloren emociones reprimidas y por tanto, dañinas, será necesario que en nuestros escenarios lo hagamos descender... bajar. La derecha y las direcciones ascendentes se utilizarán con más frecuencia en las fases de refuerzo y de cierre, una vez elaborados los daños pasados.

Técnicas de Encuadre

Son diferentes las técnicas que se usan durante el diálogo terapéutico con el fin de situar al paciente en el marco adecuado según el objetivo que pretendemos conseguir, y en función de la carga emocional que representa para la persona. Así, en ocasiones es necesario inducir una disociación para disminuir una presión excesiva o para promover una mayor comprensión objetiva de los hechos. Veamos varios modelos diferentes según estas premisas.

Modelo I. Vivenciar en lugar de recordar (siempre en primera persona)

Para que la experiencia con la que se está trabajando resulte lo más terapéutica posible, hay que tener presente que todas las escenas que se estén visualizando, deberán revivirse en primera persona y en presente; es decir, el paciente que está haciendo la sesión terapéutica debe estar en ese momento, inmerso en la escena describiendo lo que está viendo y sintiendo como el protagonista de la película en ese momento concreto.

En muchas ocasiones el sistema defensivo del paciente tiende a recordar –utilizando el pasado– y no a revivir (utilizando el presente).

Ejemplo de lo usual incorrecto. El paciente puede decir: "*Papá me regañaba y yo estaba triste y lloraba*".

En este ejemplo la manera de rectificar el diálogo sería repitiéndole esta frase, pero en tiempo presente del siguiente modo:

Ejemplo de rectificación por parte del terapeuta. Así que ahora papá te está regañando y estás triste... estás llorando...

Esta rectificación verbal hará que la persona automáticamente se sitúe en el marco que nos interesa: en la vivencia y no en la distancia del recuerdo. Automáticamente haremos que tome contacto con lo que sentía cuando ocurrió aquello. Por lo tanto, recuerde que siempre que su paciente se encuentre inmerso en una experiencia pasada, tiene usted que estar hablándole en presente y no en pasado.

Modelo II. Proyección en pantalla

Cuando la imagen que se está reviviendo es demasiado fuerte o dolorosa, a veces el paciente tiende a proyectarse en tercera persona, viéndose así en una pantalla como si estuviera visualizando una película; de esta forma le resulta más sencillo conocer lo que ocurrió. Asimismo, este modelo puede ser utilizado e inducido por el terapeuta cuando el paciente no es capaz de enfrentarse a la imagen real. Es válido en primera instancia para soltar tensión y bloqueos emocionales, e ir poco a poco acostumbrando al paciente a afrontar la realidad de los hechos tal como ocurrieron. Pero no hay que olvidar que, tarde o temprano, deberá hacer que el interesado vivencie todo el relato en primera persona y en tiempo presente, según el Modelo I. Por ejemplo:

Terapeuta: ¿Dónde te encuentras ahora?

Paciente: Estoy en el pasillo.

Terapeuta: ¿Cómo te sientes?

Paciente: No sé. Tengo miedo. Hay una puerta pero no quiero abrirla.

Terapeuta: No te preocupes, no va a pasar nada puesto que todo ya quedó en el pasado. Vamos a abrir esa puerta ahora y vamos a ver qué hay detrás de ella.

Paciente: No veo nada, se han ido las imágenes y las sensaciones.

Aquí se puede observar cómo el paciente presiente que hay algo impactante que puede hacerle daño detrás de esa puerta y decide salirse de la experiencia bloqueando sus emociones.

Ante esta situación, el terapeuta lo reconduce de la siguiente manera:

Terapeuta: Muy bien, no te preocupes, no pasa nada. Ahora quiero que te sitúes junto a mí y te imagines que estamos en un cine. Tenemos la pantalla frente a nosotros y ahora, cuando yo cuente del tres al uno, el telón se va a abrir, las luces se apagarán y podremos ver esa secuencia de lo que hay detrás de esa puerta. Quiero que me lo vayas relatando como si fueras un director de cine y me comentes las diferentes tomas de la cámara que vas viendo. Vamos y cuento: 3, 2, 1...

Paciente: El niño está en el pasillo. Frente a él está la puerta de la cocina.

Terapeuta: ¿Cómo dirías que se encuentra este niño?

Paciente: Está aterrorizado, tiene los pantalones *meados* de miedo.

Terapeuta: Deja que siga avanzando la imagen.

Paciente: El niño abre la puerta y se hace un cambio de plano. Ahora se ve a la madre y al padre discutiendo; el padre está borracho y está pegándole a su mamá. El niño se abraza a su mamá.

Terapeuta: ¿Y cómo te estás sintiendo ahí? Tú eres demasiado pequeño.

El paciente empieza a llorar.

Paciente: Tengo miedo de que papá nos pueda hacer daño. Chilla mucho y yo me tapo los oídos, no quiero escuchar lo que dice.

Aquí puede observar cómo el terapeuta induce sutilmente y consigue que el paciente vuelva a entrar en primera persona en la escena a través de la frase: ¿Y cómo te estás sintiendo ahí? Con esa frase se le lleva al Modelo I revivenciando en primera persona los hechos.

Modelo III. Cambio de rol

Los problemas y el dolor que nos generamos, siempre los vivimos desde nuestro punto de vista, desde nuestro Ser; pero, ¿qué pasaría si por un instante fuéramos capaces de estar en la cabeza de aquella o aquellas personas que nos ocasionaron ese daño?, ¿cómo pensaban ellos y cuál era su perspectiva del problema desde su enfoque? Esto me recuerda la historia de los ciegos que tenían que describir cómo era un elefante, pero cada uno lo hace en función de una parte del cuerpo que toca de este animal: Uno dice que el elefante es como un muro ancho y sólido; otro que como un tubo blando y flexible; otro que como una gran hoja de un árbol y el cuarto dice que es como una serpiente. Todos tenían razón –relativa– porque cada uno había tocado una parte diferente del elefante y creía que era la única posible. Algo parecido nos sucede en general a los humanos cuando hablamos desde nuestra verdad sin entender el punto de vista de nuestro interlocutor.

Esta técnica de cambio de roles, muy conocida en el psicodrama, permite ponernos en la mente del otro y ver el problema desde otro punto de vista. La propuesta que le hago es que cuando su paciente se encuentre reviviendo una situación pasada donde no es capaz de llegar a entender la actuación de un tercer personaje, entonces se le puede sugerir que entre en la cabeza de esa persona que en esos momentos le está causando tanto daño, para ver si de esta manera consigue captar lo que esa persona sentía en esos momentos. Suele ser una técnica muy efectiva para aumentar la perspectiva y, por tanto, la comprensión. Como ejemplo, este caso:

Paciente: Papá está a punto de entrar en casa. Acabo de oír el coche.

Terapeuta: Y tú, ¿cómo te sientes?

Paciente: Estoy muy contento, tengo muchas ganas de verlo porque hace varios días que no estaba en casa. Papá viaja mucho. Se abre la puerta. Está ahí, saluda a mamá. Yo me abrazo muy fuerte a él pero sólo me da un beso y me deja en el suelo. Yo tenía muchas ganas de verlo pero él no me hace caso… no me quiere, nunca me quiere *(comienza a llorar).*

Terapeuta: Quizás papá tiene ahora otras cosas en la cabeza que le preocupan y eso no quiere decir que no te quiera. Mira, vamos a hacer una cosa: cuando yo cuente del tres al uno, tú vas a quitarte tu cabeza y se la vas a cambiar por la suya, así vas a saber lo que piensa papá y papá lo que tú estás pensando. ¿Vale? ¡Venga! Contamos: tres, dos, uno...

Paciente: Noto mucha tensión en la cabeza de papá, tiene muchos problemas.

Terapeuta: ¿Qué tipo de problemas?

Paciente: Creo que son con algo del camión… piensa que tiene que pagar muchas cosas y que le van a quitar el camión… esto le da mucho miedo.

Terapeuta: Y ahora que tienes puesta la cabeza de papá, puedes ver dentro y sentir como él… ¿eres un estorbo para papá?

Paciente: No, no... papá me quiere mucho pero tiene muchos problemas... sólo piensa en mamá y en mí porque le da miedo que a nosotros nos pueda faltar alguna cosa... papá.... lo quiero mucho.

Terapeuta: ¿Y qué piensas hacer ahora?

El niño corre y abraza a su padre. En ese momento, el niño –con su mentalidad actual del adulto– es capaz de entender la situación real que estaba ocurriendo en esa época de su vida y hacer que se desvanezca la idea que se había hecho de que papá no lo quería.

Modelo IV. Proyección a través de símbolos

Siempre es más fácil ver un suceso a través de simbología que a través de las escenas reales que ocurrieron en un momento concreto de la historia personal. Por esta razón, en muchas ocasiones y teniendo en cuenta que el paciente se encuentra en ondas Theta, donde resulta sencillo trabajar con símbolos, el sujeto podrá estar dando una información válida a su terapeuta a través de símbolos en el marco de una secuencia imaginaria. Es importante que en esos casos el paciente sea capaz de identificarse con alguno de los personajes de esa historia y con sus acciones, sentimientos y emociones que éstas generan, para que pueda expresarlas y liberarlas transmitiéndolas en el diálogo con su terapeuta. Esto, al igual que en el modelo anterior, permite liberar tensiones e ir afianzándose para que en el momento adecuado que usted considere, traslade toda esta simbología a su historia real y desenmascare los símbolos que se esconden tras la realidad, pudiendo así llegar al modelo idóneo (Modelo I).

En el siguiente ejemplo, en el momento de recopilar el historial clínico de la paciente, ésta había facilitado mucha información en estado de vigilia de cosas que en su día, la familia le había contado sobre su nacimiento y por esa razón, yo conocía que éste había sido con fórceps y venía con el cordón enredado. También en estado regresivo, la paciente facilita mucha información y vivencia diferentes momentos de su vida intrauterina; sin embargo, cuando llega el momento del nacimiento, automáticamente sale del estado de relajación, se queda bloqueada y dice no ver nada. Ante esta situación, se decide, por parte del terapeuta, efectuar el nacimiento de manera simbólica para que de esta forma, la paciente pueda desbloquear la acumulación de carga energética que tiene grabada de esa experiencia traumática. El nuevo nacimiento se efectúa de esta forma:

Terapeuta: Ahora quiero que te imagines por unos instantes que eres un submarinista y estás debajo del mar... ves una cueva y decides meterte en ella. Quiero que mires desde adentro hacia afuera y me digas qué estás sintiendo.
Paciente: La cueva está profunda, veo como la salida allá al fondo en dirección hacia arriba. Puedo a veces ver la luz, pero en ocasiones que se oscurece, siento una gran presión que me empuja hacia la salida pero el agujero se ha hecho ahora muy pequeño y no puedo pasar por él... me estoy angustiando mucho... quiero salir de aquí pero no puedo.
Terapeuta: ¿Qué te impide salir?
Paciente: El agujero es muy pequeño... además, siento que no puedo respirar; es como si tuviera algo en el cuello. Sí, sí, es el tentáculo de un pulpo gigante... me ha sujetado del cuello y me está apretando...
Terapeuta: Deja que sigan avanzando las imágenes. ¿Qué más ocurre?
Paciente: Es como si cada vez que la presión me empuja hacia la salida, el pulpo me aprieta más del cuello; me retiene, no quiere dejarme ir.
Terapeuta: ¿Y tú puedes soltarte?, ¿qué vas a hacer?
Paciente: No sé. No puedo darme la vuelta y el tentáculo me aprieta... ahora veo como unas palas metálicas que vienen del exterior. Creo que son amigos míos que quieren sacarme de aquí... el agujero de salida se abre más y las palas se acercan a donde yo estoy.
Terapeuta: ¿Qué estás sintiendo en este momento?
Paciente: Tengo miedo de que las palas puedan hacerme daño... se acercan cada vez más... ¡Ayyyy! Me han agarrado de la cabeza y tiran de mí hacia afuera... me están sacando... me rozo con las paredes de la gruta pero estoy saliendo... me sacan... el pulpo...
Terapeuta: ¿Qué ocurre con el pulpo?
Paciente: No me suelta... no quiere soltarme y me está apretando mucho del cuello... siento que me ahogo... ahora estoy con la cabeza afuera... veo la luz... hay mucho Sol... no puedo ver a la gente... sólo siento que están cortando el tentáculo del pulpo con un hacha... al fin me libero...

En esta experiencia se ha podido apreciar cómo se reproduce a nivel simbólico la experiencia del nacimiento, y esto ha permitido al paciente revivir esos momentos de tensión y descargar parte de la misma. En otra sesión posterior se vuelve a reproducir el nacimiento, pero esta vez no a nivel simbólico sino real, y ahora sí es capaz de revivirlo de forma completa y sentirlo todo. En este caso se llevó a la paciente de nuevo a esta misma situación simbólica y desde aquí, cuando se sintió atrapada en la cueva y con el tentáculo apretándola, simplemente se le dio una orden directa para que retrocediera en el tiempo hacia un momento de su vida real donde fue la primera vez que sintió esta misma emoción.

Modelo V. Proyección en pantalla de cine mudo

Del mismo modo, si el incidente es de un fuerte contenido emocional, se puede revivir como en una película de cine mudo, viendo el paciente pasar las secuencias de manera muy rápida e incluso cómica. La película pasa a gran velocidad y por lo tanto, las escenas dolorosas duran menos tiempo. Además, el hecho de ver los personajes en movimientos rápidos, resulta cómico y disminuye la tensión e intensidad de la emoción. Se puede *rebobinar* y dar marcha atrás tantas veces como sea necesario, hasta que la tensión se vaya diluyendo. Es igual que si tiene una avería en el radiador de su coche y el agua está hirviendo y echando humo; para quitar el tapón deberá hacerlo aflojándolo con cuidado y poco a poco, si no quiere que salte el agua y pueda quemarle.

Veamos un ejemplo donde una niña sufría tocamientos por parte del abuelo de una amiga vecina de ella. En sesiones anteriores, cada vez que se mencionaba la casa de su amiguita, la paciente se ponía muy nerviosa e intentaba evitar hablar de ello. Por esta razón, se pensó por parte del terapeuta que probablemente en esa casa la paciente hubiese vivido algún acontecimiento traumático y se diseña esta estrategia, combinación de los modelos IV y V:

Terapeuta: Muy bien, ahora quiero que dejes tu mente totalmente en blanco. Estás acostada en tu cama y sabes que mamá tiene que ir de compras y te vas a quedar esta mañana en casa de tu amiguita María. Esto ¿qué te hace sentir?
Paciente: Angustia. Siento mucho ahogo y ganas de vomitar.
Terapeuta: No te alejes de esa sensación. Quiero que la intensifiques y a través de ella te vas a ver proyectada en algún escenario de dibujos animados o algún *cómic* que te permita trabajar esta angustia. Vamos allá.
Paciente: Estoy como dentro de una máquina del juego *comecocos*. Soy una gallina y estoy huyendo del coyote; estoy metida en los dibujos animados del "Coyote" que siempre persigue al "Correcaminos". Intento huir pero el "Coyote" me sigue a todas partes, me produce mucha angustia.
Terapeuta: ¿Y qué va a pasar si te agarra el "Coyote"?, ¿te va a comer?
Paciente: No. Quiere que sea su novia, quiere casarse conmigo pero a mí no me gusta el "Coyote". Además, no es de mi misma especie, me da mucho miedo.
Terapeuta: Ahora quiero que veas toda esta escena desde afuera y a cámara rápida, como las películas de Charlot.
Paciente: *(Se ríe)*: Me hace gracia porque corremos por todos los pasillos y vamos muy, muy aprisa.
Terapeuta: Fíjate por qué el "Coyote" se empieza a cansar. Mira su lengua, ya le llega hasta el suelo y los ojos se le vuelven saltones; ya no puede más. *(Se están utilizando elementos que ridiculicen al agresor para que la escena no resulte impactante y le quite carga emocional).*
Paciente: *(Se ríe)* Me hace gracia, está el pobre que ya no puede más.
Terapeuta: Oye, tú sabes cómo terminan siempre esos dibujos animados, ¿no?
Paciente: El "Coyote" siempre pierde.

> **Terapeuta:** Pues por esa razón, ahora ya vas a dejar de correr; te vas a parar y darte la vuelta para enfrentarte a él. Míralo bien a la cara y tira de su disfraz. Vamos a ver quién se esconde detrás de este disfraz.

En ese momento ya aparece la figura del abuelo de su amiga, que en sesiones anteriores no había podido enfrentarse a él. A partir de aquí, ya se trabaja la vivencia real que experimentó en su infancia esta paciente.

Modelo VI. Otras variaciones

Hay infinidad de técnicas de encuadre que se utilizan en la TRR para ayudar a desbloquear la energía dañada en nuestros pacientes. Para no extenderme más en este punto, diré solamente que podemos también convertir en una foto la imagen en movimiento que está visualizando el paciente, cambiar la tonalidad o quitarle color y dejarla en blanco y negro; centrarse solamente en una parte de la imagen haciendo un *zoom* hacia un lugar específico como puede ser la ropa, el suelo o la pared donde estén desarrollándose los hechos; bajar el sonido de la voz hasta dejarlo mudo, etcétera. Hay una increíble gama de movimientos que podemos realizar para conseguir que el paciente no se salga de la situación concreta que está viviendo y le permita seguir relatando los acontecimientos que le llevaron a generar ese patrón de comportamiento. Nuestro objetivo final es conseguir que tarde o temprano tenga los suficientes recursos propios para ser capaz de enfrentarse cara a cara con la situación real y poder desbloquear ese daño para siempre.

Todos estos modelos están indicados especialmente con personas víctimas de abusos, malos tratos, vejaciones, que han sufrido accidentes violentos con pérdidas muy traumáticas o que han vivido situaciones límite; ante casos así tendremos que ser muy sutiles e ir poco a poco tirando de esos hilos emocionales.

Algo muy importante a tener siempre presente, es que hasta que el paciente no sea capaz de vivir en primera persona toda la historia que generó un conflicto y sacar a la luz todas las emociones, vivencias y patrones de conducta que construyó como modelo de supervivencia y tomar conciencia de ello, no se habrán terminado de arrancar del todo las raíces enfermizas que le provocaron un daño concreto, ni podremos avanzar en el camino de su recuperación total.

Capítulo V
Escenarios de trabajo

"Una obra de teatro y un escenario es una mentira que nos permite decir la verdad."

Pablo Picasso

Los Test Proyectivos. Introducción

Iniciar una terapia es encontrarse frente a un *puzzle* empaquetado dentro de una caja que guarda todos los componentes que darán forma a una imagen concreta; cada pieza encaja con otra y es precisamente ese engranaje de sus diferentes partes lo que va dando sentido y forma, pese a su complejidad, a la riqueza del ser humano que se encuentra escondido detrás de ese rompecabezas. Según vamos avanzando y uniendo piezas, vamos vislumbrando el dibujo que nos presenta. En definitiva, nuestro trabajo como terapeutas es hacer que el paciente vaya buscando una a una esas piezas que forman su vida para que en el marco de su composición, se vea reflejado y entienda el sentido de su vida, sus comportamientos y patrones creados a lo largo del tiempo, y pueda comprenderlos y dejar así que aparezca su Esencia Espiritual sin necesidad de seguir poniéndose más máscaras para poder sobrevivir.

En terapia usted se encontrará frente a personas con una historia particular, habiendo sido parte de la misma olvidada a nivel consciente pero cuya información sigue guardada en el inconsciente y hay que sacarla a la luz.

Cuando volteamos las piezas que se encuentran dentro de la caja del *puzzle* y para no empezar a ciegas nuestra tarea, normalmente solemos estructurar el trabajo en tres fases:

1. Nos valemos de las piezas con ángulo recto en alguno de sus lados para iniciar la construcción, empezando a

montar la estructura del recuadro externo –los bordes– para encontrar su marco de referencia.

2. A partir de ahí continuamos apilando piezas, normalmente agrupándolos por colores.
3. Vamos completando el cuadro desde afuera hacia adentro uniendo los diferentes bloques hasta llegar a su consecución final.

En la Terapia Regresiva Reconstructiva, podríamos decir que la fase uno: "El marco de encuadre" de nuestro trabajo, lo iniciamos con la entrevista para la recopilación del historial. Los *tests* proyectivos arquetípicos serían como el apilar por colores; actúan sacando a la luz la "memoria inconsciente". Su acción consiste en representaciones de esas pequeñas piezas "clave" que nos servirán de guía para hacer un primer diagnóstico e intuir en grandes líneas cómo tiene estructurados nuestro paciente los cimientos básicos de su personalidad (relaciones con la figura paterna y materna, las vivencias de su etapa prenatal, su autoestima, su sexualidad, conflictos de pareja, sus expectativas de futuro, etcétera).

No debemos olvidar que estos *tests* son "pequeñas pistas". Solamente marcos de referencia, tendencias... sin caer en el error de creer que, gracias a ellos, tenemos las claves de los problemas para los que nuestro *Cliente* llegó a consulta. Solamente nos valen como un pequeño indicador, para que a partir de ahí podamos iniciar nuestra andadura terapéutica y seguir profundizando dentro del inmerso arsenal de información del que dispone nuestro paciente en su inconsciente.

Cada uno de los diferentes símbolos tiene sus posibles significados, son aproximaciones generalistas o tendencias, no aseveraciones certeras de que siempre y en todos los casos será así, ya que la vivencia personal que cada individuo haya tenido con esos objetos, tendrá para él un significado muy diferente del resto de las personas. En líneas generales, decimos que el agua es un símbolo que representa a la madre. Sin embargo, para una persona que haya estado a punto de ahogarse en el mar, el impacto del agua o simplemente la interpretación y emociones que vayan unidas a esta palabra, serán muy diferentes que para una persona que no haya vivido esta experiencia. Igualmente, si una persona que practica espeleología, tuvo un accidente y se quedó encerrada y aislada en una cueva durante varios días, es evidente que tendrá un fuerte impacto emocional cuando le mencionemos esta palabra, aunque simbólicamente tenga una analogía con el claustro materno y pensemos por eso que allí pudo tener algún problema en su etapa intrauterina.

Por todo esto, le recomiendo tener mucha prudencia y paciencia, y saber administrar de manera cautelosa la información que aparece cuando utilizamos estas técnicas.

Test arquetípico: El Paseo por el Campo

La adaptación y puesta en escena que he realizado de este fantástico *test*, aportación de mi gran Maestro, amigo, compañero de viaje, socio, consejero y casi padre adoptivo, Joaquin Grau, nos permite conocer de manera rápida y efectiva los primeros síntomas que puede presentar nuestro paciente en relación con las figuras más sobresalientes que fueron representativas en su vida y que impregnaron y condicionaron la estructura de su personalidad, dando respuesta a muchos comportamientos actuales que se presentan en su acontecer diario.

Además de esto, permite un primer diagnóstico sobre nuestras vivencias intrauterinas y nuestra relación con la sexualidad.

Una vez relajado el paciente, se le sitúa en un camino en un campo y a partir de aquí se le irán dando indicaciones para que vaya visualizando ciertos símbolos que el terapeuta le va indicando paulatinamente a medida que va dando un paseo por dicho entorno. Más abajo aparecen detallados y prestaremos especial atención a los movimientos gestuales y corporales para medir la intensidad con la que vive cada uno de ellos; en especial, sobre aquellos objetos donde su descripción y emoción que lleva unida, resultan completamente atípicos. Es decir, que la persona los exterioriza fuera de la norma general estándar y teniendo en cuenta que cuanto más intensa viva la emoción que tiene con respecto a ese símbolo, más intenso podrá ser el núcleo traumático emocional no resuelto con relación a ese símbolo.

Simbología del *test* arquetípico del paseo por el campo

Camino	Visión de futuro
Árbol	Figura paterna
Casa	Figura materna
Pozo	Claustro materno
Llave	Sexualidad masculina
Flores	Sexualidad femenina
Árboles frutales	Principales carencias del sujeto
Sol	Calidez, protección, fuerza, recarga, energía

Insisto en que todas estas representaciones simbólicas sirven únicamente como punto de referencia, dejando bien claro que siempre habrá que conocer el historial de cada paciente para saber si alguno de estos materiales que estamos utilizando, no ha tenido un impacto especial en su vida que pueda dar otro sentido muy diferente a este objetivo.

Cómo trabajar con cada uno de los elementos:

El Camino

El Camino suele simbolizar la situación actual que está viviendo la persona y cómo ve su futuro. Por lo tanto, si alguien ve un camino ancho, recto y sin fin, será mucho más positivo que las personas que visualizan caminos estrechos, curvados, muy inclinados o incluso no ven camino. En casos de personas con tendencias suicidas, ocurre muy a menudo que no consiguen ver ningún camino delante de ellos o en el caso de verlo, estos terminan a un par de metros de donde se encuentran y detrás sólo está el vacío, un agujero negro, la nada o un precipicio. Tal vez podrían estar viendo que su vida no tiene futuro y por lo tanto no tiene sentido seguir aquí.

Veamos un ejemplo a través de la transcripción literal de un caso:

Terapeuta: Muy bien, ahora quiero que veas un camino... dime... ¿cómo es?

Paciente: *(Después de un par de minutos)* Me veo en una montaña, pero no veo el camino... está todo quemado.

Terapeuta: ¿Quemado?, ¿qué ha pasado?

Paciente: No lo sé, pero los árboles y los matorrales están todos quemados. Está todo muy negro.

Terapeuta: Y el camino, ¿no lo encuentras?

Paciente: *(Se toma un tiempo)* Sí, lo veo... está a mi izquierda, pero es muy pequeño y estrecho...

Terapeuta: Muy bien, pues ahora quiero que empieces a andar por él y me vayas contando qué ves y cómo te sientes.

Paciente: Es un camino de tierra. Es difícil andar por él... hay demasiadas piedras y agujeros en el suelo. Además, está muy empinado y me canso.

Terapeuta: ¿Cómo te sientes?

Paciente: Me siento agotada, no puedo seguir avanzando... quiero volver atrás.

Terapeuta: Pero tenemos que seguir avanzando, quizás encontremos algo interesante un poco mas allá...

Paciente: No hay nada interesante. Más adelante ya no hay camino porque lo arrasó todo el incendio. Ya no existe nada. *(Comienza a llorar).*

Terapeuta: ¿Por qué lloras?

Paciente: Me da mucha pena ver que todo está quemado.

Terapeuta: Pero lo importante es saber que aunque todo esté quemado por fuera, bajo la tierra sigue habiendo vida y las cenizas de estos árboles quemados van a hacer ahora que todo se regenere y vuelva a brotar con más fuerza, más vida... mira, cuando yo cuente del tres al uno, tú te vas a meter dentro de la tierra y vas a observar cómo se produce todo este cambio... y cuento...

En este caso concreto, la paciente estaba pasando por un momento difícil en su vida, sumida en una depresión grave que representa y proyecta simbólicamente en este camino. Evidentemente no ve ninguna salida a su situación actual y el camino –su vida– está lleno de obstáculos –piedras, agujeros, camino empinado–. Sin embargo, podemos pensar que el trabajo terapéutico será fructífero, ya que vivencia muy marcadamente todas las emociones que van unidas a las imágenes.

En este ejemplo concreto se decidió estimular a la paciente a través de hacerla ver que había una esperanza, otra forma de percibir las cosas, ya que debajo de la tierra había una nueva vida que nacería, gracias al incendio que anteriormente había acontecido. Al vivenciar estas nuevas sensaciones y hacerle ver que si estaba en nuestra consulta, es porque aún tenía esperanza de salir de su situación actual, la paciente tuvo la certeza de que había una luz al final del túnel. Se dedicó una hora de esta sesión a sentir ese estilo de vida y a pensar que gracias al incendio renacería una nueva forma de ser. En otras circunstancias no hubiéramos dedicado tanto tiempo en una primera sesión a trabajar con un elemento concreto de este *test*, ya que he dicho anteriormente que sólo pasamos por encima, como de puntillas, por cada uno de los símbolos para tener una primera perspectiva. Pero en este caso concreto existían posibilidades de que la paciente pudiese actuar de manera perjudicial para su propia integridad física. Por este motivo se consideró muy importante que pudiera tomar conciencia de que había una esperanza. En otras sesiones fuimos cambiando el camino limpiándolo de piedras y tapando agujeros a la vez que se fueron sembrando árboles por todo el monte.

El Árbol

A lo largo de muchas civilizaciones se le ha considerado como el eje del mundo y por países de los cinco continentes encontramos cómo se le sigue venerando y entregando ofrendas. Simboliza lo masculino –el árbol–. Desde su nacimiento, comienza expandiendo en primer lugar sus raíces en la tierra para permitirle que se asiente con seguridad y se eleve después sin límites que le frenen su crecimiento, evocando asimismo el símbolo de la verticalidad y la rectitud.

Según la tradición celta, su madera dura y resistente simboliza la fortaleza; sus ramas nos protegen y sirven para calentarnos si se utilizan para hacer fuego, y sus largos años de vida le dan la ciencia, el conocimiento y la sabiduría. Por esa razón, si tenemos que proyectar en un árbol el símbolo de alguna figura representativa en nuestra vida, veremos que detrás de él, arquetípicamente, se encuentra la figura paterna (imagen de la autoridad y la fuerza).

Generalmente en el árbol se proyecta esta imagen que representa la autoridad en la vida del sujeto (normalmente suele ser el padre, pero en ocasiones puede verse a la madre, un abuelo, un hermano mayor, un tío o la propia pareja, según quien haya asumido ese rol en su vida).

Cuando usted realiza el *test* y sin que todavía sepa su paciente qué simbolismo representa este objeto, dejará que visualice un árbol y que exteriorice todas las emociones que aparecen unidas al mismo –si es muy grande o pequeño, muchas ramas, si es acogedor o no, la sensación que le produce al tocarlo, si está podado, si está seco, quemado, cortado–. Después, deje que el árbol le abrace y observe cuál es la reacción que experimenta ante esta acción. Por último, permita que el árbol se transforme y aparezca la imagen de una persona –sin decirle de quién se va a tratar–. A partir de aquí, que su paciente continúe el diálogo pero ya con la persona que ha aparecido.

De nuevo, vemos un ejemplo de la transcripción literal de un caso real:

> **Terapeuta:** Muy bien, ahora sigues avanzando por el camino y cuando cuente del tres al uno vas a ver un árbol. Y cuento tres, dos, uno… cuéntame ¿cómo es?
>
> **Paciente:** Es muy grande… es inmenso… me siento muy pequeño al mirarlo.

Terapeuta: Muy bien, ahora quiero que te acerques a él y lo vas a tocar... dime qué sensación te da.
Paciente: Es una sensación áspera.
Terapeuta: ¿Pero te agrada o no?
Paciente: No, no, es desagradable, es como... no sé... me da mucho respeto, me da "cosa".
Terapeuta: ¿Qué es esa "cosa"?, ¿miedo?, ¿sientes miedo?
Paciente: Creo que sí, un poco... es que es enorme.
Terapeuta: ¿Puedes abarcarlo con las manos?
Paciente: No, no puedo... además no me atrevo. *(Se pone un poco nervioso).*
Terapeuta: Bueno... tranquilo... ahora quiero que mires hacia arriba... ¿qué sensación tienes ahora?
Paciente: ¡Guau! ¡Es gigante!
Terapeuta: ¿Tiene muchas ramas este árbol?
Paciente: Tiene algunas por la parte de arriba.
Terapeuta: Muy bien. Bueno, pues cuando yo te diga, vas a dejar que el árbol se incline hacia adelante y las ramas te van a sujetar... fíjate qué sensación tienes...

Comienza a llorar.

Terapeuta: ¿Por qué lloras?, ¿qué ocurre?
Paciente: Es que las dos ramas grandes de los lados se las han cortado y no puede abrazarme.
Terapeuta: ¿Y esto te da pena?
Paciente: Sí, es que creo que le gustaría abrazarme pero no puede.
Terapeuta: Pues abrázale tú a él, a ver qué sientes.
Paciente: *(Llora con más fuerza)* Yo quiero que me abrace pero él no puede. Cuando yo le abrazo, el árbol se vuelve más rígido.
Terapeuta: Muy bien, pues fíjate bien porque ahora vas a ver cómo el árbol empieza a diluirse y se va a convertir en una persona. Yo no sé quién es pero tú lo vas a reconocer enseguida. Fíjate bien y cuento: tres, dos, uno… ¡ahora!
Paciente: Es papá, me está mirando pero tiene los brazos atados con una cuerda.
Terapeuta: ¿Y quién lo ha atado?

Paciente: Ha sido él mismo porque le da miedo abrazarnos y demostrarnos su afecto...

Terapeuta: ¿Y a ti te parece que lo que hace es correcto?

Paciente: ¡No! Yo quiero que me abrace.

Terapeuta: Pues ahora puedes decírselo, dile todo el tiempo que llevas esperando en tu vida para que lo haga y tú le vas a ayudar a hacerlo ahora.

El paciente decidió cortar la cuerda con unas tijeras y dejar sentir por primera vez en su vida el abrazo de su padre.

En la vida real, el padre de esta persona había sido un hombre muy autoritario, demostrando un gran distanciamiento hacia sus hijos, que afortunadamente encontraban refugio en su madre que dedicaba mucho tiempo a ellos (los niños se hacían los dormidos cuando llegaba su padre por la noche para no molestarlo).

Nuestro paciente había dejado la casa de sus padres a la edad de 19 años y cambiado su lugar de residencia. Sin embargo, tenía necesidad de reconciliarse con su padre y conseguir esa comunicación que nunca tuvieron cuando era niño; este fue el trabajo que se realizó a lo largo de varias sesiones terapéuticas que tendrían como resultado final una unión de los lazos familiares.

La Casa

Normalmente una casa es un lugar acogedor que nos protege de las inclemencias del tiempo y a su vez nos hace sentirnos cómodos y envueltos por ella. Simboliza lo femenino –la casa– en el sentido de refugio, protección, seno materno. Es la referencia a la figura materna –al igual que ocurría con el árbol, la casa podrá representar a la madre o también a una abuela, hermana mayor, tía o cualquier persona que haya representado para su paciente la figura que le cuidaba en su época de infante– y llegaremos a ella haciendo un recorrido por este escenario y después de haber visto el árbol. Es importante que su *Cliente* describa la casa por dentro y por fuera: su tamaño, si tiene muchas o pocas ventanas, si la puerta está abierta o cerrada, el aspecto exterior, su color, su diseño, le darán información de cómo esta persona percibe a su madre y la imagen que tiene de ella, tanto la que da al exterior –la máscara o apariencia– como la interna –la parte alta refleja el control de la conciencia, los sótanos es el reino de los instintos y del inconsciente, y la cocina el lugar idóneo para las transmutaciones y los cambios–. Es por este motivo por el que dejamos que nuestro paciente nos describa la casa en su conjunto y a detalle, tanto desde adentro como desde afuera de la misma. Veamos un ejemplo con una paciente a la que llamaremos Bertha:

Terapeuta: Muy bien, ahora vamos a dejar la imagen del árbol y vamos a seguir avanzando por el camino. Al girar en la próxima curva, vas a ver una casa... dime ¿cómo es?

Paciente: Es muy grande, está junto a un río y es muy bonita.

Terapeuta: ¿Qué cosas la hacen ser bonita?

Paciente: Pues es grande y tiene muchas ventanas. Además está pintada con colores blancos y rosados.

Terapeuta: ¿Qué otras cosas puedes ver desde afuera?

Paciente: Tiene un balcón y veo que está saliendo humo de una chimenea.

Terapeuta: Me comentabas que es bonita, ¿te gustaría a ti tener una casa así?

Paciente: Claro, ¡es preciosa!

Terapeuta: Pues vamos a acercarnos a ella, ¿puedes ver la puerta? Dime si está abierta o cerrada.

Paciente *(Se le quita la sonrisa de la cara que tenía hasta ese momento).*

Terapeuta: ¿Qué te ocurre?, ¿qué está pasando?

Paciente: Es que la puerta esta cerrada y le han puesto varios candados muy gordos.

Terapeuta: ¿Y no puedes pasar?

Paciente: No, ¿cómo voy a quitar los candados?

Terapeuta: Pues mira a ver cómo te las vas a arreglar, ¿por dónde puedes entrar?

Paciente: *(Hace un recorrido por todas las ventanas)* Están todas con barrotes y no se puede entrar.
Terapeuta: Pero tú tienes que ver esta casa por dentro. Mira a ver por dónde se te ocurre que puedas entrar... quizás por el tejado... *(Inducción de ayuda).*
Paciente: ¡Claro! Por la chimenea. Voy a ver si puedo *colarme* por aquí... está muy estrecha y no puedo pasar bien.
Terapeuta: Bueno, tú no te preocupes porque cuando cuente del tres al uno te vas a hacer mucho más delgada y vas a pasar sin problemas... y cuento tres, dos, uno...
Paciente: Ya estoy adentro pero la casa está vacía, no hay casi muebles y los pocos que quedan están muy viejos y sucios.
Terapeuta: ¿Es que no vive nadie en ella?
Paciente: No. Creo que sus dueños se fueron hace tiempo.
Terapeuta: Oye, y tú ¿qué sientes dentro de esta casa?
Paciente: Tristeza. Me da mucha pena verla así. Por fuera es muy bonita pero por dentro está vacía. Cada vez se va estropeando más.
Terapeuta: Pero, ¿cómo es posible que por fuera esté tan bien?
Paciente: Es que creo que alguien viene de vez en cuando para limpiarla y darle una mano de cal.
Terapeuta: ¿Y por dentro?
Paciente: Los dueños se llevaron la llave y no dejan pasar a nadie para que la cuide. Tienen miedo de que les rompan algo o los roben.
Terapeuta: ¿Te gustaría a ti poder arreglarla?
Paciente: Sí.
Terapeuta: Pues vamos a hacer una cosa: afuera de la casa, junto a una gran piedra, hay enterrada una copia de la llave. Quiero que salgas y la encuentres. A partir de ahora tú te vas a encargar de limpiar bien la casa por dentro, abrir las ventanas y dejar que entre el Sol...

La madre de esta paciente, en su vida real, era una mujer muy centrada en actividades sociales. Esposa de un importante personaje público, asistía asiduamente a fiestas y cenas de compromiso y sus hijos siempre –ya siendo adultos– habían añorado su presencia, que encontraban insuficiente. Desde que era un bebé, esta paciente tuvo una "nana" que la cuidaba a ella y a sus hermanos.

En la proyección de este *test,* podemos observar con claridad cómo existen dos casas –imágenes de la madre– para nuestro paciente. Una es la externa, el personaje que ven los otros "desde afuera", y otra como ella la percibe y la vive desde su interior.

Después de varias sesiones de trabajo y vivenciar numerosos momentos de su vida en donde la madre faltaba a su lado, la paciente asoció rápidamente el símbolo de la casa con la representación e imagen de su madre, y cómo ya desde la primera sesión de la terapia había salido a la luz esta carencia afectiva de la cual nunca había sido capaz de hablar ni ser consciente de ello.

En otros pacientes podría pasarnos el caso contrario a éste: Que fuese una casa muy fea por fuera o semidestruida, y sin embargo por dentro ser un lugar bonito, acogedor, donde el paciente se encuentra a gusto y no quiere salir de allí. Este tipo de vivencias suele darse en pacientes que han tenido una madre que sufrió maltratos físicos y/o psicológicos, pero para ellos resultó una madre protectora que daba amor y seguridad a los suyos. Por esa razón, el paciente ve una casa dañada por fuera pero protectora por dentro. También en personas con una madre que padece algún tipo de dolencia física crónica o terminal.

El Pozo

Símbolo de abundancia y fuente de vida. Su forma cilíndrica –espacio cerrado– y contenedor de agua nos recuerda analógicamente las paredes intrauterinas y el líquido amniótico, por cuyo motivo el entrar en pozos, grutas, cavidades, agujeros, túneles, etcétera, potenciará la conexión con el claustro materno.

Un pozo repleto de agua y destapado es estandarte de la sinceridad y símbolo de vida y felicidad. Por oposición, un pozo seco o enlodado proyecta secretismo, vacío, dolor, desnutrición, putrefacción y muerte.

En muchos cuentos es el lugar idóneo para esconder un tesoro, un secreto fuera del alcance de los curiosos. De la misma forma, el paciente puede descubrir en esa etapa de su vida aquel secreto que ha estado guardado durante tanto tiempo sin salir a la luz, y que por fin le permitirá encontrar la felicidad anhelada.

Siguiendo el recorrido del escenario y saliendo de la casa, diremos a nuestro paciente que busque un pozo que se encuentra en algún lugar por detrás de la misma. Personalmente suelo llevarles primero, para reforzarles, a una zona donde hay árboles frutales y que coman de esas frutas, ya que cada una de ellas tiene una cualidad especial: unas te dan valentía, otras seguridad, otras fortaleza, otras alegría... y después de eso, hago que busquen el pozo de donde se saca el agua para regar estos frutales. Al llegar a él preguntaremos si se encuentra abierto o tapado; una vez ahí le diremos que se asome y que nos cuente si tiene agua, y en caso afirmativo si está sucia o limpia. La sensación que le produce al asomarse al interior, cómo son las paredes... y más tarde, hacer que se lance a su interior o que meta el brazo y que se le alargue hasta tocar el fondo y nos diga cómo vive esta experiencia.

Como ya hemos visto con otros símbolos, dependiendo de las sensaciones y emociones que se produzcan en nuestro paciente, podremos intuir la intensidad de la carga emocional en su periodo de gestación y cómo ésta pudo afectarle en su proceso evolutivo. Veamos el siguiente ejemplo:

Terapeuta: Cuéntame, ¿cómo es ese pozo?

Paciente: Es de piedra, tiene una tapa de hierro y un candado puesto.

Terapeuta: ¿A qué crees que se debió el que hayan cerrado este pozo con un candado?

Paciente: No lo sé. Quizás para que no encuentren lo que hay dentro.

Terapeuta: ¿Y qué crees que hay dentro del pozo?

Paciente: No lo sé, pero no me gusta.

Terapeuta: Pues ahora quiero que tú abras esa tapa para ver qué han escondido ahí abajo.

El paciente empieza a moverse en el diván y se pone muy nervioso.

Terapeuta: ¿Qué ocurre?

Paciente: No sé pero me da miedo acercarme al pozo.

Terapeuta: Pero tú tienes que saber qué se esconde en ese pozo. ¡Venga! Coge la llave que encontraste en el camino, me dijiste que era una llave que parecía de un candado, a lo mejor es la llave para abrir el pozo. ¡Vamos!

Paciente: Ya he quitado el candado y la tapa está muy fuerte. No puedo abrirla. *(Resistencias).*

Terapeuta: Pues ayúdate con alguna cosa, pero tú vas a abrirla. ¡Venga!

Paciente: Hago palanca con un hierro y ya la abro. ¡Uff! ¡Qué mal huele!

Terapeuta: Mira a ver ¿por qué huele tan mal?

Paciente: El agua está estancada y sucia, y abajo hay algo.

Terapeuta: ¿Qué sientes al mirar hacia abajo?

Paciente: Me da miedo, tengo la sensación de que me voy a caer y me van a encerrar aquí.

Terapeuta: Bueno, tú no te preocupes. Ahora vamos a bajar para saber qué hay escondido en el pozo. Te vas a poner un traje de buzo y unas gafas, y te vas a lanzar.

Paciente: Ya estoy abajo, el agua está muy fría y sucia.

Terapeuta: ¿Qué sensación tienes ahí abajo?

Paciente: Mucho agobio. Quiero salir cuanto antes.

Terapeuta: Bueno, pero antes de salir quiero que veas qué es ese bulto que decías que hay en el pozo.

Paciente: Es una calavera. Es una persona que dejaron morir aquí; me da miedo, no quiero estar aquí, sácame de aquí.

Terapeuta: Bien, tranquilízate, te voy a sacar de ahí pero quiero que ates alrededor de esa calavera una cuerda que te voy a tirar para que la saquemos, ¿vale?

Paciente: ¡Vale!

Terapeuta: Ahora tú sales del pozo... ya estás fuera y ahora sacamos los restos de esa persona... y vamos a hacer una cosa si te parece bien: vamos a enterrar estos huesos en un cementerio donde debería estar, mejor que en el pozo... ¿te parece?

Paciente: Sí. Creo que es injusto que alguien muera de esa manera.

Terapeuta: ¿Qué crees que ocurrió?

Paciente: Le dejaron ahí solo y no pudo salir... y murió.

En este momento se tomó la decisión de iniciar una pequeña reconstrucción reparativa transitoria.

Terapeuta: Bueno, pues ahora vamos a dejar la tapa abierta y una cuerda puesta para que ya nadie más se quede encerrado en el pozo... además, vamos a llenarlo de agua limpia y clara y le vamos a poner una luz para que resulte agradable asomarse a él. ¿Qué te parece ahora?

Paciente: Ahora es diferente, así está mucho mejor.

En muchas ocasiones cuando la persona se lanza al pozo, automáticamente se transporta a los momentos en los que estaba dentro del claustro materno y comienza a revivirlos. En estos casos no es recomendable trabajar en esa regresión a la época intrauterina, pues recordemos que estamos en la primera sesión terapéutica y es importante ir poco a poco en el proceso, por lo que el procedimiento correcto es trabajar simbólicamente, como en este ejemplo.

En el caso concreto del ejemplo anterior, esta persona había sido gemelo de otro hermano que nació muerto. Claramente estaba proyectando en este *test* esa cuenta pendiente. La decisión de sacar los restos de ese cadáver y enterrarlos en un cementerio, fue porque sabía que mi paciente es una persona muy religiosa y pensé que sería una forma de quitar algo de tensión de la que estaba en esos momentos viviendo el interesado. A partir de aquí, este sería uno de los focos principales de trabajo en la terapia, favoreciendo así la liberación de esa carga de sentirse responsable de la muerte de su hermano.

La Llave

Desde un punto de vista psicoanalítico, la llave tiene una forma cilíndrica y al igual que las espadas, lanzas, lápices, pistolas, conos, representa la fertilidad y se asocia al órgano sexual masculino y las implicaciones con el mismo. Si el paciente es hombre entonces proyectará cómo esta persona vive su sexualidad y el grado de conformidad con la misma. Si la paciente es mujer, estará proyectando cómo vive ella la relación con el sexo opuesto.

Para encontrar la llave puede decirle a su paciente, mientras va andando por el camino, que la busque por algún sitio. Quizás esté en el suelo o escondida bajo una piedra, o detrás de un árbol. Cuando la haya encontrado debe hacer que la describa –si es grande o pequeña, si está nueva o usada, si es moderna o antigua–, y qué sensación le produce al tocarla: si es agradable o desagradable, fría o caliente, si le produce asco o placer...

Dependiendo de todas estas sensaciones que manifieste, le permitirá hacer una primera evaluación y una idea de cómo el paciente vive con la sexualidad masculina. Veamos un ejemplo en esta sesión:

> **Terapeuta:** Ahora quiero que busques en algún lado del camino a ver si encuentras una llave.
> **Paciente:** No veo ninguna llave.
> **Terapeuta:** Mira bien, quizás detrás de un árbol, debajo de una piedra, no sé... mira por todos los sitios.
> **Paciente:** Sí, ya la he visto. Está debajo de una piedra.
> **Terapeuta:** Muy bien, pues cógela.
> **Paciente:** Está rota, se rompió cuando la escondieron aquí.
> **Terapeuta:** ¿La escondieron?, ¿quién la escondió y por qué motivo?
> **Paciente:** No lo sé, querían que no la encontrara nadie, tenían que romperla.
> **Terapeuta:** Bueno, pues ahora quiero que tomes los trozos de la llave y me digas ¿qué sientes al ponerlos entre tus manos?
> **Paciente:** Me quema, la llave está como quemando y además rota. No puedo cogerla...

Lógicamente, cualquier respuesta atípica como una llave gigante, rota, diminuta, dos llaves, sensación desagradable al tocarla, que quema, que muerde al cogerla, que se pulveriza, envenenada, etcétera, nos dará una señal de alerta en relación a este aspecto de su vida. En este caso concreto, la paciente venía a terapia porque tenía aversión a los hombres y claramente lo está proyectando sin saberlo a través del símbolo de esta llave.

Las Flores

Simbolizan la vida, la fertilidad. Abren los pétalos de sus capullos para permitir que los insectos transporten el polen al gineceo durante el proceso de polinización, y mantener el mismo protegido durante su fase de germinación y fecundación, pudiendo ver en ellas una clara analogía con la vagina y la sexualidad femenina.

Al igual que con la llave, si el paciente es mujer, entonces referirá cómo vive su propia sexualidad, y en el caso de ser hombre nos indicará la relación e implicaciones asociadas al órgano sexual femenino.

En el *test* se suele indicar al paciente que al salir de la casa se dirija a la parte trasera y que busque algún jardín y describa cómo es. Al igual que en los símbolos anteriores, dependiendo de las sensaciones que impacten en él con respecto a estas flores, así vivirá la sexualidad femenina. Hay que profundizar en los detalles de los diferentes elementos que vayan apareciendo, ya que, a modo de ejemplo, detrás de unas preciosas rosas que puedan crecer en un jardín, pueden también aparecer espinas que si te acercas a ellas, te pueden dañar. Como siempre, deberá profundizar en todos los detalles posibles para asegurarse de cuál es la percepción real que el sujeto tiene sobre el símbolo en cuestión. Veamos un ejemplo:

> **Terapeuta:** Muy bien, pues ahora quiero que salgas de la casa y vayas por detrás de ella, a ver si encuentras algún jardín con plantas o flores.

Paciente: No veo nada, por aquí no hay plantas ni flores.
Terapeuta: ¿Cuéntame qué ves? ¿Dime qué cosas hay por ahí?
Paciente: Hay losetas rotas, tuvo que haber una zona con un porche o algo así, pero ya está todo viejo. También veo tierra movida... a lo mejor aquí tenían plantadas flores.
Terapeuta: Pues vamos a hacer una cosa, cuando yo cuente del tres al uno tú vas a regresar hacia atrás en el tiempo para saber qué había en este sitio en donde ahora la tierra está movida... y cuento: tres, dos, uno...
Paciente: Está todo con plantas y flores muy bonitas, hay de muchos colores y huelen muy bien.
Terapeuta: Pues ahora, quiero que avances hasta saber qué ha pasado, por qué alguien ha removido esta tierra... mira qué ha pasado.
Paciente: Es la cochinilla, todas las plantas están enfermas. Se están llenando de bichos. Me da mucha pena porque nadie se ha dado cuenta y se van a comer todas las flores. Es horrible, se lo comen todo, lo inundan todo, es una gran plaga que se come todo por donde pasa.
Terapeuta: ¿Y qué ocurre entonces?
Paciente: Veo un jardinero. Han llamado a un jardinero que está fumigando todo. Ahora veo cómo levanta y arranca las plantas que están muertas o llenas de bichos y fumiga todo. Ha echado un líquido especial y ahora todos los bichos se han muerto.
Terapeuta: Muy bien, y tú cómo ves esto ahora, ¿te gustaría que volvieran a salir flores en este lugar?
Paciente: Sí.
Terapeuta: Pues vamos a hacer una cosa: Ahora quiero que tomes un saco lleno de semillas de unas flores muy especiales. Vas a sembrarlas en todo el jardín y fíjate bien porque son especiales que ya vienen preparadas para que nunca ningún bicho pueda atacarlas. Ahora empiezas a sembrar y a regar... siembras y riegas... siembras y riegas y las flores empiezan a salir... Míralas, salen fuertes, más bellas aún que antes y protegidas para que nada pueda dañarlas.

Paciente: Sí, son muy bonitas, me gustaría ser como ellas.

Terapeuta: Pues ahora tú puedes hacerlo. Mira, yo cuento del tres al uno y tú te conviertes en una semilla como ellas, dentro de la tierra: tres, dos, uno y comienzas a nacer nuevamente, con fuerza, con seguridad, sin miedos y estando inmune a todos esos bichos. Ya nunca nada te hará más daño porque tú lo vas a impedir, no vas a dejar que pase... ahora siente el Sol... *(y continúa la sesión con estímulo y refuerzo).*

La paciente había sido operada meses antes de un cáncer de útero y tratada con quimioterapia. Tenía mucho miedo de que se le volviera a reproducir. Claramente está proyectando en este *test* su situación actual:

- Flores – Útero
- Bichos, Cochinilla = Células Cancerígenas
- Jardinero = Cirujano
- Fumigación = Cirugía en las zonas dañadas por el cáncer

En diferentes experiencias podrá observar cómo sus pacientes describen jardines con letreros que dicen "prohibido tocar las flores", jardines vallados, plantas carnívoras, enredaderas que amarran a la gente a su paso, flores artificiales, etcétera. El terapeuta debe estar muy atento al diálogo de su paciente cuando está describiendo lo que ve y siente, ya que detrás de todo ello se encuentra realmente el contenido de su problema.

El Sol

El Sol es un símbolo universal que representa la Luz, la vitalidad, la fuerza, el principio activo de la energía, la fuente de vida y de la definitiva totalidad del hombre. Es un arquetipo de la voluntad y el deseo. Por lo tanto, usted puede utilizarlo para terminar la sesión y gratificar a su cliente. Para ello, cuando ha finalizado su recorrido por el escenario y viene de vuelta por el camino al lugar donde inició su aventura, puede hacer que se dirija hacia un Sol que se encuentra frente a él y se deje envolver por su luz y calor para recargarse de energía y fuerza para seguir avanzando. Para finalizar, le sacará de su estado de relajación por el sistema tradicional, como en este caso:

> **Terapeuta:** Pues ahora yo quiero que veas frente a ti un nuevo camino, pero este que vas a ver es diferente al anterior, es mucho más amplio, más bonito y va en línea recta y girando hacia tu derecha. Fíjate bien porque al final puedes ver el Sol. Ahora quiero que te dirijas hacia él y según te vayas acercando vas a darte cuenta cómo te va a acoger, te va a envolver en un halo de energía blanca, dorada… y vas a sentir cómo todo tu cuerpo empieza a experimentar una sensación maravillosa de bienestar, de fuerza, de plenitud, de tranquilidad... te voy a dejar durante unos minutos en este lugar que hace que tus baterías interiores empiecen a recargar energía pura. Cuando estés totalmente recargado, volveremos a la consulta; yo contaré hasta el número diez y cuando oigas el número diez abrirás los ojos y te encontrarás perfectamente, muy tranquilo y muy a gusto, sabiendo que has realizado un trabajo muy positivo para ti. Todo esto te va a dar fuerzas para poder seguir avanzando en el camino de tu evolución, equilibrio y paz interior.

Cuando vaya a trabajar con símbolos es muy importante conocer previamente cuanta más información mejor sobre la historia de nuestro paciente –realizar una buena toma del historial–, ya que como regla general, siempre que haya ocurrido algún conflicto en su vida real relacionado con algún elemento de los que aparecen en el *test* arquetípico, prevalece con más fuerza el acontecimiento real que la fuerza del símbolo. A lo largo de mi experiencia profesional recuerdo algunos pacientes, como por ejemplo una persona que de niño los padres se distrajeron en una playa y cuando se quisieron dar cuenta, el Sol se había desplazado y el bebé estaba fuera de la protección de la sombrilla donde lo habían colocado sus padres. El niño expuesto durante largo tiempo a los rayos del Sol, sufrió quemaduras de diversos grados por las consecuencias directas del mismo. Es obvio que para esta persona, de adulto, cualquier cosa que tenga relación con el Sol será un disparador de aquella analogía del pasado. Lo mismo ocurrió con otra persona que jugando en un árbol estuvo a punto de morir al caer y quedarse enganchado de una cuerda, o aquel otro que de niño se cayó en el pozo de su abuela y estuvo a punto de ahogarse en el mismo.

Hasta aquí he ido analizando símbolo a símbolo el estudio completo de este *test* arquetípico, y ahora –para una mejor comprensión– ilustraré el desarrollo completo de una sesión de trabajo arquetípico con el caso real que detallo a continuación:

Cuando Bárbara acudió a consulta tenía 45 años. Toda su vida había padecido vaginismo y nunca había tenido un orgasmo. Además comentaba que tampoco le agradaba el sexo y siempre trataba de huir de las propuestas de su pareja. En dos ocasiones se había quedado embarazada pero había perdido al niño en las primeras semanas por desprendimiento fortuito. Esta apatía sexual y ese rechazo hacia la figura del hombre, la habían llevado desde hacía varios años a vivir en una depresión grave y no veía cómo salir de la misma. Estos eran algunos de los comentarios que hacía en la entrevista al inicio de la terapia: "Todos los hombres son iguales", "mi marido sólo busca sexo, es lo único que le interesa". "Estoy harta de todo", "al final siempre terminas en el mismo sitio". En varias ocasiones había tenido quistes uterinos y hacía varios meses le habían tenido que hacer una histerectomía para extraerle el útero, ya que en esta ocasión le detectaron varios miomas juntos y de considerable tamaño. Había sido tratada por un psicólogo pero no funcionó el trabajo y decidió abandonar el tratamiento a los cuatro meses. Actualmente la estaban tratando con antidepresivos que le había recetado su médico de cabecera.

Se inició una relajación corporal para después, desde aquí, llevarla a realizar este *test*:

Terapeuta: ¿Cómo es el camino en el que te encuentras?

La paciente no responde y comienzan a rodársele unas lágrimas por su cara.

Terapeuta: Cuéntame, ¿qué está pasando?, ¿qué ocurre?
Paciente: Es que veo el camino y es muy doloroso de andar.
Terapeuta: Dime cómo es ese camino.
Paciente: Está todo lleno de piedras que son como cuchillas que cortan. Yo voy descalza y mis pies van sangrando porque se cortan. Cada vez se hace más difícil el caminar.
Terapeuta: Ahora quiero que hagas una cosa porque tú vas a decidir salir de ese camino y reiniciar la marcha por los laterales, por donde no hay piedras. Quiero que sientas cómo te vas a colocar unas vendas con una pomada que curará tus heridas y te permitirá caminar con mayor facilidad. Ahora continuamos... sigue avanzando, avanzando... y cuando cuente del tres al uno, vas a localizar por algún sitio una llave: 3, 2,1...
Paciente: Sí, ya la veo pero está en la boca de una serpiente y si me acerco me puede morder.
Terapeuta: ¿Cómo es esa llave?
Paciente: Es muy grande, es pesada y también veo que tiene impregnado el veneno de la serpiente. No la puedo tocar porque me puede matar. Si la toco, me enveneno.
Terapeuta: Muy bien, pues vamos a seguir caminando; tú dejas atrás a la serpiente y a la llave, y continúas avanzando... ahora, cuando cuente del 3 al 1, va a llegar a tu mente la imagen de un árbol: 3, 2, 1... ¡Ahora!
Paciente: No veo ningún árbol, el camino está sin árboles. (*Mecanismo defensivo).*
Terapeuta: Bueno, quiero que te des la vuelta, tal vez está en la otra dirección. Mira a ver.
Paciente: Veo uno pero está muy lejos.
Terapeuta: Pues quiero que te dirijas hacia él. ¡Vamos!
Paciente: Es que cuando yo comienzo a andar, el árbol se separa y se aleja más. *(Otro mecanismo de defensa para evadir la situación).*
Terapeuta: Ahora, yo contaré del 3 al 1 y estarás allí, junto a ese árbol: 3, 2, 1...
Paciente: Ya estoy cerca de él, pero hay un muro alto delante de mí que me separa y no puedo pasar. *(Tercera vez que uti-*

liza un mecanismo de defensa). Veo sus ramas por encima, es un árbol muy grande.

Terapeuta: ¿Y cómo te sientes aquí viendo esas ramas de ese árbol tan grande?

Paciente: Me da miedo, creo que me puede hacer daño.

Terapeuta: Ahora vas a estar ya junto al árbol, tocando su corteza: 3, 2, 1…

Paciente: Raspa, es un pino y la corteza tiene resina que se me queda pegada en las manos; es muy desagradable esta sensación, no me gusta.

Terapeuta: Y ahora, dos de las ramas de ese árbol se van a doblar hacia abajo y te van a abrazar. Qué sensación te hace sentir esto.

La paciente comienza a moverse mucho sobre el diván y hace gestos de desagrado.

Paciente: No me gusta, me está haciendo daño. Me hace daño, me veo como una niña pequeña, estoy desnuda. He salido corriendo.

Terapeuta: ¿Y dónde está tu ropa?

Paciente: El árbol se ha quedado con mi ropa entre sus ramas.

La paciente sigue aún muy agitada y nerviosa.

Terapeuta: Bueno, pues ahora ya estás lejos de aquel árbol y la tensión ya se fue. Ahora puedes seguir caminando tranquila y relajada, y según vas avanzando quiero que veas una casa. Ya estás vestida.

Paciente: Sí, ya la veo.

Terapeuta: ¿Cómo es esa casa?

Paciente: Es una casa pequeña, es blanca y tiene el techo de tejas rojas. Tiene un cartel en la puerta pero no puedo leer lo que dice.

Terapeuta: Oye, ¿y a ti te gusta esta casa tal como la ves?

Paciente: No se ve fea, pero no se por qué hay algo en ella que no me agrada, no me da confianza.

Terapeuta: Acércate al letrero y tócalo. ¿Qué te hace sentir?

Paciente: Desconfianza. Además, me he *pinchado* con la madera, se me ha clavado una astilla en mi mano y me duele.

Terapeuta: Ahora quiero que te metas y me cuentes qué ves.
Paciente: Está muy oscura, las ventanas están medio rotas y todo está muy sucio. Es como si no viviesen aquí desde hace mucho tiempo. Hay una ventana que está partida, parece como si alguien hubiera entrado a robar y se haya llevado lo poco que quedaba de valor en ella.
Terapeuta: ¿Y cómo te sientes aquí dentro?
Paciente: Está todo muy sucio, quiero salirme ya porque me voy a manchar.
Terapeuta: Muy bien, pues sal de ahí y da la vuelta por detrás de la casa, quiero que busques por ahí a ver si encuentras algún jardín o flores.
Paciente: No veo flores, sólo hay un matorral con zarzas de moras.
Terapeuta: Pues mira, acércate al matorral y dime cómo te sientes.
Paciente: Aquí sí que hay flores.
Terapeuta: ¿Dónde estaban?
Paciente: Detrás del matorral, escondidas. Son pocas, son muy bonitas, muy pequeñas.
Terapeuta: ¿Y tú sabes por qué están aquí tan escondidas las flores?
Paciente: El zarzal con sus espinas está para protegerlas, así la gente no las ve.
Terapeuta: ¿Y qué pasaría si la gente las ve?
Paciente: Pues las arrancarían porque son muy bonitas, ya en otras ocasiones se llevaron alguna y se ven las pisadas. Algunas flores están muertas porque las pisotearon y no las cuidaron.
Terapeuta: ¿Y a ti te gusta verlas así, escondidas?
Paciente: Así están protegidas y además no les da el aire y no se las llevan. Me gusta verlas así.
Terapeuta: Pues vamos a continuar. Ahora quiero que busques porque en algún lugar cercano a la casa vas a encontrar un pozo.
Paciente: Sí, ya lo veo… pero está seco. No hay agua adentro, está lleno de basura, de cosas viejas que han tirado allí. Huele muy mal.

Terapeuta: ¿Y te gusta ver esto así, tan viejo, tan roto todo y tan abandonado?
Paciente: No.
Terapeuta: ¿Y tú puedes hacer algo para cambiar y limpiar todo esto?
Paciente: Creo que sola no voy a poder, voy a necesitar ayuda; soy una niña pequeña.
Terapeuta: Bueno, pues vamos a hacer una cosa: Vas a darte cuenta de que empiezas a tener una fuerza especial que llega desde dentro de ti y te permite movilizar todos tus recursos y saber que tú puedes hacerlo. Ahora quiero que empieces a sacar todas las cosas viejas que hay metidas en el pozo y lo vas a limpiar todo y cuando termines, te vas a dar cuenta de que nuevamente empieza el pozo a llenarse de agua.
Paciente: *(Después de un rato de trabajo)* Ya está, por fin he podido quitarlo todo. Pero, ¿qué hago ahora con toda esta basura?
Terapeuta: Pues con ella vas a hacer ahora una gran fogata y cuando esté todo quemado, vamos a utilizar las cenizas como si fuera abono, ya verás.
Paciente: Ya se quemó todo, sale un olor muy feo; es que había mucha porquería allí adentro.
Terapeuta: Estupendo porque ahora ya todo eso se ha quemado y nunca más vas a dejar que el pozo se vuelva a utilizar para tirar cosas viejas. Ahora quiero que busques porque por algún lugar hay unos árboles frutales que son mágicos. ¿Ves los árboles?
Paciente: Sí.
Terapeuta: Pues ahora te vas a acercar a ellos y vas a observar con atención todas sus frutas; te darás cuenta de que alguna de ellas es como si te estuviera hablando. Quiero que te acerques a esa pieza de fruta y la vas a tocar. En ese instante te llegará la cualidad que tiene este árbol mágico y que tú necesitas. Vamos, ¡adelante!
Paciente: Veo un manzano.
Terapeuta: Muy bien, y cuéntame, ¿cómo son sus manzanas?

Paciente: Son verdes... grandes.

Terapeuta: Ahora quiero que toques la fruta y va a llegar a tu mente cuál es la cualidad que tiene esa fruta reservada para ti.

Paciente: Es sabrosa... muy verde

Terapeuta: Pero eso no son cualidades, toca otra vez y que te llegue su cualidad.

Paciente: Dulce, dulzura.

Terapeuta: Eso es, muy bien, así que este es el árbol de la dulzura, ¿se te antoja comer de esta fruta?

Paciente: ¡Mucho!

Terapeuta: Pues ahora tú puedes hacerlo, quiero que comiences a comer de ella y sientas cómo al pasar por tu garganta, la fruta se convierte en energía y esa energía llega a todos los rincones de tu cuerpo. Siéntela y disfruta de ella. Deja que todas tus células experimenten esta dulzura y permite que llegue hasta los últimos rincones de tu cuerpo.

A continuación se procedió a la reconstrucción de todos los símbolos que se habían observado a lo largo de la experiencia, y fue cambiando y reconvirtiendo todas las sensaciones negativas en experiencias placenteras y positivas para ella. Se tomó la decisión de utilizar las cenizas como abono para crear un nuevo jardín donde plantó las flores que estaban escondidas detrás del zarzal, tiró prácticamente casi toda la casa y la rehizo con muchos ventanales donde entraba el Sol; al árbol le podó las ramas que hacían daño y colocó delante del mismo una valla protectora para que la gente lo pudiera ver, pero que no se manchara con la resina. Por último, pudo divisar un nuevo camino más bonito y con mucha vegetación hacia su lado derecho, y por este nuevo sendero fue saliendo de la relajación a la cuenta de 10 recuperando toda esta información.

En este escenario, vemos cómo lamentablemente todos los símbolos que se trabajaban en él estaban en conflicto; desde ese primer camino con tanta piedra que producía heridas, ya nos está indicando cómo ve la paciente su situación actual; lo que representa para ella el seguir caminando por el mundo y cuánto dolor se genera.

El árbol nos indica claramente que hay un posible conflicto con la figura paterna, cosa que en sesiones posteriores se pudo confirmar, habiendo sido sometida a abusos por parte de su padre cuando ella era tan sólo una niña. Todo eso guarda una total congruencia con la llave que percibe y las flores de ese jardín que trata de proteger para que "nadie las pisotee". La llave puede matar porque está envenenada. El sexo masculino mató su sexualidad desde niña.

En relación a la figura de la madre, Bárbara tenía bastante mala relación con ella puesto que la hacía cómplice y culpable de las violaciones a las que fue sometida por su padre. Su madre se iba a hacer las compras cada vez que el padre llegaba a casa y la dejaba sola con él. Si observamos la relación –también del pozo–, podemos notar cómo está seco, muerto, sin agua que representa la vida. También vivía así su etapa intrauterina y como analogía a la misma, proyecta su "no embarazo" de la mujer adulta.

Afortunadamente Bárbara trabajó muy bien a lo largo de 16 sesiones, y esto le permitió recobrar su vida, sentir su sexualidad y poder ser feliz junto a su marido sin el temor de ser agredida por el hombre y sentir rechazo hacia el sexo.

Es frecuente en personas con muchos años de sufrimiento a sus espaldas, que los símbolos que aparecen en este *test* sean vividos con desagrado, miedo, melancolía, rechazo, cansancio y desaliento, entre otros sentimientos. Por esta razón si en uno de los símbolos comprobamos que la persona lo vive positivamente, hemos de reforzarlo y darle su tiempo para que lo experimente a plenitud. Del mismo modo actuamos cuando estamos en la etapa de la reconstrucción. Estos instantes de felicidad le recordarán que su mente tiene la propiedad de movilizar su fuerza interior para la búsqueda de nuevas soluciones… nuevas alternativas que le reportarán automáticamente satisfacción, a la vez que le suministrarán importantes dosis de afán de superación.

A continuación, en las figuras 5 y 6 le presento un Modelo Guía estructurado por uno de mis exalumnos y muy buen psicoterapeuta, Sergio Cutié, que le servirá al terapeuta principiante para orientarse a lo largo de la sesión de trabajo. Sobre todo, es muy útil para no perderse y olvidarse de los diferentes símbolos, el diálogo terapéutico y las preguntas que debe realizar a su paciente. En esta ficha podrá ir apuntando las cosas que su paciente le va relatando a lo largo de la experiencia, y hacer las anotaciones que considere oportunas en cada caso. Esta ficha consta de dos caras: En la Cara 'A' están los diferentes símbolos ordenados tal como se van relatando a lo largo de la experiencia del *test*, con una guía de preguntas que se le pueden realizar al interesado. En la Cara 'B' hay mayor espacio para apuntar lo que considere necesario sobre alguno de los diferentes elementos sondeados:

Escenario 1.0 Paseo por el Campo	Nombre del Paciente:	Fecha: Hora Inicio:
EL CAMINO	¿Cómo es el camino? Venga, empieza a andar y cuéntame qué ves y cómo te sientes.... OBSERVAR CÓMO VIVENCIA EL PACIENTE TODAS LAS EMOCIONES QUE VAN UNIDAS A LAS IMAGENES EN CASO NECESARIO INICIAR RECONSTRUCCIÓN Y GRATIFICACIÓN	**CAMINO** Situación actual que está viviendo el paciente y cómo ve su futuro.
LA LLAVE	Mientras andas por el camino busca una llave por algún sitio (suelo, bajo piedra, detrás árbol)/ Llave grande-pequeña/ Nueva o usada/ Moderna-antigüa/ ¿qué sensación te produce al tocarla?: agradable-desagradable/ frio-calor/ ¿porqué?/ ¿Cómo te sientes?/ ¿Qué crees que puede abrir esta llave?/ ¿Y eso tiene algún significado para ti? / Guardar la llave en bolsillo y seguir.	**LLAVE** Relacion con sexualidad masculina y nivel de impacto en la vida del paciente.
EL ARBOL	Grande-pequeño/ Muchas-pocas ramas/ Acogedor o no/ ¿Qué sientes?/ Verlo/ Tocarlo: sensación que produce tocarlo/ Abrazarlo/ Mirar su dimensión/ Se inclina y te sujeta: ¿qué sientes?/ 321: persona/ Diálogo con la persona aparecida (ahora puedes decírselo). Se puede retroceder a momento importante vivido con persona aparecida/ ANTE DIFICULTADES INDUCIR ACCIONES EN CASO NECESARIO INICIAR RECONSTRUCCIÓN Y GRATIFICACIÓN	**ARBOL** Figura de quièn representa o ha representado la autoridad en la vida del paciente.
LA CASA	Describir el lugar desde fuera y desde dentro/ Tamaño/ Ventanas/ Puerta abierta-cerrada/ Aspecto exterior/ Color/ Diseño/ ¿Qué cosas hacen que sea bonita-fea?/ ¿Qué mas cosas puede ver-sentir desde fuera-dentro?/ ANTE DIFICULTADES INDUCIR ACCIONES EN CASO NECESARIO INICIAR RECONSTRUCCIÓN Y GRATIFICACIÓN	**CASA** Figura Materna Como el paciente ve a su madre y la imagen que tiene.
ARBOLES FRUTALES	Comer de frutas con cualidades especiales: valentia, seguridad, fortaleza... (las que el paciente determine) luego, buscar el POZO de donde se obtiene el agua para regar los frutales.	**ARBOLES FRUTALES** Carencias o necesidades
EL POZO	¿Cómo es?/ ¿Como está?: abierto-tapado/ acercarse/ tiene agua o no/ sucia-limpia/ sensación al asomarse al interior/ como son las paredes/ **LANZARSE** al interior/ ¿què hay?/ ¿cómo lo vive el paciente? / Si al LANZARSE el paciente se transporta a los momentos vividos en el útero y los revive: continuar sesión partiendo de esta situacion y dejar vaya relatando las vivencias. EN CASO NECESARIO INICIAR RECONSTRUCCIÓN Y GRATIFICACIÓN	**POZO** Claustro materno
EL JARDIN	Jardin con flores o plantas/ Cuéntame que ves/ ¿Cómo es?/ Dime ¿qué cosas hay por ahí? SI NO VE NADA: Retroceder para ver qué hubo. SI NO HUBO NADA O NO HAY NADA: ¿te gustaria que hubiesen flores en este lugar? SEMBRAR Y REGAR. Sembrar y regar. ¿Qué te parece?/ ¿Cómo te sientes?/ Averiguar los porqués. EN CASO NECESARIO INICIAR RECONSTRUCCIÓN Y GRATIFICACIÓN	**FLORES Y/O PLANTAS** Como vive la sexualidad femenina.
EL SOL Y EL NUEVO CAMINO	**EL SOL** Representa la Luz y despierta en la memoria: la energía, vitalidad, fuerza, ganas de vivir. Pues ahora ya quiero que veas al frente un nuevo camino, pero este que vas a ver es diferente al anterior. Este es mucho más amplio, más bonito y va en línea recta. Fíjate bien porque al final del mismo puedes ver el Sol. Ahora quiero que te dirijas hacia el y según te vayas acercando vas a darte cuenta como el Sol te va a acoger, te va a envolver en un halo de energia blanca/dorada y vas a sentir como todo tu cuerpo empieza a experimentar una sensación maravillosa de bienestar, de plenitud, de tranquilidad... Te voy a dejar durante unos minutos en este lugar que hace que tus baterias interiores empiecen a recargar energia pura. Cuando esté totalmente recargado, volveras aquí, a la consulta. Yo contaré hasta el número 10 y cuando oigas el número 10 abrirás los ojos y te encontrarás perfectamente, muy tranquila y muy a gusto, sabiendo que se ha realizado un trabajo muy positivo para ti. Todo esto te va a dar fuerzas para poder seguir avanzando en el camino de tu equilibrio y paz interior.	**GRATIFICACION GENERAL AL FINAL DE LA SESION** HORA DE FINALIZACIÓN: ESTADO DEL PACIENTE:
GRATIFICACION DE USO GENERAL ANTE DIFICULTADES Y BLOQUEOS:	Siempre existe la posibilidad de poder percibir y entender las cosas de otra forma y así poder salir de la situación actual.	

Figura 5. Cara 'A"

Escenario 1.0 Paseo por el Campo	Otras anotaciones:	Cara B Hoja___de___
EL CAMINO	EN CASO NECESARIO INICIAR RECONSTRUCCIÓN Y GRATIFICACIÓN	
LA LLAVE		
EL ARBOL	EN CASO NECESARIO INICIAR RECONSTRUCCIÓN Y GRATIFICACIÓN	
LA CASA	EN CASO NECESARIO INICIAR RECONSTRUCCIÓN Y GRATIFICACIÓN	
ARBOLES FRUTALES		
EL POZO	EN CASO NECESARIO INICIAR RECONSTRUCCIÓN Y GRATIFICACIÓN	
EL JARDIN	EN CASO NECESARIO INICIAR RECONSTRUCCIÓN Y GRATIFICACIÓN	
Otras anotaciones:		

Figura 6. Cara "B"

TEST PROYECTIVO "EL MEDIEVO"

La Edad Media, que comprende un periodo que va desde el año 476 hasta el siglo XIV, se caracterizó por un total oscurantismo y continuas crisis económicas y de fe. La figura de Dios debía ser lo más importante en la vida del hombre y la Iglesia prohibió que el pueblo tuviera acceso al estudio y el conocimiento de las artes y la ciencia, siendo sólo los sacerdotes los autorizados para la preparación y formación en las diferentes materias, ya que eran ellos los elegidos para transmitir la palabra de Dios, obligando a su vez a la gente a seguir en la fe de la Iglesia. Esta represión tan grande dio pie a que muchas personas se acercaran a rituales mágicos, creyeran en muchas supersticiones e incorporaran muchos símbolos paganos como forma de vida; se crearan órdenes herméticas que acaparaban cierto tipo de conocimientos y se tratara de buscar por otros medios el acceso a la información prohibida.

Con el paso del tiempo se ha creado una aureola de misterio, magia y fascinación que perdura en nuestro inconsciente colectivo y hace que cuando hablemos en nuestros días de la época medieval, asociemos la misma con leyendas misteriosas que contienen elementos mágicos, princesas y príncipes encantados, duendes, brujas, hechizos, dragones, transmutación y búsqueda del Santo Grial. Por esa razón, no es de extrañar que si utilizamos un material simbólico como la adaptación del escenario que voy a presentar a continuación, nuestro paciente contemple y trabaje con todos estos elementos y se deje fluir con facilidad, permitiendo a su mente vagar rápidamente hacia esas imágenes que nos abrirán el baúl que contiene el tesoro. En este caso la energía bloqueada del material emocional del pasado nos ayudará a conseguir los fines terapéuticos que perseguimos.

Este *test*, al igual que el anterior, le permitirá detectar posibles conflictos que estén pendientes de resolver con las figuras y momentos más representativos de la vida de su paciente.

Se trata de llevar al paciente a recrear imágenes en una época medieval; en esos tiempos la vida giraba alrededor de las creencias religiosas y la fe era un poder divino –la luz– en lucha constante con las tinieblas. Fue un tiempo en el que el mundo simbólico y el culto a infinidad de fuerzas universales adquirió un papel muy relevante. Para ello, el paciente tiene que ir recreando un cuento en donde deberán aparecer los siguientes personajes y elementos:

- El Caballero
- La Princesa
- El Rey
- El Hechicero o Mago
- La Hechicera, Bruja o Hada
- La Espada
- El Cuenco de Agua o Vasija
- El Dragón

Una vez relajado el paciente, hay que comentarle que se encuentra cabalgando en dirección a un reinado cuya región vive atemorizada por la presencia de un dragón. Su misión es visitar a una serie de personajes importantes de ese lugar y más tarde enfrentarse al dragón para tratar de solucionar el problema.

Con cada personaje que vaya apareciendo en su recreación, usted debe aplicar la misma táctica que con el *test* arquetípico anterior preguntando cómo se siente, invitándolo a que toque, que huela, que oiga, que mire... el objetivo es ir abriendo y potenciando sus canales sensoriales. El paciente debe ir relatando las imágenes que se suceden con el mayor detalle posible y usted aprovechar la riqueza simbólica del inconsciente para tratar de entender la historia personal que se oculta detrás de la misma. A partir de aquí empezarán ya a emerger imágenes acompañadas de emociones que comenzará a sentir su paciente y que debe identificar y reconocer. A través de las mismas se podrá regresar usando este hilo conductor y revivir hechos reales acontecidos de importante trascendencia para el sujeto. Cuando se encuentre frente a personajes amenazantes, también podrá desenmascararlos para ver quién realmente se esconde detrás de esos disfraces. El guión aproximado es el siguiente:

"Ahora quiero que visualices un valle... un lugar hermoso. Busca en alguna montaña un castillo. Alrededor de él hay una aldea y la gente hace su vida en este lugar. Superficialmente todo parece estar bien... sin embargo hay un problema: un dragón siembra el miedo y esconde algún tesoro que nadie ha sido capaz de descubrir. El Rey ha ofrecido una importante recompensa a quien sea capaz de enfrentarse a él y vencerlo, y tú vas a realizar este reto. Vas a ir a ese castillo para hablar con el Rey, el Hechicero o el Mago, y también buscarás y hablarás con la Reina, la Hada o la Bruja, y vas a captar la sensación que cada uno de ellos te proyecta cuando estás a su lado. Bien, ahora voy a contar y cuando llegue al número uno y toque tu frente, estarás avanzando por ese valle... y cuento: 3... 2... 1... *A*hí estás... cuéntame...

A partir de este momento la comunicación será bidireccional, dejando que nos cuente a detalle todo lo que va sucediendo, e iremos introduciéndole hasta llegar al castillo donde irá encontrándose con cada uno de los personajes. Nuestras preguntas serán del tipo:

- ¿Cómo es? ¿Cuál es su aspecto?
- ¿Qué sensación te transmite su presencia?
- Escucha qué quiere decirte
- ¿Confías en él/ella?

Es importante que después de mantener la conversación con cada uno de los personajes que le aparezcan en su historia, su paciente pueda quitarle la máscara para ver quién se esconde detrás de cada símbolo. Una vez que se ha entrevistado con todos, le diremos que busque la sala de armas del castillo y que escoja una de ellas –espada, lanza, arco, ballesta, puñal– para llevarla consigo y realizar su misión. Al tener acceso a esa sala deberá usted hacerle preguntas del tipo: ¿Cómo es el arma escogida? ¿Te sientes seguro al tomarla en tus manos? ¿Qué experimentas?

Teniendo ya el arma elegida, entonces le comentaremos a nuestro paciente que busque un cuenco, pellejo, vasija, fuente, etcétera, donde normalmente hay agua para poder refrescarse y si desea llevárselo en la aventura que va a iniciar. Aquí también es importante, no sólo la descripción del lugar y objeto sino conocer las sensaciones que le produce a su paciente.

A partir de este momento iniciará su búsqueda hasta dar con la cueva donde vive el dragón y enfrentarse al mismo; entonces deberá mirarlo a la cara y ver nuevamente qué sensaciones le produce y si tal vez reconoce las mismas en su vida real y en qué momento se han dado. Deje que su paciente decida qué quiere hacer con el dragón y reconozca cuál es su patrón de conducta; la forma de enfrentarse al monstruo nos mostrará cómo enfrenta nuestro paciente sus problemas diarios y sus miedos –salir corriendo, matarlo cuando duerme, por la espalda, de frente, buscar ayuda de otros, acercarse al mismo o quedarse en la distancia, permanecer inmóvil, negociar, hacerlo inofensivo–. Esto nos ayudará y nos dará las pautas para saber cuál es la mejor estrategia en el abordaje de la terapia.

El fin de la historia determina si ésta es trágica o alegre. Si se da el primer caso habrá que reconstruir y ayudarle para que exista una esperanza de vencer para su personaje principal –él mismo–. Tras su victoria, debe recrear cómo vuelve al castillo a recibir su recompensa que le prometió el Rey y si desea o no casarse con la Princesa o Príncipe. Por último, deje que experimente cómo es aclamado por la gente del pueblo –el héroe– para que de esta forma se sienta reconfortado sabiendo que ha realizado un buen trabajo que le permitirá avanzar más rápido en la terapia. Recuerde que las recompensas son imprescindibles en los cierres de sesión como refuerzo y anclaje de todo el trabajo realizado.

Como siempre, para hacer el cierre de la sesión realizaremos una cuenta progresiva del 1 al 10 parecida a ésta: "Ahora yo contaré del 1 al 10 y tú volverás a tu estado de vigilia. Al llegar al número 10 abrirás los ojos y te encontrarás muy bien, tranquilo y relajado, sabiendo que has realizado un buen trabajo y trayéndote un importante mensaje de esta experiencia para ti.

Simbología de los personajes

- **El Caballero.** Símbolo del héroe, valeroso, con un corazón tierno dispuesto a luchar por las causas nobles y conseguir que prevalezca la justicia y la lealtad por encima de todo. Es el anhelo deseado en la mente de los seres humanos. Representa nuestro "Yo".
- **La Princesa.** Simboliza nuestras quimeras, el ideal de la pureza, la belleza, el amor. La metamorfosis de un "yo" inferior a uno superior. Representa nuestro "Yo femenino".
- **El Rey.** Es el arquetipo de la perfección y la representación de los valores éticos y morales de la sociedad, siendo el pilar que asegura la prosperidad de sus súbditos y se convierte en el centro sobre el que gira todo lo demás por cuya razón se le otorga el poder y la justicia. Esta figura proyecta el poder del padre tal como lo vivencia el niño.
- **La Bruja/Hada.** La primera es un personaje hostíl, tormentoso, maléfico y envuelto en un halo de oscuridad

que resulta amenazante, antítesis de la imagen idealizada de la mujer. La segunda nos protege ante situaciones de indefensión, nos ayuda al crecimiento y por ende a la superación personal y realización de quimeras. Estas figuras nos proyectan la ambivalencia en relación con la madre.

- **La Espada, Lanza, Flecha.** Son armas de penetración, ya que sirven para traspasar a quien se cruce en su camino. Por su forma alargada y puntiaguda, es la representación del símbolo fálico y proyección de la virilidad, ya que es ascendente, hacia afuera, y en un elemento activo y masculino. A través de dicho objeto podemos evaluar cómo se vive la persona en relación a su sexualidad. Si es hombre, el grado de aceptación con respecto a su virilidad y en el caso de la mujer, cómo incorpora su parte masculina y activa en su vida o bien, en ambos la detección de posible homosexualidad no asumida.
- **La Vasija, Cuenco, Vaso.** Así como la espada, por su acción de penetrar es activa, la vasija –por su forma cóncava– es pasiva y su acción principal es ser receptora, representando así el útero, el seno materno, la feminidad y fertilidad al estar dispuesta a recibir la simiente generadora de vida. A partir de este objeto podremos, al igual que en la espada, evaluar cómo se vive la persona en relación a su sexualidad e intuir si existe una homosexualidad no reconocida. Asimismo, la vasija representa el cofre que guarda un tesoro o secreto; por esta razón, si la misma se encuentra rota o el agua está sucia y contaminada, el hecho de haber sido saqueada nos puede estar indicando que haya existido una agresión sexual.
- **El Dragón.** Es el monstruo centinela del pasado, guardián de los tesoros escondidos y por lo tanto el adversario que el héroe –Caballero– debe vencer para poder acceder a ellos. Proyecta en su figura nuestros

miedos, bloqueos, la sombra... los obstáculos que nos encontramos en el día con día. El héroe deberá enfrentarse al mismo y para ello, entrar en la oscuridad de la caverna donde se esconde y vencerlo, saliendo así triunfador de esa lucha, representación de muerte y renacimiento. Es el triunfo del "yo" sobre los miedos, que al atravesarlo, consigue encontrar el tesoro escondido que será el autoconocimento, vía de liberación y crecimiento integral.

A continuación y para mayor comprensión, transcribimos esta sesión real donde se utilizó este escenario con Dora, una mujer de 41 años que padecía estrés y ataques de ansiedad. En su trabajo era una mujer brillante y con un puesto de alto rango en una compañía multinacional muy importante; sin embargo, su vida sentimental había ido de fracaso en fracaso, con cuatro relaciones estables pero abandonándolos después de hacerles la vida insoportable. Me decía con gran pena que tenía muchos sentimientos de culpa porque era como una manzana podrida: todas las frutas del cesto que tocaba las descomponía. Estaba tomando desde hacía varios años tranquilizantes y ansiolíticos. No veía ningún futuro, salvo estar como su madre, encerrada y consumiendo su vida poco a poco.

Tras la relajación, situé a Dora, tal como lo indiqué con antelación:

Paciente: Qué extraño, soy mujer y sin embargo me veo como un caballero de la Tabla Redonda. Mi coraza es grande, siento que la gente –según avanzo– me mira con admiración pero yo encuentro demasiado pesada la armadura, me molesta tanto peso. Voy pasando por aldeas donde la gente está corriendo, algunos se paran un momento para mirarme pero después salen corriendo. Les pregunto por dónde se va al castillo y me señalan que por un camino que hay a la izquierda. Es más estrecho y debo cabalgar más despacio.

Terapeuta: Cuando llegues al castillo debes dirigirte a los aposentos del Rey y preguntarle cómo puedes ayudarles.

Paciente: Ya llegué. Unos soldados me llevan hasta la sala principal donde el Rey recibe a las visitas. Ya está frente a mí.
Terapeuta: Muy bien, cuéntame, ¿cómo es el Rey?
Paciente: Es un hombre mayor, pero hay algo que no me gusta en él. Tiene una mirada muy fría y no me da confianza.
Terapeuta: Pregúntale qué sucede en su reino.
Paciente: Me comenta que hay un dragón que tiene aterrada a la población y que es muy peligroso, y por esa razón dará una recompensa a la persona que consiga atraparlo y traérselo.
Terapeuta: Y a ti, ¿qué te parece todo esto?
Paciente: Hay algo que no me permite confiar en él, pero tengo que ayudar a la gente de las aldeas, ya que ellos sí le tienen pánico y terror al dragón.
Terapeuta: ¿Entonces?
Paciente: Voy a decirle que yo haré esa misión. Acuerdo con el Rey que me voy a ir a buscar al dragón y salgo de la Sala Real.
Terapeuta: Muy bien, pues sigue avanzando por los pasillos y mira si te encuentras con alguna mujer por algún lado; no sé si será la Reina, la Bruja, un Hada... alguien con quien puedas dialogar y que también te dé información sobre el dragón.
Paciente: Al fondo del pasillo veo otra sala grande y allí hay una mujer.
Terapeuta: ¿Cómo es?
Paciente: No la veo porque se esconde detrás de las columnas.
Terapeuta: Pues acércate a ella.
Paciente: Es una mujer de unos 60 años, yo creo que es la Reina aunque viste con ropas muy viejas y rotas, pero se ve en su mirada que es toda una Reina. Siento que tiene miedo.
Terapeuta: Pregúntale qué es lo que le asusta.
Paciente: Me dice que no puede hablar porque pueden oírla, pero que tenga mucho cuidado porque en ese castillo atrapan a la gente y la dejan prisionera sin poder salir de allí; que me vaya pronto de ese lugar.
Terapeuta: ¿Y tú qué vas a hacer?
Paciente: Me da mucha pena esta mujer, pero tengo que ayudar al pueblo y debo hacer mi trabajo.

Terapeuta: Muy bien, pues entonces te vas a dirigir a la Sala de Armas para poder tomar allí alguna que te ayude en tu misión.
Paciente: Ya encontré la sala. Veo una espada muy grande... muy grande en la pared de enfrente. Voy hacia ella pero siento que me da miedo. Creo que me puede herir... ¡ayyy!
Terapeuta: ¿Qué está pasando?
Paciente: Se soltó de la pared, cayó al suelo, rebotó y se me clavó en mi zona genital... estoy sangrando, me duele...
Terapeuta: ¿Y qué vas a hacer?
Paciente: Siento mucha rabia, creo que es una trampa del Rey pero debo continuar. Tomo mejor un arco con flechas, así me defenderé desde lejos.
Terapeuta: Ahora quiero que te dirijas a un lugar donde busques un recipiente con agua por si quieres llevarte para el camino.
Paciente: Ya lo veo, es una vejiga de camello donde se guarda el agua adentro. Está rota y sólo queda un poco de líquido.
Terapeuta: ¿Tú sabes qué ha pasado?
Paciente: Trataron de meterle demasiada agua y como la vejiga era muy pequeña, se rompió. Sólo le queda un poquito de agua pero está envenenada.
Terapeuta: ¿Y qué vas a hacer?
Paciente: Voy a utilizar el veneno para impregnar las flechas para cuando vaya a matar al dragón... ¡ya está!
Terapeuta: Muy bien, pues ahora vuelve a donde estaba tu caballo y sal a buscar al dragón.
Paciente: Voy cabalgando hacia las montañas que veo al fondo. Están nevadas. Ya llegué a la cueva donde vive el dragón. No puedo entrar porque si el dragón me ve me lanzará su fuego y me puede matar. Voy a ir por detrás porque el viento va en esa dirección y así no me huele; lanzo una piedra para que salga el dragón. Siento mucha rabia porque está sembrando mucho miedo en las aldeas.
Terapeuta: *Ok.* Sigue avanzando las imágenes a ver qué más pasa.
Paciente: No sale el dragón, entonces tendré yo que entrar. Allá voy, me meto en la cueva, es oscura y húmeda. Según

voy avanzando, mis ojos se van acostumbrando a la oscuridad. Al fondo veo algo que brilla… me acerco.

Terapeuta: ¿Qué hay allí?

Paciente: Un espejo. ¿Un espejo? Qué extraño, no entiendo nada.

Terapeuta: ¿Y puedes verte en el espejo?

Paciente: Sí, soy un gran guerrero fuerte, veo mi armadura brillante… ahora por un instante se transformó mi cara y apareció la cara del dragón.

Terapeuta: Y eso, ¿qué te quiere decir? ¿Cuál es el mensaje de ese espejo?

Paciente: No hay ningún dragón, el dragón cobra vida con mis miedos y mi rabia; si soy capaz de verlo y me miro de frente al espejo, entonces desaparece el miedo.

Terapeuta: Y si no existe ningún dragón, ya que dices que son tus propios miedos, ¿crees necesario seguir cargando con esa armadura tan pesada que llevas puesta?

Paciente: No. Quiero tirar ya la armadura.

Terapeuta: Y esta armadura que llevas, ¿cómo se relaciona con tu vida actual?

Paciente: Es mi careta. La coraza que siempre me he puesto de ser una mujer perfecta, exitosa, dominante, dura, para que ningún hombre me vuelva a hacer daño.

Terapeuta: ¿Hubo entonces algún hombre que te dañó en algún momento de tu vida?

Paciente: No.

Frunce el ceño y no le gusta la pregunta que le hago, pero se puede observar que detrás de ese 'no' hay una historia que pretende ocultar. Observe que hasta el momento hemos podido escuchar una historia donde hay desconfianza de un Rey –hombre– y hay una agresión en la Sala de Armas de una Espada muy grande –símbolo fálico–, pero sigamos con la historia…

Terapeuta: Bueno. Entonces, ¿qué vas a hacer con la armadura?

Paciente: La voy a dejar aquí en esta cueva; no quiero más miedos. Tengo que enfrentarme a la vida sin caretas y sin

armaduras. Si actúo así no tengo por qué sufrir agresión de los demás.
Terapeuta: ¿Y qué vas a hacer al volver al castillo?
Paciente: Tengo que desenmascarar al Rey. Yo creo que es el que manipula al pueblo y sabe que no hay dragón de verdad. Me vuelvo hacia el castillo. Ya entré de nuevo en el castillo. Veo otra vez a la señora mayor y me dice que la siga. Me lleva hasta una de las almenas. Allí está encerrada la Princesa, la metió aquí el Rey para que no pudiera salir nunca del castillo. La tiene prisionera.
Terapeuta: Y tú, ¿qué vas a hacer?
Paciente: Pues sacarla de aquí. Entre la Reina y yo la podemos sacar y la llevamos al encuentro de sus hermanos que están encerrados también en las mazmorras del castillo. También los sacamos a todos ellos; me da mucha pena verlos, pero a la vez alegría de saber que ya son libres.
Terapeuta: Y ahora, ¿qué vas a hacer cuando se entere el Rey?
Paciente: Voy a juntar a todos los nobles del reino y les voy a decir que no existe ningún dragón, que sólo es una estrategia del Rey para tenerlos a todos asustados pero que yo ya lo he descubierto. Reúno a todos los nobles en la Sala Real y allí me acerco al Rey.
Terapeuta: Muy bien, ahora lo tienes frente a ti y sabes todo lo que este Rey ha hecho con su gente, incluso con sus hijos a quienes dejó encerrados, ¿qué vas a hacer?
Paciente: Eres un manipulador. No existía ningún dragón y tú lo sabías. Siempre atemorizaste a todo el mundo, abusaste de tu mujer, abusaste de mí y del resto de tus hijos. (En *estos momentos la paciente empieza a llorar, pero prefiero no preguntar nada y dejar que siga sacando todo el material que estaba reprimido dentro de ella).* Siempre bebiendo, jugándote en la taberna el dinero de tu familia; asqueroso, manipulador, cerdo, borracho, me das asco... nunca pude rehacer mi vida como cualquier otra mujer. Siempre tuve aversión a los hombres y me alejé de todos ellos dañándolos y sólo utilizándolos a mi conveniencia para poder vengarme del verdadero culpa-

ble de todo esto... me das asco y no quiero volver a verte, no mereces estar en ese trono y ser el que tiene el destino de esta gente. Eres un embustero, falso, hipócrita *(Dora entra en una catarsis emocional y durante varios minutos más sigue diciendo todas las cosas que tuvo que guardar durante tantos años escondiéndose y sintiéndose sucia y culpable por ello).*

Terapeuta: Y ahora, ¿qué vas a hacer?

Paciente: Los nobles del castillo le han quitado la espada y lo detienen. Uno de mis hermanos aclama a la Reina y todo el pueblo se arrodilla ante ella.

Terapeuta: Y tú, ¿qué haces?

Paciente: Yo me siento feliz porque por fin desenmascaré al impostor. Salgo a la ventana que da al patio central del castillo y está lleno de gente del pueblo; se han enterado ya de todo y vienen a felicitarme, se sienten orgullosos de mí.

Terapeuta: Y tú, ¿cómo te sientes?

Paciente: Me siento feliz. Por fin siento el aire en mi cara. Me siento libre y sin rabia.

A partir de este trabajo, Dora comenzó a rehacer muchos patrones de conducta. Se reconcilió con su madre y pudo desprenderse de la rabia que llevaba acompañándola tanto tiempo en relación a su padre y a esas agresiones sexuales que vivió en una edad muy temprana. Su relación con los hombres comenzó a cambiar y se permitió quitar sus corazas de "mujer amazona" y ser simplemente "mujer", disfrutando de la vida y de la gente que la rodeaba.

Este escenario de trabajo al igual que un cuento, ofrece un marco lúdico donde la persona puede manifestar, no sólo sus temores sino también y más importante, sus recursos para enfrentarse a ellos transmutando el miedo en un gran alivio tras descubrir que éste, en muchas ocasiones, es fruto de creaciones mentales y patrones de supervivencia que generamos en nuestros primeros años de vida.

Test proyectivo "La Caja"

Una caja sirve como contenedor de algo. Se guarda y protege lo que tenemos dentro de ella pero a su vez, si está herméticamente cerrada y no hay suficiente espacio, puede dañarlo. Es un símbolo femenino y una representación del vientre materno. El exterior de la caja es el mundo y cuando estamos dentro de ella, no sabemos lo que podemos encontrar fuera. Salir es un riesgo y la manera de hacerlo nos señalará cómo nos enfrentamos a ese mundo, a nuestros miedos; cómo manejamos los problemas y obstáculos que nos encontramos en nuestro camino, comprobando así la capacidad resolutiva ante situaciones adversas. Por esta razón, el *test* nos dará información en una doble vía: la capacidad del sujeto para enfrentarse a los conflictos diarios de la vida, y también un primer diagnóstico sobre la etapa intrauterina y si en la misma hubo algún posible "núcleo traumático primario".

Es un *test* proyectivo que puede emplearse a nivel individual o también aplicar en grupo y no requiere más de 15 minutos de tiempo para poder obtener de él una interesante información como punto de partida. Por esa razón, deberá utilizarlo al inicio de la terapia e inmediatamente después de haber realizado la toma del caso.

También hay ocasiones en las que un paciente le contará una situación difícil que está atravesando en esos momentos, ya sea en el trabajo, en casa o con sus amigos, y no sabe qué hacer. Es en estas ocasiones donde usted puede manejar este escenario para desbloquear emociones, pudiendo el paciente trabajar a nivel simbólico la resolución de ese conflicto. Esto hará que después, al enfrentarse a la realidad del mismo, le resulte más tolerante y fácil de resolver.

Usted observará que cada persona sale de la "caja" de una forma diferente a los demás. Aquí podrá ver proyectado cómo cada uno de sus pacientes afronta los problemas de manera diferente: algunos pueden ver la "caja" como si estuviera muy bien empaquetada y con lazo, conteniendo flores o bombones, transmitiéndonos con ello la idea de que asumen los problemas como si fueran regalos. Otros pueden ver cajas de cartón o de papel, y sabiendo que este tipo de cajas son poco pesadas, usted puede interpretar que para este tipo de personas, los problemas son ligeros y fáciles de resolver. Cuanto más pesadas sean las cajas –de madera, de hierro– y tenga el sujeto más dificultad para salir, mayor será su bloqueo y estancamiento en la vida. Las personas que piensan que los problemas les están matando, pueden verse dentro de ataúdes o enterrados en cementerios, aunque también el verse dentro de un ataúd puede representar una muerte como símbolo de renovación y renacimiento; todo dependerá de la emoción que vaya unida a la visualización y la forma de afrontar la situación concreta.

Más importante que la dureza del material con la que está hecha la caja y las emociones que le producen al paciente el verse dentro de ella, es observar de qué manera consigue salir de la misma; es decir, no sólo debemos quedarnos en la situación concreta sino en la acción que es realmente lo importante y la que genera el trauma.

Imaginemos a una persona que está encerrada dentro de una caja de papel. Al ser el material un simple papel –en teoría–, resultaría sencillo salir de la misma pero la persona se queda encerrada sin saber cómo hacerlo. Sin embargo, tenemos a otro sujeto que se encuentra metido dentro de una caja fuerte –caja de valores– pero es capaz de ingeniárselas de tal modo, que al final consigue salir de la misma. Estos ejemplos nos muestran dos modelos de conducta muy diferentes que marcarán la forma de conducir la terapia por nuestra parte: en el primer caso nos encontramos frente a una persona completamente desvalida y sin fuerzas para avanzar en solitario, debiendo necesitar un mayor apoyo por nuestra parte en las primeras sesiones que hagamos de TRR. Sin embargo, el segundo ejemplo nos muestra a un sujeto que, pese a estar envuelto en problemas de gran envergadura, a lo largo de su vida ha sabido movilizar suficientes recursos internos para seguir en pie y no derrumbarse. Con esta persona podremos ser un poco más exigentes y dar una vuelta más de tuerca si se considera necesario en alguna sesión de trabajo, ya que sabemos que será capaz de superar las barreras que se pueda encontrar a su paso. Recuerde que cada paciente tiene un ritmo diferente y nosotros debemos adaptarnos al mismo y no que el paciente se adapte a nosotros.

La segunda vía de información le permite buscar posibles conflictos en ese primer periodo de la vida que es el gestante. En numerosas ocasiones el paciente hace directamente una analogía a su claustro materno y conecta con el mismo –lugar con poco espacio y cerrado al igual que la caja–, relatándonos experiencias de la etapa intrauterina. Esté atento a respuestas del tipo: "Las paredes se mueven", "son como elásticas", "si se tocan se estiran", "este sitio está húmedo", "aquí hay agua", "me siento como flotando", "estoy totalmente encogido, doblado, en posición fetal", "la tapa de arriba me aprieta en la cabeza". Todas estas frases son posibles indicadores de que la persona esté ya vivenciando simbólicamente su etapa intrauterina.

El trabajar con esta visualización permite al paciente aprender a transformar las creencias sobre los problemas y así poder cambiar la percepción que tiene de las "cajas" en donde se ha sentido aprisionado a lo largo de su vida. Cuando esto cambia se producen modificaciones celulares en todo su cuerpo y una apertura para recibir un nuevo aprendizaje que le enseñará a mejorar su calidad de vida y sobre todo a transformar pensamientos negativos en enseñanzas productivas, creando patrones de vivencia positivos y duraderos. Veamos el modo de guiar este escenario cuando se está realizando a un grupo de personas:

Después de la relajación...

Ahora quiero que te visualices dentro de una caja... cualquier tipo de caja que tenga una tapa... nota de qué está hecha: su material… a ver si puedes ver su color. ¿Puedes olerla? Nota tu posición y cómo te sientes, ¿qué sensaciones estás experimentando? Vívelas... ahora, cuando yo te diga... vas a salir de la caja usando cualquier sistema que se te ocurra y cuento: 3, 2, 1... ¡Ahora!

Si has conseguido salir, ahora quiero que mires la caja desde afuera y veas cuáles son tus sensaciones con respecto a lo que sentías, ¿es más agradable ahora, o antes?

Ahora dime qué quieres hacer con esta caja… si se te antoja puedes romperla, quemarla, guardarla… lo que realmente quieras hacer.

Cuando yo cuente del 1 al 10, volverás a recuperar tus ritmos cerebrales del estado de vigilia, abrirás los ojos y te encontrarás muy bien con tu cuerpo y tu mente relajados, y recordando toda la experiencia.

Esta forma de trabajar el escenario es una visualización guiada donde no existe una comunicación bidireccional y el paciente se limita a seguir las indicaciones que le va transmitiendo el terapeuta sin posibilidad de intervención por su parte. Son un emisor y un receptor sin posibilidad de retroalimentación por ninguna de las partes. Sin embargo, cuando se trabaja en Terapia Regresiva Reconstructiva, no se realiza de esta manera, ya que al ser un sólo paciente el que está con usted, después de la relajación se inicia un diálogo, donde su *Cliente* le va relatando todo lo que percibe y las sensaciones que esto le provoca; de este modo se convierte en algo dinámico y con mucha más riqueza de información que aflora del inconsciente.

En algún caso puede ocurrir que la persona no sea capaz de salir por sí sola. Si esto sucede, usted podrá ayudarla pero no sin antes aprovechar la ocasión para, a través de las sensaciones que le está generando esa situación, retroceder en el tiempo –sistema convencional utilizando las emociones como hilo conductor– y que vea otras situaciones anteriores en su vida donde sintió algo similar a lo que en estos momentos está viviendo.

Veamos un ejemplo de este escenario con Marta:

> **Terapeuta:** Dime cómo es esa caja en la que te encuentras ahora.
>
> **Paciente:** Es muy estrecha, no me gusta nada la sensación que tengo aquí.
>
> **Terapeuta:** ¿Puedes tocar sus paredes y decirme de qué material está hecha?
>
> **Paciente:** La pared se mueve, es elástica, es como si fuera… ¿de carne?
>
> **Terapeuta:** ¿Y cómo vas a salir de ahí?
>
> **Paciente:** No sé. Tengo que salir, estoy muy encogida pero es que la tapa para salir está al revés, tengo que salir por el otro lado, pero no puedo.
>
> **Terapeuta:** ¿Y qué vas a hacer?
>
> **Paciente:** Le doy una patada. Ya he sacado los pies por allí. Ahora voy a sacar el resto del cuerpo, pero es que no puedo, la cabeza se me ha quedado atascada dentro de la caja…

Marta me estaba relatando –sin ella saberlo– algo que ocurrió en el claustro materno en el momento de su nacimiento, porque en lugar de tener un parto natural y sacar la cabeza por el conducto vaginal, nació de pies. Aquí podemos apreciar la riqueza que nos da este *test* proyectivo al iniciar la terapia.

Escenario de trabajo "El planeta de luz"

Este es un escenario generalista y simbólico que suele utilizarse al inicio de la terapia, en la segunda o tercera sesión; es para que el paciente se vaya acostumbrando y "aclimatando" a trabajar en estados ampliados de conciencia. Además, al ser una visualización guiada en la que el terapeuta conduce durante todo el tiempo la sesión, el paciente no se siente tan amenazado, permitiéndole así relajarse y soltar tensión.

Este escenario también lo puede utilizar para grupos, por lo que puede ser aconsejable para sesiones de iniciación para colectivos.

Comience el proceso haciendo una relajación inicial de la manera que ya le he enseñado; a continuación, el guión es aproximadamente así:

> "Ahora vas a hacer un viaje por el espacio. Tu cuerpo comienza a volverse ligero y empieza a elevarse, a elevarse... y poco a poco vas saliendo al espacio infinito, te vas elevando como un globo inflable y te vas alejando de la Tierra; sales a la estratosfera y comienzas a flotar. Ahora te sientes navegando entre las estrellas y de pronto puedes observar un planeta que se asemeja mucho a la Tierra. Tú decides ir hacia ese lugar y vas a inspeccionar ese planeta. Tus pies se han posado, puedes notar el contacto con el suelo en el que hay un cálido y agradable manto de hierba fresca; se respira mucha paz y tranquilidad, y

esto te hace sentir muy bien… encuentras un camino y avanzas por el mismo. A tu derecha hay árboles frutales de todo tipo, de todas las frutas que te gustan. A esas flores de los arbustos y a esas frutas, les vas a dar los nombres que quieras. Hay frutas que se llaman 'valentía', otras se llaman 'me atrevo', hay otras que se llaman 'salud'... otras 'alegría', e irás a comerlas… una a una… sintiendo qué es lo que te aportan… degustando y dejando que esas sensaciones recorran todo tu cuerpo… siéntelas…

Ahora vas a seguir avanzando hasta encontrar un río. Puedes escuchar ya el sonido del agua. Te acercas a él y aprecias su agua limpia y transparente. Bebe de esta agua y siente su agradable frescor dentro de ti. Decides seguir el curso del río y éste te lleva hasta una pequeña y preciosa cascada… quiero que te metas dentro de ella y comiences a sentir cómo el agua cae sobre todo tu cuerpo. Siente cómo te baña, cómo te limpia… y ahora puedes observar cómo esa agua comienza a transformarse en energía y empieza a meterse por dentro de ti… va traspasando tus órganos de arriba abajo, tus células… sientes cómo todo se va limpiando… nota cómo todas las tensiones, todos los bloqueos, todas tus toxinas, se van eliminando y esta energía la va expulsando hacia abajo, hacia tus pies… y ahora puedes observar cómo a través de los dedos de tus pies, todo tu cuerpo se empieza a drenar, a limpiarse… observa cómo por tus dedos sale energía de un color negruzco, grisáceo o verdoso… deja que la corriente del agua se lleve toda esta contaminación, permite que la energía purificadora regenere todo tu Ser. Empiezas a ser una nueva persona…

Ahora quiero que salgas de la cascada, te vistas y tomes un camino que conduce hasta lo alto de una montaña donde encontrarás un Templo Sagrado, un lugar mágico y especial para ti.

Observa y siente lo bien que se está en este lugar. Ahora vas a encontrar a una figura, quizás una persona, quizás otro Ser que te está esperando. Mira qué sensación te produce el verlo. Pregúntale si puede enseñarte dónde está la librería de la historia de tu vida. En el caso de que quiera mostrártela, ve con él adentro del Templo y observa este lugar. Mira cuántos libros hay en esas estanterías porque cada uno de ellos corresponderá a una de tus vidas pasadas y uno en especial será tu vida actual. Pregúntale si tiene algún mensaje para ti, escúchale, dale las gracias y continúa tu camino.

Encuentra una nueva senda que te llevará directo hasta un lago. Observa cómo es este lugar, qué sensaciones sientes en él y ahora observa hacia uno de los lados del lago porque vas a ver una figura que viene hacia ti. Cómo es esa figura... si es hombre... si es mujer... viene hacia ti con los brazos abiertos y sonriéndote... fíjate bien cómo es esa figura... quién es esa persona. Cuando esté cerca de ti, si lo deseas puedes abrazarla y darle la bienvenida… haz lo que quieras junto a ella… aprovecha este momento...

Despídete de ella... ahora quiero que busques por el suelo porque vas a encontrar una concha marina. Hace muchos miles de años aquí hubo una playa y estos son algunos de sus restos. Quiero que te la lleves a tu oído y escucha atentamente porque hay un mensaje importante para ti. Cáptalo y nuevamente deja la concha donde la encontraste para que otros puedan tomarla a su paso… vuelve otra vez a la pradera y sal de este hermoso planeta; según voy haciendo la cuenta progresiva, tú irás poco a poco sintiendo cómo tu cuerpo y mente van despertando, muy despacio… 1… sintiendo los pies y las piernas… 2… tus manos y tus brazos… cómo circula la sangre por ellos… 3, todo tu cuerpo se va despejando… 4… volviendo al aquí y ahora… con tu cuerpo y tu mente completamente descansados… 5… recordarás todo lo que has visto y sentido en esta sesión… 6… te sentirás muy satisfecho porque ha sido una experiencia muy buena para ti… 7… más arriba… 8… sintiendo cómo tus ondas cerebrales recobran el estado normal de vigilia… 9… completamente descansado y tranquilo… 10… cuando tú quieras puedes abrir los ojos despacio".

Simbología:

- **Las frutas y sus propiedades** representan las carencias que en ese momento tiene la persona.
- **La cascada** es un elemento de limpieza, drenaje y gratificación, con el fin de recobrar fuerzas para continuar el camino.
- **La figura del templo** es nuestro Guía, Tótem, Ser Interior o Fuerza Espiritual. Para cada uno será aquello en lo que crea, la experiencia íntima de cada persona. En algunas ocasiones y si la persona está muy mal y sin fuerzas, se le puede proponer que visualice a un Ser de Luz a quien le pida permiso e incluso que le acompañe para iniciar el trabajo. Solamente debe tener cuidado con las dependencias de futuras sesiones, dejando claro a su paciente que en este escenario su rol es más pasivo, limitándose a fluir a través de las escenas que está usted relatando, pero que en otras sesiones de trabajo el papel protagonista y el guión de la película lo tendrá que crear él, sin buscar el apoyo o protección de Seres de Luz.

- **La persona en el lago** es nuestro complemento interior. Nuestra otra parte.

Veamos a continuación cómo se trabaja a nivel real. Hemos elegido aquí una experiencia de Martina. Se descienden sus ritmos cerebrales a ondas Theta a través de relajación en una playa con olas...

Paciente: Los frutales son cerezas muy rojas, granates y muy grandes… se me antoja comérmelas.

Terapeuta: Coge una, llévala a tu boca y saborea despacio… nota su jugo en tu boca… cómo pasa por la garganta… qué cualidad te aporta.

Paciente: Vida.

Terapeuta: *(Gratifico)* Échate un puñado al bolsillo y avanza. Oye el sonido del agua y déjate llevar hasta su origen, ahí está una cascada, es una cascada especial, blanca, espumosa y limpia… decides darte un baño y al mirar entre el agua compruebas cómo la luz del Sol la ilumina; ese líquido te limpia por fuera y por dentro… disfrútalo y observa cómo el agua arrastra todo tu cansancio… tus dolores salen… ¿cómo te sientes?

Paciente: El agua está tibia y me relajo, me siento limpia y fresca.

Terapeuta: Bien, disfruta del baño *(gratifico un poco más).* Ahora sal del agua, te secas rápidamente y continúas hacia un lugar que llama tu atención… es un templo y dentro hay alguien esperándote… un Ser especial… entra y busca esa figura.

Paciente: Es un templo con muchas columnas, como un templo griego; me siento muy a gusto… entro pero no veo a nadie… no veo nada.

Terapeuta: Fíjate, ¿hay escaleras?

Paciente: Sí, al fondo.

Terapeuta: ¿Suben o bajan?

Paciente: Suben.

Terapeuta: Sube por ellas. ¿Qué ves?

Paciente: (…)

Terapeuta: ¿Cómo es el espacio dónde estás?
Paciente: Es redondo.
Terapeuta: Bien, puede que sea una biblioteca abovedada, fíjate a ver si encuentras al bibliotecario.
Paciente: Hay muchísimos libros de muchos colores, muy antiguos, con polvo.
Terapeuta: ¿Ves al bibliotecario?
Paciente: Sí, es bajito. Es un señor viejo pero tampoco muy mayor; es calvo y con bigote y gafas, con pelo blanco, un poco encorvado con bastón y camina muy despacio.
Terapeuta: ¿Qué sientes al verlo?
Paciente: Sensación de tristeza, debe llevar muchísimo tiempo haciendo ese trabajo y estar cansado de hacerlo.
Terapeuta: Pregúntale si tiene algún mensaje para ti.
Paciente: No me contesta.
Terapeuta: ¿Le quieres preguntar algo?
Paciente: Sí, le quiero preguntar ¿quién es?... me dice: "Soy como Dios". Siento que no tiene sensación de ser Dios, da un poco de risa, no tiene poder.
Terapeuta: Continúa el diálogo con él si lo deseas.
Paciente: Le pregunto si sabe todo de todo. Me dice que sí, que lo sabe todo.
Terapeuta: Fíjate si él te puede ayudar de alguna manera.
Paciente: Dice que no, que me tengo que ayudar yo; sólo yo puedo ayudarme.
Terapeuta: Tal vez te ayude a encontrar el libro de esa biblioteca que tú necesitas, o tal vez te puede dar algún objeto.
Paciente: Me ha dado un farolillo, es de hierro con cristales y dentro hay una luz muy brillante; se puede coger en la mano, es para que me lo lleve.
Terapeuta: Ahora lo tienes en tu mano, ¿qué te aporta?
Paciente: Protección, puede darme luz, hacerme ver cosas en la oscuridad.
Terapeuta: ¿Quiéres decirle algo más?.
Paciente: Sí, gracias y que me da mucha pena que esté ahí tan solo *(llora)*. Él me dice que es su destino.
Terapeuta: Tal vez tú puedas hacer algo por él.

Paciente: Sí, le digo que mande todo a paseo y que se venga conmigo. Me coge de la mano y bajamos las escaleras.

Terapeuta: Ahora sal del templo, junto a ti va ese Ser que llevaba mucho tiempo ahí; escucha el sonido de las olas, dirígete a esa playa de donde procede ese rumor; camina por la arena, contempla ese mar tranquilo y ahora vuelve tu cabeza, alguien se dirige a ti con los brazos abiertos... deja que se acerque... ¿quién es?

Paciente: No le reconozco, viene a caballo... siento alegría.

Terapeuta: Haz lo que te plazca junto a esa figura.

Paciente: Paseo por la playa con el anciano de la mano y con el joven del brazo.

Terapeuta *(Gratifico con la sabiduría y experiencia del anciano por un lado, y el vigor, la ilusión y vitalidad del joven por otro. A la vuelta le recuerdo al pasar por el templo el farolillo gratificando de nuevo y le pregunto dónde lo guardará).*

Paciente: Lo llevaré dentro de mi corazón.

Finalmente le indico que vuelva al planeta Tierra, gratificando para salir del estado de relajación a vigilia por el procedimiento normal.

Podemos apreciar a través de estas representaciones simbólicas cómo se encuentra Martina y valorar su estado anímico. Subrayamos la necesidad de gratificar reforzando aquellos elementos que emergen del paciente y que lo vive positivamente; de este modo la motivación irá creciendo sesión a sesión, pudiendo utilizar estas imágenes como su medicina interna; basta con que lo evoque para que la memoria de su cuerpo le recuerde las sensaciones de bienestar unidas a ella.

Generalmente, salvo que la sesión se haya alargado por cualquier razón, hacemos el camino de retorno paseándole de nuevo por cada uno de los símbolos y damos la opción a que cambie, modifique o actúe del modo que crea conveniente. Así, si por ejemplo surge una sombra oscura o algo que atemorice al paciente, podemos trabajarlo en el regreso cuando ya ha sido gratificado y habrá menos resistencia para enfrentarse a ello, destapando su contenido emocional.

Recuerde que este escenario, como apuntaba al comienzo de su explicación, es uno de los que se utilizan al inicio de la terapia, por lo que no es conveniente regresarlo a vivencias de su pasado; la recomendación es trabajar el contenido simbólico exclusivamente y gratificar al máximo. Es uno de los más placenteros para el paciente y le permite irse acostumbrando a moverse y actuar dentro de las imágenes que viven en el mundo del hemisferio derecho. El trabajar en este tipo de escenarios le dará a su paciente la tranquilidad de seguir adentrándose en la búsqueda de su pasado y encontrar el origen de sus miedos y daños del presente.

Escenario de trabajo "El Globo"

El 90 por ciento de los pacientes que acuden a su consulta, llegan a la misma con una gran carga de ansiedad y sintiendo un gran lastre que les impide avanzar en la vida. Partiendo de esta realidad, considero muy apropiado trabajar con algún escenario que permita que el paciente tenga la posibilidad de soltar toda esa tensión, quitar el estrés y sentirse liberado de ese gran peso que siempre lleva consigo a todas partes. Por esa razón, recomiendo que se utilice este escenario que se creó dentro de lo que son las Técnicas de Visualización Guiada en los años 60's y que ha sido utilizado por muchos terapeutas a lo largo de estos años.

En España me gustaría destacar cómo se utilizaba con maestría por el profesor D'arbo y algunas personas de su equipo en Barcelona. Personalmente he incorporado el diálogo y la comunicación entre terapeuta y paciente *(forma de trabajar en Terapia Regresiva Reconstructiva),* lo que permite que el trabajo sea de mayor profundidad y riqueza de información, para que a través de él podamos incluso tirar del hilo conductor emocional para llegar a etapas regresivas donde el paciente pueda acceder a las experiencias más profundas que tiene guardadas en su inconsciente.

A continuación le presento el escenario tal como en su día lo trabajaba D'arbo a manera de visualización guiada. Mi consejo es que utilice sólo la propuesta siguiente cuando se está pasando este escenario a varias personas a la vez, y por lo tanto se convierte en una visualización guiada sin diálogo terapéutico. Más adelante veremos cómo se realiza una sesión terapéutica con un paciente desde la propuesta de la Terapia Regresiva Reconstructiva donde sí existe la comunicación entre las dos partes.

Una vez terminada la relajación:

"Quiero que visualices un maravilloso prado de hierba... observa esa hierba... ahora estás andando y sintiendo los pies sobre ella... vas disfrutando del Sol, de la naturaleza... ahora te vas a dirigir hacia un enorme globo... un enorme globo que hay en este lugar... vas andando hacia él... puedes ver cómo la brisa de la mañana va moviendo el globo que está sujeto por cuatro cuerdas... avanzas hacia él y te sitúas delante del globo... abres la puerta... introduce un pie en el interior... nota cómo el globo se mueve... ahora... mete el otro pie... se mueve más... cierras la puerta de la barquilla y te dispones a cortar las cuerdas... a liberar el globo... cortas una cuerda... otra... otra y la última... y el globo empieza a subir... empieza a flotar... va subiendo... subiendo... flotando... flotando... acercándose a ese maravilloso cielo azul... mira hacia abajo y observa el prado de hierba que va quedando cada vez más lejos... el cielo azul está cada vez más cerca... observa las gaviotas que revolotean alrededor del globo... una de ellas en especial... puedes observarla... puedes ver la perfección de sus formas... su color blanco... es bonita... muy bonita... y te sientes feliz... te sientes muy feliz... se está muy a gusto en el globo. Ahora observas que el globo ha dejado de subir... hay algo que impide que el globo suba... fíjate... porque sujetos a la barandilla del globo hay unos pesados sacos de lastre... cada uno de estos sacos contiene uno de tus problemas... una de tus ansiedades... algo que te perturba... todas tus preocupaciones... vas ahora a cortar estos sacos... a liberarte de ellos... vas a sentir cómo los sacos van cayendo y se pierden en el espacio... al tiempo que el globo va subiendo.... y tú te sientes totalmente liberado de estos problemas. Observa todos los sacos... cada uno de ellos... tiene escrito uno de tus problemas.

Mencionar aquí todos los problemas, miedos, sensaciones que el paciente tiene.

Ahora empieza a tirarlos... sueltas uno... cortas el saco y sientes cómo el globo sube a medida que el saco y su lastre caen y van viendo cómo se aleja... se hace pequeño y desaparece.... y percibes... una sensación de liberación interior, de paz... y el globo sube... sube… ahora cortas otro saco... y cae pesadamente... y el globo sube y sube... vas sintiéndote totalmente liberado de tus problemas... totalmente liberado... y la angustia sale de tu cuerpo... estás cortando los sacos de lastre de tus problemas... liberándote totalmente de ese peso, totalmente liberado de aquello que estorbaba... el globo ahora sube y va navegando tranquilamente, plácidamente... plácidamente... muy a gusto hacia arriba... mientras los sacos caen… el globo sube... sube y navega... navega... ahora comienza a atardecer... el cielo se ha teñido de un delicado color rojizo... el color rojizo del Sol va desapareciendo por el horizonte... ves un marco inigualable de belleza... y sientes una sensación de paz... es todo sublime y maravilloso... el cielo rojizo.... el Sol... todo maravilloso... disfruta esta sensación de paz interior, de relajación, de belleza... y ahora... comienza a caer la noche y llega el negro manto... ese que lo cubre todo... el cielo se está poblando de estrellas... y ahí está la luna... con su luz... ese espectáculo... te sientes identificado con esa maravillosa obra de la creación... es maravilloso... y tú perteneces a esa obra... eres parte de ella... tú también eres maravilloso..."

A partir de aquí se le puede dar órdenes para que vea las imágenes que desee conseguir en su vida, que piense intensamente en sus objetivos y vea cómo se están logrando.

Después de esto, hágale regresar al lugar de donde salió –la pradera–. Cuando llegue, que se tumbe y disfrute de sentir la tierra que está viva. Después, sáquele de este nivel de relajación con el método de cuenta del 1 al 10.

Veamos ahora la transcripción literal de una sesión real de trabajo tal y como yo las hago desde el punto de vista de la Terapia Regresiva Reconstructiva y donde se puede observar la riqueza de información y material de trabajo que sale de la misma. Transcribo desde el momento en que la paciente está subiendo en el globo y antes de que el mismo se frene:

Terapeuta: ¿Cómo te sientes por ahí?

Paciente: En lucha.

Terapeuta: ¿En lucha con qué?

Paciente: Entre dejarme ir o quedarme.

Terapeuta: Y eso, ¿cómo te hace sentir?

Paciente: Incómoda.

Terapeuta: Y... ¿dónde sientes la incomodidad en tu cuerpo?

Paciente: Aquí. (*Señala el estómago).*

Terapeuta: ¿Y tiene algún color o forma esa incomodidad?

Paciente: Rojo.

Terapeuta: Ahora tú vas a seguir subiendo porque aunque tengas esa lucha, el globo sigue elevándose, elevándose, elevándose... y a medida que sube, la sensación es de mayor amplitud. Sube, sube, sube y de repente el globo se ha parado, ahora mismo se acaba de frenar y eso te hace sentir bastante más incomoda, fíjate porque algo está pasando en el globo que impide que suba. ¿Qué le pasa?

Paciente: Peso.

Terapeuta: ¿Peso? ¿Y dónde tiene el peso?

Paciente: En una caja que hay dentro de la cesta.

Terapeuta: ¿Y cómo es esa caja?, ¿grande?, ¿pequeña?

Paciente: Pequeña, tiene un candado y aunque es pequeña es muy pesada.

Terapeuta: ¿Y cómo te hace sentir ver que tienes ahí una caja pesada con un candado cerrado?

Paciente: Molesta.

Terapeuta: ¿Y dónde sientes la molestia?, ¿dónde la localizas en tu cuerpo?

Paciente: En el estómago.
Terapeuta: Ahora quiero que te acerques a esa caja; tócala, intenta levantarla y ve qué sucede.
Paciente: Es pesada, me cuesta mucho levantarla.
Terapeuta: Ahora quiero que trates de mantenerla en el aire entre tus brazos todo el tiempo que puedas; yo sé que es muy pesada para ti pero vas a tratar de hacer lo que te digo; aguántala, saca fuerzas para seguir manteniéndola y a medida que sigues esforzándote para que no se caiga la caja, yo quiero que empieces a ver qué sensación te provoca esto. Esta caja que a pesar de ser pequeña, es tan pesada para ti, ¿qué te hace sentir?
Paciente: La necesidad de sostener.
Terapeuta: ¿Y cómo te hace sentir por dentro eso?
Paciente: Enojada.
Terapeuta: Ahora quiero que localices dónde sientes el enojo en tu cuerpo, en qué parte del cuerpo te está provocando toda esta tensión, ¿dónde está?
Paciente: En las mandíbulas.
Terapeuta: ¿Y qué color tiene esa energía del enojo que se te pone en las mandíbulas?
Paciente: Rojo.
Terapeuta: Ahora quiero que en lugar de huir de esa sensación, hagas todo lo contrario; vas a dejar que se amplíe más. Así… más… y cuando yo cuente del tres al uno, vas a regresar hacia atrás en el tiempo, al primer momento de tu vida donde empezaste a tener esa sensación, ese enojo y ese lastre de tu vida que te tiene ahí enganchada. Y cuento tres, dos y uno. ¡Ahora! ¿Dónde te encuentras?, ¿qué estás viendo?
Paciente: Hay una caja pequeña. Es el día siguiente en que se quemó mi casa.
Terapeuta: ¿En qué lugar concreto te encuentras ahora?
Paciente: En lo que quedó. Entre los restos.
Terapeuta: ¿Hay alguien más contigo?
Paciente: Mi papá.
Terapeuta: ¿Y qué es lo que estás viendo?, ¿qué hay delante de ti?

Paciente: Destrozo, está todo quemado.
Terapeuta: ¿Hay alguien más aparte de tu papá y tú?
Paciente: También está mi mamá.
Terapeuta: Y ellos, ¿qué hacen?
Paciente: Están viendo todo.
Terapeuta: ¿Y tú más o menos qué edad tienes?
Paciente: Cinco años.
Terapeuta: ¿Y qué estás sintiendo viendo todo esto?
Paciente: Siento susto y alegría.
Terapeuta: Explícame a ver qué es eso de susto y alegría.
Paciente: Mi papá me enseña que el Ángel de la Guarda nos dejó esa caja con plata para salir adelante, pero a la vez estoy asustada viendo los restos de la casa.
Terapeuta: ¿Y dónde sientes ese susto? (*Señala de nuevo el estómago).* Ponle un color.
Paciente: Negro.
Terapeuta: ¿Y tú qué haces? Una niña de cinco años está aquí ahora viendo cómo está toda la casa quemada, papá le habla del Ángel de la Guarda y a su vez está viendo todo lo que ha pasado en la casa y tienes esas sensaciones en el estómago, ¿qué te provocan esas sensaciones?, ¿qué te asusta?
Paciente: Mi papá me da tranquilidad pero no soy capaz de comprender muy bien lo que siento al ver la casa quemada.
Terapeuta: ¿Qué puede pasar si ahora está la casa quemada?
Paciente: Mi mamá está enojada.
Terapeuta: ¿Y tú cómo te sientes?
Paciente: Angustiada, me callo y no digo nada para que no me vean así.
Terapeuta: Y cuando te callas, ¿dónde se queda la angustia? *(Se señala de nuevo el estómago).* Otra vez en el mismo sitio, ¿verdad? Ahora quiero que hagas una cosa porque todas esas sensaciones que tienes aquí dentro *(coloco su mano en su estómago)*, quiero que las busques en la mujer adulta. Fíjate si hay momentos de tu vida donde has reconocido estas mismas sensaciones.
Paciente: Siempre.

Terapeuta: Pero fíjate qué bueno porque ahora estás empezando a reconocer el origen de todas esas sensaciones que tienes en tu vida actual, y eso te permitirá reconocer y a partir de ahí podrás actuar. ¿Tú quieres seguir en tu vida sintiendo esa angustia y quedarte callada cada vez que ocurre algo.
Paciente: No.
Terapeuta: ¿Y qué quieres hacer entonces con esa energía negra, con esa angustia y con ese susto que sigue estando pegado en ti?
Paciente: Quiero quitarlo.
Terapeuta: Muy bien, pues ahora, cuando yo cuente del tres al uno, vas a volver a estar otra vez allí, en tu casa, cuando tenías cinco años y se estaba quemando. Papá y mamá están contigo y estás viendo la casa cómo se quema: tres, dos, uno. Ahí está papá que te está diciendo lo de la caja del Ángel de la Guarda y tú estás sintiendo todas esas sensaciones de susto.
Paciente: Quiero hablar con mi mamá y decirle que yo no me acuerdo de haberla quemado.
Terapeuta: ¿Qué ocurre?, ¿mamá dice que la quemaste tú?
Paciente: Sí.
Terapeuta: ¿Y cómo te sientes cuando mamá dice que quemaste la casa?
Paciente: Responsable y culpable.
Terapeuta: ¿Y tú sabes si la quemaste o no?, ¿eres consciente de ello?
Paciente: Sólo tengo el recuerdo de haber estado jugando con fuego. Estoy jugando con cerillos.
Terapeuta: Ahora quiero que escuches con atención lo que está diciéndote realmente mamá sobre el fuego de la casa. Escúchala. ¿Qué dice?
Paciente: La estoy escuchando en la distancia, se lo está contando a los demás.
Terapeuta: ¿Y qué les dice a los demás? Quiero que agudices tu oído para escucharlo todo bien.
Paciente: Yo sé que Mariluz quemó la casa.
Terapeuta: ¿Eso dice mamá?
Paciente: Sí. Yo estoy detrás de la puerta y lo puedo escuchar.

Terapeuta: ¿Y cómo te hace sentir cuando mamá dice eso?
Paciente: Nerviosa y triste.
Terapeuta: ¿Y qué vas a hacer con esos nervios y esa tristeza?, ¿se lo dices a alguien?
Paciente: A mi amiga.
Terapeuta: A tu amiga, ¿es otra niña como tú?
Paciente: No, es mi amiga terapeuta. Me llevaron con ella.
Terapeuta: ¿Y tu amiga terapeuta te dice que tú quemaste la casa?
Paciente: No. Es mi mamá quien lo dice.
Terapeuta: Y cuando las cosas de mamá te hacen sentir a ti todo ese susto y esa tristeza dentro, ¿a quién hay que decirle cómo te sientes?
Paciente: A mi mamá.
Terapeuta: ¿Y qué pasará cuando le digas todo los sentimientos que tienes dentro de ti, cuando le hables de ese miedo y de eso negro?
Paciente: No sé si me lo va a creer. A lo mejor se enfada mucho.
Terapeuta: Pues ahora, si quieres vas a probar a ver qué ocurre. Puedes optar entre ponerte frente a mamá y decirle que quieres hablar con ella y contarle todo lo que hay guardado en tu corazón y que no has podido sacar; todo lo que te han hecho sentir aquellas cosas que decían de ti sin ser verdad o bien, puedes también no decirle nada y seguir con esas sensaciones de miedo y tristeza, culpa y malestar dentro de ti para siempre. Es tu decisión y tú verás lo que quieres hacer.
Paciente: Mamá, yo no quemé la casa, es cierto que esa tarde estaba jugando con cerillas pero yo no la quemé, me sentí muy asustada viendo reventar todo el techo pero yo no la quemé. Sentí cómo todo ardía a mi alrededor y me sacaban corriendo y me llevaban lejos desde donde veo todo reventar y quemarse. Escucho el sonido de la madera, de los cristales. Mamá, toda esta cosa negra que tengo en mi panza no es mía, te la regalo, yo no la quiero. Te la doy a ti y tú haz lo que quieras con ella. Yo ya la he tenido muchos años conmigo.
Terapeuta: ¿Y qué hace mamá cuando tú se lo das?

Paciente: Lo recibe y lo tira en la pila. Abre el grifo y lo negro se va por el desagüe.
Terapeuta: Y ahora que se ha ido lo negro por el hueco, ¿qué más pasa?
Paciente: Me gustaría abrazar a mamá.
Terapeuta: ¿Y hay algo que lo impida?
Paciente: Quiero decirle que ella también puede abrazar. Es que ella es así y no abraza, no sabe.
Terapeuta: Pero a ti, ¿cómo te gusta que sea tu mamá?
Paciente: Que abrace.
Terapeuta: Pues dile lo que necesitas en lugar de lo negro. Dile bien fuerte porque normalmente las mamás están un poco tontas y no se enteran de nada de lo que necesitan sus hijos. A ver, dile bien alto.
Paciente: Abrázame y sonríe. Mamá me toca, sonríe y yo me siento tranquila. Lo negro se va y me siento muy tranquila. Debo tirar todo lo que no valga, lo que produzca dolor. A partir de ahora debo hablar de las cosas que me pasan porque eso me tranquiliza y no entra lo negro. Mamá, tú debes hacer lo mismo, tú guardas muchos secretos y eso no es bueno. Tú también tienes mucho negro dentro de ti.
Terapeuta: ¿Tú quieres ver eso negro de mamá?
Paciente: Sí.
Terapeuta: Pues cuando yo cuente del tres al uno, tú te vas a poner encima de tus hombros la cabeza de mamá y vas a saber lo que ella siente. Cuento: tres, dos, uno.
Paciente: Mamá siente mucha angustia en el corazón. Mamá se siente responsable de no haber cuidado la casa. Está asustada porque se le fueron las cosas materiales y se queda sin nada. Sólo la veo con el delantal.
Terapeuta: ¿Y tú le puedes ofrecer algo a mamá que no sean las cosas materiales?
Paciente: Le puedo dar compañía. Ella también me la puede dar a mí y así sentirnos bien sin que tenga cosas negras en la panza. Yo voy a acompañarte siempre mamá y a hablarte; te voy a querer mucho y lo feo tenemos que tirarlo a la basura. Ahora nos estamos abrazando muy fuerte y se siente muy a

gusto. A partir de hoy, cada vez que sienta el vacío negro, hablaré.

Terapeuta: Pues con toda esa sensación, al contar yo de nuevo del tres al uno, vuelves a estar en el globo. Tres, dos, uno. Ahí estás, ¿qué pasa ahora?

Paciente: Ahora no pesa. La caja todavía la tengo en las manos pero es ligera. Se volvió muy liviana porque me limpié la tripa que es donde estaba todo el peso. El candado ha saltado solo y quiero tirar la caja... al soltarla salieron colores y me hace sentir feliz.

Terapeuta: Pues fíjate bien porque esos colores que ahora salen de la caja, forman en el cielo una frase, un mensaje que tú tendrás que hacer a partir de ahora, siempre que haya un problema. Fíjate qué palabra forma. Siéntela.

Paciente: Siento que los colores se mueven, es como quererme decir: ¡Muévete!, ¡habla! El globo se ha vuelto liviano y ha empezado a subir de nuevo; siento mucha paz, quiero volar, salgo del globo y vuelo. Siento rico, suave, un todo.

Al regresar el globo ve que la están esperando sus padres, se siente feliz, los abraza y se funde con ellos sintiéndose liberada de todo ese peso que la acompañó durante tantos años de su vida.

El Edificio: cinco ascensores para diferentes etapas

Un edificio tiene unas bases o zapatas que no se ven pero es donde se asienta con solidez para soportar el peso de las demás plantas que se construyen por encima. También tiene muros de mayor o menor espesor, fachada con cara al exterior terminada en diferentes tipos de calidades, ventanas, vestíbulo, diferentes pisos, pasillos, recovecos, estancias en zonas inferiores y superiores, siendo algunos grandes y lujosos mientras otros se encuentran en estado de degradación y declarados en ruina. Por esa razón, el hablar de edificio es utilizar una metáfora de la propia persona y en función del estado en que se encuentre el inmueble, así podremos conocer cómo nuestro paciente se valora y el concepto que tiene de sí mismo.

El edificio más conocido y simbólico que existe en la religión católica es el Templo de Dios, que representa, de manera invisible y simbólica, su presencia entre los hombres y es el centro de la vida espiritual de los creyentes. En cada uno de nuestros edificios en particular, se asienta nuestro Ser; por un lado, la imagen externa, la careta social que podrá observar en su fachada principal, mientras que por dentro su paciente profundizará y adentrará en la parte mental y espiritual en función de las zonas por las que se va desplazando.

Podrá recurrir al mismo tantas veces como sea necesario, pues ya veremos más adelante la variedad de escenarios de trabajo que se recrean dentro de sus diferentes áreas. Cada una de ellas nos ofrece posibilidades distintas que usted puede aplicar dependiendo de la fase de la terapia en la que se encuentre y los objetivos estratégicos que esté persiguiendo; es decir, qué aspectos o núcleos emocionales quiere revisar de la vida de su cliente y con qué pretende enfrentarlo.

Tras la relajación, debe situar a la persona frente a un edificio y decirle textualmente que ese edificio lleva un cartel con su nombre, dejando una pausa para darle tiempo a visualizar. La actitud del terapeuta siempre ha de estar muy alerta, no sólo a las palabras sino también a cualquier gesto de la cara o movimiento del cuerpo que realice su paciente que pueda llevar unido un signo o manifestación emocional.

Después de esos instantes de silencio, deberá iniciar el diálogo con preguntas cortas y sencillas sobre el aspecto de la fachada del edificio y el cartel; en primer lugar, una descripción detallada –si tiene o no ventanas, y en caso de tenerlas, si son transparentes u oscuras, si está limpio, sucio, deteriorado, roto– para pasar después a conectar con las emociones a través de preguntarle cómo le hace sentir el ver ese edificio tal como lo describió. Después deberá acercarse a su puerta principal y buscar por el exterior un cartel donde viene una cita del edificio y reconocerá que allí aparece escrito su nombre. Nuevamente aquí deberá detenerse para que el paciente le describa con la mayor precisión posible el material con el que está hecho el cartel, cómo son las letras y lo que hay escrito en el mismo. No hay que decirle que lea su nombre puesto que esta actividad es una función del hemisferio izquierdo y si lo hace así, le podría sacar de su estado de relajación. También es una forma de que usted pueda comprobar si está bien inducido a niveles Theta o no. Lo lógico es que las letras –lenguaje escrito, propio del hemisferio izquierdo– las vea borrosas.

Pero lo más importante de todo, es el sentimiento que le provoca al verlo. Usted podrá observar cómo proyecta la autoestima así como su relación con los demás y consigo mismo.

Es habitual encontrar carteles en mal estado, sucios, rotos, con letras borradas, graffiti, en blanco, tapados con una lona... incluso en ocasiones no hay cartel en la puerta o como contraste, el cartel ocupa toda la fachada de arriba a abajo y está iluminado con tubos de neón gigantes, como me ocurrió una vez que estaba trabajando con una actriz muy conocida. (Era la manera de proyectar su *ego*, la necesidad de ser vista y decirle al mundo lo importante que se sentía).

Situación del paciente entrando en el vestíbulo de "el edificio"

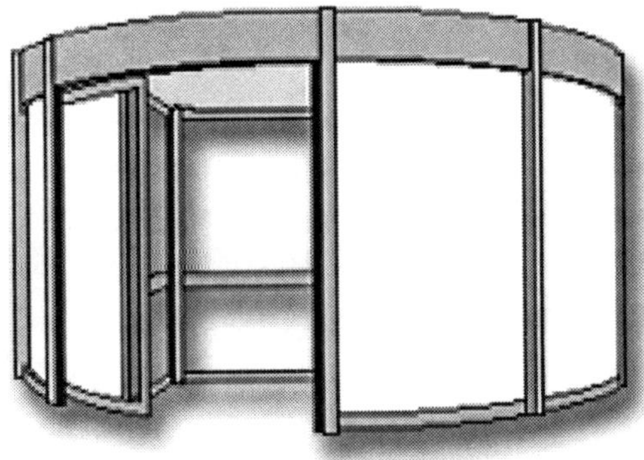

Esta es la posición original de donde parte el paciente

Por último, puede invitarlo a que cuando termine su sesión de trabajo y salga del edificio, pueda –si así lo desea– realizar los cambios que considere oportunos en su cartel. Simbólicamente ya estará modificando la representación de su imagen. Recuerde que todos los cambios deben ser creaciones que partan del interior de la persona; por lo tanto, el terapeuta sólo hace de facilitador y motivador para el cambio, pero jamás aporta soluciones. Curiosamente, observará cómo después de trabajar en el interior, a su salida el paciente encuentra que ya hay partes de la fachada y del cartel que se han modificado de manera positiva sin necesidad de que él hiciera nada (señal de que el trabajo ha sido consistente).

El tercer paso será introducir al paciente dentro del edificio pero avisándole previamente de las cosas que allí va a encontrar antes de dar la orden de entrada. Llegados a este punto, comentaremos que se encontrará en un *lobby* con cuatro ascensores, situados dos a su lado izquierdo y otros dos a su lado derecho –también hay otro ascensor al frente que conduce a la terraza del edificio, pero que usted no debe mencionar nada del mismo hasta que la terapia no esté tocando a su fin y entonces considere que ya es el momento de realizar el cierre subiéndolo a este lugar–. Estos ascensores están colocados estratégicamente siguiendo la Ley de Desplazamientos que vimos en un capítulo anterior.

A partir de aquí y después de localizar los diferentes ascensores, se iniciará un camino de exploración con cada uno de ellos que irá llevando al paciente a descubrir la historia de su vida.

Si en el *test* proyectivo del paseo por el campo, su paciente no encontró una llave, aquí tiene usted la oportunidad de incorporar ese elemento diciendo que debe buscarla ya que le permitirá abrir la puerta de su edificio.

Deberá iniciar siempre las sesiones de trabajo empezando por los ascensores que se encuentran en su lado izquierdo, ya que como explicaba en la Ley de Desplazamientos, la izquierda conduce hacia atrás, al pasado. Nunca se debe entrar directamente al segundo ascensor de la derecha, ya que corresponde a lo que está por venir: el futuro –Progresiones–. Antes de eso, es necesario regresar a lo ya vivido para ser más conscientes acerca de dónde provienen nuestras emociones dañadas y sanarlas.

Utilice siempre como hilo conductor las emociones que producen en su paciente los miedos, manías, fobias, tensiones, angustias y dudas que tiene en su momento actual y por los que acude a su consulta; debe pensar o mejor sentirlas cuando acceda a los ascensores, ya que si va impregnado de ellas al entrar, las imágenes del pasado fluirán con mayor rapidez. Tenga en cuenta que el cuerpo almacena toda la información y está deseando hablar. Por esa razón, debemos preguntarle pero sobre todo escuchar lo que nos quiere decir.

Estos ascensores de la izquierda son sólo de bajada y conducen al pasado. Debe usarlos una vez realizados los *tests* simbólicos del comienzo, empezando por el segundo ascensor que llevará al sujeto al pasado de su vida actual, dejando el primero de la izquierda o de "supuestas" vidas pasadas para trabajos posteriores. El motivo de iniciar con la vida actual es sencillo de comprender: si tengo que llegar a mi habitación y estoy en la puerta de entrada principal de mi casa, primero tendré que abrir la puerta que está más cerca de mí en esos momentos, y esa puerta es la de la entrada principal. Por esa misma razón, si queremos ir obteniendo información de nuestro pasado, siempre nos resultará más sencillo comenzar a destapar lo que tenemos más cercano que lo más lejano, y en este planteamiento es evidente que está más cerca de nosotros esta vida que conoce actualmente, que otras supuestas vidas pasadas. Es lo mismo que con una lechuga: para llegar al cogollito blando del centro, hay que empezar a quitar las hojas más duras del exterior.

Los ascensores de la derecha y el que va a la terraza, son sólo de subida. El primero de la derecha se utiliza solamente en casos muy concretos y hablaremos de ello más adelante, mientras que el segundo corresponde a su progresión en lo que está por venir. Éste, junto con la terraza, se dejará para la última sesión terapéutica o cierre del proceso.

Después de terminar cada sesión, al salir de El Edificio deberá visualizar un camino a su derecha, ancho, recto, cómodo para transitar –en base a la Ley de Desplazamientos estamos haciendo que comience a crear una visión de futuro, un nuevo camino por andar–, que se pierda en el horizonte y hacer que su paciente se vaya paseando por él con paso firme y decidido, a la vez que lo va sacando de los estados ampliados de conciencia. Como gratificación, se puede utilizar un "Sol" al fondo del camino que lo irá calentando a medida que avanza hacia él, a modo de amanecer.

Segundo ascensor de la izquierda

De todos es conocido que el cerebro es la computadora más grande y misteriosa jamás creada. El cerebro límbico controla las emociones y el equilibrio fisiológico; su papel es mantener la homeostasis, ese término que acuñó el padre de la fisiología moderna, Claude Bernard, y que no es otra cosa que el equilibrio dinámico orgánico e interno que nos mantiene con vida. Este cerebro límbico que es como un cerebro más pequeño dentro de otro mayor, mantiene una mayor sintonía con el cuerpo que con el cerebro cognitivo, y por esa razón es más fácil acceder a las emociones a través del cuerpo que a través de la palabra. Aunque todavía no sabemos exactamente en qué lugar exacto se almacena cada una de las emociones, se sabe que en él están "guardadas" absolutamente todas las imágenes, pensamientos, acciones y sensaciones que hemos experimentado a lo largo de nuestra vida. El problema es que esta información está archivada en sótanos demasiado profundos –todas las reacciones de miedo, por ejemplo, se originan en la amígdala que es un núcleo de neuronas en la parte más profunda de este sistema límbico– y no fácilmente accesibles.

Cuando intentamos rescatar las emociones a través del recuerdo, trabajando con nuestro cerebro racional o cognitivo –hemisferio izquierdo–, a menudo nos topamos con los guardianes de este cerebro emocional: la censura, la educación impuesta, las normas establecidas socialmente, la represión, el miedo, el orgullo, la huida hacia adelante y en definitiva, los mecanismos de defensa que a lo largo de nuestra vida hemos ido desarrollando y que nos impiden seguir avanzando. La única manera efectiva de llegar hasta ellos es dejando fuera de combate a estos guardianes, y para ello el ser humano, a lo largo de su historia, siempre se ha valido de un gran aliado que es su capacidad para poder modificar sus estados de conciencia, relativizando el ritmo de sus ondas cerebrales y haciendo de este modo que los vigilantes –el consciente– tengan una ligera somnolencia, bajen la guardia y permitan así acceder al cerebro emotivo –hemisferio derecho– con las llaves de acceso que tiene en su mano. Una vez allí, la información está al alcance de nuestra mano, quizás apiñada, quizás desordenada, pero todas nuestras vivencias, desde el momento en el que fuimos concebidos hasta el día de hoy, están allí guardadas; las buenas y las no tan buenas... pero en definitiva, son todas parte de nuestra historia. Bien podría verse como una gigantesca videoteca, unos archivos o un PC conectado a una línea de Internet Cósmico. Eso no importa, cualquiera de las formas es válida.

El trabajo será empezar a pasar revista a todo lo que hay aquí guardado y ponerlo en orden sin censuras y sin omitir alguna de las partes que por diversas razones se ha pretendido esconder, fingiendo –inconscientemente– que no estaban o dejándolas camufladas entre otros materiales ajenos a la propia realidad. En su día se permitió que un "yo irreal" usurpara el trono a la verdadera identidad, pero como la realidad del "yo" no puede desaparecer, desde entonces queda establecido un combate interminable entre las dos partes: la real y la irreal. El trabajo en la Terapia Regresiva Reconstructiva llegado a este punto donde el paciente está en estados ampliados de conciencia, debe ser meticuloso, riguroso, creativo y paciente; el terapeuta debe perseguir esa abreacción o catarsis emocional sabiendo que en esos momentos tiene a su disposición piezas de ese *puzzle* o rompecabezas que pretendemos reconstruir para liberar el dolor que el paciente tiene celosamente reprimido en su memoria celular, y que nunca fue sentido en su totalidad.

Siguiendo con la analogía del ordenador, si lo comparamos con el cerebro humano, cuando queremos extraer una información del primero, abrimos un directorio y una carpeta donde está contenido determinado archivo que nos interesa; del mismo modo, en este modelo de escenario que nos ocupa, se utilizará un sótano de archivos donde está contenida toda la historia de la vida actual de su paciente; una vez en él lo haremos evocar cierta sensación que lleva acompañándolo desde hace mucho tiempo. El acceso, con frecuencia, es a través del cuerpo produciendo un hormigueo o malestar focalizado en determinada zona anatómica que le pediremos exprese con su mayor carga emotiva. Detallo a continuación y paso a paso el procedimiento:

Se sitúa a la persona dentro de este segundo ascensor de la izquierda y se le comenta que toque un botón de bajada para ir al sótano o trastero de este edificio, al tiempo que comienza usted a hacer una cuenta atrás y va induciendo en el sujeto una sensación de profundidad y descanso hasta llegar al número uno y ver abrirse la puerta ante él. Una vez allí deje que comience a describir el lugar: si las cosas son grandes, pequeñas, tipo de estanterías, colores, estado de limpieza, tipo de luz, qué cosas hay guardadas, qué hay alrededor...

Normalmente, más cerca del ascensor por donde ha llegado, suele haber más luz. Si hacemos una analogía a un trastero real que una persona puede tener en su casa, ante la pregunta de dónde guardas las cosas que menos usas, la respuesta siempre será: "Al fondo, en la parte más oscura". Por esa razón, siguiendo este razonamiento, indique a su paciente que debe adentrarse hasta los pasillos del fondo, donde estará más oscuro y sucio. Diríjalo ahora hacia la zona de la izquierda siguiendo la lógica de la Ley de Desplazamientos. A partir de aquí hay multitud de formas de acometer el trabajo terapéutico. Veamos a continuación algún modelo:

Modelo "Los Archivos"

Una vez situado en el cuarto y localizados los archivos, deberá contactar con una carpeta o archivo atípico que le llame la atención por la razón que fuera –más oscuro, abierto, demasiado cerrado, carpetas rotas, sucias, las que están tiradas detrás del archivero, etcétera– y que está relacionado con ese malestar localizado en una parte de su cuerpo. Hay veces que las carpetas están guardadas en lugares secretos, bajo llave, con candados o dentro de sobres que dicen: "No abrir". Si se da esta situación, es precisamente en ese lugar donde deberá insistir hasta conseguir llegar a las carpetas y a las emociones que se encuentran taponadas.

Una vez que tenga la carpeta frente a él, entonces es cuando hay que indicarle que la toque, la mire, la huela, escuche el sonido que hace al rasgarla, etcétera –lo que tratamos es detectar y trabajar con el canal sensorial que tenga más agudizado–, y a través de esa conexión observe qué sensación experimenta; una vez localizada la emoción y la zona del cuerpo donde está focalizándose, entonces deje que abra ese archivo al tiempo que le da la instrucción o mandato directo de retroceder en el tiempo a la primera vez que en su vida apareció esta emoción. De este modo ya habrá situado a su paciente en regresión.

Tenga en cuenta que es importante hacer que reviva todo en primera persona y en tiempo presente –recuerde las técnicas de encuadre si el paciente le habla en pasado o en tercera persona– y siga desde aquí con el resto de las fases. (Véase el Capítulo IV apartado "Fases de Terapia").

Cuando haya terminado de vivenciar el relato de la situación que le llevó hasta esas escenas concretas de su vida, será el momento de volver a situarlo frente a ese archivero y a la carpeta, y entonces preguntarle si ha habido algún cambio que pueda observar. En el 99 por ciento de los casos, en la carpeta se habrá producido alguna variación y se encontrará en armonía con el resto de las que componen el archivo –cambió de color, se restauró, se limpió, se vació de papeles–. Si por el contrario, aún sigue diferenciándose del resto, esto será un indicador de aviso para usted de que todavía queda algo más por destapar y limpiar. En este caso o en esa sesión –si aún tiene tiempo–, o en sesiones posteriores, deberá seguir trabajando el acontecimiento concreto que estaba unido energéticamente a esa carpeta.

Para cerrar la sesión, es aconsejable que en algún lugar de este archivo, el paciente coloque un letrero que contenga en una frase la síntesis del trabajo que acaba de realizar, sus conclusiones y el nuevo modelo de patrón que hay que adoptar en la vida a partir de ese momento.

Cuando se salga del archivo el paciente puede llevar, si así lo desea, una llave para cerrarlo y asegurarse de que nadie pase sin su consentimiento. Después tomará de nuevo el ascensor que le conduce de vuelta al *lobby* de entrada de "El Edificio". Es interesante que ponga un letrero en el ascensor que diga algo así: "Cerrado por obras. Estamos trabajando para mejorar su calidad de vida. Disculpe las molestias. Gracias". *(Este mensaje lo está enviando directamente a su inconsciente para anclarle que está en pleno proceso de transformación y avance).*

Para finalizar la terapia y tras haber realizado una revisión total de su vida a lo largo de diferentes sesiones de trabajo, se puede sugerir al paciente el reconvertir este archivo en un lugar especial de recogimiento y meditación. Para ello, a lo largo de la terapia y según ha ido entrando en diferentes ocasiones en este sótano, habrá ido incorporándole progresivamente sillones, cuadros, luces... cualquier cosa que se le ocurra y limpiando poco a poco toda la suciedad que pudiera haber en el mismo. Esta es una forma de hacer que acepte su pasado y deje de tenerle miedo para siempre.

Una vez puesto el punto final a la terapia, es aconsejable que su paciente vuelva de vez en cuando a este lugar para hacer una limpieza general, de la misma forma que limpiamos en el desván, sótano o trastero de nuestra casa. Para ello, usted ya le habrá enseñado cómo entrar en estados de ampliación de conciencia y trabajar en visualización su edificio sin necesidad de acudir a consulta. A partir de ese momento él será el único responsable del mantenimiento de sus archivos para asegurarse de que están en perfecto estado de revista.

Veamos la transcripción de una sesión con un caso real para mayor comprensión de cómo establecer ese diálogo terapéutico usando este escenario:

> La paciente, una mujer de 40 años, entre otras cosas, tiene un fuerte rechazo al color negro. Dice que nunca puede llevar nada de ese color y que incluso le da miedo. Todo lo asociado a lo negro le provoca pánico. Ni siquiera puede dormir a oscuras y necesita siempre tener una luz encendida para poder estar tranquila.
>
> Aprovecho esta emoción de "miedo" que siente ante el color negro para bajar con ella a los archivos. Se inicia la sesión frente al ascensor correspondiente:
>
> **Terapeuta:** Muy bien, ahora quiero que te metas en él y vamos a descender a esos archivos de los que te he hablado. Vamos allá... toca el botón de bajada y quiero que sigas pensando en esa emoción que te producía el color negro... imagínate que vas vestida de negro y vive esa sensación en tu cuerpo... vamos bajando... bajando... a buscar información guardada en tus archivos... vamos allá.
>
> **Paciente:** Ya se han abierto las puertas. Está un poco oscuro. Sólo hay una luz muy tenue y al fondo veo un archivero... todo está muy sucio.
>
> **Terapeuta:** ¿Qué sientes en este lugar?
>
> **Paciente:** No me gusta... es muy húmedo y frío... está todo muy sucio.
>
> **Terapeuta:** Bueno, acércate al archivo y ábrelo. Mira qué hay dentro de él.
>
> **Paciente:** Lo toco pero no veo nada...
>
> **Terapeuta:** ¿Está vacío?
>
> **Paciente:** No, se ha ido la imagen... no veo nada.

Terapeuta: La nada no existe... algo tienes que ver... quizás el color blanco... el negro... el gris.
Paciente: Negro... todo es negro.
Terapeuta: ¿Y qué sientes?
Paciente: No sé, es una sensación extraña... como que me aprieta el corazón.
Terapeuta: Ahora, cuando yo cuente del tres al uno, te vas a lanzar dentro de esa sensación de opresión del corazón y vamos a retroceder en el tiempo hasta llegar al primer momento de tu vida cuando sentiste esta emoción igual a la que ahora sientes. Preparada... vamos allá y cuento tres, dos, uno...
Paciente: Veo una sala grande... el suelo es de cuadros negros y blancos...
Terapeuta: Muy bien... fíjate qué más hay... mira ahora hacia el frente y a los lados... fíjate bien.
Paciente: Hay sillas... muchas sillas... una ventana... hay alguien que llora... creo que es mi tía pero está muy joven... yo nunca la he visto así de joven.
Terapeuta: Fíjate en dónde está tu tía... a ver si hay más gente.
Paciente: Sí... hay más gente... están todos rezando... todos van vestidos de negro... ahora veo a mi madre... también está llorando... creo que ha muerto alguien... está mi hermano mayor... pero es muy pequeño...
Terapeuta: ¿Qué edad puede tener más o menos?
Paciente: Unos dos años, es muy pequeño... y papá lo tiene tomado de la mano; él también está vestido de negro... mamá llora mucho... me da mucha pena.
Terapeuta: ¿Tú desde dónde estás viendo todo esto?
Paciente: No lo sé... es como si estuviera flotando y los veo a todos ahí... ahora veo a un señor en la cama... está muerto... lo tienen con las manos una encima de otra... creo que yo aún no he nacido.
Terapeuta: Observa bien a mamá... fíjate bien en ella... ¿cómo la ves?
Paciente: Está con la panza muy gorda... está embarazada de mí... yo estoy dentro de ella...

Terapeuta: Ahora quiero que te veas desde adentro de mamá... mira qué está pasando.
Paciente: Estoy muy nerviosa... no sé qué ocurre pero tengo miedo... siento que algo malo pasa.
Terapeuta: Qué te llega por la cuerdecita esa que te une a mamá.
Paciente: Llega un líquido negro que se mete en el saco en el que estoy e inunda todo de oscuridad.
Terapeuta: Pero ahora tú sabes qué está ocurriendo, ¿qué es eso negro?
Paciente: Dolor.
Terapeuta: ¿Y qué pasa si tú te inundas de lo negro?
Paciente: Que siento dolor.
Terapeuta: ¿Y tú qué vas a hacer para protegerte del dolor?
Paciente: Alejarme del negro... me acurruco y me tapo para que no me llegue.
Terapeuta: Otra vez. Repíteme, ¿qué vas a hacer para no sentir dolor?
Paciente: Alejarme de lo negro.
Terapeuta: Repítelo.
Paciente: Alejarme de lo negro.
Terapeuta: ¿Y qué pasará entonces?
Paciente: Que no sentiré dolor y mamá tampoco sentirá dolor, y ya no llorará.

A partir de aquí se ha sacado ese patrón que asociaba el miedo y rechazo con el color negro, y se comienza la reconstrucción para fortalecer el nuevo modelo mental.

Modelo "Estanterías con Libros"

La única variante con el modelo anterior, es que al abrirse las puertas del ascensor, el paciente va a ver unas estanterías con libros. Entonces tiene que buscar entre ellos y ver cuáles le llaman más la atención. Hay que inducirle que en ese lugar están guardados todos los recuerdos de su vida. Recuerde que en estos niveles de ondas cerebrales, el paciente está trabajando más con el hemisferio derecho que con el izquierdo, por lo que no le pediremos que lea los contenidos de los libros –función del izquierdo–, ya que en muchas ocasiones le será imposible realizar este acto. El hemisferio derecho no entiende el lenguaje escrito, sólo los dibujos, imágenes y símbolos; por esa razón, debemos decirle entonces que se lo acerque al corazón o al tercer ojo –punto situado en el entrecejo–, y de esta forma le llegarán las imágenes y experiencias que están archivadas en él a través de las sensaciones y no el razonamiento.

Tomás padecía de una timidez e inseguridad reactiva exagerada ante grupos de personas desconocidas. A sus 54 años y tras haber conseguido una posición económica desahogada y una estabilidad familiar, cuando se encontraba en estas situaciones se desencadenaban dentro de él reacciones fóbicas: taquicardias, sequedad de boca, nerviosismo descontrolado, sudoración… en los últimos meses antes de empezar su terapia, había sufrido desmayos con pérdida de conocimiento al enfrentarse a situaciones con personas desconocidas. Tomás ya me había comentado en su momento que era un enamorado de los libros y que tenía cientos de ellos en su casa. Por esa razón, utilicé en varias sesiones este modelo de escenario ya que por su condición de lector incansable, sería muy familiar para él trabajar de este modo. Gracias a ello tuvo acceso a vivencias infantiles traumáticas de acoso moral y vejaciones por parte de un profesor en concreto, y también con niños mayores; vivencias que conscientemente no recordaba con esa intensidad y menos aún sentía con la nitidez y abreacción que por fin se permitió experimentar, y que gracias a ello consiguió remodelar esa respuesta de pánico.

Modelo "Álbumes de Fotos"

El objetivo terapéutico de la TRR es ir desmenuzando poco a poco, a lo largo de varias sesiones, todo el pasado de los pacientes que se mantenía oculto en los trasfondos de sus mentes, sacar a la luz la sombra que estaba agazapada en la oscuridad y hacer que la energía fluya libremente dentro de ellos, sin muros que la bloqueen.

En esta nueva variante el paciente tiene que buscar en los diferentes recovecos de ese sótano hasta encontrar dos álbumes de fotos. No tienen que ser fotos reales que le hicieron en su vida sino fotos que, por algún impacto emocional que no pudo ser sacado en su momento a la luz, quedaron energéticamente grabadas en su mente y en la memoria de su cuerpo, fisurando poco a poco hasta conseguir quebrar la estructura de su personalidad.

El primero de estos álbumes recogerá fotos con recuerdos y emociones positivas que le servirán como refuerzo y gratificación –este libro suele ser más bonito, estar más limpio y las fotos más cuidadas–. El segundo recoge los momentos dolorosos donde se iniciaron esas grietas emocionales que nunca llegaron a ser visibles para el exterior, pero produjeron los impactos energéticos desestabilizadores que fueron mermando, como "vicios ocultos", las paredes y la estructura de su edificio, y que son en el presente los que le están provocando el dolor actual.

Una vez encontrados los álbumes en el sótano, dejará usted que los abra y repase cada una de sus hojas. Cuando al visualizar o tocar alguna foto le produzca una sensación desagradable, entonces deberá llevarlo conectado con esa emoción hacia atrás en el tiempo a revivir aquellos momentos dolorosos que servirán como palanca para romper los cúmulos traumáticos, sacando a la luz las emociones retenidas.

Siguiendo las fases de la terapia, deberá comprender los hechos y tomar conciencia de cómo ha vivido con esos problemas, para qué le han valido, qué ha aprendido gracias a ellos, entender cómo todo esto le está afectando a su vida actual y buscar la mejor forma de transformar estas vivencias en experiencias positivas; para ello dejará que sea el paciente quien haga su nuevo guión y lo viva dentro de él.

Por último, establecerá los nuevos modelos para el futuro en los que sus actuaciones no le conduzcan a un desenlace dañino sino a generarle un beneficio y un nuevo modelo de vida saludable.

Para cerrar el proceso, sitúelo de nuevo en los archivos y que vea otra vez la foto. En el 99 por ciento de los casos habrá cambiado y ahora reflejará una imagen agradable y positiva; de ser así, haga que traspase esta foto al otro álbum y este último –el positivo– que lo saque hacia la zona con más luz, llevándolo a un lugar cercano a la puerta de entrada. Debe buscar allí una nueva estantería y asegurarse de que quede totalmente limpia y que le entre bastante luz –natural o artificial–. Después, colocar en ella el álbum de fotos de forma que destaque del resto de las cosas.

El paciente, a lo largo de las diferentes sesiones de trabajo, deberá ir revisando todas y cada una de las fotos del álbum y realizar individualmente el procedimiento anteriormente descrito.

En el caso de que la foto con la que se ha trabajado en esa sesión, no haya cambiado, tendrá que volver a revivir los acontecimientos y analizar qué es lo que está faltando por trabajar, ya que el inconsciente de nuestro paciente sabe que todavía hay algo pendiente sin resolver y es una vía que utiliza para hacérnoslo saber.

Hay veces que escondidas entre las tapas o entre dos hojas pegadas se encuentran fotos de contenidos energéticos muy fuertes que el paciente, de forma inconsciente, intenta pasar por alto. También puede existir un tercer álbum más escondido en otro lugar o tener las fotos veladas o rotas, etcétera. El terapeuta debe prestar mucha atención a estas artimañas que en ocasiones los mecanismos de defensa automáticos del paciente incorporan en su lucha por no destapar los hechos reales. Usted debe asegurarse de que en el álbum de las fotos con cargas dolorosas no quede ninguna pendiente por trabajar; después, su *Cliente* debe deshacerse del mismo –quemarlo, romperlo, tirarlo– según la elección que considere mejor para dejar zanjado ese asunto.

Modelo "El Armario con Probetas"

Podemos utilizar este modelo de escenario para personas que sean visuales, olfativas, auditivas o que tengan más desarrollado el sentido del paladar –el sabor–. Siguiendo el mismo esquema que en las propuestas anteriores, en lugar de fotos, su misión será buscar un armario con frascos de vidrio transparentes o probetas que contienen energías de distintos colores. (En ningún momento debe decirle que el armario está lleno o con un determinado número de probetas, ya que esto sería una inducción directa. Deje que sea el paciente quien mencione cuántas hay).

Algunas veces no se encuentra el armario, motivado –con toda probabilidad– por los mecanismos de defensa que están alerta para evadir la situación. En estos casos tiene usted que sugerirle que busque con más atención, con más detalle... quizás están escondidos bajo una trampilla en el suelo o tal vez detrás de un muro con una puerta secreta, una cortina, etcétera. Una vez encontrado el armario, deberá identificar el número de frascos que contiene y utilizar la mejor estrategia de profundización a través de sus colores –si es una persona más visual–, olores –si su canal predominante es el olfato–, sabores –destapando y probando– o por último, el potenciar las sensaciones auditivas –oído– golpeando suavemente cada una de las probetas. A través de estas acciones buscará que el paciente haga una clasificación de probetas de las más agradables a las más desagradables, y a partir de aquí ya tendrá el terreno abonado para seguir profundizando y entrar en la regresión. Ha utilizado su caña de pescar, está en el río adecuado y en la charca donde se esconde el pez que con tanto ahínco buscó. Su anzuelo pende del sedal y tiene puesto el cebo correcto; ahora sólo le quedará pescar la emoción en las probetas que le producen mayor desagrado, y "ya picó el anzuelo". ¡Tire del sedal con rapidez!

De esa forma y a través del hilo conductor de la emoción, usted habrá conseguido que salgan a la luz los episodios que contenían las energías que se encontraban retenidas. Después debe continuar el proceso terapéutico siguiendo las fases descritas anteriormente.

Tras vivenciar los hechos guardados en los frascos, es aconsejable que ya no se vuelvan a tapar. Hay que limpiar y lavar los frascos que guardaban lo negativo, asegurándose de que ya no provocarán ninguna reacción negativa en su paciente y dejar abiertos los que guardan las experiencias agradables para que esas energías impregnen todo el archivo.

Al pasar al plano consciente los sentimientos y las emociones almacenadas en nuestro pasado se transforman, nuestro cuerpo recibe una nueva información a través de las membranas celulares y medio interno acuoso, y con todo ello se genera el proceso del cambio.

Veamos el caso de Aurelio donde transcribo una sesión con probetas que estaban escondidas en una sala secreta detrás de una pared de los archivos:

> **Paciente:** Hay probetas de diferentes colores. Las que más me llaman la atención son una violeta y después otra de color verde claro y una rosa.
>
> **Terapeuta:** Muy bien, pues ahora toma la de color violeta... cuando yo te diga vas a destaparla y cuando salga toda esa energía, te va a transportar hasta el momento en tu vida donde esa energía se creó... y lo vas a revivir... ¿preparado? Cuento tres, dos, uno...
>
> **Paciente:** Estoy en la Iglesia del pueblo, estoy charlando con el cura.
>
> **Terapeuta:** Tú, ¿qué edad tienes más o menos?
>
> **Paciente:** Ocho años.
>
> **Terapeuta:** ¿Y de qué están hablando?
>
> **Paciente:** De cosas de la religión. Yo no creo que todo sea como dicen. El cura dice que estoy equivocado. El cura quiere enseñarme cosas sólo a través del miedo.

Terapeuta: ¿Qué cosas te está diciendo?
Paciente: Que si sigo pensando esas cosas me condenaré al fuego eterno. Que no tengo que pensar, sólo tengo que rezar y no dudar de lo que él dice... pero yo no le creo... creo que está equivocado.
Terapeuta: ¿Cómo estás tú tan seguro de eso? Sólo eres un niño todavía muy pequeño.
Paciente: Yo lo sé de siempre... antes ya era así.
Terapeuta: ¿Cuándo es ese antes? Ahora voy a contar del tres al uno y vamos a ir a ese antes: tres, dos, uno... ¡Ahora!
Paciente: Soy un Obispo... estoy en una biblioteca... estoy leyendo escrituras antiguas.
Terapeuta: Más o menos, ¿qué edad tienes ahora?
Paciente: 50 años.
Terapeuta: ¿Sabes dónde estás?
Paciente: En una ciudad de España, pero no sé dónde.
Terapeuta: ¿Y qué haces aquí?
Paciente: Leo libros que no están autorizados a los demás. Encierran verdades ocultas al pueblo... el poder que tiene lo que somos, energía. Los libros contradicen lo que nosotros sabemos y lo que predicamos.
Terapeuta: Y entonces, ¿por qué lo haces?
Paciente: Para no perder el poder. Somos ambiciosos. Yo lo soy... hemos creado la Inquisición para conseguir más poder y utilizarlo para nuestros fines.
Terapeuta: Vamos a dar un salto hacia adelante. Avanzamos: tres, dos, uno. ¿Dónde estás ahora?
Paciente: Soy más mayor, tengo unos 60 años.
Terapeuta: ¿Cómo ha sido tu vida?
Paciente: He mandado ejecutar a mucha gente porque se acercaban a la sabiduría, y esto suponía un peligro para mí y para la Iglesia.
Terapeuta: ¿Estás arrepentido?
Paciente: No, en absoluto. Es lo que debía hacer.
Terapeuta: Avanzamos... damos otro salto... tres, dos, uno...
Paciente: Soy muy anciano. Tengo más de setenta años y me estoy muriendo; estoy en la cama, estoy tranquilo.

Terapeuta: ¿Tienes remordimientos por lo que hiciste?

Paciente: No.

A partir de aquí se sigue el camino clásico de los escenarios descritos en el apartado Vidas Pasadas. Muerte, desdoblamiento, visión global desde afuera y vuelta al niño de ocho años en la Iglesia de su pueblo.

Terapeuta: ¿Cómo ves esta experiencia?

Paciente: Es indignante, he muerto sin reconocer que me equivoqué. Debo convencer al cura para conseguir limpiar mi pecado. "Hay que predicar la verdad"... de esa forma la gente verá la luz, el Dios que la gente busca está dentro de nosotros y al morir me fusionaré con Dios. La energía tiene que estar en constante movimiento, hay que purificar la energía.

Terapeuta: Y en esta vida, en estos momentos, en el aquí y ahora, ¿tú qué puedes hacer?

Paciente: Dar, debo dar mucho para poder recibir después y seguir avanzando; debo dar todo aquello que no fui capaz de entregar en su momento, ese es el sentido de mi vida: dar a los demás y luchar por las injusticias. Cuando doy, la energía violeta se expande por mi cuerpo y es como recordar a aquel obispo que fui y no supe cumplir con mi deber.

En la actualidad, este paciente es un importante sindicalista pero ahora le da mucho más sentido a lo que hace por los demás, y tiene más fuerza para seguir luchando por lo que él considera que es justo para los trabajadores.

Como decía al principio de la explicación de este escenario, hay infinidad de variables para poder trabajar con ese *Sótano* donde hay recursos inacabables para lanzar nuestra caña como pescadores de emociones. Veamos una parte de otro modelo donde el medio utilizado son cajas de cartón. En este caso la paciente oponía una gran resistencia para acercarse al edificio y cuando por fin llegó al mismo, encontró un letrero que estaba en blanco y no le gustó. Cuando llega al sótano de los archivos sentía mucha soledad y decidí que trabajáramos a partir de esta emoción:

Terapeuta: Y el estar sola, ¿cómo te hace sentir?
Paciente: Triste.
Terapeuta: Quiero que localices esa tristeza en tu cuerpo y pongas la mano sobre esa zona.
Paciente: La noto en los ojos.
Terapeuta: ¿Qué color tiene?
Paciente: Naranja.
Terapeuta: Muy bien, fíjate porque ya has localizado el lugar donde sientes la tristeza. Ahora quiero que avances hasta el final del sótano a tu izquierda y veas si encuentras por allí algunos archivos, estanterías, objetos, cualquier cosa que veas y me lo vas describiendo.
Paciente: Veo muchos estantes... como de aluminio.
Terapeuta: ¿Y qué hay en esos estantes?
Paciente: Hay cajas y carpetas, como de fotos, están todos en su lugar.
Terapeuta: ¿Y qué sientes al ver todas estas cajas y carpetas?
Paciente: No me gusta.
Terapeuta: ¿Qué es lo que más te llama la atención?
Paciente: Hay una caja grande de cartón a la izquierda, arriba.
Terapeuta: ¿Qué te llama la atención de esa caja?
Paciente: Que es de cartón y las otras son azules, está grande. Las demás son como de fotos.
Terapeuta: ¿La única que es de cartón es esa?
Paciente: Creo que sí.
Terapeuta: Pues quiero que te asegures, mira más detalles a ver si por algún otro sitio hay más cosas escondidas que las hayan guardado porque no quieren que se vean.
Paciente: Abajo también hay una caja escondida de cartón.
Terapeuta: Pues quiero que la saques y veas qué hay ahí guardado.
Paciente: Hay muñecas chiquitas, son como antiguas (*la paciente cambia el rostro de su cara poniéndose muy rígida y con sensación de desagrado)*, están sangrando por el hueco de los ojos.
Terapeuta: ¿Qué sientes cuando ves esas muñecas ahí?
Paciente: No me gustan las muñecas.

Terapeuta: Toca una a ver qué te hace sentir, ¿que sensación aparece ahí?
Paciente: No me gusta.
Terapeuta: Ya sé que no te gusta pero, ¿cuál es la sensación que tienes?
Paciente: Lo siento en las manos, la quiero tirar lejos.
Terapeuta: Pues ahora, en lugar de tirar la muñeca, vas a sujetar con tus manos todas las muñecas que hay en la caja y cuanto más intentes separarlas, más se pegan a tus manos y quiero que ahora captes esa sensación que esto te provoca en lugar de huir; quiero que incrementes esa sensación y ahora, cuando yo toque tu frente, vas a retroceder a la primera vez que se generó esta emoción: tres, dos, uno…

Como puede observar, en esta ocasión se trabajó a través de unas muñecas que estaban escondidas en una caja bajo los estantes. En lugar de alejarla del objeto que causaba aversión a la paciente, incrementé esa sensación que sería la que permitió, como hilo conductor, conectar con su pasado y retroceder en el tiempo al lugar en el que se generó la herida emocional.

En este caso la paciente retrocedió a una etapa de su vida en la que tenía aproximadamente unos 6 ó 7 años, y estaba en el cuarto de los juguetes. Allí había una casa de muñecas muy bonita pero sentía mucho dolor porque ella quería jugar con sus hermanos, pero ellos la rechazaban. Sentía mucha rabia, quería irse a un rincón porque tenía pena y tristeza, y ésta era la única forma de sentirse más tranquila. Cuando se quedaba aislada y alejada de los demás, disminuía su dolor. *(En la sesión de trabajo se podía observar cómo adoptaba una posición fetal).*

Desde allí seguimos retrocediendo a otros momentos que conectaran con la pena y soledad, y regresó a su etapa intrauterina. En esa vivencia se sentía rara, como que no quería estar. Tenía sensación de tristeza, notaba cómo su madre también se sentía así y lloraba. Ante esta situación, Ana Isabel se escondía para no ser vista y no sentir dolor. Todo aquello le permitió conectarlo con su vida actual y darse cuenta de los patrones que tenía tan enraizados desde su nacimiento. Comprendió sus enojos con su padre para conseguir de esta forma que la atendiera y le hiciera caso (*"si me doblo me hace caso", este es uno de sus comentarios y patrones de supervivencia creados),* cosa que nunca sintió de pequeña porque su papá realmente la trataba como si fuera un niño y no una niña, la llevaba a lugares propios de los niños y ella aceptaba para poder de esa manera estar junto a él. Se dio cuenta de cómo tuvo que bloquear sus instintos de jugar con muñecas porque si su papá la veía haciéndolo, podría ponerse muy triste y dejar de quererla.

Obsérvese también que al abrir la caja de las muñecas, Ana Isabel ve que no tienen ojos y están sangrando por sus cavidades. *(El mismo lugar donde nos comenta al inicio de la sesión que se bloquea la energía de la tristeza).*

En el trabajo de la reconstrucción, como aún la figura de su padre era de mucho respeto y autoridad, decidió escribirle todo lo que sentía en un pizarrón blanco con un rotulador rojo y no bloquear más sus instintos. Estas son algunas de esas cosas que remarcó:

1. No quiero que me lleves más a lugares donde sólo hay niños. Quiero estar con niñas.
2. Quiero jugar con mis muñecas sin miedo a ser rechazada por ello.
3. Yo ya sabía que tú preferías un niño pero después –en unos años– vas a tener un niño.
4. Necesito que me abraces.
5. Quiero que me pongas un lazo rosa en la cabeza.
6. Quiero que me compres un vestido en lugar de pantalones.

Así seré una niña feliz y de mayor me sentiré bien, sin estar desplazada ni paralizada. Ahora me voy a mover.

Al terminar la reconstrucción y de vuelta a los archivos, Ana Isabel toma la caja con las muñecas y se las lleva a la entrada del sótano. Allí les pone una casa de muñecas de color rosa donde tiene muchas cosas por dentro –muebles, ropa, repisas, cama y hasta un garaje para coches–. También decide poner un letrero muy grande con un mensaje para que todos aquellos que entren en el sótano lo puedan leer. Este es el contenido:

"No dejes que elijan tu vida por ti. Soy una niña".

En su cara se dibujó una gran sonrisa y al salir a la calle observó que el letrero de su edificio había cambiado.

Paciente: Es como una carta, como un libro lleno de frases.

Terapeuta: Dime una de ellas.

Paciente: Hay muchas: Éxito, mamá, esfuerzo, claridad, imagen…

Terapeuta: Ahora quiero que todas las juntes en una sola.

Paciente: Voy a poner alrededor del cartel una banda roja y dorada como de las reinas de belleza, y ahora me doy cuenta de que pone mi nombre: "Ana Isabel". Me siento muy feliz, voy vestida con una minifalda y llevo tacones altos.

Modelo "El Pasillo con Puertas"

Sitúe a la persona frente al segundo ascensor a la izquierda. Al pulsar el botón de llamada debe decirle que conecte con aquellas emociones o sensaciones que llevan acompañándola un tiempo, quizás siempre; esas sensaciones que la han hecho llegar hasta su consulta buscando ayuda, y ese ascensor la conducirá a un lugar donde está almacenado todo lo acontecido en su vida. Una vez dentro del ascensor, invite a su paciente a que pulse el único botón que es de bajada y según inicia la cuenta atrás, le sugiere que va a ir profundizando y conectando cada vez más con esa emoción. Esta podría ser la orientación:

"Ahora presiona el botón que es de bajada y empiezas a descender según voy contando... 10... más abajo... 9... la emoción se hace más intensa… 8… con cada respiración... 7... más profundo... 6 a tu interior... 5… en búsqueda de respuestas a lo que te ocurre... 4… deja que tu mente te lleve... como un radar... 3... 2... 1...

Sal del ascensor y dirígete al fondo, a la zona más oscura. Estás en un pasillo donde hay muchas puertas; cada una corresponde a un año de tu vida, de modo que hay 20 –edad de la persona–. Están señaladas claramente con un número, tal vez fluorescente o luminoso del 0 al 20 –edad actual–, puedes sentirlo. Ahora vas a ir revisando todas y vas a estar muy atento a todo lo que sientas al pasar junto a cada una de ellas; cuando notes algo o veas alguna distinta o que llame tu atención, avísame, déjate guiar por tu corazón. Quiero que te centres principalmente en las 10 ó 12 primeras puertas.

Como puede observar, he incluido la puerta número 0. Esto es así porque esta puerta –que normalmente le decimos que es más pequeña y estrecha que el resto– corresponde al periodo intrauterino. La transcripción de esta sesión real le ayudará en el manejo de este escenario:

Al llegar a los sótanos y salir del ascensor:

Paciente: Ya he llegado, veo un pasillo muy largo. Sólo veo puertas a la derecha. Son números pares empezando por el dos hasta llegar al 38.

Terapeuta: ¿Hay algo que te llame la atención?

Paciente: La puerta 16 es diferente a las otras. Tiene un retablo dorado. Además se mueve, está como flotando, cayendo... sale agua de ella.

Terapeuta: Abre esa puerta y métete. Tu mente irá a algún momento de tu vida cuando tenías 16 años y estaba ocurriendo algún suceso que ha sido importante para ti.

Paciente: Veo unas figuras de personas encima de una piedra frente a mí.

Terapeuta: Mira quiénes son esas personas.

Paciente: Son mi primo y mi novia. Ellos están encima de la piedra y yo estoy debajo.

Terapeuta: ¿Qué está sucediendo?

Paciente: No sé pero me siento nervioso.

Terapeuta: ¿Dónde sientes esos nervios?

Paciente: En el estómago, es como un tornado oscuro que aprieta y duele.
Terapeuta: ¿Cuál es la razón de esos nervios que tienes?
Paciente: Mi primo se lleva muy mal con mi novia. No la soporta.
Terapeuta: ¿Y tú cómo te sientes?
Paciente: Muy mal porque yo los quiero a los dos y no quiero separarme de ninguno.
Terapeuta: Toma contacto con ese dolor de estómago que estás sintiendo y vamos a dar un salto hacia adelante, a otros momentos de tu vida donde has sentido eso mismo.
Paciente: Sí, estoy viendo a Cristóbal. Es un amigo; bueno, yo creía que lo era pero me complicó mucho la vida, había un chantaje emocional. También veo a José. Mi novia siempre tuvo celos de él. Siempre he estado entre la espada y la pared a lo largo de mi vida. También aparece mi novia cuando nos casamos, creo que la decisión fue prematura. Siento miedo porque voy a renunciar a mis amigos, a mi vida, a otras mujeres; pero a cambio tendré seguridad, aunque tengo muchas dudas, no sé si lo que voy a hacer está bien o no.
Terapeuta: Y esto, ¿cómo te ha hecho sentir?
Paciente: Siento un agujero de fuego en el estómago. *(Padeció úlceras de estómago).*
Terapeuta: ¿Reconoces estas sensaciones en tu estómago en los momentos actuales, en tu presente?
Paciente: Sí, son las mismas, está todo eso ahí dentro, el fuego sigue ahí.
Terapeuta: ¿Y tú quieres que siga ahí toda la vida?
Paciente: No.
Terapeuta: ¿Y qué vas a hacer para evitarlo?
Paciente: Tengo que sacar todo ese fuego.
Terapeuta: ¿Si volvieras a vivir esas experiencias de tu vida, cambiarías algo de ellas?
Paciente: Sí. Quiero hacer cosas, decirles lo que siento.
Terapeuta: Muy bien, pues ahora, cuando yo cuente del tres al uno, vas a volver a cuando tenías 16 años y estabas en

la playa con tu primo. A partir de ahí tú decides qué vas a hacer.

La sesión continúa desde aquí con la reconstrucción que el paciente decide para poder expresar con cada uno de los afectados lo que sintió en cada momento y cuál va a ser el nuevo patrón que va a tomar a partir de ese día.

Terminada toda la reconstrucción, lo vuelvo a llevar al pasillo de las puertas.

Terapeuta: Muy bien, mira ahora de nuevo esa puerta número 16. Dime, ¿cómo la ves ahora?

Paciente: La puerta ya no está tambaleándose como antes, ahora está fija y segura; ya no sale agua por debajo. Ahora estoy viendo que hay más puertas en el lado de la izquierda; antes no las veía y ahora me doy cuenta de que más de una está en muy mal estado.

Terapeuta: ¿Y qué crees que tendrás que hacer?

Paciente: Habrá que bajar aquí más veces para ir arreglando una a una todas ellas.

Terapeuta: Pues eso me parece muy buena idea. Ahora ya vamos a terminar por hoy y quiero que vuelvas a tomar el ascensor por el que bajaste y subas de nuevo al *hall* del edificio...

Este escenario podemos utilizarlo tantas veces como creamos necesario, incluso para acceder a determinada edad que fue importante en su vida donde ya tenemos antecedentes al tener su historial clínico, e intuimos que dejó secuelas importantes relacionadas con lo que le ocurre en la actualidad.

Primer ascensor de la izquierda. Las Vidas Pasadas

"Si la muerte no fuera el preludio a otra vida, la vida presente sería una burla cruel."

Mahatma Gandhi

El planteamiento de la Reencarnación

La creencia en la reencarnación es la base y punto de partida de muchas filosofías y religiones –yoruba, los aborígenes de Australia, los Celtas, budismo, hinduismo, jainismo, drusos, teósofos, movimiento espírita, movimiento de la Nueva Era, psicología transpersonal–, según la cual el alma mantiene una actividad cíclica: después de haber vivido en un cuerpo, a la muerte de éste transcurre un periodo sin él y luego vuelve a encarnarse renaciendo en uno nuevo.

Algunas corrientes apuntan a que el alma puede reencarnarse no solamente en otra persona sino también en una planta, animal o mineral. Bajo mi punto de vista y aplicando la lógica, si supuestamente estamos en un ciclo permanente de evolución, no resulta lógico que se dé este proceso involutivo y por lo tanto sería más coherente pensar que si realmente volvemos a retornar a este plano de vibración, sería solamente en un cuerpo humano.

La teoría de la reencarnación no es muy aceptada en occidente si la comparamos con los cientos de millones de personas en oriente que no tienen ninguna duda de su existencia. A pesar de lo poco científica de esta creencia, pensadores de todas las épocas han reflexionado sobre ella como Orígenes –uno de los padres de la Iglesia–, Pitágoras, Platón, Plotino, Hume, Kant, Shopenhauer, Voltaire, Jung, Blake y Balzac, entre otros. Sin embargo, al día de hoy, en pleno siglo XXI, para muchas personas, entre las cuales se encuentra parte de los miembros y seguidores de la Iglesia Católica, hablar de ello es causa de controversia e incluso de herejía. Y yo me pregunto: ¿Por qué les hace tanto ruido a algunos colectivos?

Sus orígenes

La primera información de que disponemos sobre esta creencia, se remonta a la Edad de Piedra (10,000 a.C.) donde enterraban a sus muertos en posición fetal, creyendo que de este modo les facilitaban el camino para el renacimiento.

Algunos autores afirman que tanto los sumerios como los egipcios, no creían en la reencarnación puesto que preparaban durante años la marcha de sus seres queridos hacia el "otro mundo". El Libro de los Muertos les servía tanto para sus procesos de iniciación así como también para ser su compañero de viaje y en sus ritos funerarios se les incluían todas sus riquezas para que no llegaran pobres a ese "paraíso". Sin embargo, en el mismo libro hay innumerables pasajes que describen todo el proceso de la reencarnación y cómo es un eslabón más de la cadena evolutiva. En los papiros de Kircher se muestra un huevo flotando sobre una momia, siendo el símbolo de un nuevo renacimiento, ya que el alma, después de su purificación en el Amenti –lugar de descanso entre vidas–, se meterá en este huevo para renacer de él a una nueva vida sobre la Tierra. Por lo tanto, también podemos pensar en base a estos hechos, que los egipcios también creían en la reencarnación.

En el siglo VII a.C., en la India comienza a implantarse esta creencia para ir extendiéndose más tarde con la aparición del Budismo (siglo V a.C.) a lo largo de los diferentes países asiáticos hasta llegar a Grecia y Roma, y de esta forma expandirse por Europa, aunque parece ser que también en el "Viejo Continente" ya existían estas creencias mantenidas por los sacerdotes druidas célticos.

En Grecia, Pitágoras (570-448 a.C.) y sus discípulos formaron una asociación científica, filosófica, política y religiosa en la que aceptaban la creencia de la transmigración de las almas. Más tarde, Platón detalla sus teorías reencarnacionistas en su obra *El Fedro.* Ahí describe cómo las almas nacen en el cielo y contemplan a las Formas antes de su primera reencarnación en el cuerpo. El futuro destino del alma estará determinado por la vida que se haya llevado en la Tierra. Al pasar el umbral de la muerte las almas son sometidas a juicio; las que han sido perversas van bajo tierra y pueden regresar para reencarnarse en bestias; por el contrario, las virtuosas y especialmente las que se han dedicado a la filosofía –los que se han reencarnado tres veces seguidas en un filósofo, pueden escapar a la rueda de la reencarnación–, ascenderán a los cielos formando parte de los dioses para contemplar de nuevo a las Formas. Para las que han sido menos virtuosas, su lugar en el cielo es menos elevado y se reencarnan más rápidamente en seres humanos de menor categoría.

Su obra nos habla de la transmigración de las almas y la teoría de la reminiscencia –acordarse de las cosas que se han hecho en otras vidas–. Platón hablaba de las aguas del río Leteo que hacía que invadiera a los humanos el olvido. Cuando se bebía de esta agua, el hombre volvía a renacer sin recordar prácticamente nada de lo anterior; a veces se tenían leves recuerdos pero todos muy fugaces y desordenados. En "El Mito de Er" preguntan a Sócrates ¿de dónde nacen los vivos? Y él contesta: ¿De dónde nacen los muertos? Los muertos nacen de los vivos... y los vivos de los muertos.

Estas famosas aguas del río Leteo bien podrían ser lo que hoy conocemos que se produce en el momento en que la mujer está teniendo las contracciones del parto; en ese instante su cuerpo genera una gran cantidad de oxitocina y en muchos casos incluso se inyecta la misma –el goteo– en el hospital para favorecer y provocar el parto. Esta sustancia –la oxitocina– produce amnesia en el bebé que está naciendo.

Según Platón, todos los humanos ya conocemos a nuestro Ser verdadero y por lo tanto nuestros conocimientos y nuestra estructura de personalidad realmente están regidos por un alma vieja y sabia que llevamos dentro, pero cuando tomamos nuevamente un cuerpo de materia, es como si esta cualidad se borrase y sólo de vez en cuando, a través de algún estímulo apropiado, volvemos a recuperar esa información. Cuando un budista está en plena meditación, su objetivo es alcanzar el Nirvana o también cuando decimos que un Santo en la fe cristiana tenía algunos momentos de éxtasis, estaba viviendo las mismas experiencias. Según esta idea de Platón, es en estos estados ampliados de conciencia cuando podemos recuperar la información que ya tenemos dentro de nosotros de lo que es la total plenitud del contacto con Dios.

Nuestro objetivo en este cuerpo material que tenemos ahora es aprender a recuperar y pasar al plano de la conciencia esa información que ya conocemos pero que nos volvió ignorantes.

Las ideas platónicas aparecen en muchas religiones, la mayoría de ellas predican que además del mundo físico existe uno invisible y espiritual. Los Brahmanes hindúes y los budistas afirman que este mundo lo mismo que el amor, es una ilusión que denominan *Maya*, y que el alma debe relacionarse lo menos posible con el mundo material porque esto aumenta el riesgo de sufrir más reencarnaciones.

Más tarde, Plotino refuerza la idea de que somos *Uno* como sustancia formada por Inteligencia, Alma y Materia, y que esta última siempre trata de retornar a la unidad en un movimiento circular derivando su doctrina en una contemplación mística del Ser. Su discípulo Porfirio, también en su tratado sobre la abstinencia, afirma que el alma cae en la materia y provoca el mal, y por consiguiente el objetivo del ser humano es encontrar su propia esencia y la unión con la Divinidad, aunque para ello deberá superar las diferentes pruebas y avanzar una y otra vez en este mundo material hasta alcanzarlo.

Por otro lado, en la antigua Persia, en el año 500 a.C., el profeta Zaratustra predica y extiende esta creencia antes de la aparición de Mahoma; incluso después de éste, en algunos párrafos del Corán se puede interpretar esta creencia.

También el Cristianismo postula, en sus primeros años, la reencarnación *–pensemos que según esta creencia religiosa, Jesús podía ser la reencarnación del antiguo Profeta y además resucitó al tercer día–*. En el año 325 el Emperador Romano Constantino I –El Grande–, otorga legitimidad al Cristianismo unificando Roma bajo una sola religión –la cristiana–, encargando hacer unos nuevos evangelios y tratando de hacer desaparecer los antiguos, ordenando que sus seguidores fueran perseguidos y quemados acusados de herejes. En este Primer Concilio ecuménico de Nicea se considera a Jesús como Dios y por tanto deja de ser un mortal, tal como aparentemente se mostraba en esos Evangelios originales y en los Manuscritos del mar Muerto.

Dos siglos más tarde, en el año 543, el emperador Justiniano I respalda las acciones realizadas por Constantino y comienza una persecución y abolición de todas las religiones no cristianas, siendo necesaria la unidad de la fe a través de la Iglesia Ortodoxa. Decretó la destrucción total de la cultura Helenista y la Academia Platónica de Atenas pasó a estar en manos y control estatal del imperio. El paganismo fue totalmente perseguido prohibiéndose el culto a Isis, a Amón, los hunos, los abasgios, los nabateos, los tzani, los judíos, los samaritanos y los maniqueos, fueron todos ellos sometidos por las leyes decretadas.

En el año 553, por orden de Justiniano I y a pesar de la oposición y no asistencia del papa Virgilio, se realiza el Quinto Concilio de Constantinopla –segundo concilio ecuménico de la iglesia– presidido por el patriarca Eutiquio y el apoyo de 156 obispos, en donde se condenan las enseñanzas de Orígenes sobre los primeros principios –el padre de la Iglesia Cristiana primitiva– en relación a la reencarnación –los documentos llamados *Los tres capítulos*–, considerando falsa la creencia de la transmigración de las almas a los cuerpos, siendo los seguidores de estas ideas –entre las cuales estaban la mayoría de los padres de la Iglesia, incluyendo al papa Virgilio– perseguidos duramente y aniquilados casi en su totalidad. Este tipo de creencias eran peligrosas y ocasionaban una seria amenaza al poder de la Iglesia, ya que la posibilidad de la reencarnación eliminaría el miedo al castigo eterno propuesto en los nuevos textos sagrados y minimizaría la salvación en la obra de Cristo, ya que si el hombre puede volver a nacer para trabajar sus deficiencias, entonces no tendría mucho sentido el sacrificio que hizo Jesús para la redención de los pecados y la reconciliación con Dios. El primero de los Anatemas que se establecen dice así: *"Si alguien afirma la fabulosa pre-existencia de las almas y la monstruosa restauración –apocatástasis–, será anatematizado"*. A partir de entonces ya no se vuelve a hablar de reencarnación en la doctrina cristiana.

Esta persecución de los herejes se acrecienta a finales del siglo XII y principios del XIII contra los Cátaros –movimiento religioso de carácter gnóstico afincado en el Sur de Francia, Cataluña y Norte de Italia– que estaban influenciados en parte por el maniqueísmo y seguían creyendo en la reencarnación y en la Iglesia primitiva antes de los cambios que hizo Constantino contra el resto de Europa que se encontraba inmerso en la nueva fe cristiana. La convicción cátara era que las almas se reencarnaban en vidas sucesivas hasta que fueran capaces de escapar del mundo material y la corrupción del mismo para de esa forma llegar al paraíso.

La Iglesia Romana no podía aceptar estos hechos, por cuya razón el catarismo fue considerado herético y desde 1147, estando Eugenio III como Papa, se trataba de someterlos y reconvertirlos. Ante el fracaso de esta campaña se decide perseguirlos y proceder a su exterminio total, pero no es hasta la llegada del papa Inocencio III en 1198 y sus negociaciones con el rey de Francia y otros señores feudales del Norte de ese país, que se consigue hacer una gran Cruzada y es cuando realmente esta persecución alcanza su máxima fuerza y poder, aunque el acabar con los cátaros costara todo un siglo. La toma del castillo de Montsegur en 1243 fue el último bastión de este pueblo que terminó en la hoguera cerca de este castillo en el llamado "campo de los quemados", por su negación a convertirse al cristianismo. En el año 1229 se establece la Inquisición para terminar de extirpar cualquier superviviente de esta herejía que duraría hasta 1253.

El judaismo también creía en la reencarnación y muestra de ello son las innumerables referencias que se hacen en la Cábala, pero aproximadamente, a partir de 1850 y para no verse desplazados del resto de la comunidad, da un giro y modifica sus creencias para adaptarse a una visión más moderna y científica de la época. A partir de ese momento y al igual que los cristianos creen en la resurrección de los muertos y que cuando se extingue la vida en la Tierra, el alma va a otro lugar –paraíso– para vivir así la eternidad.

En África existe también una gran creencia en la reencarnación, si bien piensan que ésta sólo se produce en la cadena de los miembros de una misma familia; por este motivo se le da tanta importancia al hecho de tener hijos. También podemos constatar este tipo de creencias entre los indios de América del Norte, las innumerables etnias de América del Sur o los aborígenes de Australia y Oceanía, y entre los esquimales del Norte de Canadá.

Por último, decir también que todas las doctrinas esotéricas creen en la reencarnación y que en la Naturaleza nada se pierde y todo se transforma, incluyendo el Alma.

Como se puede observar, la suposición de "vidas pasadas" permanece en las diferentes filosofías y religiones que se extienden por todo el planeta, y por ello ha sido y es objeto de estudio, reflexión e investigación de personajes célebres y determinantes de nuestra historia.

- **Científicos** tan importantes como: Newton, Johann Bode, Humphrey Davy, Thomas Huxley, Camille Flammarion, Thomas Edison, Benjamín Flanklin, William Crookes, Oliver Lodge, Marconi, Robert Millikan, Einstein, Fermi, Oppenheimer, Erwin Schrodinger, Davis Bohm o Rupert Sheldrake.
- **Pensadores y Filósofos** como Buda, Confucio, Pitágoras, Sócrates, Platón, Empédocles, Apolonio de Tiana, Plotino, Porfirio, Hypatia, Dionisio, pseudo-Aeropagita, Giordano Bruno, Voltaire, Jacob Boehme, Spinoza, Leibniz, Davis Hume, Kant, Fichte, Shelling o Schopenhauer
- **Músicos y pintores** tan extraordinarios como Mozart, Wagner, Débussy, Mahler, Stravinsky, William Blake, Gauguin, Mondrian, Kandinsky, Paul Klee o Nicholas Roerich.
- **Escritores y poetas** tan célebres como Camões, Eça de Queirós, Fernando Pessoa, Virgilio, Ovidio, Luciano, Víctor Hugo, Alejandro Dumas, Edgar Allan Poe, Herman Hesse, Milton, Fielding, Goethe, Shiller, Novalis, Wordsworth, Shelley, Robert Browning, Elisabeth Browning, Longfellow, Thomas Moore, Ralph Waldo Emerson, Henry Thoreau, Balzac, Lamartine, Flaubert, Khalil Gibran, Tennyson, Mark Twain, Jacj London,

Oscar Wilde, Arthur Conan Doyle, Tolstoi, Rainer Maria Rilke, Walt Whitman, Rudyard Kipling, T.S. Elliott, William Butler Yeats, George W. Russell, Tagore, Maeterlinck o Aldous Huxley.

- **Políticos** de tanta relevancia como Julio César, Federico *El Grande*, Napoleón, Washington, Benjamin Franklin, Rutherford Hayes, Gandhi, Nehru, David Lloyd, George o Henru Wallace.
- **Hombres y mujeres** tan renombrados como Cicerón, Flavio Josefo, Plutarco, Campanella, Henry Ford, Henry Moore, Caryle, Lessing, Friedrich von Schlegel, Keyserling, George Sand, Louisa Mary Alcott, William James, Gustav Fechner, Carl Jung, y tantos y tantos otros.

En la actualidad hay numerosas hipótesis y trabajos de investigación provenientes de ramas como la Física, la Biología, la Medicina Psicosomática, la Genética, la Psicología, la Parapsicología, la Filosofía y la Religión con diferentes posicionamientos y creencias para dar una explicación a esas imágenes que en algún momento el paciente puede ver en decorados del pasado donde se localiza otro país o ciudad en diferente época de la historia, otra ropa, en un entorno totalmente diferente al que conoce ahora, con distinto físico e incluso diferente sexo.

Estas respuestas van desde líneas más espiritualistas como la teoría de la reencarnación, llamada metempsicosis –creencia de que sólo muere el cuerpo físico de la persona mientras el alma vuelve a renacer en otro cuerpo–, hasta otras teorías más psicológicas en las que se afirma que no estamos hablando de recuerdos de vidas pasadas sino de ensoñaciones o creaciones mentales inconscientes que proyectan a través de un efecto pantalla mediante analogías, los problemas y situaciones reales de esta vida que no somos capaces de sacar a la luz de manera consciente, trasladando así los problemas no resueltos a historias de un pasado en otras vidas que resulte más tolerante, menos doloroso y justifique nuestra conducta, siendo aceptable para comprender en el "Aquí y Ahora" el origen de nuestra "personalidad actual", dando sentido a los problemas en los que nos encontramos inmersos.

Entre estas dos posiciones enfrentadas hay un amplio abanico de teorías para todos los gustos, entre ellas algunas más científicas que se decantan, por ejemplo, por los Bancos de Memoria Celular, basando esta hipótesis en la posibilidad de transmitir a través de la carga hereditaria la información que la persona está reviviendo en esos instantes y que por lo tanto sea información real de vivencias anteriores pero no nuestras sino de nuestros antepasados. Se ha comprobado en experiencias de laboratorio que a través del ADN se transmiten patrones fijos de comportamiento para las diferentes especies. Estudios recientes de la Universidad de Georgetown han demostrado que las mariposas recuerdan cosas de su fase anterior de oruga. Se les enseñó, en una primera etapa, a evitar cierto tipo de olores a través de recibir diferentes impactos físicos y pudieron comprobar cómo después de su transmutación y convertidas en mariposas, seguían evitando los mismos olores, con lo que a través de estos procedimientos empíricos se observó cómo la reorganización del sistema nervioso durante la metamorfosis, seguía dejando los recuerdos almacenados en algún lugar, permitiendo así que la memoria se transmita a pesar de haber tenido cambios tan profundos en su organismo. Por esa razón, quizás no sea tan descabellado seguir investigando y profundizar más para llegar a conocer qué puede haber de cierto detrás de estas líneas de trabajo de muchos científicos, aunque en la actualidad lamentablemente todavía estamos dando los primeros pasos en este tipo de investigaciones.

Además de las ya comentadas, aparecen otras hipótesis como la de los Registros Akásicos que según apuntan otros investigadores en la materia, son parecidas a inmensas bases de datos donde se graba toda la información universal y que por algún proceso energético en nuestro organismo, desconocido al día de hoy, las personas en estados ampliados de conciencia pueden conectar con ellas de la misma manera que sintonizamos con una cadena de televisión o radio y proyectar una parte de la información que allí se encuentra archivada para que sirva como analogía de nuestro conflicto actual.

En este caso nuestro cerebro estaría actuando de la misma manera que cuando vemos una película y nos sentimos totalmente identificados con uno de los personajes, viviendo en nosotros la más variada gama de emociones en función de cómo se va desarrollando la trama y el desenlace final de la historia. El cerebro, como ya sabemos, genera una infinidad de sustancias químicas que hacen que nuestro cuerpo reaccione de una u otra forma y nos genere al salir del cine un estado emocional concreto (alegría, tristeza, reflexión, miedo).

Muy en esa línea está otra corriente que pone énfasis en la Percepción Extrasensorial, y que viene a decir que algunas personas pueden, también por causas actualmente desconocidas para la Ciencia, conectar con la información sobre la vida que experimentó alguna persona fallecida. Sin embargo si esto fuese así, y hemos tomado al azar esta información, ¿cómo es posible que después existan grandes similitudes entre la "vida pasada" y la vida real de la persona sometida a la experiencia? ¿Y no resulta, al menos curioso, que en muchas ocasiones nos sorprenda la capacidad de algunas personas y su facilidad para tocar instrumentos, pintar, modelar, aprender otros idiomas, describir otros lugares sin haber estado nunca en ellos, o incluso realizar operaciones matemáticas de forma innata sin que nadie, aparentemente, les haya enseñado a ello? ¿Y qué podríamos argumentar sobre las marcas de nacimiento que tanto Freud como Jung comenzaron a investigar y que actualmente trabaja la Medicina Psicosomática? Resulta cuando menos interesante acercarse a los trabajos realizados por personas acreditadas por la medicina científica como el caso de los psiquiatras Denisse Kelsey y el profesor Nath Barnejee después de crear un equipo multidisciplinario de trabajo y analizar más de 1 mil 100 casos de supuestas vidas pasadas, del mismo modo que dar un repaso a los trabajos que el psiquiatra Ian Stevenson realizó con una visión más empírica y científica a lo largo de 25 años en algunos países asiáticos con más de 2 000 casos de niños que recordaban de manera espontánea quiénes habían sido en otras vidas.

Otros interesantes estudios apuestan por una Memoria Extra Cerebral y apuntan a que el tipo de información suministrada en estos niveles de conciencia, aparentemente, están independientes de los archivos que tenemos de nuestra memoria. De ser esto cierto, ¿podremos encontrar algún día en qué lugar exacto se encuentra esta información y cuál es su origen?

Otra respuesta alternativa a estas imágenes de vidas pasadas, es la Criptomnesia que es una hipótesis planteada por T. Flournoy, quien afirma que el inconsciente conserva toda la información que nos rodea en la vida –escrita, leída, vista, oída– desde que llegamos a este mundo, y cuando el cerebro se encuentra trabajando en ondas Theta y se provoca un estado de hipermnesia –aumento de la capacidad retentiva–, puede aflorar, de manera espontánea, material de sucesos acontecidos recreando todo un escenario con elementos que son desconocidos completamente para el consciente del sujeto.

En algunas ocasiones podemos comprobar la veracidad de ciertos hechos que aparecen en estas sesiones de trabajo y si bien es verdad que resultan sorprendentes, no podemos concluir ni demostrar por ello que eso sea una vida pasada. Hay tantas cosas que aún no tienen respuesta...

Pero como la idea, tanto de este apartado como la de este libro en su conjunto no es discutir las pretendidas "verdades" de todas estas teorías, no es necesario contradecir a nadie y sea cual sea la explicación que cada uno quiera buscarle, lo cierto es que al final deberemos respetar las creencias y convicciones de cada uno de nuestros pacientes y tener en cuenta que en nuestro trabajo como terapeutas, aparecen imágenes, sensaciones y vivencias de lo que yo prefiero denominar "supuestas vidas pasadas" que nos aportan nuevos datos que sirven para avanzar en el proceso terapéutico, evolutivo y sanador de las personas que acuden a nuestra consulta, que en definitiva es lo único que nos tiene que preocupar. Cada uno de ellos, por separado, que haga su propia reflexión y elección de "su verdad".

En este capítulo y para que pueda servir para formarse una opinión más crítica sobre este asunto, me centraré en adentrarme en la explicación de la creencia de la reencarnación –piense que actualmente más de dos tercios de la población mundial creen en ella–, ya que siempre ha generado una gran interrogante en los seres humanos y a través de la misma hemos tratado de buscar una explicación o justificación a todos los males que nos afectan, tal vez porque esto nos genera una gran tranquilidad pensando que la vida no termina en un momento preciso y que siempre tendremos posibilidad de enmendar nuestras malas acciones cuando volvamos a nacer. Concedámosle pues el beneficio de la duda a la posibilidad de que esta creencia sea acertada.

También me gustaría destacar que ya desde 1988 en la Primera Conferencia Internacional sobre la Investigación Paranormal realizada en la Universidad de Colorado –USA– y tras un riguroso examen publicado en sus Actas –Albertson & Freeman, 1988– se extendió un manifiesto a favor del reconocimiento científico de la hipótesis de la Reencarnación.

Sólo quiero dejar aquí abierta una pequeña puerta a la duda y a los interrogantes que siempre deberíamos tener presentes en nuestro trabajo. Como dice un viejo proverbio chino: "El que nada duda, nada sabe". Cuántas personas a lo largo de la historia sirvieron de mofa y escarnio para el pueblo y cuántos finalmente fueron ajusticiados, encarcelados, quemados, ejecutados o desterrados por defender teorías inverosímiles en su momento y reconocidas por la ciencia años o siglos más tarde.

No deberíamos actuar como el necio que por sistema descarta y ridiculiza todo lo que desconoce, mejor intentemos hacer como el sabio que escucha, analiza, asimila y vuelve a escuchar y repetir todo el proceso antes de dar una opinión, para de esta forma crecer internamente con la prudencia que le caracteriza. Rememoremos las palabras de Goethe cuando decía aquello de: "El hombre no puede perecer cuando el alma abandona su vestidura".

Objetivo de la terapia al trabajar las vidas pasadas

"La tumba no es un callejón sin salida,
es una avenida que se cierra en el crepúsculo
y se vuelve a abrir en la aurora."

Víctor Hugo

Poco importa para el Terapeuta Regresivo Reconstructivo si es cierta o no la existencia de la reencarnación y si las imágenes que se ven en estas sesiones corresponden a vivencias de vidas pasadas o simplemente son ensueños y proyecciones de nuestro "aquí y ahora". Lo que realmente nos interesa es facilitar a nuestros pacientes una herramienta que les permita el desbloqueo de sus emociones empantanadas y solucionar con ello sus conflictos actuales.

Puesto que en esas "supuestas vidas pasadas" se reviven *guiones* que traen consigo una gran carga emocional, hay que dejar que se desborden completamente en el momento de aflorar a la parte consciente, ya que esto permite provocar una catarsis que desinfla parte del globo que se encuentra a punto de estallar, libera tensión y baja el nivel de estrés, generando un gran alivio y como resultado de todo ello, el paciente inicia los primeros pasos hacia la resolución del conflicto actual que lo llevó a su consulta y la mejora de su calidad de vida.

En todos los casos se deberá entender cómo aquel *guión* de una vida pasada está interfiriendo en la vida presente e influyendo en los actos diarios. La forma de romper ese círculo es estableciendo esos puentes de conexión entre lo que ocurrió "allí" y lo que le pasa a su paciente "aquí" y establecer esa ecuación; hacer conscientes las analogías y reconocerlas como propias en ese diálogo donde el terapeuta interroga al paciente y este último va asumiendo la responsabilidad del control del timón de su vida actual de manera consciente. Mediante preguntas sencillas y muy concretas por nuestra parte, se consigue que el paciente responda sin dilación; así, emergen sentimientos y carencias añejas que han dejado esa impronta de respuestas inconscientes de comportamiento; paulatinamente se van trasladando contenidos de la memoria emocional a la racional, las piezas del *puzzle* van encajando, la persona observa y experimenta las deficiencias, errores y miedos en esa "supuesta vida pasada". En ese acompañamiento hasta el umbral de su muerte se evalúan los resultados de ese proyecto de vida, se establece el balance del "debe" y el "haber" de lo que ya pasó, pero que ha dejado su huella en el aquí y ahora; es el momento de tirar de ese hilo y definirlo claramente; saldrá un interesante núcleo emocional y con él la respuesta conductual indemne "al paso del tiempo". Lo inconsciente se hace consciente y van cayendo las máscaras. Ahí está la utilidad terapéutica de estos escenarios de vidas pasadas.

Como realmente el entender estos recuerdos/ensoñaciones nos libera y nos hace ser más felices y por consiguiente más sanos, ya sólo por esta razón úselo en beneficio de todo aquel que le solicite ayuda terapéutica. El ser humano debe construir su vida a partir de aquello que sea lo mejor para su propia naturaleza, y esto solamente él puede rescatarlo de su interior; nuestra tarea es acompañarlo y formularle las preguntas adecuadas para que este estímulo promueva el autoconocimiento y con él ese giro terapéutico hacia la resolución de sus conflictos.

Y como dato curioso y por supuesto válido para su paciente, es que el trabajar con este escenario le permite identificar cuáles son también las habilidades innatas que tuvo la persona en otras vidas y potenciarlas en la vida actual, haciendo que el sujeto comience a practicar esas profesiones que supuestamente eran su oficio antaño. Verá cómo se sorprende de la facilidad con que es capaz de aprender ese oficio. ¿Esto podría dar sentido a algunos casos de los niños *prodigio* como Amadeus Mozart, Isaac Asimov, Robert James Fischer o Stephen Wolfram?

Las fases de la Terapia: accediendo a las "supuestas vidas pasadas"

Entraremos a trabajar con este ascensor si, después de haber investigado durante una serie de sesiones en la vida presente, aún vemos que el paciente no presenta mejoría con relación a los síntomas por los que llegó a consulta. Tal vez la clave de sus daños la podamos encontrar en otra época perdida en el espacio y el tiempo.

Hay muchas formas y escenarios que podemos crear para acceder a las Vidas Pasadas –ascensores, partes del cuerpo, la niebla, el puente, entrar en el espejo, la máquina del tiempo... el túnel, etcétera–. En este libro le voy a detallar cómo trabajar a través del edificio y su ascensor correspondiente, que es el primero que queda a su lado izquierdo según entra en "El Edificio" –izquierda-izquierda–. Si sigue la regla de la Ley de Desplazamientos, verá que este ascensor está más a la izquierda del que anteriormente detallamos, y por consiguiente más en el pasado. Por esta razón lo utilizamos para retroceder a esas "supuestas vidas pasadas".

Dígale a su paciente que se sitúe frente al mismo, que toque el botón de llamada y que se introduzca dentro en el momento en que se abran sus puertas. Una vez allí tendremos que buscar la forma de conectarlo con la emoción reprimida para que esta sea el hilo conductor que lo llevará hasta el origen del trauma.

Invítelo a que hable de su conflicto para que afloren aquellas emociones que necesita explorar, conocer su procedencia y entender el origen de sus daños actuales; para ello puede utilizar muchas estrategias, por ejemplo: Si la persona le ha contado que no le gusta sentirse observado por los demás y que cuando ocurre una situación de este tipo es cuando se queda completamente bloqueado, entonces al entrar en el ascensor, colóquele unas cámaras de televisión y focalice su atención en las mismas para que esto provoque el surgimiento de la emoción angustiante; después intensifíquela y con ella ponga en marcha el ascensor y haga que descienda. Si la persona tuviera fobia a las aglomeraciones, haga que el ascensor se llene de gente y si sufriera de aracnofobia, entonces ya sabe qué artrópodo debe colocar en algún lugar estratégico del ascensor para ser detectado por su paciente. La emoción que surja hará las funciones de un radar que buscará el lugar donde analógicamente hay resonancia con esta sensación que su paciente está experimentando en esos instantes, al tiempo que usted está haciéndole una cuenta regresiva del 10 al 1 y el ascensor se va viendo envuelto en una espiral que le hace descender a gran velocidad.

Le recomiendo que en el momento de realizar este ejercicio no utilice con su paciente la frase “vamos a ir a una vida pasada”, ya que esto podría condicionar el resultado de la experiencia puesto que si la persona no cree en los temas de la reencarnación, automáticamente se bloqueará porque le parecerá una tontería lo que usted le está proponiendo. Sin embargo, sea creyente, agnóstico o ateo, podrá ver imágenes que le permitirán entender, sacar conclusiones y cuestionarse muchas cosas de su vida y a raíz de todo esto, generar movimientos de cambio interno. Después será un tema totalmente personal y único por su parte el pensar de dónde llegaron dichas imágenes y si es cierta o no la historia que acaba de vivenciar.

En los cuentos, lo realmente importante no es la historia sino la moraleja que se esconde detrás. De idéntica manera trabajamos en la TRR sin importarnos de dónde llegue la información ni tratar de comprobarla. Lo importante es la sanación y por lo tanto, le recomiendo que tome el enfoque de ver las "supuestas vidas pasadas" simplemente como un escenario más de trabajo que permite obtener resultados favorables para la recuperación y bienestar de sus pacientes. Esto es realmente lo importante y por esa razón es necesario mantener una mente abierta, ser tolerante y mantener un diálogo correcto y no inductivo. Una forma de regresarle en el tiempo a localizar esas imágenes, podría ser diciendo:

> "Ahora, cuando yo te diga, tocarás el botón de bajada y sentirás cómo el ascensor se pone en marcha. Es importante para ti poder intensificar al máximo esta sensación que en estos instantes tienes en relación con 'XXXX' –aquí se le habla de su problema concreto–, y vamos a ver si encontramos en algún lugar, más allá de tu propia conciencia y de tu cuerpo como 'XXXX' –se dice su nombre actual–, alguna información entre el espacio y el tiempo y en algún momento de la historia o lugar que te dé respuestas concretas y te permita entender y resolver el conflicto que estás viviendo en estos instantes de tu vida".

Inmediatamente iniciará la cuenta regresiva del 10 al 1 incorporando mensajes de profundidad, relajación, atravesar el espacio, el tiempo y *relax*.

Al llegar al número 1 deberá indicarle que salga del ascensor, ya que se ha detenido… las puertas se abrirán e iniciará la conducción de la historia de esa supuesta vida pasada. Estos son los pasos para que le vaya guiando:

- **Tomarse Tiempo**. No tenga usted prisa en que su paciente comience a bombardearle con información. Tiene que pensar que si realmente ha dado un salto en el tiempo y de repente se encuentra 100, 200 ó 2 000 años atrás, no es fácil que la información aflore con fluidez. Por eso es necesario tener paciencia y darle tiempo al paciente para que vaya adaptándose a esa situación y tomando contacto con el lugar en el que se encuentra.

- **Visualizar el entorno.** Para ello comenzamos haciéndole preguntas muy abiertas y que sean para él sencillas de responder, como por ejemplo si el lugar en el que se encuentra es un sitio cerrado o por el contrario está en un espacio abierto. Esto permite que el sujeto comience a adaptarse a ese espacio y tiempo.
- **Que se visualice.** Acto seguido, dígale que mire hacia abajo al terreno que pisa, pregúntele acerca de cómo son sus pies, si lleva algo puesto sobre los mismos e invítelo a que describa las imágenes con la mayor precisión posible. A continuación su mirada interna subirá describiendo cómo son sus piernas, el dorso, los brazos, la cabeza, el color de su piel; que mire sus manos, el tamaño de las mismas, si lleva algún colgante o joya, hasta por fin saber si se trata de un hombre, mujer, anciano, adulto, niño o niña. Hasta llegar a este punto, deberá usted asegurarse de no mencionar en su diálogo nada que tenga que ver con la condición de sexo, para de esta forma estar seguro de no equivocarse induciéndole a través de sus comentarios (muchos noveles al principio se olvidan de que están en otras vidas y siguen hablándole al paciente con su mismo nombre, motivo por el que pueden hacer que se salga de la relajación).
- **Pertenencia al cuerpo.** Una vez acabada la descripción del cuerpo y aspecto físico, se le dice que en esa visualización se abrace para que tome conciencia de que se encuentra dentro de ese cuerpo y que a partir de ese momento va a sentir totalmente a través de él. En este punto le puede realizar preguntas del tipo: ¿Cómo te sientes en ese cuerpo? Es frecuente la respuesta "me siento extraño" –sobre todo si el cuerpo en el que se está viendo es del sexo contrario al suyo en el presente–, pero a la vez sienten que estando en la existencia de otro personaje, existen sensaciones comunes que permanecen en la vida del actual que está recostado en nuestra consulta.

- **Inicio del guión e ir avanzando imágenes.** Ahora hay que dejar que la persona comience a relatar la escena que está reviviendo. No debe usted comenzar a preguntar directamente sobre cosas que hagan que trabaje con su hemisferio izquierdo, como por ejemplo el interrogar sobre el año en el que se encuentra o cuál es su nombre y apellidos, ciudad o dirección concreta. Esto sólo potenciará sacar con celeridad a la persona del estado de relajación en el que se encuentra o que comente cualquier fecha al azar sin ningún sentido. Es necesario tener presente que en estos niveles de ondas Theta su paciente tiene dificultades para poder leer –de nuevo le recuerdo que esto es labor del hemisferio izquierdo– y por esta razón hay que pedirle que cualquier hoja escrita, cartel, libro, etcétera, lo lleve directamente a su corazón o al entrecejo –tercer ojo–, y allí deje su mente abierta para que llegue un primer impacto emocional del contenido escrito. Debe usted permitir que las escenas avancen tal y como su paciente le va relatando hasta que salga algún acontecimiento que reúna una serie de emociones que sea interesante trabajar. Si se da cuenta de que esa escena no contiene nada interesante, entonces no pierda usted el tiempo allí y comente al paciente que avance hasta otro momento de interés en esa vida, usando frases como por ejemplo: "Avanza a un momento de esa vida donde ocurre algo importante para ti, algo que es necesario que revivas para conocerte mejor".
- **Rebobinar, dar marcha atrás.** De la misma manera que avanza a escenas de interés, puede también hacerle retroceder hasta llegar a otros momentos de su vida que estructuren quién es y den sentido a toda la historia, e incluso si usted se da cuenta de que ha dado un salto e intuye que ahí había algo importante, puede llevarlo de nuevo a esa situación para que se pueda elaborar con

mayor detalle. En definitiva, aquí de la manera que estamos trabajando es la misma que haríamos si al llegar a nuestra casa, nuestra familia estuviera viendo un DVD que a nosotros nos interesa mucho ver: trataríamos de convencerlos para *rebobinar* y comenzar a visualizar toda la historia desde el principio para tener una idea completa de la película.

- **Ir saltando etapas hasta llegar al momento de la muerte.** Debe ir saltando y avanzando por diferentes momentos importantes de la vida de esa persona hasta llegar justo unos instantes antes de su muerte. A partir de aquí es necesario que la persona vaya describiendo con detalle todo lo que está sucediendo. El último momento de una vida puede condicionar la siguiente en la que se reencarnará la persona. De hecho, suele ser la síntesis de todo ese trabajo. Por esa razón es muy importante que el paciente pueda vivenciar en toda su amplitud los últimos pensamientos y sentimientos que tiene justo antes del momento de la muerte, ya que la energía que se genera en ese instante y que está reprimiendo sin poder sacarla al exterior, se queda pegada en su memoria extra cerebral y se la llevará con él hacia la siguiente vida, creándose en ese instante unos patrones de conducta de los cuales se verá afectado y condicionado en vidas posteriores sin saber el por qué de los mismos.

Los hindúes y los budistas creen que el último pensamiento que se tiene al morir se queda como atrapado en forma energética y viene contigo a la hora de renacer condicionando tu personalidad actual. Por eso es tan importante aprender a morir en paz. De hecho, existen prácticas para esta preparación, tanto en el *Libro de los Muertos* –Egipto– como en el *Libro Tibetano de los Muertos* –Bardo Thodol.

En el trabajo de la terapia hay que dejar que la persona dé su último aliento de vida y vea cómo su “energía”, su “Ser”, se desprende de ese cuerpo material. A partir de ese momento y viéndose por encima de ese cuerpo como a una distancia de un par de metros, deberá comunicar al paciente que ahora él puede sentir y hacer un balance de ese cuerpo que yace sin vida material frente a él. Hay que decirle que su "esencia" se encuentra en un nivel en el que es posible acceder a una visión panorámica y global de la persona que vivió esa historia y que haga una síntesis y un balance de la misma.

Este es un apartado muy interesante de la sesión, ya que de un modo muy espontáneo la persona expresa con toda sencillez cuáles han sido sus carencias, debilidades y errores, así como sus virtudes. Al ver desde afuera su muerte puede reconocer cómo fue su vida, cómo la dirigió y las dificultades que no pudo vencer. En este punto del diálogo establecemos la conexión con su vida actual, con frases como: ¿Reconoces esto en tu vida actual? O, ¿cómo está afectando todo esto en su vida actual? Siempre utilizando las mismas palabras o frases textuales que el paciente emplee, y no otras. Por ejemplo, una persona hace la siguiente exposición de esa vida en la que acaba de dejar su cuerpo físico y lo está viendo desde afuera:

Terapeuta: ¿Cómo ha sido la vida de esa persona que yace en el suelo apuñalado?

Paciente: Ha sido una vida indigna, degradante.

Terapeuta: ¿Qué le ha faltado?

Paciente: Honestidad, principios, honradez, amor a los demás.

Terapeuta: ¿Cuáles han sido sus últimos pensamientos?

Paciente: No sentía morir, no le importaba.

Terapeuta: ¿Qué le ha quedado pendiente?

Paciente: Experimentar el amor, llevar a cabo una vida provechosa.

Terapeuta: ¿Sientes si esas carencias las tienes en tu vida actual como "xxxx"? (Nombre del paciente).

Paciente: Sí, me falta el amor y hacer algo de provecho.

En esta última frase se encuentran dos de los grandes núcleos morbosos de esta persona.

Creación pantalla doble y construcción de puente

Se le pide al paciente que imagine en su mente dos pantallas gigantes: en la de su izquierda debe situar el cuerpo sin vida de ese personaje que acaba de recrear, y en la pantalla de la derecha deberá colocar la imagen de él mismo como paciente tal y cómo se encuentra en esos momentos recostado en su consulta. Una vez colocadas las dos imágenes, haga un puente energético que una a las dos personas. Este puente saldrá desde el ombligo del individuo que "supuestamente" fue en otra vida y llegará hasta el ombligo suyo en estos momentos. Con esta visualización se pretende que no lo vea como algo ajeno que ocurrió a otra persona, sino que lo acaba de ver y sentir en otro traje que le es propio y le produce sufrimientos, pues las conexiones con su hoy existencial no sólo se han hecho en su muerte sino también donde ha experimentado emociones intensas generalmente dolorosas.

Entrada de información del pasado en su cuerpo actual

Debe tomar conciencia de todas las emociones y experiencias que llegan a través de este puente. Es importante que se dé cuenta en qué parte de su cuerpo se están ubicando todas las energías que llegan desde esa "otra vida" y cómo están afectando su vida actual. En este sentido, mencionar la relación neuro-endocrino-emocional, ya que no todas las emociones se relacionan con el mismo patrón de actividad del sistema nervioso. Así, si recibimos una mala noticia, el impacto lo recibiremos en una zona determinada que puede ser el corazón o el centro del pecho, y si de repente un atracador nos amenaza, sentiremos el miedo en la garganta e incluso podemos notar cómo la adrenalina recorre nuestro cuerpo. Las emociones negativas recurrentes acaban dañando la función de ciertos órganos. Aunque aún no existen datos concluyentes para defender que cada estado emocional tiene un patrón neurofisiológico distinto, lo que sabemos gracias al libro abierto que constituye cada paciente, es que las emociones quedan retenidas en forma de "quistes" energéticos en determinadas zonas anatómicas; por esta razón se realizan con asidua frecuencia en el transcurso de las sesiones de Terapia Regresiva Reconstructiva preguntas como por ejemplo: ¿En qué parte de tu cuerpo estás sintiendo esta pena profunda? Al localizar la persona el daño en una zona concreta de su cuerpo, la está haciendo consciente y con ello va liberando esa tensión orgánica. A continuación seguiremos preguntando si reconoce esas emociones en la actualidad y si le están condicionando a actuar de algún modo con respecto a su vida y a la de los demás.

Devolver experiencias negativas y quedarse con las positivas

Todas las experiencias y cualidades que reconozca que le sirvan para avanzar y como ayuda, es bueno que se quede con ellas. Las energías generadas por las experiencias y los patrones de conducta negativos para él, debe sacarlos de su cuerpo y devolverlos a su verdadero dueño. Para ello es conveniente que con todas estas energías haga una bola y la devuelva por el puente por donde entraron a su cuerpo actual. Esta imagen tiene una gran fuerza curativa, pues supone el desprenderse de una carga que pertenece al pasado de uno de nuestros personajes que acabamos de evaluar y por tanto, una vez recapitulada la vivencia, debemos devolverla a su dueño. En este punto es frecuente que la persona sienta una gran empatía y compasión hacia ese personaje que acaba de "fallecer", por lo que, en ocasiones, se rechaza la propuesta de devolver esa pelota ya que sienten que deben ayudarle de un modo más activo. En ese caso debemos dejar que visualmente sea el paciente quien cree el modo de resolverlo, animándole positivamente.

Reconstruir guión y llegar hasta el momento de la muerte

Una vez realizada esta fase, deberemos regresar nuevamente a esa "vida pasada" justo antes de que ocurriera algún suceso trascendente para la vida de aquel personaje que marcara unas pautas de conducta muy concretas y perjudiciales para él. Entonces, al igual que en otros escenarios de trabajo, se procede a cambiar y reconstruir el guión dejando que sea el paciente quien decida cómo debe hacerlo. Una vez realizado, avanzaremos en esa vida en diferentes nuevos momentos y el paciente podrá darse cuenta de que al cambiar aquella situación trascendente, también cambió el resto de su vida.

Pero lo más asombroso de todo, es que a veces se producen de manera automática también cambios en la vida presente y no sólo de la persona implicada sino también de las personas que están involucradas en su historia.

Volver al momento de su nueva muerte

En esta ocasión la persona se verá morir de una manera muy distinta a la anterior, y esta vez lo lógico es que muera satisfecho de su vida y sobre todo en paz consigo mismo. Normalmente en la reconstrucción, la persona muere de anciano, de muerte natural, rodeado de sus seres queridos y sobre todo con mucha paz y satisfecho de la vida que ha llevado.

Construcción del nuevo puente y experimentar lo que llega ahora nuevo

Se procederá de nuevo a unir el puente entre las dos figuras y ver qué nuevas energías y experiencias le llegan desde esa historia que ahora ha reconstruido. El paciente debe sentir que en su cuerpo ahora no quedan tensiones destructivas y nada bloquea los canales energéticos, sintiendo cómo todo fluye libremente y en paz.

Destruir el puente y ampliar la pantalla de su presente

Hay que dejar que el paciente haga desaparecer la pantalla de la izquierda –vida pasada– y que viva plenamente la imagen de la pantalla de la derecha, dejando que ésta se amplíe hasta ocupar todo su campo de visión. Entonces dígale que le ajuste más el brillo, color, que vea la imagen con más nitidez, que se ponga una sonrisa y se sienta resplandeciente y por último que se visualice envuelto en un halo energético que le recarga de fuerza y le da vida. Manténgalo así unos minutos y vuelva a sacarlo a los niveles de Beta. Para ello, trate de utilizar el recorrido inverso por donde llegó; es decir, que suba al *hall* de entrada del edificio a través del ascensor –esta vez de subida– y que salga del edificio.

Al tomar el ascensor de regreso, haga que su paciente se fije en que esta vez han colocado un espejo en las paredes del elevador y que le diga cómo se ve proyectado en el mismo. Que sienta el nuevo cambio y antes de llegar arriba, anímelo a que busque una frase que sintetice el trabajo que acaba de realizar. Haga que esta frase la repita varias veces para que pueda anclarla y pasarla al plano consciente y sirva de detonador para las acciones futuras.

Alan, de joven fue un muchacho muy agresivo. Estuvo metido en pandillas de barrio y esa forma de ser la seguía manteniendo de adulto a pesar de que según sus propios comentarios, no le gustaba nada su conducta. Era un hombre violento y ante cualquier situación se alteraba enseguida. Un comentario fuera de lugar que alguien le hiciera, lo volvía muy agresivo e intolerante y esta situación lo había llevado a tener ya serios problemas, tanto en su trabajo como con su pareja, donde ya su mujer había estado a punto de divorciarse en dos ocasiones. Alguno de sus comentarios en la primera entrevista de entrada fueron: "No soporto que me impongan las cosas", "cuando mi jefe me comenta lo que debo hacer y cómo lo debo hacer, me dan ganas de apalearlo", "mi padre era un dictador y todos ellos deberían estar encarcelados o no existir", "nadie me tiene que llevar de la manita", "no necesito que me den consignas".

Después de estar trabajando varias sesiones en su vida actual y los conflictos que vivió en la misma, principalmente con la figura paterna, un día, de manera totalmente espontánea, comenzó a dar información de una "supuesta vida pasada". Veamos un fragmento de esta sesión:

Paciente: Está todo oscuro. Veo una tienda de campaña con una luz dentro. La veo frente a mí. Voy despacio y sin hacer ruido hacia ella.
Terapeuta: Mírate tú, mira hacia abajo, ¿puedes ver si llevas algo puesto en los pies?
Paciente: Voy descalzo y llevo unos adornos alrededor de los tobillos, como en las tribus de África; voy vestido como con adornos, en la cintura llevo como flecos, como alguna planta puesta en mi cuerpo, una especie como de sombrero con hojas alargadas.
Terapeuta: ¿Cómo es tu piel?
Paciente: Soy de color moreno. Mi piel es oscura.
Terapeuta: Más o menos, ¿qué edad puedes tener?
Paciente: Alrededor de los 30. Soy un hombre fuerte, noto mis músculos. Es de noche pero veo más gente vestida como yo. Llevan lanzas, estamos acercándonos a un campamento de exploradores. Me resulta todo muy extraño; veo el cuerpo de una mujer muerta. Es blanca y tiene el pelo rubio. Sigo avanzando y veo más cuerpos muertos, un hombre con bigote. Piso por encima de él. Cada vez veo más gente de mi tribu, hay muchos por todas partes. Veo muchos hombres blancos muertos por todas partes; no sé qué está ocurriendo.
Terapeuta: Ahora quiero que retrocedas un poco más atrás en el tiempo para ver qué ha pasado antes de llegar a este momento en el que te encuentras ahora: tres, dos, uno…
Paciente: Estamos escondidos entre los árboles y podemos ver el campamento con luces. Estamos inquietos y con ganas de atacar, porque ellos invaden nuestra tierra.
Terapeuta: ¿Quiénes son ellos?
Paciente: Los blancos.
Terapeuta: ¿Y cómo te sientes tú ahora?
Paciente: Tengo ganas de matar, eso es como un trofeo para mí. El matar son méritos, es algo religioso para nosotros. Seguimos esperando para atacar pero llegan más

blancos y decidimos no hacerlo ahora. Vamos a esperar otro momento.

Terapeuta: Muy bien, ahora avanza a otro momento.

Paciente: Ahora hay poca gente, se han ido muchos y quedan pocos hombres, sólo hay mujeres y niños. Ahora atacamos, es el momento.

En este instante retoma el momento en el que se vio frente a esa tienda con luz en su interior.

Paciente: Entro en la tienda, hay un hombre medio dormido y le clavo mi lanza antes de que le dé tiempo a reaccionar. Me siento orgulloso de lo que hago, así obtengo más valor con cada blanco que mato. No les damos tiempo a defenderse y estamos arrasando todo el campamento…

Terapeuta: Sigue avanzando, ¿qué más ocurre?

Paciente: Oigo disparos por detrás nuestro, vuelven los blancos como de sorpresa y nos disparan, nos están acorralando, siento que me han disparado, estoy herido, tengo miedo.

Terapeuta: ¿Dónde sientes ese disparo?

Paciente: Tengo dos tiros, uno en el corazón y el otro en el hombro izquierdo. Duele (*se lleva la mano al hombro izquierdo).* Los tiros han sido de frente pero no puedo ver bien a la persona que ha disparado, la tengo muy cerca pero se me nubla la vista. Siento pánico de que les hagan daño.

Terapeuta: ¿A quién van a hacer daño?

Paciente: A los nuestros. Que se quieran vengar y maten a todos los nuestros. Veo cómo los míos están huyendo y cómo los blancos van rematando a todos los que están heridos. Me siento indefenso, estoy perdiendo la conciencia, me desvanezco.

En estos momentos siente que se desprende del cuerpo físico y puede observarlo por encima de él.

Terapeuta: ¿Qué estás viendo ahora?

Paciente: Un soldado se acerca a mí y me gira el cuerpo empujándolo con la pierna y me dispara a *bocajarro* un tiro, me escupe encima.

Terapeuta: ¿Qué sientes al ver toda esa masacre que ha sucedido?

Paciente: Creo que no hemos enfocado bien las cosas; nuestra acción ha traído como consecuencia esta reacción de los blancos. Se podría haber hecho otra cosa, no buscar la violencia.
Terapeuta: ¿Cuál es la última frase que te llega de ese hombre que fuiste en esa vida?
Paciente: No hay que dejarse llevar por el odio, hay que guiarse por la razón. Se dejó llevar más por lo que le habían establecido, y esto le daba posibilidad de juego dentro de su grupo; quizás uno puede encontrar más verdad hablando que luchando.

Desde arriba contempla toda la escena caótica de esta masacre y ve a los blancos bastante más armados, los ve con afán de venganza y esto le entristece porque sabe que las masacres seguirán sin parar y exterminarán a su pueblo.

Paciente: Me siento como atraído por un imán hacia arriba. Ahora tengo una sensación muy extraña de estar en todas partes a la vez.
Terapeuta: Antes de que te vayas quiero que hagas un puente entre esa vida que acabas de dejar y tu vida real actual, y fíjate qué similitudes vez en ambas; qué cosas te trajiste de aquella experiencia para aprender en esta vida.
Paciente: Me llegan muchos miedos. Siento el mismo miedo ahora al que sentía ante el momento de esa muerte sin sentido. Siento decepción por tener que seguir lo establecido, lo impuesto; me parezco a ese indígena en hacer lo establecido. Lo que debo aprender es que es necesario salirse de la norma de lo impuesto sin sentido, de lo establecido por Decreto-Ley. Tienes que mirar tú mismo la vida y considerar lo que es un valor de verdad para mí, cómo quiero vivir y sentirme con respecto a los demás.
Terapeuta: ¿Realmente quieres que pare definitivamente esa rabia que hay en ti y darle un giro a toda tu vida, saber comprender y perdonar?, ¿estás dispuesto a luchar por eso?
Paciente: Sí, quiero hacerlo.

En estos momentos se inicia la fase de reconstrucción.

Terapeuta: Muy bien, pues ahora, cuando yo cuente del tres al uno, vas a volver a ese lugar, momentos antes de iniciar ustedes el ataque a aquel campamento: tres, dos, uno…

Paciente: Ya estoy aquí.
Terapeuta: Pero ahora tienes una ventaja porque tú ya conoces cuál será el desenlace de todo esto si continúas por este camino, ¿quieres optar a hacer otra cosa?
Paciente: Sí. Hablo con mi gente y me acerco al campamento en son de paz. Les pongo a todos una película en la que se proyecta todo lo que yo he vivido en las experiencias anteriores de muerte, masacre y desolación, para que vean qué va a pasar con cada uno de ellos si todos seguimos matando gente...
Terapeuta: ¿Y cómo reaccionan?
Paciente: Todos sueltan las armas y eso me hace sentir mucho alivio. Ya no hay necesidad de conquistar nada, les ha impactado a todos ver las imágenes de destrucción. La lucha trae destrucción, el utilizar la fuerza trae la destrucción. Ahora siento un alivio total.
Terapeuta: ¿Cuál es el mensaje que hay de todo esto para Alan?
Paciente: Me identifico en todo con el hombre de esa historia. Eso es lo que yo siempre he hecho en mi vida, pero ahora comprendo que la violencia no tiene razón ni excusa. No es una alternativa que podamos utilizar porque conduce a la destrucción y a la autodestrucción como ha sido siempre en mi caso. El odio genera más odio; debo aprender a ser humilde y ver cómo puedo solucionar los problemas. La mejor forma es hablar y mirando hacia otras alternativas para construir.

A partir de esta sesión, Alan comenzó a dar un giro de 180 grados en su vida; pudo ser más tolerante, aprendió a expresar sus emociones y mantener una conversación correcta a través del diálogo y no de la fuerza. Ya no necesitaba ese impulso interior descontrolador que lo llevaba a destruir para no ser destruido. Se volvió más cálido y aprendió a respetar a los demás para de esta forma ser respetado y poder vivir en paz.

También en ocasiones podemos ver cómo una promesa para no olvidar un gran dolor en el pasado nos puede acarrear graves problemas en nuestra vida actual. Este es el caso de Érika, quien en una sesión en la que estaba vivenciando su periodo intrauterino, apareció una gran mancha que la paciente identificaba como "sufrimiento" y que decía estar ahí desde mucho tiempo atrás. Estos son parte de los comentarios que hizo en esa sesión:

"Siento como si me echaran algo negro y oscuro encima. Es el sufrimiento. Me lo echan encima y es mucho, me tiene atrapada, está conmigo, viene conmigo, es el sufrimiento de todos: de mamá, de papá, de muchos más que no son de la familia porque yo lo he sufrido. Esa mancha está pegada a mí, a mi cabeza, a mis manos, por todas partes, y hay algo que me dice que ***no puedo dejarlo.*** *Tengo que tenerlo para ayudar a los demás,* ***para no olvidar el sufrimiento.*** *Hay algo que me dice que lo traigo de antes para aportar luz".*

Ante estos comentarios, en la siguiente sesión decidimos ir a una vida pasada donde apareció el siguiente relato:

Paciente: Estoy en un campo de concentración, soy una niña como de 13 ó 14 años. Estoy esquelética, muy delgada. Esto es horrible, oigo gritos. Me han metido cosas en el cuerpo. A diario nos hacen cosas así, me han rapado la cabeza y llevo una marca en el cuello, en los hombros; en el antebrazo llevo un número. Veo cómo tiran a otras niñas muertas como basura. Huele muy mal.

Terapeuta: ¿Sabes si está por ahí alguno de tus familiares?

Paciente: No sé dónde está mi gente; tengo fatiga y estoy muy mal físicamente, creo que me voy a morir. Siento mucho dolor en el estómago, esto es horrible. ¡Cuánto sufrimiento!

Terapeuta: Sigue avanzando imágenes, cuéntame qué más pasa.

Paciente: Me han vuelto a llamar otra vez para que vaya a ese sitio donde nos hacen cosas. Voy andando hacia allá, voy andando con otra niña... me caigo en la tierra, estoy muy débil. Me muero aquí, ya ¡por fin! ¡No me puedo olvidar de esto! ¡Tanto horror! Para no hacerlo más, para que no ocurra más.

Terapeuta: Ahora quiero que salgas de ese cuerpo, libérate de él y obsérvate desde arriba.

Paciente: Pobrecita niña, ha sufrido muchísimo y la han tirado como basura sobre otros esqueletos que están amontonados.

Terapeuta: Ahora quiero que pongas en tu mente dos pantallas de televisión y las unas con un puente. En la de la izquierda verás la imagen de esa niña muerta, tal como está ahí; en la de la derecha vas a ver la imagen tuya tal como estás hoy, aquí conmigo en la consulta. Ahora deja que pasen las emociones que se quedaron retenidas en esa niña y fíjate cómo entra en la adulta que está hoy conmigo en el consultorio.

Paciente: La humanidad sufre, lleva mucho tiempo sufriendo. Es como si en ese momento la niña quisiera acoger a todas esas personas, hermanarse con ellos en el sufrimiento. Es como si ahora estuviera con ellos, se trae el dolor de todos.

Terapeuta: ¿Y tú quieres que siga llevando esa carga de dolor?

Paciente: No.

Terapeuta: Ahora tú tienes la oportunidad de terminar todo eso y parar ese ciclo de dolor inmenso. Ahora vas a regresar a ese lugar y vas a decidir hacer alguna cosa para cortar esa corriente de dolor.

Paciente: Soy otra vez esa niña, creo que voy a morir porque me encuentro muy mal, pero voy a aceptar mi muerte para morir bien y así poder venir a la luz de la aceptación. Cuando vuelva a otro cuerpo tengo que quererme y no hacerme daño ni destruirme como lo he hecho en esta vida *(Érika tenía un cáncer de mama).* Si yo me cuido puedo ayudar mucho más y habrá hermanamiento. Tenía que aceptar esa muerte, ¡claro! Ahora sé que ni siquiera esa niña está sufriendo y ahí se queda ya todo, hay que seguir. Ahora me siento ya bien, mejor, muy bien.

Después de esto se volvió al claustro donde se reconstruyó ese periodo de nueve meses quitando aquella mancha negra y que volviese a nacer a una vida llena de energía y sin tener que traer consigo el "sufrimiento" para "no olvidar". Ahora trajo con ella la alegría de vivir.

Algunos personajes famosos de la historia "supuestamente reencarnados"

Adán – David – Mesías
Elías – Juan Bautista
Pitágoras – Soldado Troyano
El Conde de Saint-Germain
Churchill
Napoleón - Carlomagno
Jesucristo
Mozart
Martin Luter King
Platón
Benjamin Franklin
Edison
Henry Ford
Albert Schweitzer
Carl Jung
Salvador Dali - San Juan de la Cruz
Barbro Karlen – Anne Frank

Primer ascensor de la derecha: El Hospital Astral

En los cursos que doy por diferentes ciudades del mundo, siempre que tengo que hablar sobre este ascensor siento un gran respeto y a la vez un gran miedo de cómo se puedan interpretar mis palabras, y a veces incluso siento como la necesidad de no mencionar nada sobre el mismo, ya que nunca sé quiénes son los interlocutores que me están escuchando y cómo pueden hacer uso de mis palabras, puesto que en algún caso observo cómo hay personas que cuando les mencionas esto, abren sus ojos como búhos pensando que ya han encontrado "la varita mágica" con la que todo lo pueden curar. A la hora de escribir sobre este lugar, creo necesario resaltar primero el compromiso que todo terapeuta debe tener consigo mismo y con sus pacientes, recordarle sus dotes de humildad, paciencia, prudencia y preparación que es necesario atesorar para ayudar a los demás, sin pensar que es un enviado directo de Dios ni que tiene el poder en sus manos de la conexión con Seres de Luz que le otorgan la Fuerza de la Sanación. Si usted se lo plantea desde un punto de vista banal y oportunista, le aseguro que no le va a funcionar.

Para hablar de este ascensor, quizáss debería comentar cómo llegó él a mi vida. El desarrollo de los diferentes elevadores que se exponen en este escenario, no fueron fruto de una sola noche especial de iluminación, sino que germinaron después del trabajo de muchos años de investigación, pruebas, errores y nuevamente comprobación con diferentes pacientes en procesos terapéuticos. Por esa razón, al inicio de todo sólo existía en mi trabajo de "El Edificio" un ascensor y poco a poco fui dando forma al resto de los mismos, a las leyes de desplazamientos, las técnicas de encuadre, los patrones de supervivencia y de vivencia, los anclajes, los refuerzos, etcétera, que le permiten hoy a usted leer todo el procedimiento completo.

En lo que respecta al Hospital Astral, cuando yo estaba viviendo mi proceso de divorcio, hace ya muchos años, comencé a vivenciar experiencias "extrañas" y a media noche –siempre a las 3:13 horas exactas del reloj– me despertaba sintiendo que alguien me estaba llamando. Esto se fue incrementando durante varias semanas hasta que un día –incluso– llegué a ver la silueta de una energía frente a mi cama que comenzó a hablarme y a decirme que era mi Guía y que yo estaba viviendo un periodo de tránsito importante para mi crecimiento personal. Todo esto me parecía cosa de locos y por deformación profesional veía en mí muchos de los cuadros típicos de los procesos esquizofrénicos. Más tarde descubriría que todas las cosas que me estaban ocurriendo, como oír esas voces, visiones, tener patrones de sueño cambiantes, sentir extrañas oleadas de energía interna, taquicardias, mareos, presagios, aumento de las habilidades intuitivas, etcétera, no eran más que el preludio de otro cambio de conciencia que llegaría progresivamente cuando decidí dejar de luchar contra ello. Aquí no quiero entrar a contarle en detalle la historia de mi vida, simplemente decir que todo esto se culminó en la materialización de una medalla que un buen día un viejecito que apareció de la nada en mitad de una calle del centro de Madrid, me entregó y regalándome una gran sonrisa en su cara me dijo: "Hijo mío, tienes que creer todo lo que te está pasando, hay más realidad de la que tú crees". Abrió mi mano y me confió esa medalla que hoy en día aún conservo. Eso, para una persona como yo, que al igual que santo Tomás necesitaba meter el dedo en la llaga para creer, fue como una prueba de que aquellas cosas que estaban sucediendo tenían un sentido y no eran obra de las casualidades. La medalla era real, materializada en mi mano, no estaba en mi imaginación y era el indicador de que debía dejar de luchar y no tratar de empujar al río. Simplemente tenía que fluir con las nuevas experiencias que estaba viviendo, aceptando que aunque hay cosas que no son visibles para la limitada capacidad de nuestros ojos y no podemos entender, no por ello dejan de existir.

Entre muchas cosas de las que mi Guía me comentó en esos días, me habló del Hospital Astral y la necesidad de crear otro ascensor en "El Edificio" en el que yo trabajaba con mis pacientes para poder incorporar un acceso a ese mundo multidimensional donde en algunas ocasiones, podrían echarme una mano médicos que se encuentran en ese otro nivel de vibración. Comencé desde entonces a aplicarlo e incorporarlo en mi trabajo diario sin plantearme demasiado si eran o no reales esas cosas que sucedían ahí, aunque sin olvidar que hoy en día ya hay un principio reconocido en física que admite que diferentes frecuencias pueden coexistir en un mismo espacio sin destruirse mutuamente, y por ello no deberíamos ser tan tajantes cuando aseveramos que esas vivencias son sólo alucinaciones provocadas por un mal funcionamiento del cerebro.

Al acceder a este ascensor atravesamos el mundo racional, el mundo de la materia, para adentrarnos en un mundo "mágico", "desconocido" y lleno de "misterios". ¿Qué es eso de lo Astral? ¿Son seres reencarnados los que vemos? ¿Están en otros mundos paralelos al nuestro? ¿Son formas de vida más avanzada que se mueven en planos vibracionales diferentes al que conocemos? ¿Estaremos entrando en lo que considera la mecánica cuántica "la *lattice*" en su estado fundamental del espacio mismo penetrando y abarcando todo lo conocido y modificando de esta manera en su red, la estructura temporal de la realidad espacio, tiempo, materia? ¿O simplemente es todo fantasía producto de nuestra mente?

Algunas teorías de la bioenergética y la energética nuclear, y principalmente las investigaciones de la investigadora de la Goddard Space Flight Center de la NASA, la doctora en Física Atmosférica, Ann Brennan, manifiestan que estamos compuestos por siete niveles de cuerpos bioenergéticos, además del cuerpo material que podemos reconocer al mirarnos o tocar nuestra piel. Este cuerpo físico es el de mayor densidad de todos y por encima de él tenemos otros siete cuerpos que vibran en diferentes niveles de onda y se encuentran como capas superpuestas del primero y son: cuerpo etéreo, cuerpo emocional, cuerpo mental, cuerpo astral, cuerpo del patrón etéreo, cuerpo celestial y cuerpo causal.

Si tuviéramos la certeza de saber que realmente existen otros mundos paralelos, en otros planos diferentes de conciencia y en un nivel de evolución más avanzado que el nuestro, en el que también hay Hospitales con profesionales que trabajan en ellos para ayudar a los demás, sería lógico suponer que el tipo de medicina que utilizan está mucho más avanzado que la conocida por nosotros en la actualidad, y por esa razón quizáss tendrían más recursos para poder ayudar a nuestros pacientes en determinadas ocasiones. Siendo así y si te tienden una mano para ayudarte, ¿por qué cerrar los ojos y dar la vuelta para mirar en otra dirección? Vea el caso extraordinario de la sanadora mexicana "Pachita", quien era capaz de materializar y desmaterializar objetos, órganos y tejidos, que entrando en trance transformaba su personalidad –supuestamente a través de ella trabajaba el espíritu del último emperador azteca Cuauhtémoc–, y con un simple cuchillo de monte, sin anestesiar al paciente e ignorando los principios de asepsia y esterilización, realizaba cientos de operaciones totalmente imposibles de creer para la medicina convencional. También tenemos los casos del cirujano psíquico brasileño José Pedro de Freitas, más conocido por su apodo *Ze Arigó* –canalizador del doctor Adolph Fritz que era quien dirigía sus operaciones– o del también brasileño Joao Teixeira de Faria –que sirve de canal para diferentes entidades, entre ellas san Ignacio de Loyola, san Francisco de Asís, el doctor Augusto de Almeida y el doctor Osvaldo Cruz–, o los filipinos Tony Agpaoa y Alex Orbito. Todos ellos, aparentemente dotados de una capacidad asombrosa para trabajar sobre el cuerpo bioplasmático y hacer que estos Seres energéticos curaran a muchos de sus pacientes.

Sin pretender nosotros realizar esos prodigios, trataremos de tener acceso a este ascensor, aunque no en todos los casos será factible, ya que depende, por un lado, de la capacidad y convencimiento del paciente y por otro, del trabajo previo que haya realizado el terapeuta en estos niveles. Por mi experiencia personal y de mucha gente que me rodea, he visto que después de varios años trabajando, algunos terapeutas experimentan nuevas sensaciones y comunicados, y están alerta a las sincronizaciones y a nuevas pruebas que se les brindan de que "hay algo más", abriéndose ante ellos puertas que hasta ese momento habían permanecido cerradas. Una de ellas es la de este ascensor. Utilícela si llega ese momento.

Entraremos por este ascensor normalmente para trabajar con enfermedades físicas de gravedad –crónicas o terminales– o enfermedades psíquicas en las que se ha fracasado por otras vías terapéuticas. Tal como analizaba a lo largo de las páginas anteriores, la enfermedad a mi entender es la **enfermedad del alma** y el cuerpo físico es un simple mensajero que nos da el aviso de que algo está sucediendo en otra parte de nuestro Ser interior que genera un desequilibrio energético y es lo que realmente está enfermo.

Como consejo personal, le diré que si existen estos médicos del Astral, piense que no van a estar atendiéndonos constantemente por cualquier nimiedad que se nos ocurra. Por esa razón, utilice este ascensor sensatamente, con prudencia y discreción, y solamente como último recurso cuando ha manejado otras herramientas y conocimientos propios y no ha conseguido avanzar en la recuperación de su paciente. De otro modo, pudiera ser que al final le cierren el acceso a este lugar por el uso inadecuado del mismo.

Sitúe a su paciente ante el primer ascensor de la derecha –derecha-derecha–, y una vez abiertas las puertas, haga que entre y pulse el botón de subida al tiempo que usted inicia una cuenta regresiva del 10 al 1 como potenciador de la relajación.

Al detenerse el elevador, el paciente se encontrará en un pasillo o en la recepción del Hospital. De darse el primer caso, deberá avanzar por este corredor hasta llegar al Hospital, buscar la recepción y preguntar si algún médico puede ayudarle (todavía no he conocido ningún caso en el que no estuvieran esperando su llegada).

A partir de este momento el paciente se pone en manos de los médicos que lo conducirán a diferentes salas –según cada caso– en donde trabajarán con él. En muchas ocasiones, los médicos se introducen dentro de los cuerpos y operan, y en otras han llevado al paciente con ellos para que vea qué está sucediendo a nivel vibratorio en el interior de su cuerpo –muy similar a lo que realizamos con el escenario del "Intrabody" que veremos más adelante–. En otras ocasiones, situando al sujeto dentro de máquinas especiales, han irradiado energías de colores desde afuera que operan en el interior. Estos médicos trabajan en el plano del cuerpo etéreo, emocional y mental:

El plano etéreo –que se encuentra a una distancia de entre 1 a 5 cm. del plano físico– es una reproducción anatómica del cuerpo físico y tiene en él los mismos órganos. Aquí reparan e intervienen de la misma manera que haría un cirujano en uno de los hospitales conocidos por nosotros.

En el plano emocional –que se encuentra a una distancia de entre 2.5 a 7.5 cm. del cuerpo físico–, suelen trabajar bloqueos que están asociados a sentimientos del paciente que no han sido bien resueltos.

En el plano mental –que se encuentra a una distancia de entre siete y 60 cm del cuerpo físico–, trabajan temas relacionados con los pensamientos y con las estructuras de los patrones de supervivencia creados, que actúan en los procesos mentales del individuo y las ideas estructuradas que tenemos de las cosas.

Por último, el cuerpo astral –que se encuentra a una distancia de entre 15 y 30 cm del cuerpo físico– moviliza la fuerza del amor y desde esta energía que se mueve en tonalidades rosas, enseña a nuestros pacientes la fuerza reparadora que tiene este sentimiento.

A partir del patrón etéreo la sanación viene dada a través del sonido –quinto cuerpo– que es el creador de la materia.

El paciente, a lo largo de toda la experiencia en este Hospital, debe ir relatando lo que sucede y cómo todo esto le hace sentir, ya que algunos comentarios de estos médicos pueden ser muy reveladores para él y para el terapeuta.

En los casos de enfermedades físicas usted deberá combinar el trabajo entre los tres ascensores descritos hasta el momento y el "Intrabody", y avanzar cada sesión por el camino que considere más apropiado, pero teniendo en cuenta que todos son necesarios e indispensables, ya que cada uno de ellos refuerza los pilares del otro.

En ocasiones los médicos astrales prestan sus servicios con la condición de hacer un *trueque* con el paciente, que nunca es de tipo material sino más bien de tipo espiritual y siempre les ayudará en su evolución. Hay que mantener un gran respeto a los "Profesionales" de este Hospital si realmente queremos obtener su ayuda. Es fundamental que el paciente entregue un gran amor hacia el trabajo que está realizando y envíe estos mensajes a todas las células de su organismo para que estas puedan comprenderlo y aliarse con él en el trabajo de su "recuperación".

Recuerde por último que en ningún caso la Terapia Regresiva Reconstructiva debe sustituir al tratamiento médico alópata que el paciente esté siguiendo en cada momento. Esta Terapia se utiliza como apoyo y como una vía complementaria a la medicina convencional, y no como alternativa a la misma; no crea que con este sistema, como ya dije antes y no me canso de repetirlo, ha encontrado usted la "vía mágica" para "curar" a sus enfermos. Creo que a estas alturas del libro el lector ya se ha dado cuenta de que la Terapia Regresiva Reconstructiva es algo muy serio a trabajar sólo en manos de verdaderos expertos que sepan dirigirla adecuadamente sin atribuirse poderes mágicos.

Además, a través de este escenario también usted puede intervenir y llevar a su paciente, a través del tiempo, a una regresión donde pueda trabajar y entender cosas que acontecieron en su vida y que le están produciendo daños en la actualidad. Veamos un ejemplo de ello en el siguiente caso:

Isaac llevaba diez años sumido en una gran depresión y había intentado en varias ocasiones suicidarse. Se sentía paralizado en la vida, sabía que no había nada externo que lo justificara. Sin embargo, estaba convencido de que cuanto más hacía por intentar avanzar –había probado todo tipo de terapias–, empeoraba sustancialmente y tenía que recluirse en su casa donde se encerraba y no salía para nada. Trascribimos aquí una sesión en el Hospital Astral:

Terapeuta: Cuéntame como es este lugar.

Paciente: Es todo muy blanco, hay una gran sala en la entrada ¿qué hago?

Terapeuta: Espera porque saben que estás aquí y en un momento alguien aparecerá.

Paciente: Todo es armonía, pero intuyo que hay algo detrás como pegado. Creo que no quiero verlo porque estoy desmoralizado. Ahora aparece un Dios vestido de blanco y barba larga. Es una sensación familiar pero me crea ansiedad.

Terapeuta: ¿De dónde viene esa ansiedad?

Paciente: Estoy enfadado con él. Yo soy muy pequeño y Dios es muy grande.

Terapeuta: ¿Y esto te molesta?

Paciente: Es un desprecio que me hace.

Terapeuta: Díselo a él a ver qué piensa.

Paciente: Me ha dicho que él no me desprecia, es la imagen que yo quiero tener de él... ahora se hace más pequeño... ha vuelto a un tamaño igual que el mío. Me dice que lo enfoco como si Dios fuesen mis padres... que estoy proyectando lo que he sentido hacia ellos.

Terapeuta: Pregúntale si puede hacer algo por ti para que puedas desbloquearte.

Paciente: Me dice que lo siga por un pasillo, me ha llevado a una sala donde hay un huevo gigante, como los de un dinosaurio, me dice que tengo que hacer como quien estaba aquí dentro, romper el cascarón y salir.

Terapeuta: ¿Y cómo puedes tú hacer eso?, ¿te llevará a entender dónde están esas cosas de tu vida que necesitas desbloquear?

Paciente: Dios asiente con la cabeza y me dice que me acueste en una camilla que hay en esta sala. Desde el techo está bajando algo que ahora empieza a iluminarse, noto cómo se genera una fuerza y me va como encerrando en algo, como en un ovillo. ¡Estoy dentro del huevo!

Terapeuta: Muy bien, aunque tú estés ahí, puedes seguir en contacto con Dios y oyendo mi voz...

Paciente: Tengo miedo, siento temor a no poder dominar esta situación...

Terapeuta: No desplaces esta emoción que estás sintiendo en estos momentos... quiero que sigas sintiendo y ampliando esta sensación interna, sigue haciéndola crecer. ¿Qué está pasando?

Paciente: Está oscureciendo todo, me siento encerrado.

Terapeuta: Vamos hacia atrás a otro momento donde tuviste esa misma sensación de encerramiento: 3, 2, 1. ¿Dónde estás?

Paciente: Estoy dentro de mi madre. Todo esto se mueve sin hacer yo nada; si no controlo esta situación, puede hacerme daño; es un daño que yo no puedo controlar y me disminuye, me domina y se fija en mi cuerpo, se pega en mí.

Terapeuta: ¿Y cómo puedes controlar ese daño?

Paciente: El único recurso que tengo es esperar a que desaparezca, no moverme, me veo como feto moviéndome de un lado a otro sin hacer nada. Me siento abandonado.

Terapeuta: ¿A través de dónde te llega esa sensación?, ¿qué hace que te sientas abandonado?

Paciente: Siento hostilidad desde afuera, siento rechazo, despreocupación... llega de mi madre.

El paciente se acurruca y se pone en posición fetal en el diván.

Terapeuta: ¿Y tú qué haces ante estas sensaciones que llegan de tu madre?

Paciente: Me retraigo, quiero ocultarme, desaparecer, me anulo, es como estar simplemente latente.

Terapeuta: ¿Y qué ventaja sacas tú con eso?

Paciente: Si me anulo no molesto a nadie, y si no molesto me pueden cuidar.

Sale un patrón de supervivencia.

Paciente: Si soy normal y corriente puede que me rechacen más, debo intentar retraerme, no moverme, no hacer, estarme quietecito para que no haya más rechazo.

Terapeuta: Repíteme, ¿por qué no puedes ser normal como el resto de la gente?

Paciente: Porque si soy normal me rechazarán, mamá me rechazará.

Terapeuta: Repítelo otra vez...

Paciente: Si soy normal, mamá me rechazará.

Terapeuta: Entonces, ¿tú que has decidido hacer para que no te rechace?

Paciente: Anularme, no moverme.

Terapeuta: ¿Y qué vas a hacer entonces cuando crezcas en esta vida?

Paciente: Me genera un freno a mi desarrollo emocional, intelectual, todo está encaminado a retraerme, hay falta de autovaloración, autoestima, estoy pendiente de la vida de los demás, actúo según les gusta a los demás.

Se crea un patrón de "no molestar", pasar desapercibido, no tener derecho a ser querido, no tener derecho a nada y hacer su vida dependiente de los demás.

Paciente: Todo esto me provoca una gran rabia, ira...

Terapeuta: ¿Dónde sientes esa rabia?

Paciente: En el hígado. Me siento encogido, quiero estirarme, estoy incómodo pero no me atrevo a hacerlo, tengo miedo a moverme.

Terapeuta: ¿Qué pasa si te mueves?

Paciente: Molesto.

Terapeuta: ¿Y qué pasa cuando molestas?

Paciente: Mamá se irrita.

Terapeuta: Y entonces, ¿qué vas a hacer?

Paciente: No moverme.

Terapeuta: Y esto, ¿qué te va a provocar?

Paciente: Rabia, mucha rabia.

Terapeuta: Y si sigues con esa rabia, ¿qué va a pasar cuando seas adulto?

Paciente: Ocultaré mi verdadero Ser, mi verdadera forma de ser y sentir. Coartaré mi desarrollo personal, sentimiento de muchas cosas, excesivo respeto a la autoridad y como me creo dependiente de los demás, tengo que llamar su atención.

Terapeuta: ¿Y cómo llamas su atención?

Paciente: Me hago hipocondríaco, la enfermedad me posibilita hablar de mí, justificarme, manifestarme sin atraer la ira de los demás; así no recibo una actitud negativa, no se me arremete. Ahora que estoy enfermo, se me cuida y me escuchan.

Terapeuta: Pero ahora tú eres adulto y puedes entender eso desde otra perspectiva, ¿realmente crees que vale la pena no vivir?

Paciente: Es que creo, tengo la idea, de que he venido aquí a no vivir; si no vivo, no hay daño. Estaré con susto, con miedo, pero no se produce daño. Si vivo la vida, hay problemas y no tengo recursos para enfrentarme a ellos.

Terapeuta: ¿Crees que puedes hacer algo para que todo esto pare de una vez?

Paciente: Mi madre nunca me quiso, me rechazó, no he tenido madre, no me ha servido de nada.

Terapeuta: Y todo esto, ¿para qué te ha servido?, ¿has aprendido algo de ello además de no querer vivir?

Paciente: No sé.

Terapeuta: Pregúntale a Dios a ver qué te dice.

Paciente: *(Comienza a llorar)* Me dice que todo el mundo tiene el derecho a vivir y el amor es una cosa que nace o no nace. Él tiene amor porque quiere dárselo a todos, sin distinciones; me dice que en vez de fijarme en el amor de mi madre, me fije en el amor que Él tiene hacia los demás y el amor que yo puedo dar a otros.

Terapeuta: ¿Cómo puedes ejercer tu derecho de vivir?

Paciente: Debo romper con mi pasado, como nacer de nuevo sabiendo que no tengo que hacer nada para que los demás me amen, es como nacer de la membrana de un huevo, ¡claro! ¡El huevo en el que estoy! ¡Eso me quería decir al principio! ¡Nacer de nuevo y romper el caparazón del huevo para volver a una nueva vida!

Terapeuta: ¿Entonces?

Paciente: Debo volver a nacer, reconstruir de nuevo mi vida.

Terapeuta: ¿Y seguirás en esa nueva vida inmovilizado?

Paciente: No. Debo existir, debo ser yo...

Terapeuta: ¿Y qué vas a conseguir con ello?

Paciente: Desarrollarme, avanzar, crecer, ¡ser feliz!

Terapeuta: Pues ¡venga! Ahora es el momento de volver a nacer.

Se inicia un nuevo nacimiento simbólico saliendo de ese huevo...

Paciente: Puedo salir con facilidad, estoy contento; ahora me puedo mover sin miedo.

Terapeuta: ¿Y si te mueves hay rechazo?

Paciente: No, ahora no hay rechazo y me atrevo a moverme. Veo a mis padres juntos. Están entre Dios y tú, sonríen.

Terapeuta: ¿Qué quieres hacer con ellos?

Paciente: Perdonarlos *(vuelve a llorar).*

Terapeuta: ¿Qué quieres decirles?

Paciente: Les estoy abrazando y dando besos. Les digo que voy a ejercer el derecho de vivir.

Terapeuta: Ahora quiero que veas un cordón de energía que te une a tu madre, ¿puedes verlo?

Paciente: Sí.

Terapeuta: Pues ahora papá toma unas tijeras mágicas y lo va a cortar. Dime, ¿qué ocurre ahora?

Paciente: Se han diluido, ya no están aquí.

Terapeuta: Y tú, ¿cómo te sientes?

Paciente: Tengo mucha paz, no hay rabia, no recordaba nunca esta sensación que tengo ahora. Sé que hemos cerrado algo que tenía pendiente de toda mi vida. Dios me dice que ya puedo irme tranquilo y que vaya en paz.

Isaac sale de la relajación bajando nuevamente al "hall" de entrada de "El Edificio" y recuperando los estados de vigilia por el sistema tradicional.

También en el Hospital Astral se han dado casos donde estos médicos han ayudado a quedarse embarazada a una mujer que no podía tener hijos, han encontrado enfermedades que aún no habían sido detectadas por la medicina hasta ese momento, y sobre todo han abierto las puertas a la esperanza de saber que puede haber más cosas de las que creemos y como siempre, sean "ellos" o sea nuestra *supra conciencia*, la imaginación o la fe, ¡qué más da! Lo importante es que ayuda a nuestros pacientes y alivia y mejora su dolor físico y emocional.

El laberinto. Su simbología y aplicación

Los laberintos más antiguos sobre los que se haya encontrado alguna referencia, los conocemos a través de los escritos de Herodoto, Diodoro y Plinio. Se comenta que estos se construyeron en Egipto por mandato del faraón Amenenjet III en la Ciudad de los Cocodrilos, y según parece tenían más de tres mil pasillos de recorridos internos.

Los cuatro laberintos más famosos de la historia fueron los de Egipto, Lemnos, Estruria y Creta, aunque este último sea con toda seguridad el más conocido a través de los libros de historia y relatos de la Grecia Antigua. El mito cuenta que este laberinto lo construyó el arquitecto Dédalo por encargo del rey Minos para encerrar al minotauro que era un animal sangriento, mitad bestia y mitad hombre, nacido de la unión de un toro con Parsifae que se alimentaba de carne humana. Estaba construido de tal forma que, una vez dentro, resultaba imposible encontrar la salida a los que penetraban en él, quedando apresados entre miles de corredores y cavernas que se abrían por todas partes y que los conducía hasta el centro del laberinto donde los esperaba el minotauro que los devoraba sin piedad.

Teseo, hijo del rey Egeo, decidió ir a Creta a luchar contra el minotauro y en esta ciudad, Ariadna, que era hija de Minos, se enamoró de él y le ayudó para que consiguiera entrar, derrotar al minotauro y encontrar la puerta de salida; le entregó un madeja de hilo que Teseo utilizó al entrar en el laberinto y que fue soltando poco a poco del carrete para ir dejando una pista y encontrar el camino de regreso. De ahí viene la expresión: "Utilizar como hilo de Ariadna" o "utilizar como hilo conductor", para poder expresar una acción cuando una persona está en el proceso de búsqueda de algo y va poco a poco siguiendo una serie de pistas que la conducirán a su objetivo: Desenredar la madeja de hilo.

Esta misma analogía la encontramos recogida en el cuento de pulgarcito: El bosque sería el laberinto y en lugar del hilo, él utilizó migajas de pan para conseguir su regreso a casa.

Además de los cuatro laberintos ya mencionados, en todas las culturas siempre han existido construcciones de este tipo. Los encontramos acuñados en muchas monedas, podemos ver restos de ellos en China, en América, en los países del Norte de Europa –por ejemplo en las orillas del mar Báltico hay restos de más de 600 laberintos de piedra–, en centroeuropa, en Oceanía, en Grecia... en este último país, es curioso poder observar el pequeño laberinto "Tolo" en el que aún hoy se conservan los restos y podemos verlo en Epidauros –Centro de Sanación en honor a Asclepio donde se curaba a los enfermos a través de ensoñaciones–. Este "Tolo" era utilizado como etapa final para el proceso de sanación en donde los enfermos alcanzaban un estado emocional tan alto que les provocaba una catarsis y con ello, en muchas ocasiones, tras expulsar las tensiones y bloqueos emocionales, se producía la curación de sus males.

Por todas partes del mundo hay restos de ellos. En la Edad Media adquieren una gran importancia y en el siglo XIII el gremio de constructores de catedrales lo incorpora en los suelos de muchas de sus obras arquitectónicas. La más representativa es el laberinto de la Catedral de Chartres, que a su vez tiene sus réplicas en cerca de 40 catedrales más, pero tenemos otros como el de Nôtre Dame, Reims o Amieus. A partir del siglo XIV se incorporan también en los jardines de los palacios de la nobleza. Durante las dos guerras mundiales, lamentablemente muchos de estos laberintos se destruyeron pero a partir de principios de los años 70's vuelve a resurgir la construcción de los mismos por todos los continentes.

Su significado

Cuando estamos dentro de un laberinto, éste nos absorbe, nos aturde y nos hace sentir confusos pero, ¿qué significado oculto entrañan los laberintos?, ¿para qué los construían?, ¿qué hay que hacer dentro de ellos?, ¿cuál es su objetivo?

Posiblemente los primeros laberintos dibujados sobre el suelo pudieron servir simplemente para marcar la ruta y los movimientos coreográficos para efectuar danzas rituales en honor a los Dioses. En otras muchas ocasiones el laberinto se construía para dejar en el mismo atrapados a los malos espíritus y que no encontraran la salida; por esa razón, los pescadores escandinavos los situaban a las orillas del mar y antes de salir a pescar entraban en ellos y hacían su recorrido pensando que los espíritus malignos se quedarían atrapados al tratar de seguirlos.

En la Edad Media los creyentes que no podían hacer la peregrinación a Tierra Santa, sustituían la misma por la representación simbólica de hacer el camino del laberinto recorriendo el mismo de rodillas hasta llegar a su centro que era como llegar a Dios. Esto representaba el símbolo del camino de la vida y el premio de la salvación al encontrar la salida; era la simbología del camino que tenía que recorrer el espíritu hasta encontrar la verdad.

Para muchas culturas indígenas representa el viaje del alma en el mundo astral hasta alcanzar otro nivel de vibración superior.

También en la actualidad, muchos procesos iniciáticos de diferentes grupos herméticos, siguen utilizando la simbología del camino del laberinto para dar paso al profano al nuevo mundo y encontrar la luz, la iluminación, el conocimiento...

Jean Chevalier en su fantástico *Diccionario de símbolos*, nos dice que el laberinto conduce al interior de sí mismo, a nuestro santuario oculto donde reside lo más misterioso de cada uno de nosotros.

El laberinto también ha sido objeto de numerosas novelas y ensayos realizados por multitud de escritores a lo largo de los tiempos. En este siglo tenemos un interesante libro que escribió Borges sobre el laberinto, L*a casa de Asterión*, donde reflexiona sobre el destino del hombre y cómo nos podemos sentir prisioneros en el mismo tratando de encontrar la forma de poder salir de ese encierro. El estar dentro del laberinto, para Borges, es como estar dentro de la espiral de tu destino; un desafío entre seguir con las normativas establecidas e impuestas a nivel moral, social y cultural, o elegir hacer lo que realmente queremos. Esto nos hace sentirnos en un callejón sin salida que al final propone la muerte como única forma posible de liberación.

Para mí también el laberinto representa una analogía de la propia vida, la evolución personal y los diferentes escalones que se alcanzan a lo largo de ella. La iluminación no puede ser alcanzada sino tras largos rodeos en un constante caminar por los más recónditos senderos de nuestra historia personal, limpiando los obstáculos que nos encontramos a nuestro paso.

El encontrar los objetivos establecidos nos produce una satisfacción y un reconocimiento del trabajo bien hecho. Simbólicamente significa crecimiento espiritual. Si llegamos al centro encontramos la esencia de nuestro Ser, el sentido de la vida. Al encontrar la salida habremos superado una nueva etapa y conseguido subir un peldaño más hacia nuestro bienestar corporal, mental y espiritual. Analicemos pues, cómo son los laberintos, qué ocurre dentro de ellos y sus analogías con nuestra vida real:

1. Unos son sencillos y otros más elaborados y difíciles de recorrer. También nuestras vidas, aparentemente

algunas son más afables y espontáneas y otras están marcadas por los inconvenientes y las dificultades para poderlos solventar.

2. Si te quedas parado en uno de sus pasillo sin avanzar, nunca encontrarás la salida. A menudo la vida nos juega alguna mala pasada y podemos decir aquello de "estoy en mala racha", pero lo que es seguro es que si no nos movemos estamos muertos. Nadie andará el camino por nosotros; debemos pensar, trazar o preparar planes, pero sobre todo ponerlos en marcha. Drakpa Gyaltsen decía: "Los seres humanos se pasan la vida entera preparando, preparando, preparando... y llegan a la próxima vida sin estar preparados". Por lo tanto, en este escenario de trabajo usted no debe permitir que los miedos e indecisiones de su paciente lo dejen paralizado, puesto que podría ser devorado por el minotauro de la inactividad, y tendrá que motivarlo para que se mueva por los pasillos hasta encontrar los objetivos establecidos.
3. En muchos de ellos los muros no dejan ver lo que hay detrás del mismo para predecir por dónde hay que seguir, y esto produce nuevamente bloqueo e inseguridad. En nuestro caminar por esa vida, debemos ir avanzando dando paso a paso con precaución pero sin pretender tener la certeza de saber hoy lo que sucederá mañana. El avance nos permite el crecimiento. Montaigne comentaba: "No sabemos dónde nos espera la muerte. Así pues, esperémosla en todas partes".
4. Para conseguir encontrar el centro y más tarde la salida, debemos avanzar por muchos corredores diferentes y en innumerables ocasiones éstos estarán cerrados y no tendrán una salida. En esos casos deberemos retroceder y buscar una nueva opción. También en la vida de cada uno de nosotros tenemos experiencias que resultan

dolorosas, nos sentimos traicionados, decepcionados por las acciones de otros; nos sentimos desvalidos, pero todo esto nos sirve como experiencia para aprender y en nuestra siguiente relación no cometer los mismos errores... no volver a pasar por el mismo camino que no tiene salida. Hay que buscar uno nuevo. El dar los mismos pasos en la misma dirección, sólo nos llevará a un callejón sin salida. Albert Einstein dijo aquello de: "Locura es hacer lo mismo de siempre y esperar resultados diferentes".

5. Hay partes del laberinto por los que se anda mejor que por otras. También nuestra vida va por etapas. Algunas en donde parece que las cosas van mejor y otras en las que todo se vuelve, aparentemente, en contra nuestra. Hay decisiones más acertadas que otras; sin embargo hay un dicho que comentaba mi abuela y era que "por cada etapa dolorosa y difícil de nuestra vida, tenemos siete buenas que lo compensan". Lo importante es aprender de los momentos difíciles y tratar de no repetir lo mismo.
6. Muchas veces nos encontramos totalmente perdidos en algún callejón del laberinto. Ocurre lo mismo con nuestra vida, en ocasiones estamos completamente perdidos sin encontrar nuestro espacio vital y sin saber cuál es el sentido de la misma ni lo que estamos haciendo en lugares o con personas que tal vez no sean los adecuados para nuestro crecimiento. Pero tarde o temprano, si no nos paramos y seguimos avanzando, iremos encontrando señales que si sabemos aprovechar y seguir, se transformarán en la luz que nos ilumine y nos muestre otras opciones de salida que no pudimos apreciar estando en la oscuridad.
7. A lo largo del recorrido del camino se enfrentará a diferentes pruebas encontrándose con trampas, personas,

objetos, animales, símbolos... algunos podrán ayudar y otros tratarán de confundir y enviar al héroe por el camino equivocado. ¿En cuántas ocasiones en nuestra vida no hemos estado en esta misma tesitura?, ¿cuántos de los que considerábamos amigos nos han dejado en la estacada cuando más los necesitábamos? Y por el contrario, ¿quién a veces no se ha sorprendido por la respuesta favorable inesperada de una persona que nunca te podías haber ni imaginado que estaba ahí en el momento más duro y difícil de tu vida? Por este motivo, el paciente debe estar muy atento a todo lo que ocurre y dejarse guiar, no sólo por la lógica y el análisis sino por su intuición y los mensajes que le envíe su corazón.

El laberinto es un magnífico escenario para personas que se encuentran muy bloqueadas emocionalmente o para aquellas otras que, a lo largo de su vida, nunca han estado seguras de qué camino deben tomar y siempre han buscado la ayuda de terceros. A lo largo de su recorrido se anima al paciente para que actúe y reaccione ante imprevistos que le van a ir surgiendo por el camino. Además, tenemos la oportunidad de recuperar nuestra infancia yendo al encuentro de nuestro "niño interior herido" que todos llevamos aprisionado debajo de nuestras corazas, y liberarle de la mazmorra del miedo donde se quedó atrapado repitiendo una y otra vez patrones de conducta insanos que sólo lo conducen a vivir encerrado en su dolor.

Durante el diálogo en vigilia –ondas Beta– usted deberá explicar a su paciente en qué va a consistir este trabajo. Le puede comentar lo siguiente:

"Hoy vas a realizar una aventura llena de sorpresas para ti haciendo un recorrido a través de un laberinto. Se trata de un laberinto gigante, fíjate si es grande que hasta hay un castillo escondido en alguna parte del mismo. Yo te dejaré en el centro del laberinto y a partir de ahí tú tienes que conseguir realizar tres objetivos: El primero de ellos es encontrar ese castillo del que te he hablado; yo no sé dónde puede estar, pero tu trabajo es buscarlo y dar con él. Después, una vez que lo hayas localizado, tendrás que entrar en el mismo, encontrar a un niño que tienen encerrado en algún lugar y conseguir liberarlo. Tampoco aquí yo te podré ayudar, puesto que puede estar en cualquier parte del castillo y custodiado por soldados. Tu tercer objetivo será, una vez que hayas dado con el niño, liberarlo de su encierro, conseguir salir con él del castillo y encontrar la salida del laberinto para llevarlo fuera y enseñarle las cosas bellas de la vida en libertad.

Antes de empezar te llevaré a un almacén logístico donde hay todo tipo de materiales, herramientas, armas, juguetes, objetos variados, y allí podrás elegir tres de estos elementos para llevarlos contigo en tu aventura, pero ten en cuenta que sólo podrás hacer uso de cada uno de ellos una vez. Después quedarán inutilizados.

Por último, debo advertirte que dentro del laberinto podrás encontrar todo tipo de personas, animales, seres u objetos que en algunos casos te ayudarán, pero en otros intentarán engañarte y hacer que te extravíes para frustrar tu misión. Debes estar atento y dejarte llevar por lo que te dicte el corazón y no rendirte ante este tipo de situaciones, ya verás cómo al final toda esta experiencia será muy positiva y gratificante para ti, y recuerda que "lo único seguro es que si te quedas parado en algún lugar del laberinto, nunca podrás salir del mismo".

Pasos a seguir a lo largo del desarrollo del escenario

1. Antes de entrar en el laberinto, usted debe llevarle a un almacén que visualizará en donde hay guardadas muchas cosas. De estos objetos elegirá un máximo de

tres que más tarde podrá utilizar dentro del laberinto, pero teniendo en cuenta que cada objeto sólo se podrá utilizar una vez.

2. Una vez tomados sus materiales, el paciente debe encontrar en el final de este almacén una trampilla en el suelo, usted le indicará que la abra y se lance al vacío, como atravesando un agujero negro hasta que sienta que sus pies tocan el suelo; entonces ya estará situado en el centro del laberinto. A partir de aquí su misión tiene tres objetivos:
    a. Encontrar un castillo que se encuentra en alguna parte del laberinto.
    b. Conseguir entrar sin ser visto y localizar dentro a un niño/a que tienen encerrado. Si su paciente es hombre deberá liberar a un niño. Si es mujer deberá liberar a una niña. –Normalmente el tipo de niños que suele verse está en edades comprendidas entre los 4 y 7 años, aunque a veces también los hay más pequeños, incluso bebés.
    c. Descubrir la forma de liberarlo.
    d. Salir del castillo lo más rápido posible y encontrar la salida del laberinto antes de que los atrapen.

En algunas ocasiones, cuando su paciente encuentra al niño –su niño interior–, éste no quiere ir con él y se encuentra muy enfadado porque hace mucho tiempo que lo abandonó en ese lugar. En estos casos deberemos hacer que el adulto hable con el pequeño y se comprometa con él para no abandonarlo nunca más y que el niño pueda volver a recuperar la confianza en el adulto.

También hay ocasiones en las que después de traspasar los fríos muros de un castillo lóbrego, sucio, semiderruido o incluso con fantasmas dentro, llegamos a la mazmorra donde se encuentra el niño y al abrir la puerta resulta ser una estancia mágica, llena de cosas lindas; en ocasiones el niño tiene allí a todos sus amigos del mundo de los dibujos animados, juegos, música, ordenadores, etcétera; todo lo que un niño puede desear para pasarlo bien. Cuando esto ocurre, usted debe tener en cuenta que quizáss no es más que un escudo protector, una fachada, un sistema de defensa que tuvo que crearse aquel niño en su momento para poder soportar una vida demasiado oscura y emocionalmente dolorosa, y decidió esconderse en su mundo interior como vía de escape. Por esa razón, si esto sucede, lo más probable es que ese niño no quiera salir de esa habitación en la que realmente se encuentra a gusto, pero usted debe hablar con el "paciente adulto" para que sea capaz de convencer al niño, de la manera que él estime conveniente para que salga de ese lugar, y mostrarle que todo aquello no es más que un escenario artificial que en su momento se creó para poder seguir viviendo, pero que fuera de ese laberinto hay un mundo mucho mejor, más alegre, con más luz donde su paciente/compañero adulto lo llevará ahora.

1. Una vez que hayan conseguido salir del laberinto, permita que su paciente observe un buen rato las reacciones del niño (cómo se siente afuera de esos muros, en un lugar abierto donde pueda conectar y unirse con los elementos de la naturaleza en libertad).
2. Después deberá hacer desaparecer ese castillo de la manera que se le ocurra; quizáss decida tirarle una bomba, que venga un terremoto y lo derrumbe todo, quemarlo, borrarlo como si fuera un dibujo, barrerlo con una escoba gigante, etcétera. Cualquier opción que tome su paciente será la válida para él. Lo importante es que pueda sentir la liberación interior al ver que esa prisión en la que estuvo tanto tiempo va desapareciendo para siempre de su vida.
3. Si dentro del laberinto han aparecido personajes que considera importantes en su vida, puede decirle que los saque de allí antes de destruirlo todo.

4. Una vez que ya no quede nada de ese laberinto en pie, es el momento en el que el paciente debe mirar de frente a los ojos de ese niño, y si todavía no ha descubierto quién es (normalmente suelen reconocerlo al verlo en la mazmorra donde está encerrado), usted se lo hará saber. Déjelo que se abrace fuertemente y que sienta cómo el niño se fusiona con él para siempre y va directamente a hospedarse en su corazón. A partir de este momento estará siempre protegido y nunca más el adulto permitirá que le hagan ningún daño. Acto seguido deje que escuche atento a su corazón porque desde allí el niño le va a enviar un mensaje importante para él; que lo escuche, lo sienta y lo aplique a partir de esos momentos en su vida.
5. Para cerrar la sesión, haga que su paciente se acomode en algún lugar apetecible para él en donde sienta cómo entra energía desde la tierra –la Madre Gaia– y el Universo, recargándolo y haciéndolo más fuerte.

Como terapeuta, advertirá que en algunos casos la persona se queda totalmente bloqueada y es incapaz de moverse ni avanzar en ninguna dirección. También pueden aparecer muchos miedos y sensaciones estresantes. Depende de usted y de su experiencia el saber administrar todo esto y de vez en cuando –si no directamente, sí indirectamente– hacerle ver o intuir cuál sería la mejor vía para continuar. Es fundamental conseguir que el paciente siempre termine con éxito esta misión, ayudándole lo mínimo imprescindible, si fuera necesario.

También podrá observar que, aunque se encuentre agotado, bloqueado o con miedos e interrogantes para alcanzar el castillo, una vez que haya encontrado al niño, ya no parará hasta conseguir el objetivo final. Si quiere puede ponerlo a prueba y decirle que abandone al niño para que pueda huir con mayor facilidad. Verá que siempre la respuesta es negativa.

Puesto que estamos liberando a nuestro niño interior, cuando el paciente sea hombre le diremos que debe liberar a un niño y cuando sea mujer, su misión será salvar a una niña. Es frecuente que los hombres encuentren al niño encerrado en los subterráneos del castillo –las mazmorras– y las mujeres encuentren a las niñas en los torreones –las almenas–. Esto está incorporado en nosotros como grandes arquetipos del inconsciente colectivo, ya que normalmente los varones en la historia real del medievo eran encerrados en mazmorras y, sin embargo, a las mujeres las recluían en las almenas. También lo hemos leído en los cuentos donde el príncipe rescata a la princesa de la torre donde se encuentra prisionera. Todos estos mitos y arquetipos del inconsciente colectivo, están presentes en nuestra estructura mental, por esa razón los utilizamos para recopilación de material emocional en los diferentes escenarios que permiten sacar a la luz los daños de nuestro paciente.

Es importante dedicar el tiempo necesario para poder trabajar con su niño interior, toda vez que ese niño herido representa los aspectos de su personalidad que no se han desarrollado o integrado adecuadamente. Déjelo que le hable, ya que a través de este diálogo el paciente irá proyectando y sacando a la luz aquellas carencias que tiene en estos momentos en su vida actual. El conseguir liberarlo de aquel castillo le permitirá sanar al adulto, reconociendo cuáles eran las necesidades que tuvo de niño y no pudieron ser expresadas en su momento.

Usted no debe permitir que siga ocultándose tras una máscara creada y aislado en su celda sin querer mirar la realidad del mundo exterior. Al sacarlo de aquella mazmorra y de aquel castillo, le estamos permitiendo liberarse de todas sus influencias negativas, de aquellos modelos y pautas de conducta que están minándole en su vida actual manteniéndolo atrapado en aquel mundo mental que se creó en su momento. Recuerde que nadie puede amar y aceptar a los demás mientras no haya sido capaz de amar y aceptarse a sí mismo.

Para ilustrar este escenario, veamos el caso de Damián, un joven de 32 años que acudió a consulta con Síndrome de Inmunodeficiencia Adquirida –VIH–, más conocido en España como Sida. Fue contagiado por esta enfermedad a través de mantener relaciones sexuales con otros hombres, aunque no sabía exactamente cuál de ellos fue el causante. Damián era hijo único, no obstante haber tenido un hermano gemelo que murió en el parto.

El padre había fallecido dos años antes. Al hablar de él, lo recordaba como un buen hombre aunque cuando bebía parecía otro (palabras textuales del paciente). Se volvía autoritario y les pegaba a él y a su madre. Sobre su mamá comentaba que era protectora pero sin expresar emociones. Nunca recuerda que lo besaran en casa o le dieran abrazos. En el momento de acudir a consulta, Damián acababa de romper con su pareja con la que llevaba varios meses. Lo dejó porque era una persona muy autoritaria y a veces agresiva.

En la quinta sesión de trabajo decidí realizar la prueba del Laberinto, en la que después de la relajación y al llevarlo al almacén, tomó una cuerda, una espada, un avión de juguete y un morral con una botella vacía en su interior. Esta es la transcripción de esa sesión:

> **Terapeuta:** Muy bien, ahora estás en el centro del laberinto. Dime, ¿qué ves?
>
> **Paciente**: Estoy sentado, el suelo es de tierra. A mi alrededor hay setos, son muy tupidos y altos y no se ve nada a través de ellos. No los puedo tocar porque tienen *pinchos,* son como espinas que si las tocas se te clavan.
>
> **Terapeuta:** Muy bien, pues no los toques, ahora ya sabes que tienes una misión qué hacer. ¡Venga! Vamos allá.
>
> **Paciente:** Hay dos caminos, uno a cada lado, ¿cuál tomo?
>
> **Terapeuta:** No sé, métete por uno, el que tú creas que es el más apropiado.
>
> **Paciente:** Bueno, pues tomo éste de la izquierda; voy andando pero los setos son muy altos y me impiden ver. Ahora se

abren más caminos, hay cuatro o cinco. Por éste que me he metido, ahora se ha convertido en paredes de piedra.

Durante varios minutos continúa andando entre paredes de piedra y caminos que se bifurcan y van a parar a otros.

Paciente: Hay mucho barro, parece que ha estado lloviendo mucho y siento como si mis pies se hundieran en el fango. No puedo moverme. Cada vez me hundo más, ¡no es fango, me estoy hundiendo en mierda!, ¡es asqueroso!, ¡no puedo salir! Es como si alguien me estuviera tomando de los pies y tirando para dentro.

Terapeuta: Y tú, ¿cómo te sientes?

Paciente: Muy mal, tengo mucha angustia.

Terapeuta: Deja que esa angustia crezca. Ahora van a llegar a tu mente imágenes que tengan que ver con esta sensación. ¿Qué te llega?

Paciente: Veo muchos momentos de mi vida donde he estado bloqueado sin poderme mover y sin saber qué dirección tomar. Ha sido siempre una constante indecisión. *(Comienza a llorar).*

Terapeuta: Bueno, esto que está pasando es muy gratificante puesto que te permite darte cuenta de muchas cosas, ¿no crees?

Paciente: Sí, claro. El llorar me descarga por dentro, pero creo que lloro porque siento pena de mí mismo. Estoy aquí, hundiéndome sin poder hacer nada.

Terapeuta: ¿Realmente crees que no puedes hacer nada?

Paciente: Sí.

Terapeuta: Ahora vamos a hacer una cosa; quiero que seas valiente y metas la cabeza en esa mierda en donde te encuentras. Quiero que encuentres qué es lo que te retiene. Qué es lo que hace que te hundas cada vez más.

El paciente ejecuta las órdenes entre convulsiones y arcadas que le dan constantemente. Al finalllega al fondo de ese lugar.

Paciente: Es como una mancha negra sin forma concreta, pero me está sujetando el pie con sus manos y tira hacia abajo.

Terapeuta: Ahora quiero que te acerques a ella y le preguntes quién es. Qué está haciendo allí y por qué no te deja mover.

Paciente: ¡Es el miedo! El miedo a la vida. El miedo a tenerme que enfrentar a las cosas. Ahora vuelve a enseñarme las imágenes que veía antes, muchos momentos donde no me he atrevido a tomar una decisión y después siempre me he arrepentido. Esta sombra se está riendo de mí, le doy asco.

Terapeuta: Ahhh... Muy interesante. Oye, y ahora que conoces qué es esa sombra y por qué esta ahí, ¿qué quieres hacer?, ¿quieres seguir hundiéndote? ¿Por qué no dejas que te lleve de una vez y así terminas con todo? Es más cómodo. Todo se acaba en un momento. Mira... te voy a enseñar qué pasará si tomas esta decisión.

Hago que se materialice una pantalla de televisión y que vea el futuro.

Paciente: Hay como una especie de cementerio.

Terapeuta: ¿qué haces ahí?

Paciente: No sé. Está vacío. Hay en una zona en la que parece que no hay lápidas. La gente está enterrada en el suelo pero no tienen lápidas.

Terapeuta: ¿Qué sientes tú al ver esta zona así?

Paciente: No me gusta, es mucho más fría que la otra. Es como una zona maldita.

Terapeuta: Vamos a hacer una cosa: acércate a esta zona y busca por ahí a ver qué encuentras.

Comienza nuevamente a llorar.

Terapeuta: ¿Qué ocurre?

Paciente: Hay un letrero de madera sobre una lápida. Yo estoy enterrado en esa tumba.

Terapeuta: ¿Y qué dice el letrero?

Paciente: Cobarde. *(Comienza otra vez a llorar).*

Terapeuta: ¿Y por qué lloras?, ¿es que no lo eres? Tú te dejaste llevar entre el fango.

Paciente: Sí, pero no podía hacer otra cosa.

Terapeuta: Pero mira dónde has acabado, ¿te gusta estar aquí?

Paciente: No.

Terapeuta: Bueno, pues volvamos al fango en el que estás atrapado: 3, 2, 1... ¿Estás allí?

Paciente: Sí.

Terapeuta: Ahora tienes la oportunidad de cambiar algo, si te interesa. ¿Quieres seguir adelante o lo dejamos?

Paciente: No, quiero seguir.

Terapeuta: ¿Y qué vas a hacer?

Después de varios intentos desesperados, consigue, haciendo uso de la cuerda, salir de aquel horrible lugar. La cuerda la ata en un árbol que se llama vida.

Una vez afuera:

Terapeuta: ¡Estupendo! ¿Cómo te encuentras ahora?

Paciente: Cansado, pero estoy contento.

Terapeuta: Eso está muy bien, fíjate porque este árbol del que has sujetado la cuerda te va a dar una recompensa. Acércate a él y observa una cosa. Hay en algún lugar como una tarrina que recoge una especie de resina que suelta el árbol, ¿puedes verla?

Paciente: Sí, está en la parte de abajo. Está llena y huele muy bien.

Terapeuta: Pues este árbol, es el árbol de la vida y esa resina es el maná de la fuerza, la capacidad de lucha. Dicen que todo el que se pone esta resina por encima adquiere ese poder. ¿Quieres intentarlo?

Paciente: Sí.

Durante unos minutos se rocía con esa resina pegajosa por todo el cuerpo. Comenta que es curioso pero no es nada pegajosa; al contrario, es muy suave y siente cómo lo hace crecer y sentirse muy a gusto. Después decide llevarse un poco más de líquido en la botella que tiene dentro del morral.

A lo largo del camino se encuentra con serpientes, monstruos que quieren asustarlo, pero los mata con su espada. Cuando mueren, desaparecen y se da cuenta de que sólo eran la representación del miedo y de que el miedo no existe, sólo está dentro de uno, es una fantasía.

Por fin llega al castillo:

Terapeuta: ¿Cómo es?

Paciente: Es muy frío, está muy sucio y parece que hace mucho tiempo que está abandonado.

Terapeuta: ¿Puedes entrar?

Paciente: Sí, la puerta está medio rota y hay un hueco por donde se puede pasar.

Terapeuta: Muy bien, ¡pues venga! Vamos allá. ¿Qué ves?

Paciente: Estoy en el patio principal. Está todo roto, no hay vida. Este castillo está abandonado. Veo unos buitres comiendo carroña. Hay más en las torretas.

Terapeuta: ¿Y qué hacen allí?, ¿qué representan estos buitres y qué hacen allí?

Paciente: Son lo ruin de la vida, la mezquindad. Están esperando a que caiga.

Terapeuta: ¿Que caiga quién?

Paciente: Yo. Están esperando a que no pueda más y me derrumbe para entonces comerme. Quieren arrancarme los ojos. Los veo cómo se están comiendo los ojos de unos pajarillos. Los están matando.

Terapeuta: ¿Y qué son esos pajarillos?

Paciente: Creo que representan lo bueno, lo inocente, pero en este castillo no quieren nada de eso, sólo quieren muerte.

Terapeuta: ¿Ah, si? y eso, ¿a qué se debe?

Paciente: Los que antes vivían aquí eran malos y se merecen éste castillo así.

Como puede observar, existe un perfil de masoquismo, instintos de muerte y culpa muy enraizados en su persona.

Terapeuta: Bueno, ¿y tú qué vas a hacer ahora?

Paciente: Tengo que meterme dentro del castillo porque si no, me van a comer.

Terapeuta: Muy bien, pues entra y ve si encuentras al niño.

Paciente: Me he metido por un pasillo que baja. Ahora hay una puerta y escaleras que siguen bajando. Parecen como cloacas porque está todo sucio. Creo que al final está el niño.

Terapeuta: Muy bien, ¡pues venga! Vamos hacia el final, mira qué hay.

Paciente: Hay un viejecito. Parece un hombre muy bueno, dice que vaya hasta el final. Bueno, sigo. Ahora he llegado a un sitio donde hay un cementerio. Veo a una persona arrodillada junto a una tumba. Está todo lleno de cruces.

Terapeuta: ¿Por qué no te acercas a ver quién es esa persona?
Paciente: Es un vampiro. Tiene la boca llena de sangre porque acaba de matar a alguien.
Terapeuta: ¿A quién ha matado?
Paciente: No sé, es la persona que está enterrada.
Terapeuta: Vamos a hacer una cosa: Pon la mano en la tierra y observa si sientes quién es la persona que está enterrada.
Paciente: No siento nada. No me llega ninguna información.
Terapeuta: Bueno, pues pregúntale al vampiro.
Paciente: Él se ríe. Me mira y se ríe de mí.
Terapeuta: No te preocupes. Mira, se me ha ocurrido una idea: Vas a agarrar una pala y a desenterrar a esta persona. De esta forma vamos a saber quién es.

Transcurridos unos minutos.

Paciente: Es un bebé. Es muy pequeño, recién nacido; pero está muy blanco, no tiene sangre porque el vampiro se la ha quitado.
Terapeuta: Y, ¿por qué lo ha hecho? Pregúntale a él a ver qué te dice.
Paciente: Se ríe, dice que no merece vivir porque además es la única forma de que él siga vivo –el vampiro–. Es una elección entre los dos. Sólo puede ganar el más fuerte.
Terapeuta: Mira otra vez al bebé, ¿puedes reconocer quién es?
Paciente: No, es un bebé muy chiquitín.
Terapeuta: No importa, no te preocupes. Oye una cosa, ¿puedes ver la lápida de mármol de la tumba donde estaba enterrado el niño?
Paciente: Sí.
Terapeuta: Muy bien, pues vamos a hacer una cosa: Tú sabes que siempre en las lápidas ponen el nombre de la persona que está enterrada, ¿verdad? Pues a ver si puedes ver de quién se trata o sentirlo tocando la lápida.
Paciente: No veo ningún nombre. Sólo siento que hay escritos unos números.
Terapeuta: Ahh... muy bien. Y, ¿qué números son?
Paciente: 1, 2, 4, 6, 1.

El día 12 de Abril de 1961 es la fecha de nacimiento del paciente.

Terapeuta: Muy bien, ahora pon mucha atención porque vamos a hacer una cosa muy importante: vamos a saber quién se esconde detrás del disfraz de vampiro, porque es sólo una máscara. Así que cuando cuente del 3 al 1 tiras de la careta y vemos quién hay detrás de ella: 3, 2, 1. ¡Ahora!

Paciente: Se ha convertido en otro bebé igual que el que está enterrado; es mi hermano que quiere vengarse de mí, yo estoy enterrado para que él pueda vivir.

Terapeuta: Pero eso no es posible, tú no puedes morir porque estás vivo; fue tu hermano el que murió y tú no puedes reemplazarlo, tú debes seguir viviendo.

Paciente: Pero el vampiro quiere seguir viviendo.

Terapeuta: Sí, pero los vampiros ya están muertos y nunca podrán vivir como nosotros.

Paciente: Pero él no lo sabe.

Terapeuta: Bueno, pues vamos a hacer otra cosa: te vas a meter en el avión de juguete junto con el vampiro, porque van a hacerse muy pequeñitos y van a viajar hasta el cementerio donde tú has ido algunas veces a rezar a tu hermano. ¡Venga! Vamos allá.

Paciente: Sí, ya hemos llegado.

Terapeuta: Ahora quiero que te acerques a la tumba y se la muestres al vampiro; que se dé cuenta de que el cuerpo que está allí es el suyo.

El paciente empieza a llorar.

Terapeuta: ¿Qué ocurre?

Paciente: Hay un hombre; es como un rey y me está chillando; tiene una espada en la mano y me amenaza con ella. Me dice que yo tengo la culpa de todo; dice que ese niño está ahí por mi culpa, que yo lo he matado. Ahora ha empezado a llorar.

Terapeuta: ¿Y por qué llora el rey?

Paciente: No, no es el rey el que llora, es el vampiro. Se ha dado cuenta de que no tiene vida; ha estado mucho tiempo sin saberlo. Me dice que tengo que matarlo; tengo que clavarle una estaca para que no vuelva a salir. Es la única forma de que yo pueda vivir, pero yo no puedo matarlo porque es mi hermano. Además, el rey me está mirando.

Terapeuta: Tú no te preocupes, él te está pidiendo que lo hagas porque quiere ayudarte a ti; no quiere que tú sigas sufriendo por algo de lo que no tienes culpa. Además, está seguro de que va a ser la forma de que tu hermano encuentre de una vez la paz. ¡Venga! Yo sé que tú eres fuerte y se lo vas a demostrar a tu hermano. Agarra una estaca y una maza que tiene que haber en algún sitio.

Paciente: Sí, las tiene mi hermano y me las da. Se ha tumbado y me dice que se la clave. Me da mucha pena, no puedo hacerlo. Mi hermano me dice que debo hacerlo para ayudar a los dos.

Durante más de diez minutos estuvo dudando si debía o no hacerlo. Al final lo consiguió con la ayuda de una mano de luz que se pone sobre la suya.

Paciente: Nada más de clavarle el palo se ha vuelto todo luz. Hay una gran luz que se ha abierto en el cielo y viene a buscarlo. Puedo sentir que está contento, está feliz; me está abrazando y despidiéndose de mí. Es muy bonito. *(De nuevo se emociona y solloza).* Se va contento. Anda... ahora el rey se ha convertido en el viejecito del castillo y también está alegre.

Terapueta: Muy bien, pues ahora vas a tomar otra vez el avión y vas a volver al castillo de antes.

Paciente: Sí, ya estoy en él. Otra vez veo a alguien arrodillado rezando junto a una tumba.

Terapeuta: Muy bien, acércate a ver quién es.

Paciente: Es un niño pequeño, estoy rezando *(ya sabe que es él al hablar del niño en primera persona)* junto a la tumba de mi hermano; es muy bonita, es de mármol blanco muy limpio y tiene una cruz muy grande. Todo está muy limpio y me siento muy tranquilo.

Terapeuta: Muy bien, ¿tú sabes lo que tienes que hacer?

Paciente: Sí, el niño está esperándome para venirse conmigo. Me dice que está muy blanco y quiere que le dé el Sol.

Ya ha aparecido el instinto de supervivencia, las ganas de seguir viviendo y “no tirar la toalla”. Al salir al patio, el niño le da una patada al buitre que estaba comiéndose al pajarito y después lo entierra. El camino de vuelta es mucho más bonito y lo recorren como si estuvieran jugando, hay una paloma que aparece para guiarlos hacia la salida.

Una vez fuera del laberinto…

Terapeuta: Oye, ¿tú sabes quién es la paloma?

Paciente: No.

Terapeuta: Pues pregúntale por qué te ha ayudado.

Paciente: Me dice que es el futuro y que es hacia donde tengo que ir. Que ella me guiará.

Terapeuta: ¿Qué te parece la paloma?

Paciente: Es muy hermosa, es toda blanca y da gusto mirarla. La quiero mucho.

Para terminar, hago que la paloma, el niño y el adulto se fusionen. El laberinto no hizo falta quemarlo o destruirlo, ya que todo se transformó y era un lugar hermoso donde podría ir a rezar a la tumba de su hermano y llevarle flores.

A partir de esta sesión, las células 'T' –sistema defensivo– de Damián comenzaron a subir de manera inexplicable. Se siguió trabajando durante 16 sesiones más, pero creo que esta fue la que le abrió la primera puerta para conseguir enfrentarse a su enfermedad terminal y frenar su desarrollo.

Comentarios sobre la sesión

- **El barro del camino:** Podría representar cómo se sentía en ese momento frente a la vida: Inmovilizado, sin salida... y la porquería le iba hundiendo cada vez más (la enfermedad que padecía Damián estaba considerada en aquellos momentos como un estigma, algo maldito, contagioso y sobre todo una enfermedad que sigue generando rechazo social).
- **La frase "siento pena de mí":** La sociedad lo ha llevado a ese lugar, no ha sido él. Los otros lo han metido ahí.
- **El cementerio**: El sentimiento de muerte lo tenía totalmente interiorizado.

- **El árbol de la vida:** Era una puerta abierta a la esperanza. Aunque le cuesta mucho, decide salir del fango y luchar.
- **Monstruos y serpientes:** Son los obstáculos con los que hay que irse enfrentando a lo largo del camino de la vida. Me llamó mucho la atención la lucha que mantiene contra una serpiente gigante que decía ser terriblemente venenosa y que con sólo tocarla lo podría matar; una posible explicación sería la representación del símbolo fálico y la impronta que había dejado en él, ya que a través de un pene fue contagiado de una enfermedad mortal.
- **El castillo:** Vacío, sin vida aparente, frío, nuevamente puede representar la imagen que tiene de su "Yo". Allí sólo puede vivir la carroña; nada bueno puede sobrevivir en ese lugar. Se le debe castigar –autocastigo impuesto en este caso– por algo "malo" que ha hecho antes.
- **El vampiro:** Su hermano. La única forma de liberarse de la culpa de haber matado a su hermano –así lo vivía–, era matarse él ahora.
- **El viejo y el rey:** La ambivalencia que vive con la figura de su padre. (A veces bueno, a veces malo).
- **El niño:** Si no se conseguía revivir al niño enterrado y llevarlo hacia el exterior, sería imposible introducir en el paciente una "nueva información en su ordenador central para que ejecutara otras órdenes. En términos informáticos podríamos decir que se intentó borrar de su memoria central la palabra "muerte" y sustituirla por la palabra "vida".
- **La frase:** "Sólo puede ganar el más fuerte", representa la lucha entre la vida y la muerte.
- **La frase:** "Ahora pon mucha atención porque vamos a hacer algo muy importante", es una forma de llamar la atención del paciente en algo que va a ocurrir y que consideramos de vital importancia para él. Cuando vaya

usted a utilizar este tipo de frases, cambie su tono de voz y hágala más pausada, suave y misteriosa.

A continuación le propongo un impreso que al igual que en el caso del escenario del paseo por el campo, diseñé como otra ficha guía para el terapeuta principiante:

Escenario 2.0 El Laberinto	**Nombre del paciente:**	**Fecha: Hora inicio:**
1° OBJETO 2° OBJETO 3° OBJETO	Debe dejarse llevar más por el corazón que por la cabeza a la hora de escoger los objetos. Si a lo largo del camino encuentra personas, debe ser prudente, puesto que algunos pueden ayudar pero otros pueden engañar o hacer daño EN CASO NECESARIO INICIAR RECONSTRUCCIÓN Y GRATIFICACIÓN	**LABERINTO** Es una proyección de nuestra vida real y las dificultades con las que te enfrentas
A LO LARGO DEL CAMINO	Como son las paredes, los suelos. Observar como se enfrenta a las dificultades que van surgiendo a lo largo del camino. Las hace frente, huye, se paraliza, confía demasiado... Proyección se como se interrelaciona en su vida con el entorno. Si hay mucha dependencia del terapeuta o algún personaje de la historia, hay que ir haciendo que asuma responsabilidades	**OBJETOS.-** ¿Como los utiliza? Si no los usa o hay dificultad recordarle que están ahí
EL CASTILLO	Grande-pequeño. Facil o difícil acceso. Vigilado o no. Puerta abierta o cerrada. Vías para entrar. Sensacion que se tiene al verlo y acceder al mismo. Sensación que se experimenta dentro del mismo. El paciente debe intentar pasar inadvertido hasta Conseguir encontrar donde esconden al niño. EN CASO NECESARIO INICIAR RECONSTRUCCIÓN Y GRATIFICACIÓN	**CASTILLO.-** Oportunidades que ha tenido el paciente de vivir su etapa de niño.
EL RESCATE DELNIÑO	Encerrado en mazmorras o en almenas (los hombres se suelen ver en mazmorras/ mujeres en almenas) ¿tendencias sexuales Describir sentimientos al ver al niño. ¿cómo está? ¿lo reconoce? ¿qué edad aprox. tiene?¿el niño quiere irse con él/ella? Si no quiere irse ¿qué le retiene? ¿tiene que ganarse su confianza? ¿cómo conseguirlo? EN CASO NECESARIO INICIAR RECONSTRUCCIÓN Y GRATIFICACIÓN	
DIFICULTADES ENCONTRADAS	Si aparecen personajes, animales, objetos a lo largo de la historia, hay que intentar desvelar quien se esconde detrás o cual es el significado del símbolo. Para ello utilizar estrategias quitando máscaras, tocando y sintiendo, hablando...	**Regresión en el tiempo a través de la emoción unida al simbolo.**
FUERA DEL LABERINTO	Destruir el castillo y el laberinto.- De la mejor manera que el paciente considere. Debe asegurarse que si ha habido algún Personaje que a lo largo de esta aventura le ayudó y quiere sacarlo de allí, que lo haga antes de destruirlo todo EN CASO NECESARIO INICIAR RECONSTRUCCIÓN Y GRATIFICACIÓN	
FUSION CON EL NIÑO	Dejar que reconozca quien es el niño mirándole fijamente a la cara. Después fusionarse con el dejando que el niño quede protegido dentro de su corazón. Escuchar el mensaje que le envia el niño al adulto. EN CASO NECESARIO INICIAR RECONSTRUCCIÓN Y GRATIFICACIÓN	
Otras anotaciones		**GRATIFICACION GENERAL AL FINAL DE LA SESION** **HORA DE FINALIZACIÓN:** **ESTADO DEL PACIENTE:**

Figura 7

El espacio entre vidas

El siete de noviembre de 1993, después de poco más de un mes de su ingreso, moría mi padre en el hospital 1 de Octubre en Madrid, como consecuencia de una insuficiencia hepática que le fue apagando la vida poco a poco, de la misma forma que se va consumiendo una vela: lenta y apaciblemente.

Justo unos días antes de que esto ocurriera, él nos había pedido a todos los de la familia que quería ir a misa, cosa que a mí me extrañó porque mi padre nunca había creído demasiado en los asuntos religiosos, pero por supuesto era muy de respetar y así lo hicimos. Los dos últimos días ya no pudo levantarse de la cama y en lugar de llevarlo a la capilla del hospital, el sacerdote subió a verlo y a darle la extrema unción. Su cara estaba relajada y como preparado para hacer "el largo viaje".

El último día con vida yo supe claramente que ya nos dejaba porque aquella tarde comenzó a delirar y en sus "sueños" hablaba con su madre y su tía que venían a recibirlo. Les expresaba su alegría y preguntaba si lo llevarían a ese lugar de reposo y tranquilidad que tanto anhelaba antes de iniciar un nuevo camino. Yo me pasé largas horas escuchando aquellas conversaciones que se vivían en su mente, pero con un diálogo tan coherente e hilado que sentía en ocasiones como si en aquella habitación del hospital hubiera un gran grupo de familiares que venidos "del otro lado", preparaban el camino para su marcha. Esa misma noche falleció tranquilamente y con una gran paz que se reflejaba a través de una sonrisa en su cara.

Recuerdo lo mucho que me impactó aquella experiencia porque sentí claramente que había mucha más información de lo que conocemos sobre la "vida": que la muerte no es el desenlace final y ahí termina todo, sino que es un eslabón más de la cadena de nuestra evolución, un simple paso en nuestro camino, una nueva parada del largo recorrido que realiza nuestro tren y que lo único que sucede con nuestra verdadera esencia, es que se produce una transmutación y cambio de vibración, dando un nuevo giro para dejar un cuerpo material que se tomó prestado por un tiempo y que llegado el momento, sabe que es hora de desprenderse de él para cambiar y poder seguir creciendo espiritualmente.

Si bien desde hacía varios años ya había tenido una aproximación a pacientes terminales para intentar apoyarlos y ayudar en sus últimos momentos, quizáss la experiencia personal vivida directamente con mi padre, fue el desencadenante para que desde ese preciso instante me centrara más en el trabajo con enfermos terminales y tratar de hacerles ver que la muerte, tal como se nos ha mostrado en nuestra cultura, no es cierta; es pura fantasía creada por nosotros, ya que siempre ha sobrevolado sobre nuestras cabezas la amenaza de este final y sus posibles consecuencias negativas a la hora de rendir cuentas a un Ser Superior, manejándolo todo ello como un tabú del que es mejor no hablar y de ser posible huir de la manera más rápida.

En todos estos años me he dado cuenta de que en los "momentos finales" las personas, en general experimentan las mismas sensaciones que mi padre, y es esa creencia la que me da fuerzas para mostrarle a mis pacientes el camino para ir en paz y sin luchar por aferrarse a esta vida material. Ya hemos visto en el capítulo de "Las vidas pasadas", cómo dependiendo de la manera de afrontar ese tránsito, una persona se puede llevar consigo cargas energéticas emocionales negativas que arrastrará a otras vidas posteriores y la condicionarán a crear diferentes patrones de supervivencia. Es por esta razón que es fundamental que su paciente despierte a ese conocimiento y actúe coherentemente aprendiendo a recibir esa fase de su "vida" como una etapa más que hay que pasar para recibir la recompensa final.

Sé que habrá mucha gente que al leer estos párrafos se echarán las manos a la cabeza comentando que todo esto es simplemente producto de la fantasía o la ficción de un grupo de chiflados en el mundo, pero como siempre digo, lo realmente importante es si esto ayuda a sus pacientes a mejorar su calidad de vida y lo terapéutico que puede resultar este proceso para muchos de ellos. Por este motivo, si sirve, lo trabajamos incorporándolo a la terapia.

A lo largo de las experiencias que he tenido en estos años, suelen darse unos comunes denominadores en casi todos los pacientes que experimentan esta "etapa entre vidas" sin tener que depender de ello su condición de creyentes en la reencarnación, ya que se dan estas vivencias tanto en estos primeros como en ateos, agnósticos, budistas, cristianos, judíos, musulmanes...

¿Cómo llevar al paciente al "espacio entre vidas"?

La manera más sencilla para llegar a este "espacio entre vidas" es revivir con el paciente una "supuesta vida anterior" hasta el momento de la muerte; dejar que se produzca la misma y seguir avanzando para que vea y sienta hacia dónde va su energía. A partir de aquí, estos son los aspectos más comunes que he observado que se repiten en casi todo el mundo:

1. Después del momento de la muerte suelen aparecer sensaciones de experiencia de túnel –al igual que con las ECM– y la persona experimenta una metamorfosis sintiendo cómo se desdobla y cambia un cuerpo físico por una energía que se mueve fuera del campo material.

Se ve así, desde esta perspectiva, observando su fisonomía y sintiendo cómo comienza a ascender. La primera sensación es notar cómo la materia se desvanece y se convierte en una especie de humo para más tarde sentir cómo se va desintegrando, formando parte de la Unidad y yendo hacia otro lugar como si fuera un globo que sube suavemente y se aleja sin parar.

2. Normalmente, al salir de la envoltura material y elevarse, se encuentra un poco aturdido sin saber exactamente qué está sucediendo; por esa razón, en muchos casos quiere regresar y muchas personas intentan aferrarse a ese cuerpo físico, negándose a aceptar que están muertos y esto hace que su alma no pueda encontrar el camino de acceso a ese "espacio", quedándose atrapados en otro nivel de vibración, en otro plano de conciencia y más apegados al mundo terrenal. Esto podría dar respuesta a los fenómenos denominados "fantasmas".
3. Sobrepasada esta fase, en ocasiones siente como una fuerte vibración musical y voces muy agradables, diferente a las que puede reconocer en la vida terrenal que suelen ser muy cautivantes y un alivio para su alma.

Es importante tener en cuenta que desde que se desprende el cuerpo sutil –el alma– no estará totalmente desvinculado de su cuerpo físico sino que seguirá unido por un periodo de tiempo que puede llegar en algunos casos hasta 24 horas. Les une el denominado *cordón de plata* y hasta que éste no se desprende del todo, sigue estando en los dos sitios a la vez. Por esa razón, cuando un familiar acaba de morir, no hay que estar apenados ni llorando demasiado porque podemos retenerlo entre nosotros más tiempo sin que él sepa exactamente lo que está sucediendo ni dónde se encuentra. A través de la oración conseguimos que su tránsito se haga con mayor rapidez.

Dependiendo de las diferentes culturas y costumbres existentes en el mundo, estos momentos son vividos y sentidos desde planos de aceptación emocionalmente muy dispares. En muchos países orientales la muerte simboliza la liberación de las penas y las preocupaciones, ya que por fin se le permitirá al alma el acceso al reino del espíritu –los chinos, por ejemplo, celebran una fiesta en honor al difunto– atravesando el puente que le conducirá a otra etapa de formación.

Al llegar a ese "espacio entre vidas"

Las sensaciones que experimenta al llegar a este lugar suelen ser como las descritas en lo que definiríamos como el paraíso. Un lugar de luz y de paz inmenso donde no existe ni el espacio ni el tiempo, y en donde todo está bien.

Del mismo modo que sucede en las ECM, seres queridos y Guías aparecen a su encuentro para darle la bienvenida. Usualmente suele vérseles como energía y algunas veces también se les percibe como adentro de burbujas que flotan por el espacio.

¿Qué hacemos en este lugar?

El "espacio entre vidas" o "Bardo Thödol", tal como lo llaman en el Tíbet, es un lugar donde permanece durante un periodo de tiempo para aprender cosas y prepararse para seguir evolucionando. Es como si estuviera en la universidad y cada persona está en distintas facultades y estudiando diferentes asignaturas en función de los conocimientos que necesita adquirir para su graduación. El ritmo de aprendizaje varía en función de cada individuo. Es por esta razón que a veces, algún ser muy querido en una vida anterior inmediata, no se encuentra en este lugar al que se llega, ya que él puede estar en otro nivel de evolución y vibración.

El tiempo que se pasa aquí sirve para plantearse qué cosas se hicieron mal en esa vida y qué debe cambiar. Suele mostrarse una proyección rápida y panorámica de toda la historia de ese personaje, que le permitirá hacer una revisión de la misma deteniéndose en los acontecimientos que considere más relevantes para poder analizar y recapitular cada uno de sus actos terrenales y si éstos han sido los correctos o no. Este es un lugar para reflexionar sobre actuaciones pasadas, aprender de los errores y una vez asumidos todos ellos, en determinado momento volver a la Tierra para trabajar sobre aquello que aún falta por mejorar.

En este lugar se produce una gran expansión de conciencia y hay tiempo para reflexionar, comprender, aceptar y ser uno mismo su propio abogado, fiscal, juez y jurado, teniendo la capacidad de poder valorar los actos que se han realizado en todo ese tiempo y las consecuencias de los mismos, reconociendo lo que aún le queda pendiente para su próximo escalón en la evolución. Por lo tanto, su estancia en este lugar le permitirá reflexionar y engrasar de nuevo la maquinaria para seguir trabajando, pero esta vez ajustando y sincronizando mejor las piezas del engranaje. Allí se obtienen las respuestas al por qué de tantas cosas que suceden en su presente, así como darse cuenta de que la elección de los padres, parejas, hijos, amigos, y el entorno y situación económica en la que uno vive, fue una elección tomada por uno mismo. En el momento de aparecer las respuestas a los *por qué* de su vida actual, se produce el entendimiento con una perspectiva mucho más amplia del pasado, se difuminan los reproches y permite que su paciente se prepare para un nuevo presente, liberando toda la tensión y lastres acumulados posibilitando que comience a ser dueño y responsable de su destino, sabiendo los diferentes pasos que tiene que dar a partir de ese momento para conseguirlo.

¿Cuándo se regresa?

No está obligado a regresar en un periodo concreto de tiempo sino que puede esperar el tiempo que considere necesario para elegir las circunstancias, el tipo de familia y el cuerpo físico idóneo para su nuevo aprendizaje, planteándose cuál será la estrategia que llevará a cabo para hacer todo este camino que le queda aún por recorrer.

Cuando el alma se incorpora en un nuevo cuerpo físico, la sensación que se tiene es como la de ser lanzado a través de una espiral para de repente tomar conciencia de estar de nuevo en el vientre de la madre.

Veamos a continuación algunos ejemplos de sesiones sobre este "espacio entre vidas":

Lucía está reviviendo una sesión de vida pasada donde fue una monja y un hombre abusó de ella, y para defenderse lo mató clavándole unas tijeras en el cuello. Después de eso la juzgaron y condenaron a pasar el resto de su vida en una cárcel. Esto ocurre cuando ella tiene 35 años y llegamos hasta el momento de la muerte que se produce a los 77 años. Aquí se retoma la sesión:

> **Paciente:** Creo que no hice lo correcto, debería haber buscado otros caminos. Siento que ya he pagado con creces la pena. Me veo en una cama, es una habitación más grande. Me han sacado de la celda y me han traído al convento a morir. Ya me está fallando todo, siento dolor en el estómago. No puedo comer.
>
> **Terapeuta:** ¿Estás sola?
>
> **Paciente:** No, hay un niño de unos 11 ó 12 años. Es mi nieto.
>
> **Terapeuta:** ¿Has tenido hijos?
>
> **Paciente:** Tuve una hija como consecuencia de aquella violación, pero ella murió hace unos años; creo que murió de alguna fiebre.
>
> **Terapeuta:** ¿Y con quién está ahora el niño?
>
> **Paciente:** Lo cuidan las monjas y está bien con ellas.

Terapeuta: Sigue avanzando en el proceso a ver qué ocurre.
Paciente: Empiezo a sentirme como aspirada. Siento libertad, soy como un gas, siento a más personas a mi alrededor y sigo subiendo, elevándome, ya he parado de subir; estoy en el aire, siento penuria, sé que tendré que renacer.
Terapeuta: ¿Puedes comunicarte con esas personas de tu alrededor?
Paciente: Con alguno de ellos sí que puedo, son amigos y familiares. Reconozco a mi padre y a mi abuela. Siento mucha alegría al verlos *(comienza a llorar).* Vienen a ayudarme, están aquí para acompañarme y que no me sienta sola. Ahora estoy mejor.
Terapeuta: Muy bien, sigue avanzando las imágenes, ¿qué más ocurre?
Paciente: Mis familiares me dicen que tengo que aprender a vivir en paz y enfrentarme a tiempo a las cosas. Ahora me llevan ante la presencia de un hombre que está haciendo una valoración de mi vida.
Terapeuta: ¿Cómo es esa persona o Ser?
Paciente: Es moreno, delgado, tiene cuerpo físico pero también es energía. Es alguien que me quiere ayudar.
Terapeuta: ¿Cuál es la valoración de tu vida? ¿Qué te dice?
Paciente: La información me llega a través de sensaciones, siento que me comenta que todo es para perdonar el daño. Debo aprender a saber perdonar a aquel hombre que me hizo daño y a los que me dieron de lado. Tengo que perdonar, lo voy a hacer.
Terapeuta: Y eso, ¿para qué te va a servir?
Paciente: Para poder llegar al fin, encontrar la paz.
Terapeuta: ¿Reconoces a alguna de esas personas que te hicieron daño en tu vida actual?
Paciente: Sí, el hombre es mi hermano mayor en mi vida actual. El niño es mi otro hermano, el pequeño, a éste sé que tengo que ayudarle a crecer, preocuparme de él. La mujer que me condenó *(se refiere a otra monja que en el juicio declaró en contra de ella diciendo que había sido un crimen en lugar de un acto de defensa propia)* es mi madre actual. Tengo que saber esperar, no hundirme, saber esperar y tener fe.

Terapeuta: Pues tienes un reto grande ante ti en esta vida, ¿cómo lo ves? *(se le comenta esto porque la paciente tiene serios enfrentamientos en su vida actual, tanto con la madre como con su hermano mayor).*

Paciente: Complicado, pero lo podré conseguir. Tengo que volver y reencarnarme dentro del cuerpo de mi madre.

Terapeuta: ¿Cuándo lo vas a hacer?

Paciente: Es todo un plan que necesita tiempo. El hombre *(se refiere a la figura del hombre moreno que apareció al principio)* me va a ayudar. Dice que siempre va a estar conmigo.

Terapeuta: ¿Puedes preguntarle su nombre?

Paciente: Miguel, ése es su nombre.

Terapeuta: Pregúntale si puedes llamarlo en momentos en que necesites ayuda.

Paciente: Me dice que sí, que no hay problema en ello.

Terapeuta: Muy bien, pues ahora vamos a ir al momento de la reencarnación, a ver qué sucede.

Paciente: Comienzo a descender muy rápido por un conducto, es como un tubo de energía; siento que me imbuye, me lleva directamente al útero de mi madre... ahora me siento un poco incómoda, pero bien.

Terapeuta: Ahora sabes que vuelves con un nuevo proyecto de vida.

Paciente: Sí. Aprender a perdonar. Por eso elegí que en esta vida se tengan esos roles, porque debo aprender a hacerlo desde esta posición difícil.

Terapeuta: ¿Y cómo lo vas a hacer?

Paciente: Queriéndoles sin preocuparme de los hechos; sólo debo quererlos.

Terapeuta: ¿Y estás dispuesta a ello?

Paciente: Sí.

En esta sesión vemos cómo la paciente muestra las diferentes etapas que se estructuraban en la parte teórica: la sensación de ser absorbida hacia arriba al salir del cuerpo y pasar a ser una sustancia gaseosa; la aparición de familiares a su encuentro, la llegada del Guía y la recapitulación de su vida; entender su propósito de nueva vida, sus consecuencias y plantearse que ésta le traerá una nueva forma de vivir sus conflictos en la actualidad para por último, regresar para renacer a esta vida actual con un claro objetivo que tiene que conseguir, y que en este caso era "aprender a perdonar a los que le hicieron daño" para de esa forma, sin odios ni rencores, poder alcanzar la paz y tranquilidad ansiada desde hace tanto tiempo.

Veamos una segunda experiencia con otro paciente:

Paciente: Estoy en una cama acostado. No me veo triste ni preocupado. Tengo unos 50 años.

Terapeuta: ¿Sabes de qué estás muriendo?

Paciente: Siento que me cuesta mucho respirar; creo que debe ser algún problema en los pulmones. Siento mucho dolor y presión en el pecho. Es como alguna enfermedad de los bronquios y parece que no hay ningún remedio; tengo todo el rato flemas que no me dejan respirar, no puedo expulsarlas porque no tengo fuerzas, siento que el cuerpo se desvanece.

Terapeuta: Sigue avanzando, ¿qué más sucede?

Paciente: Siento como que me desdoblo, siento mucha paz, veo el cuerpo, es como un trozo de nada, de carne; viéndolo ahora parece que tiene peor pinta que antes, es algo como inerte, soy como un humo pero con luz, como naranja. Veo a mi hija que se ha quedado un poco mal junto al cuerpo. Está llorando; me preocupa, tengo la sensación como si les hubiera abandonado, y esto me hace sentir con ganas de intentar decirles que estoy bien, que todo está controlado, pero no puedo llegar a ella.

Terapeuta: Ahora, ¿hacia dónde vas?

Paciente: No sé, voy como flotando hacia arriba, hay muchas luces, muchos humos que también están a mi alrededor; nos mezclamos, hay amarillas, blancas, naranja... creamos como una armonía, estamos casi mezclándonos; todavía no soy capaz de comunicarme con las otras energías. Nos sentimos bien pero no sabemos quiénes somos cada uno. Ahora parece que ha habido un estallido, como una explosión y unos cuantos de nosotros bajamos otra vez. He visto como si

entrara alguien que ha creado la explosión. Me ha parecido que algunos nos juntábamos como si nos conociéramos de antes, no hemos hablado pero es la sensación que tengo. La explosión es como una onda muy fuerte; en el centro hay una energía muy grande. Nos ha expulsado y el humo toma como una forma humana. La explosión no duele pero es un poco traumática. He sido lanzado y ahora me siento como que estoy pegado contra una pared; se está tranquilo pero ya no es como antes, ya empiezo a sentir cosas físicas, dolor a veces. Antes no sentía nada, todo era paz. Ahora siento convulsiones, balanceos, como si me empujaran cosas más violentas. También veo ahora que hay necesidad como de hacer algo, esforzarme para sobrevivir; me muevo pero ya no floto, ahora tengo que hacer esfuerzo por las cosas, tengo la sensación como si estuviera en una mecedora. Siento que estoy otra vez en cuerpo físico y dentro de mi madre, empezando a crecer.
Terapeuta: ¿Sabes para qué estás aquí otra vez?, ¿qué es lo importante que tienes que aprender?
Paciente: No lo sé.
Terapeuta: Pues entonces quiero que retrocedamos de nuevo y volvamos antes del momento de la explosión, cuando aún eras luz. Vamos a ver qué pasa: 3, 2, 1… ¡Ahora!
Paciente: Ahora vuelvo a sentirme otra vez luz. Me llega información de que en un momento dado tuve que elegir a quién salvar y opté por mi familia y debo haber dejado "colgado" al resto de la gente. He sido egoísta *(en esa vida pasada, él era el responsable de mantener y dar de comer a dos familias, pero como eran demasiado pobres y no podía sustentar a todos, al final decidió irse solo con su familia a otro lugar).*
Paciente: Hay unos seres que se acercan, son otras luces como yo y me vienen a decir que no los pude proteger y que se quedaron allí solos y no pudieron sobrevivir. Había más gente que dependía de mí y yo opté sólo por mi familia directa y los otros más débiles se murieron, son los que ahora están aquí alrededor mío. Son tres.
Terapeuta: ¿Y cuál es el mensaje que debes aprender?

Paciente: Debo aprender a universalizar más la ayuda. Ser bueno con todos, no hacer elecciones gratuitas aunque intentar proteger a todos es imposible; pero sobre todo, no debo abandonar a la gente. Debo hacer todo lo que pueda por los demás.

Terapeuta: ¿Reconoces en esas tres personas alguna que tenga que ver algo contigo en tu vida actual?

Paciente: Creo que una era mi mujer, debo demostrarle que sí he aprendido, que no la abandoné nunca hasta el final de su vida; que lucho, que sigo avanzando. Creo que hay algo anterior que es un reproche permanente de mí hacia mí mismo. Intento demostrar constantemente que he aprendido.

Terapeuta: ¿Qué más cosas te hacen ver en esta situación en la que te encuentras ahora?

Paciente: Me hace ver cosas que hago, el exceso con respecto a casi todo el mundo, soy muy protector, muy leal, muy fiel; en parte me tranquiliza porque he venido a aprender eso, intentar unir más a la gente sin hacer elecciones. Quiero ayudar a los desprotegidos, a los que para sobrevivir deben hacer cualquier cosa y repartir con los que no tienen nada. Me quiero sentir querido y respetado, y querer y respetar a los demás y así conseguir la paz interior; que todo esté en armonía.

Terapeuta: Muy bien, pues ahora se va a producir otra explosión y vas a sentirte nuevamente en la playa de donde empezaste el trabajo de hoy: tres, dos, uno... ¿Cómo te sientes ahora?

Paciente: Me siento más tranquilo, con mucha menos carga, más libre, distendido y disfrutando; me veo más yo, más individuo. Me permite más cosas, hacer lo que tengo que hacer con otra perspectiva, como si ya no fuera un cordón umbilical con el resto del mundo. Soy individuo y como tal hago con respecto a los demás.

Es interesante repasar esta sesión, ya que una de las cosas que trajo a Gerardo a consulta, fue precisamente el exceso de preocupación por todos sus seres queridos. Lamentablemente poco tiempo atrás había fallecido su mujer de un cáncer de seno *(véase que él también muere con una enfermedad pulmonar en esa vida pasada),* y para él existía un sentimiento de culpa, de abandono, por no haber podido hacer nada por ella. Pocos meses antes de realizar esta terapia había encontrado a una nueva pareja de la que estaba enamorado, pero a su vez sentía constantes ataques de pánico con sólo pensar que pudiera pasarle algo y nuevamente llegara la sensación de haberla abandonado. En su vida de pareja mantuvo permanentemente un exquisito trato con su esposa y siempre, hasta el último instante, estuvo muy preocupado y atento a ella; esta pauta de comportamiento era fija, tanto en su vida familiar –preocupado por atender a padres, esposa, hijos– como en su entorno de trabajo, siempre ayudando a sus empleados, o en su entorno social donde ha mantenido muchas amistades sabiendo que todo el mundo encuentra en él a un gran amigo en quien confiar y pedir ayuda si es necesario. El problema era que ese patrón de comportamiento lo había llevado a límites extremos hasta convertirlo en patológico, pensando única y exclusivamente en los demás antes que en él.

Afortunadamente este trabajo le sirvió para encontrar ese patrón creado y comenzar a soltar responsabilidades ajenas. Esta nueva forma de actuar mejoró sus estados de ansiedad entendiendo realmente cuál era su cometido en esta vida, pero no haciéndole sentir que debía ser el "salvador y protector del mundo".

El teatro del mundo

Grecia, cuna del nacimiento de las ciencias, tal como las estudiamos hoy en día, también creó el teatro en el siglo VI a.C. como vía para homenajear las hazañas de sus Dioses y leyendas mitológicas, consiguiendo rápidamente expandirse a Roma y después al resto de Europa, siendo en la actualidad un medio maravilloso de ocio y expansión de las personas, que nos permite llorar y reír sanamente drenando con ello las tensiones del día a día.

La fuerza del teatro radica en que la simbología opera directamente en el inconsciente del individuo de manera rápida para revelar la información escondida, aflorar emociones y permitir, a través de su representación, que se produzca el alivio del alma. Desde que inicia la obra, el espectador poco a poco se va fascinando y envolviendo en el guión que le atrapa con la fuerza de sus palabras, hasta tal punto que cuando quiere darse cuenta, está totalmente identificado con los personajes y proyectando a través de ellos los sentimientos de su historia real; por esa razón, cuanto mayor sea la capacidad de expresar, mayor será el grado de liberación de los problemas que se tenían guardados.

En los años 50's el doctor Levy Moreno desarrolló un estilo terapéutico al que llamó "Teatro de la improvisación", a través del cual, sus pacientes, escenificando una obra con guiones –a veces reales y otros imaginarios– y haciendo intercambio de roles, podían darse cuenta de cómo estaba esa historia repercutiendo en sus vidas reales y al provocarse la catarsis, conseguían resolver o mejorar sus problemas. Más tarde estos inicios serían los pilares sobre los que estructuraría el psicodrama. Años después, otros investigadores como Bert Hellinger –*Constelaciones Familiares*– o Alejandro Jorodowsky –*El cabaret místico*–, también desarrollarían un enfoque terapéutico basado en los principios de Moreno.

Shakespeare dijo que el mundo es un gran teatro del que todos formamos parte, y donde cada uno de nosotros representamos un papel en la obra; por supuesto que es importante saber cuál es el nuestro en relación con el entorno en el que nos movemos, pero lo primordial es reconocer primero nuestra verdadera esencia cuando somos capaces de mirarnos solos frente al espejo del camerino una vez bajado el telón, sin los maquillajes y atrezos de la ambientación. Por esa razón, debe usted hacer que su paciente sea capaz de enfrentarse a su verdad, y para ello, al construir este escenario, tendrá que ir adentrándose hasta llegar a las profundidades de su Ser y reconocerse para poder entender lo que ocurre dentro de su mundo interior. Siguiendo la filosofía de Jesús: "Para amar a los demás debes primero amarte a ti mismo", o como dijo Buda: "Conócete a ti mismo si quieres conocer a los otros".

A través de la proyección simbólica de la representación y de manera espontánea, salen a flote los conflictos reales que hasta ese momento permanecían inmersos en las profundas aguas del océano del inconsciente. Por esta razón, mi propuesta es que el paciente trabaje en su teatro y desarrolle su propio guión interior, ya que esto le facilitará la llave que le permita conocer el desenlace de su principal obra de teatro: su propio sentido de vida.

Para iniciar este trabajo debemos partir de la idea de que hay una serie de comportamientos en la manera de actuar de las personas que determinan su perfil psicológico. En primer lugar, el interesado debe conocer cuáles son estas actitudes; algunas serán muy válidas y de las que se sienta orgulloso de tener. Sin embargo hay otras que lo condicionan en sentido negativo y las vive como una losa que tiene constantemente encima y que le impide ser feliz. Pero lo más grave, es que en la inmensa mayoría de los casos son actitudes sin identificar; es decir, modelos inconscientes, por lo que no sabe que están incidiendo en él de manera negativa. Por estas razones, el escenario del teatro será un lugar idóneo para recrear su gran obra.

Una vez que el paciente se encuentra en un estado ampliado de conciencia, haga que visualice un teatro y que le describa a detalle cómo es el escenario que tiene frente a él. Deje que el teatro se llene de público y que mire por si reconoce a algún espectador entre los asistentes. Ahora coméntele que cuando usted se lo indique, va a observar los dos laterales del escenario –por donde salen los actores– y sin forzar las imágenes, simplemente siendo "el observador", irán apareciendo seis elementos –personajes, animales, símbolos, muñecos, objetos–, tres por cada lado, que son los que representarán su obra. Los de la derecha, cuya zona se encontrará más iluminada que la contraria –recuerde la Ley de Desplazamientos–, serán sus puntos fuertes, sus fortalezas; y los de la izquierda, serán las cosas que debe mejorar. No he mencionado las palabras "puntos débiles", ya que creo que es un término que incide negativamente en el sujeto y además, hay que partir de la base de que no hay ninguno de tal calibre; sencillamente hay formas de actuar que no nos han favorecido y son las que debemos intentar modificar.

Su paciente deberá subir ahora al escenario para presentar la obra que los espectadores van a ver y que además será interactiva, de modo que cualquiera de los asistentes que se encuentran en la sala, en algún momento podrán participar en la misma si se considera apropiado, e incluso hacer comentarios sobre si el guión se va desarrollando con hilaridad y coherencia. Hay que tener en cuenta que el éxito y calidad de la obra lo dirá el público y no el creador de la misma, igual que ocurre en la vida real. A partir de este momento se iniciará la acción.

Normalmente se comienza por los objetos o personajes que salieron por el lado derecho –los positivos–. El paciente debe acercarse a cada uno de ellos e identificar qué representan. Podrá hablar con los mismos, tocarlos, meterse dentro... hasta que sea capaz de reconocer cuáles son esos elementos que modelan su bastón de apoyo. Es interesante observar cómo personas con crisis depresivas, con muy baja autoestima o con grandes sentimientos de culpabilidad, descubren que aún queda dentro de ellos, en alguna parte, un rescoldo de fuego que al reavivarlo, les permitirá reiniciar la lucha para conseguir su libertad.

Cuando haya terminado con todos los de la derecha, debe hacer lo mismo con los de la izquierda. En este lado, además, es necesario saber cuándo se incorporó en su vida el significado de cada símbolo o personaje. Para averiguarlo, haga que el sujeto se conecte con cada uno de los objetos a través de las emociones que le proyectan y que vaya a buscar los momentos reales de su vida que dieron origen a la creación de esa alegoría. Una vez allí, es importante que reviva las emociones que iban unidas a las escenas concretas sin la censura que las está bloqueando a nivel consciente. Sólo de esta manera podrán emerger facetas de su personalidad que en ningún momento hubiera creído tener dentro de él, y de esa forma ir debilitando los núcleos de energías negativas acumuladas en su cuerpo.

Después deberá volver al escenario y buscar, apoyándose en los objetos positivos, la manera de eliminar o transformar a sus contrarios. A partir de este momento se podrá mantener un enfrentamiento entre las partes, llegar a acuerdos, negociaciones, remodelaciones, alianzas, etcétera. Hay infinidad de vías y cada paciente le dará un desenlace diferente al guión.

Usted debe inducir lo menos posible y si en algún momento su paciente le solicita ayuda porque no sabe cómo continuar, entonces dígale que puede pedir la opinión del público –Ser interior, intuición, súper "yo", inteligencia superior–. Esta es una vía para autorresponsabilizarse y tomar las riendas del carruaje que dé sentido y rumbo a su vida.

La obra no podrá darse por finalizada hasta que todos los personajes del lado izquierdo se hayan disuelto, desaparecido o transformado. Al finalizar todo esto, debe saludar al público y observar qué hace: ¿Aplaude?, ¿abuchea?, ¿se ha puesto de pie? Si la reacción es positiva, pregunte al paciente qué siente en esos momentos y deje que las sensaciones agradables recorran todo su cuerpo y que sus células experimenten este placer. Después, regréselo de nuevo al estado de vigilia pero que se traiga toda esa riqueza de experiencias positivas que ha experimentado en su Teatro.

En el caso de que el público no esté contento y se burle de él, entonces debe hacer que el paciente solicite de ellos una explicación, un consejo; que los escuche y se deje llevar por sus sugerencias. Cuando se estrena una obra y resulta ser un fracaso, lo que debe hacer el autor es ver dónde se equivocó, qué es lo que no gustó y aprender de todo ello, e inmediatamente ponerse en marcha, reaccionar y crear otra nueva que obtenga el beneplácito del público. Esto es actuar en positivo, de manera constructiva, y estar vivo. Si se proyecta esta forma de ser y actuar al escenario virtual del teatro terapéutico, los resultados serán exactamente los mismos. Por esa razón, el paciente deberá modificar su obra y ver la nueva puesta en escena en la próxima sesión para contrastar con la primera, y observar cómo ahora sí se han conseguido los resultados esperados y es todo un éxito para el público en general. Usted deberá controlar en todo momento que los acontecimientos se van desarrollando en una línea coherente con el trabajo que está persiguiendo. Si advirtiera que el sujeto se desvía demasiado del camino, deberá intervenir para reconducirlo.

Veamos el caso de Germán, un hombre de 32 años, le gustan los hombres pero que no acababa de aceptar su homosexualidad, ya que estaba muy condicionado por lo que pudieran pensar los demás, sobre todo su familia que en una falsa moral, todos lo sabían pero nadie lo había comentado abiertamente. Todo transcurría como si no pasara nada. Tenía dos hermanos, ambos drogadictos, y mencionaba que su padre siempre había tenido un carácter muy fuerte y dictatorial. En las últimas semanas había tenido un serio conflicto con su pareja, con la que llevaba saliendo dos años y estaba pensando en dejarlo, ya que la situación cada vez se hacía más crítica.

Estos son los personajes y objetos que salieron para la puesta en escena de su obra:

- **Como símbolos positivos** –los de la derecha– aparecieron una niña, un caballero con armadura y un prisionero.
- **Como símbolos negativos** –los de la izquierda– salieron a escena una chica en bikini, un calcetín y el ojo de Dios.

Veamos cómo se desarrolló la sesión:

Terapeuta: Muy bien, ahora dime: ¿Cómo es el teatro?

Paciente: Es bastante grande. Es un cine antiguo, ¿te acuerdas del teatro Alcalá Palace? Pues es muy parecido.

Terapeuta: Muy bien, pues fíjate en sus detalles, ¿hay algo que te llame la atención?

Paciente: Sí. En la puerta hay un gran cartel anunciando la obra. Estoy dentro de un círculo y alrededor la gente me tira piedras. Es una lapidación.

Terapeuta: ¿Puedes ver el nombre de la obra?

Paciente: No.

Terapeuta: ¿Quieres ponerle un nombre?

Paciente: No sé. La gente está como loca tirando piedras y yo estoy indefenso sin moverme, yo no he hecho nada pero ellos creen que sí. Por eso me tiran piedras.

Terapeuta: Entonces, ¿qué nombre se te ocurre que podemos ponerle a la obra?

Paciente: La gran confusión.

Terapeuta: ¡Me parece un nombre estupendo! ¡Pues venga! Vamos a entrar al teatro.
Paciente: Ya estoy adentro.
Terapeuta: Ahora quiero que te sitúes en la primera fila del patio de butacas.
Paciente: Ya está.
Terapeuta: Muy bien, pues ahora deja que se abran las puertas y que entre el público. Cuando esté todo lleno, me lo dices.
Paciente: Ya está.
Terapeuta: Ahora, deja que salgan los personajes u objetos que van a representar la obra y fíjate bien porque van a aparecer seis; tres por cada lado del escenario. Por la derecha saldrán personajes, objetos o cosas que representan algún aspecto positivo de tu vida, cosas importantes para ti. Por el lado de la izquierda las cosas o personajes que aparezcan van a ser aquellos aspectos más feos que te están fastidiando desde siempre, que te tienen lastrado y no te dejan avanzar. ¡Venga! Deja que salgan y me vas diciendo lo que va apareciendo.
Paciente: Por la izquierda sale una chica en bikini y lleva un gran cartel con mi nombre. Menea mucho el *culo* y toda la gente del teatro le dice cosas.
Terapeuta: ¿Qué cosas le dicen?
Paciente: Tía buena, maciza, que le van a echar un polvo...
Terapeuta: Y tú, ¿cómo te sientes viendo a esta mujer?
Paciente: No me gusta, es guapa pero no me gusta. Presume mucho y le gusta que la miren. Es como yo cuando me voy de *farra*, la gente me mira mucho. Es la parte más exhibicionista de mi persona.
Terapeuta: Muy bien, pues deja que se quede en el lado de la izquierda y vamos a ver qué más cosas salen.
Paciente: Ahora sale un calcetín.
Terapeuta: ¿Por qué lado ha salido?
Paciente: También por la izquierda.
Terapeuta: ¿Qué hace?
Paciente: Nada, está parado.
Terapeuta: ¿Qué sensación tienes al verlo?

Paciente: Huele muy mal, está usado y bastante roto. La chica del bikini se aleja de él.
Terapeuta: Muy bien, pues vamos a seguir a ver qué más sale.
Paciente: Por la derecha sale una niña. Le da vergüenza salir.
Terapeuta: ¿Y tú cuál crees que es la razón de que tenga vergüenza?
Paciente: Es que hay mucha gente que la está mirando.
Terapeuta: ¡Ah, claro! Pero bueno, dile que no se preocupe y que se olvide de la gente. Déjala en ese lado y mira qué más va saliendo.
Paciente: Ahora ha salido un caballero con armadura montado en un caballo blanco, y detrás sale un prisionero. Está en muy mal estado, tiene mucha barba y está muy delgado.
Terapeuta: Oye, ¿por qué lado han salido estos personajes?
Paciente: Por el mismo que la niña, por la derecha. A la niña le da un poco de miedo el preso. ¿Te acuerdas de la película del *Conde de Montecristo*? Pues es de ese tipo. Va con la ropa medio rota, pero parece buena persona.
Terapeuta: Estupendo, ya tienes todos los personajes de la derecha. Ahora fíjate ya que falta uno por salir del lado izquierdo. A ver qué sale.
Paciente: Dios.
Terapeuta: ¿Qué pasa?
Paciente: Ha salido Dios.
Terapeuta: A ver, cuéntame qué es eso. ¿Cómo lo ves?
Paciente: Es el ojo de Dios. Está volando sobre la chica del bikini y sobre el calcetín.
Terapeuta: ¿Y ha salido por la izquierda?
Paciente: Sí, sí, es que no es bueno, no me fío de él, me da miedo. Está metido dentro de un triángulo y el ojo me observa. Observa a todo el mundo. Aunque te escondas debajo de la butaca, él te sigue viendo.
Terapeuta: Bueno, déjalo ahí y vamos a empezar. Ya tienes a todos tus personajes; ahora quiero que subas al escenario y presentes la obra a los asistentes.
Paciente: Ya estoy arriba pero la gente me abuchea, es la misma imagen del cartel de afuera, pero en vez de tirarme

piedras me tiran tomates. Me están manchando, quieren que me vaya, no les gusta que esté aquí.
Terapeuta: Bueno, tú tranquilo. Ahora les vas a decir que vean la obra y si al final no les gusta, que te tiren tomates... pero no antes.
Paciente: Ya lo he hecho y se pusieron de pie. Me observan intrigados a ver qué va a suceder.
Terapeuta: Eso es una buena señal porque están interesados en ti. Vamos a ver qué pasa. Ahora quiero que se apaguen todas las luces del teatro, salvo las del escenario y empieces con tu obra. Tenemos que saber qué representan las diferentes cosas que hay aquí. ¿Con cuál quieres empezar?
Paciente: Ya sé lo que es la chica del bikini, es mi parte exhibicionista. Es esa faceta que siempre enseño a los demás. Es una fachada que no me gusta.
Terapeuta: Y si no te gusta, ¿para qué la sigues manteniendo?
Paciente: Es para protegerme, así no saben quién soy.
Terapeuta: ¿Y tú quién eres en verdad?
Paciente: No lo sé.
Terapeuta: ¿Por qué no les preguntas a los de la derecha?
Paciente: El preso.
Terapeuta: ¿Qué pasa con el preso?
Paciente: No lo sé, es como si quisiera decirme algo, pero no puede acercarse porque la cadena que lleva puesta se lo impide.
Terapeuta: Pues acércate tú y pregúntale.
Paciente: No me dice nada.
Terapeuta: Pregúntale cuándo le pusieron la cadena.
Paciente: Sigue sin contestarme.
Terapeuta: Pues vamos a hacer una cosa: cuando yo cuente del tres al uno, tú vas a tocar la cadena y nos vamos a ir al momento de tu vida en el que ésta apareció. Cuento tres, dos, uno... ¡Ahora!
Paciente: Acabo de salir del colegio. Es el último día que paso en él. He estado tres años interno y ahora veo cómo tengo la cadena en el momento que piso la calle.

Terapeuta: Fíjate bien porque vamos a entrar de nuevo en el colegio y vamos a ver qué ocurre aquí. Qué hay en el colegio diferente a la calle.
Paciente: Está el ojo de Dios en medio del pasillo, me está vigilando. Vaya donde vaya siempre está ahí; me oprime, me da miedo...
Terapeuta: Muy bien, pues ahora vamos a dejar de correr y vas a plantarle la cara; te vas a enfrentar a él y le vas a preguntar por qué te persigue y te asusta, porque normalmente Dios nos da protección y mucha paz. Vamos a ver qué esta pasando con Dios.
Paciente: No, no puedo... me da miedo.
Terapeuta: Bueno, pues vamos a hacer una cosa: en el escenario tienes a tres personajes que pueden ayudarte, pídeles que lo hagan.
Paciente: El caballero de la mesa redonda me da seguridad, fuerza, es como si fuera el Rey Arturo y tiene una gran espada.
Terapeuta: Eso es estupendo porque el rey Arturo no tiene miedo de nada, dile que vaya contigo al pasillo del colegio.
Paciente: Ya estamos... estamos frente al ojo y ahora estoy con el pantalón abajo.
Terapeuta: ¿Y tú qué sientes en estos momentos?
Paciente: Quiero salir corriendo pero no puedo, es como si tuviera la cadena amarrada.
Terapeuta: ¿Qué sientes?
Paciente: Me da asco, no quiero que me toque.
Terapeuta: ¿Quién te está tocando?
Paciente: Él, me está tocando la *cola* y ahora se saca la suya y dice que se la toque.
Terapeuta: Pero, ¿quién es esa persona?
Paciente: Don Fermín, dice que si digo algo Dios me va a castigar y me va a llevar al infierno, que esto tiene que quedar en secreto pero que si le hago caso iré al cielo.
Terapeuta: Y tú, ¿qué haces?
Paciente: No puedo irme, siempre me encuentra. Ahora veo su pene y es muy grande, es como el ojo de Dios.

Terapeuta: Pues ahora va a ser el momento de liberarte para siempre de don Fermín, que nada tiene que ver con Dios. Mira una cosa, tu amigo el rey Arturo tiene una espada muy grande para proteger a los indefensos, ¿verdad?
Paciente: Sí.
Terapeuta: ¿Y qué crees que podemos hacer?
Paciente: ¡Que le corte el pene!
Terapeuta: ¡Pues venga! Díselo.
Paciente: Ya está. Le ha cortado el pene y ahora se lo he metido en la boca para que se atragante y se muera.
Terapeuta: Y tú, ¿cómo te sientes ahora?
Paciente: Me siento muy tranquilo, tengo ganas de darle patadas.
Terapeuta: Pues no te reprimas, has estado mucho tiempo haciéndolo y ya es hora de decir ¡Basta! *(Durante varios minutos –entre 10 y 15– está pateando al sacerdote y llorando y soltando toda la rabia contenida).* Ahora, ¿qué ocurre?
Paciente: Ha venido todo el mundo a verlo, tengo vergüenza de que lo sepan.
Terapeuta: No, no tienes que avergonzarte de nada, el que tiene que tener vergüenza es don Fermín.
Paciente: Todos los compañeros me dicen que he hecho muy bien, que le he dado su merecido.
Terapeuta: Pues eso está muy bien. Óyeme una cosa, dile al rey Arturo que se quite la armadura y vas a saber quién es en verdad esa persona que te ha ayudado tanto. ¡Venga, vamos!
Paciente: *(Empieza a llorar)* Estoy llorando, pero no de pena sino de emoción. Es Fernando *(su pareja actual, su compañero)* y me dice que va a estar siempre a mi lado cuando yo lo necesite.
Terapeuta: Pues qué suerte tienes de haber encontrado una pareja así. ¿Te das cuenta de cómo no vale la pena discutir por cosas intrascendentes? Lo importante es lo que hay en el fondo de cada uno de nosotros, eso es lo único que perdura con el tiempo. Piensa que sólo el amor es real. Bueno, ahora quiero que vuelvas al teatro, ¿estás ahí?
Paciente: Sí.

Terapeuta: Mira a tu izquierda… ¿qué ves ahora?
Paciente: No hay nadie, se han ido.
Terapeuta: ¿Y qué ha pasado con el calcetín?
Paciente: Era el mal olor que desprendía, era como la sensación de sentirme sucio ante mis amigos, ante mis compañeros del colegio que me daban de lado, pero ya no está porque me han aceptado tal como soy y porque he sabido enfrentarme al dolor.
Terapeuta: Eso es fenomenal, ¿y qué hay en la derecha?
Paciente: Fernando ha roto la cadena del prisionero con su espada y la niña lo está acariciando.
Terapeuta: ¿Puedes ahora entender qué simbolizaba el prisionero?
Paciente: Sí, es la parte más pura mía que nunca ha podido salir de forma espontánea; mis pensamientos, mis sufrimientos, todo lo que he tenido encarcelado toda mi vida y ahora se está liberando.
Terapeuta: Pues eso es sensacional. Ahora quiero que te juntes con ellos en el centro del escenario, les das un abrazo muy fuerte y vas a sentir cómo todos se funden en una sola pieza compacta contigo; vas a ser un sólo Ser, pero mucho más fuerte y seguro.
Paciente: Es muy bonito sentir el amor, sentirme bien, limpio...
Terapeuta: ¿Qué hace el público?
Paciente: Tienen todos la cabeza abajo, tienen vergüenza por haberme tirado los tomates.
Terapeuta: Y tú, ¿qué quieres hacer ahora? Si se te antoja puedes tú tirarles tomates a ellos o decirles que han sido unos imbéciles, o lo que tú quieras.
Paciente: No, yo los entiendo y los perdono. Yo los quiero.
Terapeuta: ¡Pues díselo!
Paciente: Es muy bonito porque ahora todos los tomates se han convertido en flores y están llenando el escenario de flores; me aplauden, me aplauden mucho, mucho…
Terapeuta: Muy bien, pues ahora te voy a dejar unos minutos para que te quedes con ellos sintiendo toda esta felicidad que

inunda tu Ser y sintiéndote amado y amando; después contaré como siempre del 1 al 10 y cuando llegue al número 10 abrirás los ojos y te encontrarás totalmente relajado, despierto y muy a gusto por el trabajo que has realizado, recordando todas las emociones y situaciones vividas; vas a sentirte más fuerte, más puro, más humano... y cuento... 1...

Como podrá observar, el carácter lúdico y creativo de este escenario, permite al paciente identificar sus problemas actuales representándolos a través de los símbolos y regresar en su vida allí donde sea necesario para remodelar actitudes, creencias, pensamientos y emociones negativas.

Dado que es un escenario que se puede dilatar en el tiempo, la gran mayoría de las veces tendremos que interrumpirlo al finalizar el contenido de un símbolo o personaje de la izquierda. Podemos hacerlo aprovechando el descanso entre el primero y segundo acto, haciendo que junto con su público marchen al bar hasta la siguiente sesión que tendrá lugar en el segundo acto. En estos casos usted no debe olvidarse de hacer sentir bien a su paciente por todo el trabajo que ha realizado en esa sesión, y cerrar la misma dejándolo tranquilo en dirección al bar, rodeado de una luz blanquecina y dorada que le provoca mucha paz y satisfacción.

Los Mundos Paralelos. Trabajando el Alter Ego

En innumerables ocasiones se encontrará frente a usted en la consulta a personas que se sienten frustradas, bloqueadas en sus miedos, atrapadas en sus quimeras y reprimiendo una y otra vez sus fantasías sin poder sacar a la luz sus verdaderos deseos y necesidades; personas que se han anulado a sí mismas, quedando atrapadas en sus propios sueños sin atreverse a hacer con su vida lo que realmente les gustaría.

El hombre fue creado para ser libre, pero no puede conseguirlo si sigue sometido a estas añoranzas constantes que lo persiguen a modo de sombra que no se separa de él en ningún momento de luz y lo hace permanecer en la oscuridad a diario para evitar ver la silueta de quién es en realidad.

La meta de todos los seres humanos debería ser el conseguir ser nosotros mismos, lograr nuestros anhelos, nuestras quimeras, sin que nadie ni nada nos las puedan arrebatar. Encontrar nuestro verdadero camino, aquél que tantas veces hemos perseguido sólo de manera idílica y no nos atrevimos a iniciar su andadura real por miedo a perdernos en sus tortuosos laberintos y ser devorados por el Minotauro de la culpabilidad y lo socialmente correcto y permitido. El objetivo saludable es sentirnos satisfechos con nuestra manera de pensar y actuar en coherencia con nuestros actos. En definitiva, es estar bien con nosotros mismos sintiéndonos orgullosos de quienes somos.

Como lamentablemente en innumerables ocasiones esto resulta imposible en un gran número de personas, para compensar esta carencia y poder mantener nuestro rol en el sistema social en el que vivimos, creamos el *Alter Ego* que es realmente aquella persona que nos gustaría ser; aquella que pondríamos como ejemplo para todo, nuestro héroe que se permite realizar aquello que quiere sin miedo a los juicios sociales y morales, y rompiendo todas las barreras que le ponen por delante.

Sólo en algunos momentos aparece este *Alter Ego* –del latín, otro "yo"– que es una segunda personalidad; otro que vive en nosotros y es todo lo contrario a la visión que tenemos de nosotros mismos. Aquél que nos incita a obrar de determinada manera, que sería imposible hacer en circunstancias normales. Para ello, nos valemos entonces de elementos externos, colaboradores para potenciar la salida de nuestro héroe. En cuántas ocasiones no hemos observado la transformación de alguna persona conocida a través de la ingesta de alcohol, en vacaciones, en lugares donde nadie la conoce; o en nuestros tiempos actuales, cuantos millones de *Alter Ego* están viviendo en el espacio virtual a través del Internet y los *Chat* que tanto éxito acaparan en todo el mundo. La razón es obvia: la salida de estos personajes irreales creados, permiten sacar la fuerza de nuestro inconsciente al exterior para liberarse, aunque sea de manera transitoria, de esa presión interna y obtener así un balón de oxígeno para seguir malviviendo atrapados en la cárcel de los modelos sociales existentes establecidos.

La obra literaria más clásica en la que se ve muy bien el desdoblamiento de la personalidad –*Alter Ego*–, es en el libro de Robert Louis Stevenson, *El extraño caso del Dr. Jekyll y Mr. Hyde*, donde se relata el caso de una misma persona con dos comportamientos totalmente diferentes como consecuencia de la ingesta de una sustancia en la que está investigando el doctor Jekyll.

El escenario propuesto de "los mundos paralelos" permite sacar aquí un modelo de *Alter Ego* que sirva de Maestro para el aprendizaje de comportamientos saludables para nuestro paciente, y de esta forma poderse alejar de los patrones de supervivencia que le están generando daño desde hace tanto tiempo.

Este modelo de trabajo consiste en conducir al paciente a un lugar distinto a los que ya conoce y donde va a encontrarse con su doble, un *Alter Ego* que se encuentra en otro nivel de conciencia distinto, superior, espiritualmente más elevado, al que podrá preguntarle todo lo que necesite y aprender del mismo.

Ese otro "yo" *habita* en un mundo que está superpuesto a este terrenal, como en otro plano a modo de holograma flotando en medio del mismo. El paciente accederá a ese mundo paralelo a través de sumergirse en el fondo del mar y entrar por unas cuevas secretas que le abrirán las puertas del "otro mundo". La presión del agua en sus tímpanos hará que su paciente comience a cambiar la percepción de las cosas, se mueva en otro nivel de vibración y pueda efectuar esa conexión y cambio dimensional.

Al paciente hay que darle confianza, animarlo a que va a realizar un buen trabajo y que se permita fluir con tranquilidad viviendo al máximo toda esta experiencia, ya que será muy educativa y saludable para él.

Esta idea refuerza todo el contenido positivo y trascendente que generalmente nos encontramos al trabajar este escenario, que por su propia naturaleza usaremos ya avanzada la terapia en los casos donde el paciente, a pesar de haber mejorado, aún presenta bloqueos persistentes tras haber experimentado recorridos por las diferentes fases de su historia: vida actual, periodo intrauterino, nacimiento y supuestas vidas pasadas.

El trabajo con este escenario le permite al paciente obtener respuestas a muchos de sus miedos e interrogantes, y aprender modelos y pautas de comportamiento que le puedan dar respuesta a muchos de los conflictos que ve sin salida o difíciles de resolver. Además, le enseñará a estar más atento a las señales externas y a dejarse llevar por su intuición en muchas ocasiones, poniendo en práctica el aprendizaje de nuevos modelos y patrones de conducta que han sido mostrados por su "doble".

Para el desarrollo de este escenario, después de la relajación situaremos a nuestro paciente en una isla misteriosa, la "Isla Mágica", donde lo sumergiremos en el mar hasta lo más profundo del mismo y encontrar allí una cueva por la que tendrá que avanzar. El final de la misma lo conducirá a la puerta de entrada de ese "mundo paralelo" donde se encuentra su "otro yo", que tiene que enseñarle algo importante para su vida. Para poder abrirle paso a la misma, introduciremos en nuestro guión mensajes subliminales dirigidos a que localice esas dudas o bloqueos que le impiden avanzar en su vida, aquello a lo que aún no ha encontrado respuesta. Una vez conectado con esa emoción, verá cómo la puerta se abre para dar paso a ese mundo mágico.

Una vez que ha llegado, dejaremos que nos vaya describiendo a detalle ese lugar, sus sensaciones, estado del Ser, etcétera, pues esto lo hará profundizar más. Normalmente su "doble" hace acto de presencia en breve y ahí dejaremos que sea el paciente quien comience esa relación con él; promoveremos el diálogo y acompañaremos este proceso dirigiéndolo hacia esos núcleos de conflicto que ya tenemos localizados en nuestro paciente. El *Alter Ego* será su Maestro en esta escuela de humanismo.

María es una mujer que llevaba varios años sufriendo el maltrato de su marido. A pesar de tener ya dos hijos mayores que podían ayudarla, ella seguía aferrada a su casa y a ese hombre, aunque para ella la vida fuera un infierno. A continuación, transcribo una sesión de Mundos Paralelos que experimentó:

> **Paciente:** Es increíble, aquí abajo he entrado por una gruta y llego a un mundo réplica del nuestro, aunque éste lo veo mucho más limpio.
>
> **Terapeuta:** Ahora quiero que dejes que tu mente te lleve hasta el lugar donde vive ese *Alter Ego*, ese otro "Yo" que tienes aquí, en este otro mundo.
>
> **Paciente:** Es como si llegara volando, veo una casa muy bonita; está clara y llena de luz. Sé que me he transportado en el tiempo y estoy 20 años por delante del tiempo real; puedo

entrar por la ventana y observar a esa otra "Yo". A pesar de tener muchos más años, me observo mucho más joven, tengo algunas canas pero mi cara es completamente distinta, tengo una sonrisa en la boca y me muevo con soltura.
Terapeuta: Acércate a esa mujer y dile quién eres y para qué has venido.
Paciente: Me da vergüenza, no sé qué va a pensar; creo que ya se ha dado cuenta de que estoy aquí.
Terapeuta: ¿Y qué vas a hacer?
Paciente: No sé, es que no sé qué decirle.
Alter Ego: *(La paciente relata como si fuera ese "Alter Ego")* Como siempre, tu vida es una justificación constante al sentirte víctima de todo y echarle la culpa al mundo por todos los males que has padecido y padeces.
Paciente: Me habla muy seria pero no siento que esté enfadada conmigo.
Terapeuta: ¿Cuál es tu sensación?
Paciente: Siento que trata de enseñarme algo.
Terapeuta: Pregúntale.
Paciente: Veo que en el mueble del salón hay varias fotos de familia, al acercarme me doy cuenta de que son fotos de mis hijos y mis nietos; ya he tenido cuatro nietos y estoy con todos ellos. También hay un hombre pero no es mi marido.
Terapeuta: Pregúntale qué pasó con él.
Paciente: Me dice que decidí vivir y tirar el disfraz de víctima, que me di cuenta de que no podía seguir actuando por más tiempo y que la vida estaba aquí para vivirla y no para verla pasar. Ahora me muestra una foto donde está mi marido y al lado está mi padre, pero esta foto no es real porque ellos no se conocieron nunca. Mi padre murió antes de que Joaquín se casara conmigo.
Terapeuta: ¿Y qué crees que te quiere mostrar con esto?
Paciente: No lo sé.
Terapeuta: Pues quiero que toques esa foto y vas a dejar que llegue a tu mente cuál es esa conexión, qué te quiere mostrar para que aprendas.
Paciente: Según acerco la mano, todo se oscurece.

Terapeuta: Y esto, ¿cómo te hace sentir?
Paciente: Con mucha pena.
Terapeuta: ¿Te resulta familiar esa pena?
Paciente: Sí, es la que siempre siento.
Terapeuta: ¿Y cuál es el mensaje que hay detrás de todo esto?
Paciente: Es como si los dos estuvieran conectados; la sensación que tengo en casa es la misma que sentía cuando mi padre estaba vivo. Ahora me doy cuenta de que estoy haciendo lo mismo que hizo mi madre con mi padre; es decir, nada. Aguantar y vivir una vida en el infierno sin hacer nada.
Terapeuta: ¿Y hasta cuándo piensas seguir así?
Paciente: La señora acaba de quitarme la fotografía y la ha roto; la tiró por la ventana y el viento se la lleva. Me dice que es lo que ella hizo porque decidió ser feliz. Que se cansó de seguir modelos dolorosos y paralizantes, y que en ese mundo en el que ella vive es el mundo de los triunfadores. Que es sencillo y más fácil de lo que me imagino. Que todo está en mi mente pero yo debo creer en ello. De nuevo veo que acaba de aparecer otra foto de mi padre y mi marido.
Terapeuta: ¿Y qué vas a hacer?
Paciente: La señora me mira y me dice: "Tú decides", pero asume tus actos.
Terapeuta: ¿Y qué quieres hacer?
Paciente: Voy a romper la foto y tirarla por la ventana. No quiero más inmovilización.

María decidió tomar un nuevo camino en su vida y comenzó a moverse, cosa que nunca había hecho en 20 años de matrimonio y otros 20 de juventud y niñez. Habló seriamente con sus hijos y les dijo que había decidido separarse de su marido, a lo que sus hijos respondieron con sorpresa pero favorablemente, puesto que llevaban –al igual que ella– toda una vida viendo cómo se consumía la relación familiar sin encontrar ninguna salida. Se cambió de casa y con la ayuda de sus hijos pudo rehacer y dar sentido a su existencia. Se apuntó a unos planes de inserción laboral para mayores de 45 años y comenzó a trabajar en casa para una compañía de *marketing* que funciona a través de Internet. Siguió asistiendo a terapia durante tres meses más, y un día decidió comentarme que ya se sentía muy bien, con fuerzas y preparada para caminar sin necesidad de un bastón. Estas fueron sus palabras: "Ya va siendo hora de renovar el álbum de fotos de casa". Mañana empezaré una nueva vida y quiero hacerlo con un nuevo albúm. Me pidió hacerse una foto conmigo para colocarla al principio de un nuevo camino. Le comenté que era mejor que estuviera ella sola puesto que ya era responsabilidad suya el comenzar a andar ese camino y así lo entendió y aceptó ilusionada.

Como puede comprobar con este ejemplo, este modelo de escenario es muy revelador, como si ese *Alter Ego* ofreciera justo la pieza que necesitamos en ese momento de la terapia; por tanto, es una técnica muy a tener en cuenta cuando ya se han revisado las etapas básicas de la historia personal del paciente.

El laboratorio personal

Un laboratorio es un lugar donde se investiga, se hacen *test* de las cosas y se intenta dar con la clave de lo que se está buscando. Del mismo modo, nosotros tenemos dentro de nuestra mente ese laboratorio con diferentes utensilios y alambiques para poder hacer nuestras pruebas, ensayos e investigaciones, y ser capaces de encontrar respuestas a muchos interrogantes de nuestra psiquis que no hemos podido sacar a la luz de otro modo. Este es un escenario que suele utilizarse después de haber agotado otros recursos como son "El Edificio" en su conjunto de ascensores, el globo, el laberinto, el teatro...

Como en todo laboratorio de pruebas, además de los materiales necesarios, también tendremos que tener cuadernos de anotaciones para ver la evolución de los avances que vamos haciendo mientras trabajamos en él.

Para llevar a su paciente a este escenario, después de la relajación haga que el paciente descienda por unas escaleras de caracol, y al final de la cuenta regresiva del 10 al 1, al llegar abajo, verá frente a él una puerta. Debe abrirla y entrar en esa habitación que es un laboratorio donde encontrará diversos materiales.

Veamos el relato de Georgina:

Paciente: Veo varios muebles. Objetos de laboratorio, microscopios, alambiques; hay probetas en las mesas y en las estanterías.

Terapeuta: ¿Qué es lo que más te llama la atención?

Paciente: Un microscopio que hay en un lado de la mesa.

Terapeuta: Quiero que te acerques a él y vas a mirar a través de sus lentes para mostrarte algo importante que debes reconocer en ti.

Paciente: Tiene una energía blanquecina. Es una forma como... parece que hay un feto.

Terapeuta: Métete dentro del microscopio a través de sus lentes y llega hasta ese sitio que se te quiere mostrar. Dime, ¿qué ocurre ahora?

Paciente: Me parece que estoy en un sitio cerrado. No me veo.

Terapeuta: Ahora vas a poderte desdoblar; vas a salir y a la vez vas a seguir dentro de ese lugar. Vas a hacer una bilocación y deja que avancen las imágenes.

Paciente: Tengo la sensación de ser más grande. Posiblemente hay algo más. Tengo conciencia de estar en un útero.

Terapeuta: Ahora vamos a avanzar al momento en que mamá se entera de que estás ahí.

Paciente: Siento alegría.

Terapeuta: Muy bien, ahora pega otro salto hacia delante.

Paciente: Me siento inquieta, todavía no estoy hecha del todo.

Terapeuta: ¿Puedes ver por ahí una cuerdecita?

Paciente: Sí, está unida a la pared.

Terapeuta: ¿Qué sensaciones te llegan a través de esta cuerdecita?

Paciente: No lo sé muy bien pero me da la sensación de que mamá piensa que soy un varón.

Terapeuta: ¿Qué sientes al saber que mamá no te espera a ti?

Paciente: Siento inquietud, como un poco de miedo.

Terapeuta: ¿Qué crees que va a pasar cuando sepa que no eres un niño?

Paciente: Que a lo mejor no me quiera.

Terapeuta: ¿Y qué van a hacer contigo?

Paciente: Pienso que me van a rechazar, lo siento en el estómago.

Terapeuta: ¿Y qué va a pasar contigo si te rechazan?

Paciente: No me van a querer.

Terapeuta: ¿Qué está haciendo tu cuerpo ahora?

Paciente: No baila, está quieto, como si no quisiera hacerme notar, retrasar al máximo lo que tiene que venir, que no se den cuenta de que estoy aquí.
Terapeuta: ¿Qué haces entonces para que no te rechacen?
Paciente: No me muevo, me quedo quieta y no me hago notar. Todo me produce pena. Me gustaría que me quisieran tal cual y me aceptasen. Para que me quieran, tengo que estar quieta.
Terapeuta: Ahora quiero que tú como adulta entres en ese útero y digas al bebé que está ahí creciendo qué es lo que debe hacer. Si eso es adecuado o no.
Paciente: Debe revolverse y hacerse notar. Cuando se lo dije ha abierto los ojos para verme bien. Es más sencillo de lo que piensa.
Terapeuta: ¿Qué te dice?
Paciente: Está de acuerdo.
Terapeuta: Entonces vamos a reconstruir todo esto como tú realmente deseas que sea. A la cuenta del 3 al 1 volvemos a entrar en el útero: 3, 2, 1… ¿Qué estás haciendo?
Paciente: Estoy muy formada, casi al final.
Terapeuta: ¿Qué haces?
Paciente: Nada… estoy
Terapeuta: ¿Cómo te sientes?
Paciente: Bien, porque mamá se siente bien.
Terapeuta: Toma el cordón y habla con mamá como si éste fuera un teléfono.
Paciente: Soy una niña y tengo ganas de salir y verte, estaré contenta.
Terapeuta: ¿Qué has hecho ahora diferente de antes?
Paciente: Me he reafirmado en lo que soy y no he sentido miedo, el cuerpo se ha desarrollado libremente.
Terapeuta: Ahora vas a nacer pero colaborando activamente con mamá.
Paciente: Estoy empujando pero me cuesta mucho salir. Hay un obstáculo. Me cuesta salir. Es como si no me dejara el obstáculo. Al final lo consigo, me siento extraña. Otras sensaciones. Aquí hace frío.

Terapeuta: Ahora dile a mamá todo lo que quieras decirle.
Paciente: No me pienso quedar callada y pasiva porque no necesito paralizarme para que me quieran.
Terapeuta: Repite eso otra vez.
Paciente: No me pienso quedar callada y pasiva porque no necesito paralizarme para que me quieran.
Terapeuta: Repítelo otra vez y más fuerte.
Paciente: NO ME PIENSO QUEDAR CALLADA Y PASIVA PORQUE NO NECESITO PARALIZARME PARA QUE ME QUIERAN.
Terapeuta: Ahora quiero que vuelvas al laboratorio y veas por el microscopio al feto que veías antes.
Paciente: El feto está más erguido y tranquilo. Sonríe y se siente bien.
Terapeuta: Eso es estupendo, ahora quiero que tomes un libro de anotaciones que hay encima de la mesa y vas a apuntar en él lo que has aprendido con esta experiencia y quiero que me lo cuentes a mí.
Paciente: Debo formar parte activa de todo.
Terapeuta: ¿Y eso para qué te va a servir?
Paciente: Para crecer y sentirme mejor, como contraposición a mi pasividad.
Terapeuta: Muy bien, pues ahora ya vas a salir de este laboratorio. Cierra la puerta y de nuevo ves las escaleras por las que bajaste; comienza a subir por ellas al tiempo que yo voy contando del 1 al 10.

La Montaña Sagrada

El ascender a la cumbre, tal como ya comentábamos al hablar de la Ley de Desplazamientos, significa la conexión con lo superior, el estar más cerca de Dios, de lo espiritual, de lo trascendental. Por esa razón, las montañas elevadas son un punto de unión entre la Tierra y el Cielo, un acercamiento a lo Universal, siendo vistas en todas las culturas y tradiciones religiosas como un elemento sagrado de veneración, puesto que permite el crecimiento del Hombre en el camino a la perfección. Allí está la morada de los Dioses y se llega a ella para hacer ceremoniales y ofrendas para congraciarse con ellos y lograr la unión con la Totalidad.

Las montañas, por lo tanto, son lugares misteriosos cargados de una energía mágica y reparadora que podemos utilizar en terapia como lugares de meditación, transformación espiritual y centros de sanación.

A lo largo de toda la geografía universal nos encontramos con montañas sagradas muy conocidas que han sido veneradas y son centros de peregrinación para millones de personas como el Fuyi Yama en Japón, el monte Kuen Lun en China, el Everest, Jebel Musa donde se cree que estuvo enclavado el monte Sinaí, el monte Olimpo para los antiguos griegos, el monte Kilauea en Hawaii, el monte Kailas en el Himalaya, el Kilimanjaro en Tanzania, el Aconcagua en los Andes, el Cerro del Quemado en Real de Catorce en México, el Monte Tai en China, Meteora en Kalambaka en Grecia, y así podría seguir nombrando cientos de montañas por todas partes donde se venera a los Dioses. En España tenemos la Montaña de Montserrat en Cataluña que es el santuario más representativo de la fe cristiana y en donde se cree que permanece escondido el Santo Grial.

Puesto que la representación de una gran montaña, como vemos, ya está incorporada dentro del inconsciente colectivo como algo sagrado, mágico, elevado y con conexión divina, por esta misma razón, la estructura de este escenario permite al paciente llegar a conectar con la sabiduría en todas sus interpretaciones.

Este escenario también es para utilizarlo avanzada la terapia, cuando nos encontremos en un punto en el que habiendo trabajado el pasado de su vida actual, periodo intrauterino, nacimiento y vidas pasadas, sintamos que aún falta material que no acaba de salir o conflictos sin resolver que nos permitan terminar la construcción del rompecabezas. Entonces quizáss sea una buena oportunidad para acudir en busca del consejo del ermitaño que vive en lo alto de este lugar sagrado.

El escenario se desarrolla de esta forma:

Sitúe a su paciente en plena naturaleza y allí haga que busque una montaña que domina todo el paraje, una montaña que ofrece un gran respeto y es inmensamente alta. En ella se encuentra una cueva habitada por un sabio, anciano solitario al que su paciente deberá ir a visitar.

Para comenzar la recreación y una vez relajado el paciente, le diremos que en esta ocasión ha decidido ir a conocer a alguien muy particular para que le muestre algo relacionado con lo que tiene pendiente por resolver. Alguien sabio del que le han hablado y que habita en una impresionante montaña. Le situamos del siguiente modo:

Terapeuta: Observa el lugar donde te encuentras, es un espacio abierto, en plena naturaleza *(podemos cerrar los ojos e ir contándole las imágenes de naturaleza que vayan acudiendo a nuestra mente).* Mira a tu alrededor... es un lugar hermoso... lleno de vida... *(dejar pausa breve y empezar a preguntarle cómo es... cómo se siente).*
Frente a ti se alza majestuosa una montaña y es ahí donde vive ese anciano, el sabio del que te han hablado. Comienza a ascender por donde tu intuición te lleve.

A lo largo de toda esta parte de la visualización, es muy importante el potenciar sensaciones captadas por los cinco sentidos; recuerde que todo lo relacionado con el cuerpo le hará profundizar; aproveche este entorno natural y los recursos que le puede ofrecer.

Anime a su paciente a que le vaya contando todo lo que surge en su camino, hágale estar presente en todo momento atento y alerta; cualquier ruido, animal u olor, puede ser una pista que le indique el camino para encontrar el lugar donde habita el sabio. Una vez que haya vislumbrado la cueva, choza o cabaña donde vive, pregúntele ahora que está tan cerca, ¿cómo se siente? Y anímelo a entrar.

Una vez en el interior, estará esperando el anciano; cuando lo vea, dígale que se lo describa y sobre todo qué sensación le causa. Después que le pregunte si le puede mostrar el lugar donde se encuentran los tres calderos y deje que visualice esas tres marmitas o perolas: la de la izquierda contiene un líquido con todas las experiencias pasadas, la del centro contiene la información del presente y la de la derecha lo que está por venir.

A continuación y tras haber extraído el máximo de información, sugiérale que le pida al anciano información de cuál es el caldero que ha de revisar. En ese momento puede usted hacer que se meta dentro del que le señale el sabio o bien, le dé a beber con un cazo el contenido de una de las marmitas; a continuación y a través del sabor, del olor o del contacto, haremos que conecte con las emociones que le regresarán al pasado a algún acontecimiento importante de su vida. Al elegir la marmita es su propia intuición la que le estará marcando la dirección, y su inconsciente le habla con imágenes. La persona entra con facilidad en esta situación.

Los pasos siguientes ya los conoce: revivenciar, comprender, aceptar, reconocerlo en su momento presente y cómo le afecta; intentar extraer el máximo de patrones emocionales, cognitivos y físicos –sensoriales– para a continuación, promover la reconstrucción. Si la marmita que eligió para entrar es la del presente, deberá enfrentarse a aquello que teme y recrear la solución.

Una vez realizado todo esto, ponerlo de nuevo ante el sabio y que establezca el diálogo que necesite. El terapeuta debe utilizar las respuestas del sabio para reforzar, repitiéndolas a modo de eco usando talismanes o anclajes que salgan de nuestro paciente.

Por último, permita que se despida del sabio con todo el respeto; sáquelo de la cabaña o de la cueva e inicie el retorno descendiendo de la montaña y regresando al valle. En el camino de vuelta su paciente debe ir muy satisfecho pues ha hecho un trabajo muy importante para él, y usted irá reforzando los nuevos modelos hasta el cierre de la sesión.

Este escenario es muy gratificante y permite conectar al paciente con su propia espiritualidad. Al elegir la marmita, es su propia intuición la que marca la dirección, su inconsciente le habla con imágenes y la persona entra con facilidad en esta situación.

Veamos un ejemplo una vez que la persona ha llegado a la isla donde se encuentra la Montaña Sagrada:

> **Terapeuta:** Vas a empezar a caminar y vas a ver una montaña muy alta al frente tuyo. Cuéntame, ¿cómo es esa montaña?
>
> **Paciente:** Es que estoy viendo el Sol.
>
> **Terapeuta:** ¿Estás viendo el Sol?, ¿qué sientes cuando ves ese Sol?
>
> **Paciente:** Mmm… me siento encandilada.

Terapeuta: Encandilada. Bueno, ahora vas a poner tu mirada hacia el frente y vas a ver una montaña. Cuéntame cómo es.
Paciente: Muy alta.
Terapeuta: ¿Cómo te sientes con esa montaña?
Paciente: Mmm... con ganas de ir.
Terapeuta: Bueno, empieza a caminar, anda. Vas a subir hasta la parte más alta y según vayas caminando, me vas relatando las cosas que ves y cómo te sientes.
Paciente: Hace frío.
Terapeuta: Qué vas a hacer para ese frío porque todavía te falta subir y subir más. Tienes que ir bien cómoda, ¿qué vas a hacer?
Paciente: La montaña es azulada. Es... tiene agua con aire y muy limpio.
Terapeuta: ¿Cómo te sientes?
Paciente: Mmm... veo como una hoja.
Terapeuta: ¿Cómo te sientes cuando vas caminando hacia arriba?
Paciente: Siento algo en el pecho, como... como que ese aire es muy frio, como que me cuesta respirarlo, como que tengo que mejorar mi condición física.
Terapeuta: Bueno, continúa caminando. Continúa... respira profundo para que entre más aire en tus pulmones y puedas seguir el camino y te vayas llenando. ¿Qué estás sintiendo? Cuéntame.
Paciente: No sé cómo explicártelo, como que me cuesta respirar.
Terapeuta: ¿Te cuesta respirar?
Paciente: (*Sollozos*) Es un lugar muy lindo.
Terapeuta: ¿Es un lugar muy lindo? –llora–. ¿Qué pasa? Cuéntame qué pasa. ¡Vamos! Lo estás haciendo muy bien, lo estás haciendo muy bien. Estás en ese lugar lindo. Estás llorando... cuéntame qué está pasando dentro tuyo. Es algo muy bueno para ti, tú lo puedes hacer. Vamos, busca dentro tuyo. Ese frío y lo estrecho de tu cuerpo, ¿de dónde viene? Cuéntame qué está pasando. Vamos, cuéntame. Ya te tranquilizaste. Muy bien, ahora dime qué pasa con eso, qué sentías. ¿Te quieres quedar con eso?

Paciente: Aire. El cielo.
Terapeuta: *Ok,* ya estás tranquila, ya viste el aire, ya viste el cielo. Ya te tranquilizaste. Vas a seguir caminando, vas a subir esa montaña, ese lugar tan lindo que viste y vas a buscar a un ermitaño. Vas a empezar a ver cómo hay nubes alrededor porque vas subiendo y vas a buscar a ese ermitaño.
Paciente: Mi corazón se acelera.
Terapeuta: Tu corazón se acelera. ¿Encontraste al ermitaño?
Paciente: Estoy muy arriba.
Terapeuta: *Ok*, él anda por ahí cerca. Búscalo. Él es el que te va a ayudar. ¡Anda! búscalo.
Paciente: Estoy cerquita del cielo.
Terapeuta: ¿Estás cerquita del cielo?, ¿qué sientes?
Paciente: (*Sollozos*) Muy lindo.
Terapeuta: ¿Sientes que es muy lindo y te pones a llorar? Cuéntame qué está pasando ahí dentro de esas emociones; cuéntame qué es lo que estás sintiendo.
Paciente: No sé, siento taquicardia. ¡Ay! No encuentro al anciano.
Terapeuta: ¿No encuentras al ermitaño? No te preocupes, lo estás haciendo muy bien, muy bien... lo vas a encontrar, vas a ver. Tranquilízate, es algo muy bueno para ti. Él te va a ayudar. Estás muy cerca del cielo.
Paciente: Hay una cueva a la izquierda.
Terapeuta: Muy bien, por ahí debe estar. Búscalo, entra a esa cueva.
Paciente: Bajé, bajé y ahí abajo a la izquierda está la cueva.
Terapeuta: A la izquierda está la cueva, bajaste, entraste y ahora... ¿qué estás haciendo?, ¿cómo te sientes en esa cueva?
Paciente: Calentita.
Terapeuta: Estás calentita. Y, ¿cómo sientes ese calor?
Paciente: Bien.
Terapeuta: Bien. Ahora sí, continúa, busca al ermitaño.
Paciente: Veo una barba.
Terapeuta: Ves una barba. Muy bien, habla un poco más alto. ¿Cómo sientes cuando ves esa barba?

Paciente: Risa. Me da risa.
Terapeuta: ¿Risa? *(se ríe)*, ¿te agrada?, ¿qué más ves?
Paciente: Mmm... *(se ríe)* como que colgó la barba en un clavito –risa.
Terapeuta: ¿Con un clavito?
Paciente: No sé, lo único que el ermitaño dejó es la barba ahí colgada *(risa)*.
Terapeuta: ¿Te alegra? Muy bien, vas a continuar, vas a buscar más porque por ahí debe estar.
Paciente: *(Llora)*.
Terapeuta: ¿Qué te hace sentir?
Paciente: ¡Ay! *(Llora)*.
Terapeuta: ¡Vamos! Cuéntame, habla, dime qué estás sintiendo. Tú lo puedes hacer, lo estás haciendo muy bien. Habla, ¿qué es lo que estás sintiendo?
Paciente: ¡Ay! No sé.
Terapeuta: No sabes, no sabes... ¡Vamos! Inténtalo. Está dentro tuyo toda esa emoción... sácala, dime qué estás sintiendo *(llora)*, ¿es muy feo el ermitaño?
Paciente: No lo he visto, es que dejó la barba colgada ahí y me impresionó eso.
Terapeuta: ¿Te impresionó? ¿Qué más sentiste? Te impresionó, ¿qué más?
Paciente: Como que me quiere dar un mensaje.
Terapeuta: ¿Cuál mensaje?
Paciente: Como que ve las barbas colgadas, no sé...
Terapeuta: ¿Qué significa eso? Busca, búscalo, búscalo...
Paciente: Hay una luz ahí, una mesita vieja con una lámpara.
Terapeuta: ¿Qué más? ¿Estás viendo al emitaño de la barba?
Paciente: Está sentado.
Terapeuta: Lo encontraste, muy bien. ¿Qué sientes cuando lo ves?
Paciente: Se está riendo de mí.
Terapeuta: ¿Se está riendo? Pregúntale, pregúntale por qué se ríe.
Paciente: Porque me sorprendió, dice que porque me sorprendió.

Terapeuta: ¿Te sorprendió? Dile que te hable más claro. ¿Te sorprendió qué?
Paciente: No me lo esperaba. Yo soy muy controladora.
Terapeuta: Muy bien, ¿qué más te está diciendo?, ¿qué estás sintiendo cuando él te dice esas cosas?
Paciente: No sé *(llora)*. ¡Ay, ay!
Terapeuta: Vamos, continúa. ¿Qué quería decirte él con eso? Pregúntale qué pasó con las barbas, ¿por qué las dejo ahí pegadas?
Paciente: Dice que yo sé.
Terapeuta: Tú sabes, *ok*. Anda, cuéntanos, ¿por qué las dejó ahí pegadas?
Paciente: Dice que allá al fondo están los tres calderos.
Terapeuta: Bueno, pues pregúntale en cuál de los calderos vas a encontrar el problema de tu cadera y en cuál vas a encontrar tu problema de culpabilidad, cuando no te afanas tanto.
Paciente: Son bien grandes.
Terapeuta: Busca, dile al ermitaño que en cuál de las calderas, que tú quieres saber el problema de tu cadera y la culpabilidad.
Paciente: ¡Aayyy! Es un cuarto y ahí están los tres calderos, están como en un triángulo, dos están hirviendo.
Terapeuta: Habla más alto.
Paciente: Hay tres calderos, están en forma de triángulo colocados en un triángulo. Los dos que están más cerca están hirviendo. El de la izquierda tiene un líquido color morado, el del centro tiene un líquido azul y el otro no lo veo bien.
Terapeuta: ¿No lo ves bien? ¿Cómo sientes esos colores cuando te acercas?, ¿cuál te llama más la atención?
Paciente: *(Risa)* El ermitaño está bromeando.
Terapeuta: ¿Qué te está diciendo?
Paciente: Que ahí tengo cocinando eso *(risa)*.
Terapeuta: ¿Estás cocinando el azul y el que no ves?
Paciente: Sí, sí.
Terapeuta: Mira, vas a investigar en ese que no ves. Acércate a descubrir qué es eso que no estás viendo, ¿qué color tiene?, ¿qué está hirviendo?

Paciente: Está vacío.
Terapeuta: ¿Qué sientes cuando lo ves vacío?
Paciente: Contenta porque puedo ponerle lo que yo quiera. Está como construyéndose o creándose.
Terapeuta: De estos dos calderos que están hirviendo no…
Paciente: Hay un… hay un fuego.
Terapeuta: ¿Hay un fuego debajo del caldero que está vacío?
Paciente: De los tres calderos, el que está vacío está más para allá, más alejado.
Terapeuta: *Ok*, ese está vacío. Vamos al otro que estaba hirviendo, al azul, acércate a ese que está azul. ¿Qué estás viendo?
Paciente: Mmm… huele rico.
Terapeuta: Huele rico y, ¿qué sientes con ese caldero?
Paciente: Le falta algo.
Terapeuta: *Ok,* huele rico pero le falta algo, ¿qué le falta?
Paciente: Tiempo.
Terapeuta: ¿Quieres quedarte ahí o quieres ir al otro?
Paciente: Quiero quedarme ahí.
Terapeuta: Quieres quedarte en éste, ¿en el azul?
Paciente: Es que, es como que se están cocinando cosas en un lado y en el otro, y se van a juntar y van a formar el guiso del otro, del otro tercer caldero, ¿me explico?
Terapeuta: Sí, te entiendo muy bien. Comentaste que en éste faltaba algo. Busca, busca dentro de ti. Qué le falta a ése, dijiste que le faltaba tiempo…
Paciente: Tiempo, nada más.
Terapeuta: *Ok,* ¿hay algo en lo que puedas ayudarle en ese tiempo?, ¿algo que debas buscar mientras tanto?
Paciente: Es que… bueno, lo veo tan claro, verdad; este ermitaño que se quita las barbas ahí y me esta diciendo *(suspira)* que…
Terapeuta: ¿Qué te está diciendo?
Paciente: Tranquila que, que cuelgue la *gabacha,* no sé. *(Risa).*
Terapeuta: Que la cuelgues…
Paciente: Que no me apure, que para qué tantos años, ¿para qué?

Terapeuta: Pregúntale en cuál de esos calderos puedes encontrar la razón de donde viene ese apuro, si en el de la izquierda o en el del centro, pregúntale.
Paciente: Me dice que para qué le pregunto cosas que ya sé.
Terapeuta: Mira, ahora vamos a hacer una cosa, vas a entrar en uno de esos calderos, tu ermitaño te está dando pistas y con ese mensaje de las barbas ya te dijo muy claro lo que pasa con todo eso, cómo está relacionado con tu autoexigencia, con el tener que hacerlo todo tan perfecto; pero ahora, en uno de esos dos calderos que se están cocinando, hay algo, hay algo que falta y que está relacionado con tus problemas actuales, con esa forma de autoexigirte y saber dónde empezaron en tu vida. Mira y ahora dime en cuál de ellos, en uno de esos dos está todo, están los momentos primeros de tu vida donde empieza esa autoexigencia para conseguir algo y ahora lo vas a ver. Pregúntale a él en cuál de los dos te puedes meter.
Paciente: En el morado.
Terapeuta: En el morado, bien. ¡Pues venga! Te preparas, te pones justo delante de ese caldero y ahora, cuando cuente del tres al uno, te lanzas dentro y vas a ir hacia atrás en tu vida al primer momento donde empieza esa autoexigencia, esos momentos. Vamos a ver qué está pasando en tu vida: 3, 2 y 1. Ahora, ahí estás. ¿Dónde te encuentras?
Paciente: En el restaurante de papá.
Terapeuta: En un restaurante, ¿cuántos años tienes? Más o menos.
Paciente: No sé, como diez.
Terapeuta: Diez años, ¿y cómo te estás sintiendo en ese restaurante?
Paciente: Cansada.
Terapeuta: Cansada, ¿qué está pasando ahí?
Paciente: Hay un mueble muy alto y tengo que acomodar todos los jugos.
Terapeuta: Qué más. Habla más fuerte porque no te oigo bien.
Paciente: Es que son muchos y tengo pereza, y se me caen pero… viene papá.

Terapeuta: ¿Qué sientes al ver ese montón de jugos y que tienes pereza, y que viene tu padre?, ¿qué sientes?
Paciente: Que tengo que acomodarlos, que... siento rabia en en el pie derecho, siento un rabión, un colerón que me brinca al pie *(ríe y su pie está completamente rígido).*
Terapeuta: ¿Por qué sientes esa rabia?
Paciente: Porque tengo que acomodarlos todos con la cara para el frente y una serie de reglas, y se me cae uno y se me caen todos, y me quiero tomar uno y no puedo tomar, y estoy enojada.
Terapeuta: Cuéntame de esas reglas, ¿cuáles tienes que cumplir? Que no se te caigan, que no puedes tomar, que la cara esté recta, ¿qué más?
Paciente: Mmm... que estén bien acomodados.
Terapeuta: ¿Qué pasa si no puedes acomodarlos siguiendo todas las reglas que tienes que hacer?
Paciente: Mmm... la gente no los va a comprar.
Terapeuta: ¿Qué pasa si la gente no los puede comprar?
Paciente: Mi papá se va a enojar.
Terapeuta: ¿Y qué pasa si tu papá se enoja? ¿Qué ocurre dentro de ti?
Paciente: No sé, no me gusta que se enoje.
Terapeuta: Pero busca qué pasa dentro tuyo.
Paciente: *(llora)* ¡Que no me gusta que se enoje! *(Lo grita).* ¡Ay! Que me cae mal que se enoje... ya! ¡Cállate que me tienes harta! *(Chilla reclamándole a su papá).*
Terapeuta: ¿Qué haces tú cuando papá se enoja?
Paciente: *(llora gritando)* ¡Yaaaaaaa! *(grita).* ¡CÁ-LLA-TE!
Terapeuta: ¿Se lo estás diciendo a él?, ¿qué pasa con eso? Cuéntame, ¿qué hace esa niña?, ¿qué está haciendo? ¡Vamos! Tú puedes. ¡Vamos! Ve dentro de esa niña: 3, 2, 1... ¡Vamos! ¿Qué está haciendo esa niña?
Paciente: Llora.
Terapeuta: ¡Vamos! ¿Qué está sintiendo ahora mismo esa niña?, ¿qué pasa? Fíjate, cada vez que tú tienes que hacer eso y no consigues que las cosas se hagan bien, papá se enoja y... ¿qué pasa contigo?

Paciente: *(Entra en plena catarsis y llora).*
Terapeuta: ¿Y qué haces tú cuando papá te dice todo eso que hay que hacer?, ¿le dices algo o sólo lo sientes adentro?
Paciente: Lo siento adentro.
Terapeuta: Lo sientes, lo sientes dentro, ¿verdad? Ahh... pero todo eso te produce una rabia que tú sientes dentro. ¿Dónde está?, ¿dónde sientes esa rabia?, ¿dónde está la rabia?, ¿dónde está localizada en tu cuerpo?
Paciente: *(Llora)* En mi pierna.
Terapeuta: En tu pierna. Y, ¿qué color tiene eso, qué color tiene? ¡Vamos!
Paciente: Estoy muy enojada.
Terapeuta: Estás enojada, ¡ajá! Y te tienes que quedar con todo eso dentro, ¿verdad? ¡Ajá! porque si eso lo dices para afuera, ¿qué puede pasar con papá, si se entera de todo lo que tú quieres decirle? ¡Vamos! ¿Qué pasa? ¡Qué pasa? Si a papá le dices todo lo que estás sintiendo ahora, ¿qué puede pasar?
Paciente: No, no...
Terapeuta: ¿Qué?
Paciente: No puedo.
Terapeuta: No puedes, ¿verdad? Y si no puedes, ¿entonces qué haces con toda esa rabia?, ¿dónde se queda?
Paciente: Me la guardo.
Terapeuta: Te la guardas...
Paciente: Y me duele.
Terapeuta: Y te duele...
Paciente: ¡Ayy! Lo tengo dentro y me torturo, me torturo, me torturo,,,
Terapeuta: Te torturas... ajá...
Paciente: ¡Ayy! *(Llora).*
Terapeuta: ¿Y eso te sirve para algo más que torturarte?, ¿qué consigues?, ¿consigues algo con eso? Ah, mira, ahora vas a hacer una cosa porque toda esa rabia, toda esa tortura y toda esa autoexigencia, quiero que la busques ahora en la mujer adulta, busca en momentos de tu mujer adulta si reconoces cosas de éstas, ¿reconoces esa rabia interna?, ¿reconoces eso?
Paciente: *(Suspiro)* Sí.

Terapeuta: Ajá, mira, busca busca momentos de tu vida donde está pasando eso, donde estás adulta y tú por dentro, tú sola, te estás torturando con esa autoexigencia, con exigirte cada vez más cosas, busca esos momentos.

Paciente: *(Llora).*

Terapeuta: ¡Venga! ¿Qué pasa? ¡Vamos! Sácalo, ¡venga!

Paciente: ¡Ayyy!

Terapeuta: ¿Qué pasa? Cuéntame, cuéntame...

Paciente: Soy tan dura conmigo misma...

Terapeuta: Dura contigo misma, ¿verdad? Ajá, ¿y qué consigues siendo tan dura contigo misma?

Paciente: Me canso mucho.

Terapeuta: ¿Te qué?

Paciente: Me canso mucho.

Terapeuta: Te cansas mucho, ¿y consigues algo más cansándote?

Paciente: No.

Terapeuta: ¿Y tú quieres seguir así toda tu vida, cansándote y autoexigiéndote tanto?, ¿quieres seguir así toda tu vida?

Paciente: No.

Terapeuta: No quieres seguir así. ¿Y qué se puede hacer para romper todo eso?

Paciente: Tengo ganas de pegarle una patada.

Terapeuta: ¿Tienes ganas de pegarle a papá una patada?

Paciente: Sí.

Terapeuta: ¡Claro que sí! ¡Claro que sí! Pues lo vas a hacer si tú quieres.

Paciente: ¡Ay, ay, ay! Tengo miedo de lo que digo.

Terapeuta: ¿De qué tienes miedo?, ¿de qué tienes miedo?, ¿de papá?

Paciente: No sé.

Terapeuta: Pero tú tienes ganas de pegarle una patada que es lo que se merece, ¿verdad? Para que te deje tranquila de tantos rollos de estos. Pues mira, vas a hacer una cosa: pon atención porque ahora, cuando yo te cuente del tres al uno, tú vas a volver otra vez a ese momento, vas a estar en ése... en ese sitio con papá, en ese restaurante y vas a estar allí con ese

rollo de tener que ordenar todo aquello como papá quiere. Preparada porque ahora vas a llegar allí, pero tú vas a llegar preparada para hacer algo que siempre has querido hacer: pegarle esa patada como tú quieres, y lo vas a realizar ahora. Mira, cuento tres, dos y uno. Ahora estás ahí otra vez. Ahí está. Míralo, ahí está otra vez diciéndote lo que se debe y no se debe hacer, hablándole a esa niña a quien le exige tanto.
Paciente: *(Llora).*
Terapeuta: Y tú vas a decidir de una vez lo que vas a hacer… ya. Pero quiero que le digas a papá todo lo que sientes dentro, todo lo que te está haciendo sentir durante tantos años.
Paciente: No puedo, es malo…
Terapeuta: ¿Qué?
Paciente: Es malo, no puedo, ¡es malo!
Terapeuta: Pues díselo, ¡díselo! Dile todo lo que quieres.
Paciente: No, tengo que respetarlo.
Terapeuta: ¿Tienes que respetarlo?
Paciente: Sí.
Terapeuta: ¿Y qué pasa si no se le respeta?, ¿qué va a pasar si no se le respeta?
Paciente: No sé.
Terapeuta: ¡Pues venga! Vas a probarlo. Lo vas a hacer, vas a probar lo que pasa. Ya verás; y en primer lugar, quiero que le digas todo lo que te hace sentir con todas las cosas que te dice y tú no puedes sacar fuera. Díselo, dile lo que tienes aquí (le señalo el corazón), ¡díselo!
Paciente: Papá…
Terapeuta: ¡Díselo!
Paciente: ¿Por qué no me quieres como soy?
Terapeuta: ¡Venga!
Paciente: ¿Por qué siempre tengo que buscar hacer todo bien para que me quieras?, ¿por qué?
Terapeuta: Tienes que hacer todo bien porque así consigues que te quiera, ¿verdad? Ajá. Mmm… ¿por eso te tienes que esforzar para que papá te quiera? Si haces las cosas mal, ¿qué va a pasar con papá?
Paciente: Que no me quiere.

Terapeuta: Repítemelo otra vez: ¿Qué va a pasar si haces las cosas mal?
Paciente: No me quiere.
Terapeuta: Y si no te quiere, entonces… ¿cómo te vas a sentir tú?
Paciente: Sola.
Terapeuta: Ajá. Y entonces… ¿qué tienes tú que hacer para que papá te quiera?, ¿qué tienes que hacer?
Paciente: Hacerlo todo bien.
Terapeuta: Otra vez: ¿Qué tienes que hacer para que te quiera?
Paciente: Tengo que hacer todo perfecto.
Terapeuta: Todo perfecto.
Paciente: Estoy muy enojada.
Terapeuta: Estás muy enojada porque ya te cansa eso, ¿verdad?
Paciente: Sí.
Terapeuta: Pues vamos a mandar a la mierda todo eso. Lo vas a mandar a la mierda porque ya es hora de que hagas las cosas mal; ya verás qué a gusto se siente uno. Mira, porque ahora estás ahí, otra vez ahí en el restaurante y ahí tienes eso, todas las cositas esas que te han puesto ahí para hacerlo todo bien, pero ahora tú vas a hacerlo todo mal, te vas a permitir pegarle una patada a todo eso… ¡a la mierda! Mira qué hace papá… verás, ¡pégale una patada a todo eso!
Paciente: *(Llora mucho).*
Terapeuta: ¡Vamos! ¡Venga! ¡Vamos!
Paciente: Ya no quiero, ya me tienes harta *(comienza a patalear).*
Terapeuta: ¡Vamos! ¡Pégale patadas a todo! Y dile: ¡Soy una mujer imperfecta! Díselo. Y me la paso muy bien siendo imperfecta.
Paciente: ¡Estoy harta! Eres un hijo de p…
Terapeuta: Eso es. ¡Dile, dile!
Paciente: *(Grita más)* Voy a ser imperfecta y me la paso de miedo siendo una niña imperfecta.
Terapeuta: Tira todo a la mierda… ¡tíralo todo! Pégale una patada a todo.

Paciente: Hijo de puta... soy sólo una niña…
Terapeuta: Eso es, dile que las niñas se equivocan y se la pasan bien equivocándose.
Paciente: *(Llora).*
Terapeuta: Vamos, vamos. ¡Venga! ¿Has tirado todas las cosas?
Paciente: Sí.
Terapia: ¡Bien! ¿Y cómo te sientes tirándolas?
Paciente: Culpable.
Terapeuta: Pues no hay que sentirse culpable, no hay que tener culpas; vamos a tirarlo todo por la ventana y fíjate en lo que sucede ahora. Cuéntame.
Paciente: *(Se ríe)* ¡Estoy feliz!
Terapeuta: ¡Eso está bien! ¡A la mierda todo! Ahora pon un letrero gordo, que lo vea papá y que diga algo importante. A ver qué es lo que vas a escribir.
Paciente: Soy una mujer imperfecta y eso me hace ser feliz. Soy una niña imperfecta y me la paso de miedo siendo imperfecta. *(Se ríe).*
Terapeuta: ¿Te la pasas bien?
Paciente: Sí.
Terapeuta: ¡Hombre! Que se la pasa uno bien, ¡se la pasa uno de miedo cuando es imperfecto! Y cuando puede permitirse hacer las cosas mal y se las permite porque a uno le da la gana; las hace mal y se la pasa bien. Y fíjate, porque ahora te voy a enseñar yo una cosa, una cosa que esta niña no había visto hasta ahora; una cosa nueva. Mira atenta, atenta porque ahora, vas a aprender y vas a comprender, porque tú ahora estás ahí pero te han traído del futuro un mensaje de tu ermitaño, y es la capacidad para que esta niña pueda entrar en la cabeza de papá para saber por qué siempre exige tanta perfección. Vas a poder entrar ahora, cuando yo te cuente del tres al uno. Tú te vas a poner la cabeza de papá encima de la tuya, y en ese momento vas a entender por qué papá está tan obsesionado con que los niños hagan las cosas perfectas. Vas a saber qué realmente le pasa a papá, y qué le pasaba a papá cuando era pequeño él también; lo vas a adivinar. Mira, ahora cuento tres, dos y uno… ¡Ahora! Ponte su cabeza y siente;

empiezas ahora a entender por qué papá siempre exige todo eso. Míralo. ¿Qué sientes con la cabeza de papá?
Paciente: Mucho vacío.
Terapeuta: A ver, repíteme, ¿qué sientes?
Paciente: Mucho vacío.
Terapeuta: Mucho vacío, tiene mucho vacío en esa cabeza. ¡Claro! Y esa cabeza, ¿se siente segura?
Paciente: Mmm… es un vacío emocional.
Terapeuta: Vacío emocional, ajá…
Paciente: Y muy frío, muy racional.
Terapeuta: Muy frío y muy racional, ajá. Oye, y cuando una persona tiene una cabeza tan vacía emocionalmente, ¿qué necesita hacer para intentar llenarla? Aunque no la pueda llenar a nivel emocional, ¿con qué lo llena?
Paciente: Con perfeccionismo.
Terapeuta: A ver otra vez, ¿con qué lo llena? Dímelo otra vez.
Paciente: Con perfeccionismo.
Terapeuta: ¡Anda! Ahora estás entendiendo lo que le pasa a papá, ahora entiendes…
Paciente: *(Llora)* Lo amo mucho.
Terapeuta: A ver… ¿qué?
Paciente: Lo perdono.
Terapeuta: Eso es, fíjate porque papá siempre ha tenido un gran vacío que nunca ha sabido cómo llenar. Y para compensarlo, ha tenido que hacer esas cosas... llenarlo con la exigencia; pero ahora tú puedes entenderlo, ahora tú puedes entender a ese papá. Ahora esa niña puede entender por qué papá siempre te ha exigido tanto.
Paciente: ¡Ay!
Terapeuta: Porque dentro de él, también había mucha inseguridad y mucho vacío.
Paciente: Sí, y mucho dolor.
Terapeuta: Mucho dolor tenía papá, pero fíjate porque ahora que tú puedes entender eso y que es la primera vez que te has metido, que has entrado dentro de esa cabeza para entenderlo, ahora tú vas a hacer algo, algo muy bonito, muy especial: ahora tú le vas a enseñar. Fíjate, esta niña de diez

años, le va a enseñar a su papá lo que tiene que hacer para no seguir siendo tan exigente y seguir sintiendo tanto vacío dentro, porque tú sí que sabes. Fíjate, papá te exigía a ti y resulta que tú eres mucho más completa, mucho más llena porque tú estas llena de emociones, llena de sentimientos, llena de amor, y los niños de lo que tienen que estar es llenos de todo eso, no les hace falta ser perfeccionistas. Y ahora tú le vas a enseñar a papá. Quiero que le devuelvas la cabeza, ¿la tiene? Muy bien. Y ahora quiero que tú como niña, le enseñes a papá y le vas a decir lo que tiene que hacer como papá, y tú le vas a decir que no hace falta que te siga maltratando y luchando por el tema de exigir, exigir, exigir... ahora ve y busca tú la estrategia para ayudarle.

Paciente: Ya le dije que lo amo mucho.

Terapeuta: No te oí.

Paciente: Que le dije que lo amo mucho.

Terapeuta: Ajá. Y dile… dile lo del vacío. Dile todas esas cosas… dile todo lo que tú has visto.

Paciente: *(Llora)* Papá, papito…

Terapeuta: Vamos, vamos... dile que ahora lo entiendes y que entiendes por qué te exigía tanto.

Paciente: Te amo mucho y ahora yo entiendo…

Terapeuta: Ahora entiendes…

Paciente: Entiendo porque tú pasaste muchas hambres y necesidades, y siendo tan exigente pudiste salir adelante.

Terapeuta: ¿Y por qué papá te exigía tanto? ¿Para qué quería exigir tanto a esa niña desde pequeñita?, ¿para qué?

Paciente: Porque no quería que yo pasara hambres.

Terapeuta: ¡Claro!

Paciente: Ni necesidades...

Terapeuta: Mmm...

Paciente: ¡Ay, Dios!

Terapeuta: Bien, pero ahora que tú lo puedes entender, que tú comprendes todo eso, ahora quiero que le digas a papá que ya lo entiendes y que no te hace falta seguir sufriendo y seguir exigiéndote.

Paciente: Ya no quiero más.

Terapeuta: ¡Vamos, eso es!
Paciente: Ya no quiero más esa tortura.
Terapeuta: Eso es, ya no quieres más esa tortura. Ajá y, ¿qué vas a hacer con la exigencia y con todo eso?, ¿qué vas a hacer con ello? Mira, quiero que le des una forma. Ahora lo vas a materializar de alguna forma… yo no sé, quizáss en lo que se estaba cocinando en ese otro caldero o como tú prefieras. A ver, ¿cómo es?
Paciente: Es una planta.
Terapeuta: ¿Una planta? Muy bien. Y cuéntame, ¿cómo es esa planta? La planta de la exigencia, de la autoexigencia y de la culpa. A ver, ¿cómo es?
Paciente: Es como una flor roja.
Terapeuta: Ajá, ¿y qué vas a hacer con esta flor para que ya deje de molestarte? Para que deje de romper la cordialidad, ¿qué vas a hacer? ¿Tú quieres seguir teniéndola ahí para que te siga exigiendo cosas?
Paciente: No. Bueno, un poco…
Terapeuta: ¿Un poco? ¿Pero un poco o mucho?
Paciente: Poco, un poquito…
Terapeuta: Ah, ¿y cómo vas a hacer para que no te sientas tan mal y con tanta ansiedad? Es bueno autoexigirse un poquito pero no mucho y tú lo sabes, por eso vas a ser capaz de regularlo. Yo no sé lo que vas a hacer con esa planta. A ver, ¿qué se te ocurre?
Paciente: La sembramos.
Terapeuta: Ah… bueno, ¡pues venga! Vamos a sembrarla. ¡Venga!
Paciente: En la montaña…
Terapeuta: Muy bien, ¡venga! Siémbrala en la montaña… ¿está?
Paciente: Sí.
Terapeuta: ¿Qué pasa ahora?
Paciente: Estoy contenta.
Terapeuta: Estás contenta, muy bien. Y cuando una niña está contenta y una adulta está contenta, ¿qué pasa con la ansiedad que le supone el autoexigirse cosas?

Paciente: Se va.
Terapeuta: Ajá y, ¿cómo te sientes cuando ya no tienes que exigirte tanto?
Paciente: Ya no tengo tanto frío.
Terapeuta: ¡Muy bien!
Paciente: Estoy más calentita.
Terapeuta: Muy bien. Y a partir de ahora, entonces la adulta, ¿qué va a hacer para sentirse cada vez mejor?, ¿qué es lo que va a hacer?
Paciente: Darme un abrazo.
Terapeuta: ¡Pues venga! Date ese abrazo fuerte... ¿Y qué pasa con tus emociones cuando sientes ese abrazo?
Paciente: Ya no estoy enojada.
Terapeuta: ¿Y cada vez que tengas que hacer cosas a partir de ahora en tu vida?
Paciente: Ya no voy a ser tan exigente.
Terapeuta: Porque antes eras exigente, ¿para qué? ¿Tú sabes? ¿Para qué tenía que ser tan exigente esa niña y esa mujer adulta después? ¿Para conseguir qué?, ¿qué tenía que conseguir de papá?
Paciente: Cariño.
Terapeuta: Ah, pero ahora tú has visto que no es necesario eso para conseguir el cariño.
Paciente: Papá me amaba pero no sabía cómo decírmelo.
Terapeuta: ¡Claro! No sabía cómo decírtelo.
Paciente: No sabía...
Terapeuta: Y era la única forma que él había aprendido, ¿verdad?
Paciente: Sí.
Terapeuta: Pero ahora tú sí que eres adulta y sabes lo que pasaba con papá. Y sabes por qué eso te hacía a ti tanto sufrir. Y ahora tú ya lo vas a poder cortar.
Paciente: Es que yo pensaba que no me quería.
Terapeuta: ¡Claro que pensabas que no te quería! Pero fíjate, él te amaba mucho, ¿verdad?
Paciente: Sí.
Terapeuta: Ahora quiero que papá también salga de ahí de la montaña, se acerque a ti, y quiero que hagas algo con él

para que ya deje todo eso de exigir y puedas reconciliarte. ¿Qué vas a hacer?
Paciente: Lo voy a enterrar ahí *(su padre hace años que había muerto).* En esta Montaña Sagrada.
Terapeuta: ¡Venga!
Paciente: A la par del cielo (llora).
Terapeuta: ¡Venga! Entiérralo ahí en esa montaña, donde está la flor, la flor de la exigencia pero en pequeñito, ¡vamos!
Paciente: ¡Gracias, papá!
Terapeuta: ¡Venga!
Paciente: Gracias por todo, pero ya no lo quiero.
Terapeuta: Eso es, la exigencia, la autoexigencia, se queda ahí también enterrada; ya no la necesitas porque tú sabes que para crecer no es necesario estar sufriendo. Y tú sabes que papá te quería y que tú también le quieres a él. ¿Cómo te hace sentir eso?
Paciente: Más joven.
Terapeuta: ¡Estupendo! Y fíjate porque ahora de nuevo vas a verte allí donde estabas con el ermitaño, allí donde estaban las barbas del ermitaño, aquellas que él dejó colgadas, porque ahora tú vas a saber perfectamente cuál era el mensaje que te quería decir con las barbas. ¿Qué eran esas barbas que había que dejar colgadas?
Paciente: La exigencia.
Terapeuta: Otra vez, ¿qué eran esas barbas? ¡Repítemelo!
Paciente: La exigencia.
Terapeuta: ¡Muy bien! ¿Y qué te ha dicho el ermitaño que tenías que hacer?
Paciente: Dejarla morir.
Terapeuta: ¡Muy bien! Y entonces tú, ¿cómo te sientes ahora?
Paciente: Mmm… contenta.
Terapeuta: ¿Quieres hacer algo más ahí con el ermitaño?
Paciente: Le estoy dando un abrazo.
Terapeuta: ¡Venga! Dale un abrazo fuerte y dile: ¡A la mierda la exigencia, que eso ya no me hace falta!
Paciente: Gracias.

Terapeuta: ¡Venga, eso es! Oye, pero tienes que adquirir un compromiso muy importante con él. Ya sabes cuál es... dejar colgadas las barbas.
Paciente: *(Se ríe).*
Terapeuta: ¿Eh? ¿Cómo te hace sentir eso?
Paciente: Asustada.
Terapeuta: Asustada pero contenta, ¿o no?
Paciente: Sí.
Terapeuta: Ah, bueno, pero es un nuevo reto.
Paciente: Podré hacerlo.
Terapeuta: ¡Claro que sí, que podrás! Puedes hacer todo y él sabe que tú puedes; además fíjate: él sabe que tú puedes, ¡papá que has dejado allí enterrado también lo sabe y todos lo saben! Y eso es importante para ti y tu vida, a partir de ahora la vida va a cambiar, va a ser mucho más linda porque cuando no se exige tanto, todo sale mejor y fluye más. Y ahora ya sabes que tienes que dejar colgadas todas esas exigencias, y así será, como has hecho en este ejercicio, enterrando a papá, plantando la planta donde es su lugar. ¿Te encuentras a gusto?, ¿estás bien?
Paciente: Sí.
Terapeuta: Muy bien, pues ya vas a volver, vas a regresar de aquella montaña, pero antes de regresar quiero que le digas por última vez al ermitaño cuál es el mensaje de lo que vas a hacer a partir de hoy, de este mismo momento de tu vida. Díselo.
Paciente: Puedo ser imperfecta.
Terapeuta: Ajá, porque, ¿qué pasa cuando uno es imperfecto?
Paciente: No se exige uno tanto.
Terapeuta: Y cuando uno no se exige tanto, ¿cómo se siente?
Paciente: Vive mejor.
Terapeuta: ¿Y tú quieres vivir mejor?
Paciente: Sí.
Terapeuta: Por lo tanto, vas a poder no exigirte tanto.
Paciente: Y sin culpa.
Terapeuta: Y sin culpa, que eso es lo más importante. Oye, y la culpa a la mierda también, ¿no? ¡Todo!

Paciente: Voy a enterrarla ahí también...

Terapeuta: Eso es, que nos faltaba la culpa que había que quitarla y enterrar. ¡Venga! ¡Entiérrala ahí también!

Paciente: Voy a enterrar ahí toda la culpa y todo el enojo.

Terapeuta: Eso es...

Paciente: Y todo lo negativo que no recuerdo en estos momentos...

Terapeuta: Muy bien, muy bien, muy bien... todo, todo, todo... y también entierra toda la rabia que había en tu pierna, saca toda esa energía fea y déjala también enterrada. Y cuando termines de enterrarla, me lo dices.

Paciente: Esa es una tierra sagrada.

Terapeuta: Ajá...

Paciente: Y ahí todo se...

Terapeuta: ¿Transforma?

Paciente: Eso es lo que quería decir...

Terapeuta: Pregúntale al ermitaño si en algún otro momento puedes volver para charlar con él y que te enseñe más cosas.

Paciente: Dice que sí, que cuando quiera...

Terapeuta: ¡Estupendo! Pues nada, entonces ya te despides de él y te vas alejando de aquel lugar, y a medida que te alejas yo voy contando del uno al diez; según voy contando, vas recuperando tus estados de vigilia. Cuando llegue al número diez tú vas a abrir los ojos y vas a estar totalmente despierta y tranquila, sintiéndote muy a gusto y sobre todo, ¡súper liberada! porque se te ha quitado un peso increíble de encima, que son todas esas culpas, toda esa porquería que había dentro. Y ahora, ya comienzo a contar: uno, dos, ya vas subiendo... tres, cuatro, hacia arriba... cinco, seis, siete... ya vas moviendo tus brazos, tus piernas... ocho, ya sintiendo otra vez tu respiración... nueve, y abriendo tus ojos... diez.

A continuación, transcribo las propias palabras de la paciente que pueden resumir el trabajo realizado con ella:

"Me quedé sin palabras, es una experiencia increíble. Yo soy muy racional, muy científica, también soy muy psicóloga conmigo misma y estaba siendo psicóloga y paciente al mismo tiempo. Vi tanto, escuché tanto, sentí tanto... cuando me decía, ¿qué siente? Es que realmente estaba sintiendo tantas cosas, es una pregunta demasiado amplia; estaba viendo más de lo que realmente podía ver. Hay tantísima información que ha salido en esta sesión, que todavía no he terminado de procesar... uno entra en otro mundo y lo ve todo, lo siente todo. Cuando iba subiendo el sendero iba yo reprochándome a mí misma por qué no iba más rápido, que me apurara, reclamándome que si no hubiera dejado de ir al gimnasio, estaría ahora más en forma y podría subir mejor; yo misma me iba diciendo apúrese, venza los bloqueos, entre en la emoción, qué van a pensar de ti.

Típico en mí por mi autoexigencia, no llegué arriba de la montaña sino que me subí al puro pico... arriba, arriba del Todo y por dentro una voz me decía: ¿Por qué subiste tanto? Me di cuenta de que había subido demasiado y tuve que bajar un poco para entrar en la cueva.

Me impactó ver las barbas colgadas en un clavo y al ermitaño riéndose de mí porque me había sorprendido. Yo pensaba que lo iba a adivinar todo, que yo iba a controlar la sesión como siempre he hecho en mi vida, que ya todo lo sabía, que yo iba a tener el control, pero el ermitaño, con su forma de actuar, hacía que me desequilibrara.

No lograba poner en palabras el significado de aquellas barbas colgadas, y de mí misma –por dentro– salía una vocecita que me exigía: "A ver, ¿qué significa?, ¿qué significa? Diga, diga, y eso me molestaba mucho porque no encontraba la respuesta y el ermitaño no hacía más que reírse de mí.

Hablando un poco de la historia concreta que reviví de mi vida, me acuerdo que teníamos dos restaurantes muy, muy grandes, muy famosos y siempre había mucho trabajo para todos: o en la cocina, o en la sala, o picando hielo; atender a alguien... siempre había algo qué hacer. Yo ni siquiera me había dado cuenta de que estaba tan enojada teniendo que apilar todos los jugos tal como decía papá. A partir de ese momento se produjo en mí un *inside* masivo. Esa voz interior me hizo darme cuenta de cómo me estaba sintiendo por dentro.

Gracias a la presión que ejerciste en mí hizo que explotara; tengo un problema en la pierna que es un acortamiento, dos milímetros más corta la pierna derecha que la izquierda, siempre la derecha va sobreforzada; es decir, siempre estoy tratando de estirarme más de la cuenta y de ahí se hizo un problema también en la cadera...
Definitivamente todo tiene que ver con mi papá y con esa sobre-exigencia que me implantaba, que tenía que ser la mejor; tenía que ser brillante, tenerlo todo bajo control y superarme constantemente. De esa forma yo me sentía amada por él. Pensé que no me quería, me llenaba de soledad y tristeza el tener que ganarme siempre su cariño, tener siempre que destacar, llamar su atención, tener que ser buena para dar la talla, pero no conocía otra forma de hacerlo.
El meterme dentro de su cabeza me ayudó a ver otras cosas que, aunque las había visto y analizado desde la parte racional, no tiene nada que ver a cuando lo ves desde lo emocional; es como darte cuenta de que ¡POR FIN LO RESOLVÍ! Hay un alivio a nivel interno tan bueno, ¡tan grande!
Papá ya murió hace varios años y después de trabajarlo tantas veces en mis procesos terapéuticos anteriores, pensé que ya lo había resuelto pero es diferente en Terapia Regresiva Reconstructiva, porque realmente sientes que lo solucionaste, que ya... ¡QUE YA¡ ¡HASTA MECHUDA ANDO!
Ahora por fin me doy permiso para ser más espontánea, me siento más liberada, puedo ver a todo el mundo directamente a la cara y decir: "Si me equivoco, me equivoco y punto". Ahora ya no tengo esa presión por tener que saberlo todo, que tengo que hacerlo todo bien, de pensar qué pasará si descompenso a una de mis pacientes, si se me suicida alguien; el eterno *machaqueo* debes estudiar más, saber más, esfuérzate más, trabaja más, cállate más, se más precavida, no te enojes, sé respetuosa, cae bien, sé educada y además... SE PERFECTA.
¡Qué tortura! E incluso la constante queja a los demás: ¿Por qué usted no es perfecto? Si yo puedo hacer esto, ¿por qué usted no?

> También el nivel de sobre-exigencia con la gente que está a mi alrededor, siempre ha sido muy alto. Lo veo, no sólo en lo laboral o social sino en mi propia maternidad, y pienso ahora cuántas veces le he sobre-exigido a mi hijo. Tengo el hijo más maravilloso del mundo pero a veces le exijo tanto... ahora sé que debo dejarlo que sea más libre.
> Ahora me encuentro muy bien, puedo hablar y decir lo que me pasa: no me siento vigilada, no me siento con miedo a equivocarme, me puedo confundir y ser imperfecta. Muchas gracias de todo corazón por ese acompañamiento, por ese aprendizaje... vale la pena vivirlo, sentirlo, llorarlo... y el que no lo haya vivido, que lo viva. Esto es como una reacción en cadena: cuando uno sana, comienza la sanación de toda la gente de tu alrededor".

A partir de ese día hubo un cambio radical en la forma de vida de Angélica, y tanto ella como todas las personas que la rodean en su vida lo notaron de forma sorprendente. A lo largo de los años siguientes, algunos compañeros y colaboradores del hospital psiquiátrico donde ella trabaja, han venido a realizar los cursos que imparto y todos coinciden en decirme que hubo "un antes y un después" de aquella experiencia.

Permítete no ser perfecto, equivocarte y tropezar con algunas piedras del camino sin sentirte culpable por ello. Todo esto te hará saber que realmente eres un SER EXCELENTE Y LIBRE.

El tren de la vida

Este modelo de trabajo sirve para sumar lo más relevante de las sesiones anteriores. Por ello, es un escenario cuyo uso está recomendado para cuando ya hay mucho camino recorrido y queremos realizar una síntesis de los contenidos de mayor riqueza emotiva para la persona y una recapitulación completa del sentido de su vida.

El tren es un medio de locomoción que nos traslada, nos contiene y nos conduce a algún lugar que nosotros hemos elegido libremente. Es como la vida, hay una primera estación donde nos subimos, un largo camino que recorremos donde existen paradas, y en las cuales hay diferentes viajeros que suben y bajan, y al final siempre llegamos a la Estación que teníamos asignada como meta final y a la que algún día todos –tarde o temprano– llegaremos.

Un tren legendario y que ha marcado un hito en la historia, es el famoso Orient Express, construido en 1883 que se dirigía desde París a Constantinopla –Estambúl–, siendo el símbolo de lujo y ostentación para políticos y financieros del momento. En el año 2003 la compañía Wagon List restauró varios vagones para convertirlos ahora en un tren de lujo que hace las delicias de sus pasajeros en un viaje de placer con todo tipo de detalles. La escritora Agatha Christie lo haría muy famoso con su novela *Asesinato en el Orient Express*. Realmente vale la pena vivir esa experiencia y si algún día tiene oportunidad, no se la pierda.

A lo largo del extenso recorrido de la vida que iniciamos subidos a nuestro tren particular, hemos ido conociendo diferentes pasajeros: los primeros fueron nuestros padres, después nuestros hermanos, la familia, los amigos, parejas, compañeros de trabajo… con muchos de ellos, al igual que en un tren, entablamos conversaciones en el transcurso de nuestro viaje; unas fueron más amenas y otras más aburridas, pero todas ellas nos sirvieron para aprender algo: la permanencia de algunas personas fue realmente fugaz y pasaron tan rápido que ni siquiera tuvimos tiempo de recodar su fisonomía ni su nombre; otros, sin embargo, lo hicieron antes de tiempo y en algunos casos nos dejaron un gran vacío que será difícil de volver a llenar. En las diferentes estaciones siguieron subiendo más personas porque el tren siguió su camino haciendo el recorrido que ya tenía establecido y de nuevo entablamos amistades, nuevos diálogos, nuevos proyectos, nuevas experiencias, nuevas ilusiones…

El paciente deberá hacer que el viaje resulte lo más cómodo posible, tanto para él como para el resto de las personas que puedan ir sentadas a su lado o con las que establezca conversación; que disfrute mirando por las ventanas y aprecie los diferentes paisajes a medida que el tren se va abriendo paso por el horizonte; que aprecie los cambios del terreno, la diversidad de coloridos, olores, sabores, sensaciones… que aprenda a compartir con sus compañeros de viaje todo aquello que pueda para conseguir que sea una experiencia positiva para todos, sabiendo que al final del mismo, hay Seres queridos que le estarán esperando para darle la bienvenida. También usted y yo algún día esperaremos a otros para darles ese abrazo y acogida en ese nuevo mundo.

Puesto que este tren es sólo un medio para llegar a esa nueva toma de conciencia y a una nueva vida, permita que su paciente convierta su viaje en una aventura y que disfrute de ella al máximo mientras dure.

Además de utilizarlo como una recapitulación de sesiones en todo tipo de pacientes, cuando usted trabaje con enfermos terminales, puede utilizar este escenario preparando la llegada a esa estación final donde los familiares fallecidos de su paciente le estarán esperando en el último vagón para darle esa bienvenida, decirle que hay un "más allá" y que este tránsito entre vidas resulte lo más placentero para él, sin miedos, sin tensión y permitiéndole irse en paz hacia ese nuevo amanecer. En el caso de utilizarlo para pacientes comunes, la variación que haremos será simplemente modificar los contenidos del vagón del futuro indicándole que al pasar al mismo, se adentrará en la visión de los proyectos próximos en el corto y medio plazo en su vida.

Para recrear el escenario, una vez realizada la relajación, deberá situar al paciente en una estación de tren y que le describa cómo es –está vacía o hay gente en la misma, limpia o sucia, pequeña o grande, antigua o nueva, acogedora o fría–. Si no hay nadie podría estar indicándonos una falta de decisión para tomar una acción determinada. Acto seguido se le demanda que busque un andén en el que encontrará escrito su nombre y que nos describa lo que pone y cómo se siente al verlo allí. Después le preguntaremos si el tren ya pasó, está por llegar o viene con demora –el tren llegará por el lado de la izquierda y se marchará en dirección a la derecha, recordando la Ley de Desplazamientos–. Si ha perdido el tren, puede estar indicándonos que el paciente siente claramente cómo está desaprovechando su vida, cómo las cosas se le van de las manos sin darse cuenta de ello, cómo puede vivir entre aspectos banales sin darle la importancia a lo que realmente resulta transcendente en su vida. Si el tren aún no ha llegado, es un buen momento para aprovechar y revisar las maletas, y ver si algunas de sus pertenencias considera que no tienen demasiado sentido que sigan acompañándolo. Lamentablemente, es común cargar exceso de equipaje y tal vez éste es un buen momento para que lo revise. Usted puede sugerirle que quizáss alguno de los pasajeros que se encuentran esperando en la estación pueda necesitar eso que a él le sobra. Es interesante ver cómo el desprenderse de sus pertenencias materiales –sus apegos– y de sus egos, a muchas personas les permite experimentar un profundo sentimiento de liberación. Es un buen momento para reciclar, abandonar cosas viejas como preocupaciones, sentimientos dañinos, pensamientos rumiantes, ideas obsesivas, compromisos, prisas, caretas, orgullos, controles...

Una vez terminada la limpieza de maleta, es el momento para que visualice cómo el tren hace entrada en su andén correspondiente, motivo que generará en su paciente una sensación de alegría interna. Usted le pedirá que compruebe que tiene tres vagones: el de su pasado –el último de la izquierda–, su presente –en el centro– y el del futuro –el de la derecha. A su vez, cada uno de los vagones está diseñado acorde con el momento y época; es decir, el del pasado es un vagón antiguo de mediados del siglo XIX, el del presente es un modelo de los que nos encontramos en la actualidad y el del futuro es muy novedoso y extraño. Poco a poco el tren irá disminuyendo su velocidad hasta pararse por completo y esperar a que su paciente suba al mismo. Del último vagón –el de su pasado– saldrá un revisor que le dará la bienvenida y lo invitará a subir; este funcionario lo acompañará durante todo el trayecto, será su asistente de viaje encontrando detrás del símbolo la figura de nuestro Guía o Consejero. En este punto deberá usted pedirle que le describa cómo es, su aspecto, su expresión, qué sensaciones le produce... es frecuente que el revisor haya salido en otros escenarios, ya que es como su Guía, está para aclararle dudas y en definitiva que se sienta acompañado durante el viaje de su propia vida.

En el tránsito entre vagón y vagón, el paciente irá vivenciando diferentes momentos de su historia y manteniendo diálogos con personas con las que tuvo alguna relación y aún quedan temas pendientes por aclarar, motivo por el cual se encuentran en su tren. Como comentaba en párrafos anteriores, lo importante es que su paciente pueda descubrir en este viaje muchas enseñanzas que le permitan lo mejor, tanto para él como para el resto de los pasajeros y que si éste fuera a ser el último viaje, entonces dejar bien cerrados todos los temas pendientes para que cuando llegue a su estación final, el resto de pasajeros pueda recordarlo con añoranza, cariño y respeto.

Veamos aquí una sesión de trabajo con Fausto, un paciente que llegó a consulta con problemas asmáticos y que más adelante, cuando hablemos del escenario del "Intrabody", podremos obtener nueva información que aclarará muchas cosas de lo que en la siguiente sesión proyecta sobre su vida. Mi consejo es que cuando lea el apartado del "Intrabody" vuelva a releer esta sesión que inició su transcripción desde el momento en que se encuentra con su maleta, ya ligera de equipaje y en el andén que lleva su nombre escrito:

> **Terapeuta:** Ya estás en la vía y vas a esperar el tren para hacer un viaje hermoso de tu vida. Cuando visualices su llegada, me lo dices.
>
> **Paciente:** Ya.
>
> **Terapeuta:** Ahora observa cómo va frenando su marcha hasta que se pare. Tiene tres vagones. Vamos a entrar por el que está al último a tu izquierda, es el más antiguo.
>
> **Paciente:** Sí, veo al revisor que me hace señales para que suba. Me pide el billete para ingresar. *(Según Jean Chevalier, los billetes de tren significan que debemos dar para poder recibir. Es el intercambio simbolizado por el dinero que nos permite adquirir, ya que pasada la etapa infantil dejamos de recibir sin antes haber dado).*
>
> **Terapeuta:** Muy bien, pues entrégale el billete que compraste en taquilla, sube y entra en ese vagón y me describes lo que veas en él.
>
> **Paciente:** El piso es de madera, las ventanas se bajan de dos ganchos a cada lado, el color es café –marrón– y huele como a madera vieja.

Terapeuta: ¿Puedes ver si hay alguien en el vagón?
Paciente: Hay un señor al que no puedo verle la cara. Está sentado, me mira pero no le puedo ver la cara.
Terapeuta: ¿Hay alguien más allí?
Paciente: Está mi abuelita, lleva un vestido negro con rositas, está sentada y me mira.
Terapeuta: ¿Y cómo es la mirada de ella?
Paciente: Como neutra, quiero abrazarla.
Terapeuta: Acércate a ella y abrázala. Escucha a ver qué te dice.
Paciente: No me dice nada.
Terapeuta: ¿Y tú quieres decirle algo a ella?
Paciente: Sí.
Terapeuta: ¡Pues venga! Exprésale lo que quieras.
Paciente: Mamita *(se emociona).*
Terapeuta: Pregúntale para qué está allí.
Paciente: Siento que sólo me quiere abrazar.
Terapeuta: Pues déjate abrazar y recibe todo su amor con sus caricias y tú puedes percibir a través de las mismas el mensaje que tiene para ti.
Paciente: Siento que ya todo está bien, que ella está bien; me dice que esté tranquilo.
Terapeuta: Perfecto, pues permítele ir en paz igual que tú te quedas, y ahora vamos a seguir viendo si hay más gente en este vagón.
Paciente: Está mi tía Mimí. Está ahí sentada con un *chal* como de lana, me está mirando, está muy flaquita.
Terapeuta: Pregúntale para qué está ahí. Qué mensaje trae para ti *–el paciente comienza a llorar–*. ¿Qué te dice?
Paciente: La estoy abrazando. Ella está como indiferente.
Terapeuta: Exprésale lo que necesitas decir. Hazlo.
Paciente: Tía *(llora).* Ahora sí te entiendo tía, perdóname.
Terapeuta: ¿Qué es lo que tiene que perdonarte?
Paciente: Es que yo era todavía muy niño cuando ella estaba tan enferma y me decía que eso no se lo deseaba ni al peor enemigo, y yo no entendía. Ella sufrió tuberculosis y no podía respirar bien y decía que era algo muy horrible y yo no la entendía.

Terapeuta: ¿Qué edad más o menos tenías tú cuando no la entendías?

Paciente: Como seis o siete años.

Terapeuta: ¿Y tú tenías alguna enfermedad?

Paciente: No, yo estaba sano y jugaba, pero hubo un día en que yo no podía respirar y me acordé de ella, pobrecita mi tía.

Terapeuta: ¿Y para qué ha aparecido ahora tu tía aquí en el tren?

Paciente: Para que yo le pueda decir que la entiendo, que me perdone, que la amo y que luego a mí me dio eso y no podía respirar, y era horrible *(vuelve a llorar).*

Terapeuta: Ahora tú sí que la entiendes mejor que nadie, ¿verdad? Díselo porque tú también has vivido las mismas sensaciones de ahogo en tu pecho *–el paciente padece asma–*. ¿Qué hace ahora tu tía?

Paciente: Me está acariciando la cabeza; ahora sí me siento con mucho amor por ella.

Terapeuta: ¿Ahora ya no es indiferente?

Paciente: No. Me dice que hable con su hija Alicia para ayudarla, que me necesita. Le digo que se lo prometo, que voy a hablar con ella y la voy a ayudar. Me da un abrazo fuerte y se va.

Terapeuta: ¡Estupendo! Pues vamos a seguir. Antes me comentaste que había un señor que tenía la cara borrosa. Quiero que te acerques a él. Vamos, quizáss puedas tocarlo, hablarle, a ver cómo te sientes estando junto a él.

Paciente: Oye, ¿por qué estas en este tren? Está como bien vestido pero no le veo la cara. ¿Por qué no te puedo ver? Ahhh, ¡ya sé! Es el abuelo que nunca conocí, se llama Julián, como mi tío.

Terapeuta: ¿Y qué hace aquí tu abuelo?

Paciente: Ahhh, ahora sí, es como que me quiere pedir perdón. No habla, pero yo lo siento.

Terapeuta: ¿Y qué quiere que le perdones?

Paciente: Que no le dio el apellido a ninguno. Los ignoró a todos: a mis tías, a mi mamá, por eso yo no tengo el apellido de él. Pues bueno, es cierto que había como una rencilla ahí.

Terapeuta: ¿Y tú quieres cerrar este tema o quieres seguir teniendo discordias?
Paciente: No, no, que esté tranquilo. Ahora se le empieza a aclarar la cara y se parece a mi tío Julián. Me abraza y yo le abrazo. Las rencillas son tonterías que lo único que hacen es engancharte en el dolor. Está llorando y me abraza con mucho sentimiento.
Terapeuta: ¿A ti te gusta eso?
Paciente: Me hace sentir rico, qué bien que sienta esto tan lindo dentro, quiero recibir esa energía bonita *(se queda un rato cargándose con esa energía).*
Terapeuta: ¿Estás a gusto? Bueno, pues despídete porque tenemos que seguir avanzando al otro vagón.
Paciente: El revisor me ha abierto la puerta y me dice que puedo pasar al vagón del centro.
Terapeuta: Cuéntame, ¿cómo es ese vagón?
Paciente: Está lindo, está mi *mami,* está mi hermana Nieves, mi otra hermana, mi hermano que metió la moto en el vagón.
Terapeuta: ¿Cómo los ves?
Paciente: Pues no entiendo por qué meter la moto aquí dentro pero no me preocupa. La que está como triste es mi hermana Nieves, la veo como con una sombra.
Terapeuta: ¿Quiéres hacer o decirle algo?
Paciente: Quiero quitarle la sombra. Pobrecita, claro… yo también… *(está accediendo a información profunda y manteniendo un diálogo con la hermana).*
Terapeuta: ¿Qué ocurre?
Paciente: Pues que mi mamá prácticamente no crió a mi hermana, la cuidó la abuelita y mi hermana tiene una tristeza muy grande por eso, pero yo también tengo esa tristeza cuando mamá cuidaba a mi hermanita. Es de la misma sombra y por eso estaba en mi vagón.
Terapeuta: ¿Y qué puedes hacer tú con esas sombras?
Paciente: Tenemos que hablar con mamá. Mamita, mira, te amo, ven *mami*. Ella no me abraza, está como un poste, es que no sabe abrazar; pobrecita, a ella no le enseñaron pero

yo la abrazo y se siente rico, sí. A ella le gusta, venga, venga *mami.* Mi hermana no quiere, está como muy triste. Venga aquí, venga a recibir abrazos. ahora se puso a llorar.

Terapeuta: A lo mejor es la que más quiere que la abracen, ¿no crees? Dile que no se reprima, abrácense todos bien fuerte *(se conmueve y llora).*

Paciente: Es divino, están también mis otros dos hermanos, la chiquita está abrazándonos a todos, es divina.

Terapeuta: Oye, y qué es lo importante de todo esto, ¿para qué estaba toda tu familia en el vagón?, ¿qué mensaje querían que aprendieras?

Paciente: Que todos damos amor como podemos, como sabemos o como nos enseñaron; que mamá nos dio mucho amor pero a su manera, como ella sabía.

Terapeuta: ¿Y tú quieres enseñarles una nueva forma de amar?

Paciente: Sí, sí, a ver, abracen y digan TE AMO. Abracen y háganlo, vamos: Abraaazo. ¡Eso es! La más chiquita lo hace bien fácil: Abraaazo... ella lo aprendió muy bien.

Terapeuta: Es que los pequeños aprenden todo muy fácil, es a los mayores a los que nos cuesta aprender todo esto.

Paciente: Ahora se va la sombra y hay mucha luz.

Terapeuta: Entonces, ¿para qué estaba esa sombra?

Paciente: Era como la tristeza de las carencias, pero cuando uno empieza a amar y a abrazar, desaparece. Ahora me siento muy bien.

Terapeuta: Y cuando uno siente rico y está tan bien, fíjate qué pasa en tus pulmones, en tu garganta *(aprovecho para reforzar el trabajo que se hizo en una sesión anterior con su problema de asma).*

Paciente: Se respira luz blanca, los tubos se abren y se respira bien.

Terapeuta: ¿Hay algo más que quieras hacer aquí?

Paciente: Todo está muy bien.

Terapeuta: Pues entonces vamos a continuar avanzando al siguiente vagón. Mira, de nuevo el revisor te abrirá la puerta para que pases.

Paciente: Huele a nuevo, es limpio y hay un agradable aroma; tiene mucha luz, está muy bonito. Me siento bien.
Terapeuta: ¿Puedes ver a alguien o sentir algo ahí dentro?
Paciente: Hay como personas pero no sé, hay como *personitas* y personas grandes.
Terapeuta: ¿Y tienen relación contigo?, ¿familiares?, ¿amigos?
Paciente: Sí, me siento divino.
Terapeuta: Y tú, después de haber aprendido todo eso de los abrazos y el amor, fíjate qué estás haciendo en este vagón del futuro con esas *personitas.*
Paciente: Estoy dando abrazos, dando abrazos y mucho amor.
Terapeuta: Y cuando tú les das mucho amor por todo lo que has aprendido, ¿cómo se sienten ellos?
Paciente: También me dan mucho amor.
Terapeuta: Pues estupendo porque ahora te vas a quedar aquí con esta sensación y con esta energía, y vas a sentarte junto a esas personas y *personitas* que hay ahí. Puedes observar cómodamente que hay unas grandes cristaleras, unos grandes ventanales en este vagón.
Paciente: Sí, los vi al principio.
Terapeuta: Y a medida que avanza el tren hacia el futuro, vas observando a través de las ventanas todas las cosas nuevas, todas las cosas bellas que están por llegar, y así el tren va recorriendo su camino; un nuevo camino en el futuro para ti y tus seres queridos que te acompañan en ese vagón tan lindo de la vida, tan hermoso y tan lleno de luz. Diles a todos que miren por las ventanas al tiempo que van pasando imágenes llenas de amor, de un futuro prometedor y hermoso para ti y tus seres queridos; el tren sigue avanzando y yo voy contando del uno al diez a medida que tú vas recuperando los estados de vigilia, trayéndote todo lo bello y la enseñanza de esta sesión y cuento: uno, dos...

Si en este escenario de trabajo no le da tiempo de trabajar los tres vagones en una sola sesión, deberá hacer lo mismo que en El Teatro o en la Búsqueda del Tesoro: cortar cuando estime que ya salió bastante contenido y no agotar a su paciente. Se puede utilizar, como transición, el bar que hay en todos los trenes como lugar donde puede "esperar" hasta la siguiente semana en que terminarán todo el proceso.

En esta otra sesión, vemos el final de la experiencia de un enfermo terminal que poco más tarde moría como consecuencia de un tumor cerebral:

> **Terapeuta:** Muy bien, ahora quiero que pases al siguiente vagón, al más moderno.
>
> **Paciente:** Me da pena salir de este pero tengo que hacerlo, mi hija pequeña me dice que se quiere venir conmigo pero yo le digo que no puede ser, que ella debe quedarse aquí para cuidar de su mamá porque la necesita mucho y yo me voy a ir a otro lugar a descansar. El revisor me ha abierto la puerta, me dice que he hecho un buen trabajo. Me da un abrazo y me hace pasar al otro vagón.
>
> **Terapeuta:** Muy bien, descríbeme cómo es este vagón.
>
> **Paciente:** Es precioso, está lleno de luz. Es una luz muy especial, no sé cómo describírtela pero es muy hermosa, jamás vi una luz como esta. Aquí me encuentro muy a gusto.
>
> **Terapeuta:** ¿Ves a alguien en este vagón?
>
> **Paciente:** De momento sólo me siento en paz. La luz lo abarca todo y sólo hay paz. No me duele nada y me encuentro muy bien... ahora acaba de aparecer mi padre, viene como cuando era joven, tiene la cara sonriente y me alarga la mano para que yo tome la suya. Siento su contacto y me produce mucha emoción *(comienza a llorar).*
>
> **Terapeuta:** ¿Qué ocurre ahora?
>
> **Paciente:** Me dice que todo está bien, que por fin llegó el momento y que me están esperando para darme una gran fiesta de bienvenida. Comenta que todos están allí, que sólo es una etapa más, que no hay qué temer a nada, que todo irá bien. Ya sólo tengo ganas de irme; todo lo que tenía pendiente en esta vida está zanjado, ya no necesito seguir luchando más. Ahora siento que es el momento de partir en paz. Quiero que le digas a mi mujer y a mis hijas que no lloren por

> mí, que yo estaré muy bien en el lugar al que voy a ir. Diles que mi padre vino a buscarme y que yo sé que todo esto es verdad. Diles que yo las quiero mucho y que un día estaré yo en este vagón esperándolas a ellas. Ahora sólo siento mucho amor y mucha paz en todo mi cuerpo.

Esta fue la última sesión que realicé con este paciente. Poco después murió rodeado de su mujer y sus dos hijas, pero se fue tranquilo y en paz.

La Catedral

Lo primero que nos viene a la cabeza al hablar de una catedral, es un lugar grandioso, majestuoso, una gran obra de arte, lugar de recogimiento lleno de espiritualidad, que facilita el contacto con Dios.

Catedral proviene del griego "cátedra" que significa silla o trono. La cátedra se colocaba en un Altar desde el cual un Obispo predicaba las enseñanzas de la Iglesia.

Es por tanto un símbolo relacionado con la enseñanza, el conocimiento, el saber; un lugar espiritual separado por muros del mundo profano en donde se enseña la Palabra de Dios. Su entrada se realiza por occidente y el Altar Mayor está situado en el oriente, indicándonos así el camino que conduce a la Luz, siendo el Altar el centro umbilical del mundo que sirve de nexo de unión entre Dios y el hombre.

Algunas catedrales o iglesias están directamente asociadas a la Orden Templaria y la famosa custodia del Santo Grial, como puede ser la de Rosslyn Chapel en Escocia o en España la ermita de san Bartolomé en el Cañón de Ríos Lobos, la Iglesia del Crucifijo en Puente la Reina o la Catedral de Burgo de Osma, pero todas ellas ricas en simbología que han dado pie a numerosas conjeturas y fabulaciones sobre lo que ocultan sus mensajes, tanto por parte de creyentes como detractores de la Iglesia.

Los maestros canteros y otros oficios artesanos como talladores y vidrieros, trabajando en logias cerradas, fueron construyendo estas maravillosas obras de arte cargándolas de códigos secretos que tienen todo un significado místico para el iniciado, pero que pasa totalmente desapercibido para el profano. Ya desde la parte exterior de sus fachadas, así como en cada uno de sus rincones, paredes, columnas, techos, bóvedas... esconden mensajes cifrados que conducen al conocimiento.

En algunas catedrales como las de Chartres, Reims y Sens, aún se conservan dibujados en el suelo laberintos que podríamos unir analógicamente con el famoso Laberinto de Creta y el mito del Minotauro, tal como ya vimos cuando hablamos sobre el escenario del Laberinto.

Las plantas de las catedrales góticas y románicas están construidas en forma de cruz, en representación de la figura de Jesús y/o la transformación del hombre en Dios, o lo que es lo mismo la transformación de la materia en el oro alquímico. Pero las ideas que todos estos símbolos expresan, no pueden ser analizadas desde la razón sino desde el lado de la intuición que es el único que puede llegar a la comprensión y el conocimiento del alma.

Siendo consciente de la fuerza que representa en el inconsciente colectivo la imagen de una Catedral, he trabajado sobre este escenario para que a través de él, al igual que el iniciado podía encontrar las claves para su evolución espiritual, el paciente que se encuentra trabajando su cuerpo, su mente y su alma en un proceso terapéutico, pueda avanzar en el camino de su libertad, su transformación y encontrar así la paz deseada.

Este escenario es para realizarlo bastante avanzada la terapia, como uno de los últimos que puedan servir como recapitulación de todos los anteriores efectuados a lo largo de las diferentes sesiones de trabajo que hemos estado llevando a cabo a lo largo de la terapia.

Como punto de partida y después de la relajación, usted debe situar al paciente en la entrada de una Catedral. Su trabajo consistirá en hacer tres recorridos simbólicos al igual que lo hicieran Ordenes Herméticas en la antigüedad para reconocer los senderos del hombre en su búsqueda de la Iluminación.

El recorrido se inicia en el Altar Mayor. Desde allí se sale por la Nave Central hasta llegar a la puerta de entrada principal; una vez allí, se gira a la izquierda y se hace el recorrido por el lateral hasta llegar al final, se rodea el Coro –parte de la Catedral tras el Altar Mayor, con ventanas de vidrio a los lados– y se vuelve por el otro lateral hasta llegar nuevamente a la puerta principal y entrar de nuevo por la Nave Central hasta alcanzar otra vez el Altar Mayor.

El primer viaje –recorrido– debe hacerse fijándose solamente en las cosas que se ven por el suelo –los dibujos, lápidas, laberintos, etcétera–. Abajo está el pasado y por eso es el primer eslabón o etapa que hay que conocer de uno mismo.

El segundo viaje –recorrido– se hace mirando al frente –el presente– hasta donde alcanza la vista en línea recta (observar las paredes, las columnas, las capillas con los santos y símbolos que van apareciendo en los laterales).

Finalmente, el tercer recorrido –viaje– se realiza mirando el piso superior, las vidrieras, los rosetones, las bóvedas, los techos, el cielo (el futuro, el devenir, lo espiritual. Recordemos la Ley de Desplazamiento).

Veamos un ejemplo de estos recorridos con un paciente llamado Ricardo:

> **Paciente**: Veo una gran explanada. Delante está la Catedral. Veo la puerta principal, parece un estilo gótico florido. Hay dos puertas más pequeñas. Es majestuosa, imponente, aunque un poco recargada para mi gusto. Yo prefiero el románico, pero de todas formas es impresionante y bonita.
>
> **Terapeuta**: Ahora quiero que entres y me cuentes qué vas viendo.
>
> **Paciente**: A la derecha hay unas vidrieras espectaculares. Con la entrada del Sol hacen un juego de luces fantástico, se proyectan en el suelo. Deben tener puesto un *botafumeiro* porque huele a incienso. Se ve al fondo el coro, siento mucha paz. Siento como una predisposición para algo relacionado con lo espiritual, es como si tuviera la necesidad de conectar-

me con algo *(se le explican los tres recorridos simbólicos mirando al suelo, al frente y a lo alto, y comienza su relato).*
Paciente: El suelo es oscuro, ha sido restaurado recientemente, se le ha pasado la pulidora. Hay tumbas en el suelo. Han sido restauradas. Veo cómo se han tapado grietas que tenían *(está proyectando toda la reconstrucción que ha hecho a lo largo de la terapia sobre su pasado).* Veo algunas tumbas que no conozco. Sigo andando, avanzando por el lateral hasta el Altar Mayor. Allí hay una tumba que me llama la atención.
Terapeuta: Acércate a ella y mira de quién es esa tumba.
Paciente: Es la tumba de mi padre. Está excavada en el suelo. Tiene losa de granito. Está limpia y cuidada. Hay un ramo de flores secas junto a ella. Las voy a cambiar por flores nuevas. En los laterales de la Catedral veo altares, capillas privadas.
Terapeuta: Acércate a alguna de ellas.
Paciente: Al final hay una que tiene barrotes. Me acerco a esa, hay una virgen en el Altar.
Terapeuta: ¿Qué sientes al verla?
Paciente: Le da un aire a mi madre. Es un contrasentido, mi madre en el Altar y mi padre en la tumba. Su relación de siempre: de odio, destrucción y muerte. La verdad es que me da pena por los dos porque ambos han perdido y ninguno ha disfrutado... ya he vuelto otra vez a dar toda la vuelta y estoy otra vez en el Altar Mayor.
Terapeuta: Muy bien, este ha sido tu primer viaje, tu relación con el pasado, ¿cuál es tu balance?
Paciente: He podido enterrar con dignidad a mi padre. Al ver el suelo restaurado siento que he podido también restaurar gran parte de mi pasado y perdonar a mi padre y también a mi madre, y colocarla en el lugar que se merecía.
Terapeuta: Ahora vas a iniciar tu segundo viaje y este lo harás mirando las cosas que quedan a la altura de tu vista... al frente.
Paciente: Los rayos entran paralelos y está pegando donde el órgano. Avanzo, veo que hay pan de oro en el Coro. A mi altura veo luz, casi habría que usar gafas de la fuerza que

tiene; cambia de colores que se descomponen en más colores. Avanzo por la derecha que es por donde entra la luz. Veo un cuadro de Tiziano, Carlos V en su caballo. ¡No es Carlos V! ¡Soy yo! Me parece una falta de respeto.
Terapeuta: ¿Qué te dice esa imagen?
Paciente: Se me ocurre que desde lo visual para abajo controlo todo pero lo de arriba no lo domino porque no lo veo. La vista es genial; es todo paz, dominio y fortaleza basados en la paz. No quiero tener poder sino autoridad. Ahora veo la tumba de mi padre porque he estado ahí hace un rato, pero no distingo nada. Se abarca mucho a derecha e izquierda, hay amplias miras. Los detalles son insignificantes. Los olores suben y el aroma a incienso es redondo. Hay un gran sosiego y control.
Terapeuta: Fíjate a ver si encuentras algún otro signo que te llame la atención.
Paciente: Otro cuadro, rebasando el Altar Mayor. Es un cuadro curioso: Es una escena de Jesús con Magdalena, con la cara de Tina *(su mujer)* y yo. Me mira con ternura y estamos abrazados.
Terapeuta: ¿Cuál es la razón para que aparezcais en las caras de Jesús y María Magdalena?
Paciente: Podría ser la unión después de varias caídas, varios tropiezos; más limpia, más pura, sincera, honesta, tierna... ahora me meto por el Crucero Principal, sólo se ve mucho lujo y llego al Altar Mayor.
Terapeuta: ¿Cuál es tu conclusión?
Paciente: Creo que el cuadro me ha enseñado que realmente Tina ha sido siempre mi compañera y que ha sido necesario pasar por todas las experiencias que hemos tenido en nuestra vida –aunque algunas hayan sido muy duras– para fortalecer nuestros vínculos afectivos y ser por fin felices. Ella siempre me ha esperado con paciencia a pesar de todo lo que he hecho.
Terapeuta: Bueno, pues ahora vamos a iniciar el tercer viaje, ya sabes que éste hay que hacerlo mirando hacia arriba. ¡Vamos allá!
Paciente: Nada es concreto, el techo es muy alto.

Terapeuta: Pues ahora te vas a elevar y mira lo que eres capaz de ver.
Paciente: El techo está pintado al fresco. Me recuerda a la Capilla Sixtina. Hay caras conocidas; la mía la veo reflejada en Zeus o Apolo, a mi lado está mi mujer con la cara de Sirina; mi hija Lara está montada en un caballo blanco... se ve un cadáver... es mi madre...
Terapeuta: ¿Qué significado tiene el ver de esa manera a tu madre?
Paciente: Creo que está así pintada porque quiere decir que ya ha cumplido su misión. Se le ve relajada, no ha sufrido, es un cadáver que resulta bonito al verlo; también está Nieves, mi compañera del trabajo, con libros en la mano; mi hermano con su hijo Víctor... el caballo es imponente.
Terapeuta: ¿Qué simboliza?
Paciente: Su poder en la vida. Es fuerte de remos y seguro, sólido. Tiene bien agarradas las riendas. Este caballo nunca se va a desbocar. También aparece el ermitaño, el Jaguar *(cariñosamente le llamaba así en algunas sesiones que apareció)*, sonríe y me guiña un ojo.
Terapeuta: Pregúntale si puede decirte el acceso secreto de esta Catedral.
Paciente: Se descuelga conmigo, empuja una pared detrás del Altar Mayor, la pared gira y aparecen unas escaleras de madera, las subimos. Coge una antorcha y vamos subiendo. El sitio es estrecho y según vamos avanzando, se ensancha. Ahora la escalera ha cambiado y es de granito. Llegamos a una sala. Lo que era tortuoso y frío ha desembocado en un Palacio Borbón, luminoso, amplio, con alfombras. Aquí no hace frío, se oye música. Estoy muy a gusto. Es majestuoso. Le pregunto al ermitaño qué es este lugar. Él mueve la mano y se toca la cabeza y el pecho. Entiendo que me quiere decir que deje fluir la mente y el corazón, y así seré admitido allí.
Terapeuta: Explícame qué quieres decir con eso.
Paciente: Es como si la subida por esa escalera estrecha fuera la representación de mi pasado que ha sido tortuoso, frío y solitario, pero sin embargo –después de haber entendido gran

parte de todo eso– al reconciliarme con mi propia historia y aceptarla, me espera un futuro luminoso como este lugar.
Terapeuta: ¿Y qué tienes que hacer entonces en tu presente?
Paciente: Sellar el pasadizo y quedarme aquí. Ya no tiene sentido que siga volviendo atrás. Eso ya quedó en el pasado y este se desvanece... ahora veo cómo las escaleras por las que subí empiezan a derrumbarse y van cayendo al vacío; ahora ya no hay nada y es el momento de cerrar esta puerta y sellarla... ya lo he hecho... el ermitaño me conduce a una sala que hay al fondo a la derecha. Ahora veo que por una puerta entran mi mujer y mi hija, y me abrazo muy fuerte a ellas y les digo que las quiero *(comienza a llorar).* Es todo muy hermoso y es el principio de una nueva vida.

Museo del hielo

Elegí desarrollar este escenario en un lugar en el que hubiera hielo por la analogía que se produce con los bloqueos emocionales. Sabemos que el frío y el hielo van asociados a las carencias afectivas, rigidez, dificultad de expresión y falta de movimiento. Al igual que un *iceberg* que sólo emerge en el mar una octava parte de su tamaño real, nuestros daños emocionales se encuentran ocultos en las profundidades de los glaciares de nuestra mente. El agua, en el fondo del océano, alcanza su mayor grado de densidad al tener una temperatura fija alrededor de los 4ºC y por esa razón se queda allí atrapada. Las emociones no resueltas también quedaron atrapadas en el pasado y se necesita la ayuda de un volcán o *geiser* en el fondo oceánico para disminuir la densidad del hielo de esas turbaciones y ascenderlas a la superficie. El frío de las estatuas congeladas del museo permitirá la conexión con la parte oculta del témpano del inconsciente que sacará a flote los daños encubiertos que están afectando al bienestar de su paciente.

Al descubrir a través del juego de los símbolos de esas galerías del museo, las experiencias del pasado que están bloqueando su futuro, el paciente será capaz de provocar una fuerza interior que movilice y haga que el *iceberg* de su vida, de manera espontánea, comience a moverse y se vaya diluyendo. Piense que si una de estas montañas de hielo es arrastrada por la corriente y llega a las latitudes medias, puede ser para la navegación un serio peligro con consecuencias desastrosas, como fue el caso del hundimiento del Titanic. De la misma manera, nuestros bloqueos y conflictos que permanecen ocultos sin poder emerger a la luz, pueden arrastrar y hundir a muchos seres queridos que se encuentran a nuestro alrededor –familiares, amigos, compañeros de trabajo–. Es por esta razón, que todos deberíamos vigilar atentos nuestros mares para que exista en ellos el menor número posible de *icebergs* y que los barcos de la "tolerancia" y la "convivencia" surquen los océanos sin miedo a chocar contra nada. Recuerde que el navegar con rumbo es vida, posibilidad de avanzar, y aunque al principio sólo tenga la esperanza en forma de aguja imantada colocada sobre un simple vaso de agua, también con ellas navegaron los primeros marinos antes de invertar la brújula o el actual GPS que les sirvió para avanzar y no retroceder, y al final encontrar nuevos mundos. La inmovilización y el victimismo –por el contrario– es bloqueo, la imposibilidad de llegar a ningún sitio, paralización, depresión y muerte.

Volviendo entonces a nuestro escenario, el paciente entrará a un museo creado todo con figuras de hielo y hará un recorrido por sus diferentes salas donde encontrará esculturas de personas o símbolos. Para el Facilitador en Terapia Regresiva Reconstructiva, lo importante es que el paciente pueda ver lo que representa cada una de esas figuras y las emociones que le producen al tenerlas frente a él.

Al manejar este escenario con esculturas de hielo, le da tranquilidad para, en el caso de aparecer figuras amenazantes, poder –si así lo desea– seguirlas manteniendo congeladas sin resultarle tan intimidantes, mientras que por el contrario, todas las demás figuras que considere oportunas, volverá a moldearlas, las irá derritiendo poco a poco, les cambiará la expresión de la cara, reconocerá por qué tienen esos semblantes, qué les ha llevado a convertirse en hielo, les cambiará el movimiento y posición en la sala, y sobre todo encontrará la acción a tomar para que produzca un cambio que resulte agradable y positivo para él.

En la puesta en escena situaremos al paciente frente a la entrada de un museo que es todo de hielo y en el cual hay tres salas que tendrá que ir visitando una a una:

1. La sala de las figuras amenazantes –a su izquierda–, con las representaciones de aquellas personas o cosas que aún hacen que el paciente se mantenga lastrado en su vida sin poder avanzar como él quiere.
2. La sala de los conceptos de la fortaleza –a su derecha– con las esculturas de aquellas personas o símbolos que le dan los suficientes recursos para que, a modo de un *rompehielos*, le permitan enfrentarse y atravesar los peligrosos mares de sus miedos del pasado.
3. La sala principal donde está su propia figura, es en la que normalmente dedicaremos más tiempo para trabajar con todo detalle, ya que es la pieza principal y centro de atención de esta galería. Al observar su imagen desde afuera, resulta más sencillo reconocer sus miedos, sus complejos, sus bloqueos, y buscar soluciones para salir del hielo del pasado que le atrapó. Veamos un ejemplo:

Paciente: No hay mucha luz dentro. Al edificio le falta luz. Es como decepción, aburrimiento.

Terapeuta: Quiero que ahora veamos primero la sala que tiene al frente. Es la más importante de todo el museo, y allí hay una escultura en la cual tú estás reflejado y muestra tu estado emocional actual, tus vivencias y quién es Román en el día de hoy. Después, también hay otras dos salas más: una a la izquierda y otra a la derecha, ¿las ves?

Paciente: Sí.

Terapeuta: Pues luego iremos a ver estas salas pero ahora quiero que primero vayamos a la sala del frente; entra y dime qué sensación te produce el estar ahí.

Paciente: Es de color rojo, falta espacio, el techo es muy bajo.

Terapeuta: ¿Y puedes observar o sentir dónde está la escultura?

Paciente: Sí. La sala no es grande y está en la mitad. La estatua no es muy grande, es como una piedra cuadrada, sin forma, como... tiene una forma como... las paredes no son lisas sino como profundas, tiene como rasguños, como si la hubieran sacado con una maquinaria pesada que le dejó esas marcas. Quién sabe si a lo mejor un dinosaurio lo hizo.

Terapeuta: ¿Cómo crees que puede sentir esa piedra con esos rasguños, esas heridas o esas palas que la han arañado?, ¿le gusta o no le gusta eso?

Paciente: Se siente demasiado pesada y cuadrada, como si estuviera en bruto.

Terapeuta: Sin embargo puede ser tallada. Ahora quiero que la toques con tus manos y vas a captar más cosas de sus sentimientos, de su sentido de ser.

Paciente: Es un estado de letargo, de oscuridad, gris; la piedra se siente de repente caliente y de repente muy fría, varía zonas calientes y zonas frías.

Terapeuta: ¿Y si la piedra pudiera hablar, qué crees que diría viviendo esas sensaciones calientes y frías?

Paciente: Siente que está agobiada.

Terapeuta: ¿Y qué se podría hacer para que no se sienta agobiada?

Paciente: Se necesita un Miguel Ángel para sacar ese hombre que está ahí. Sólo un Miguel Ángel sabría hacerlo.

Terapeuta: Ahora quiero que salgas de la sala y te vas a dirigir a la sala de la izquierda. El autor ha dejado allí guardados los elementos que dieron origen a esa piedra de la sala principal. Habrá alguna escultura o algo que tenga que ver con lo que agredió a esa piedra. Veremos qué hay allí.

Paciente: Hay esculturas de hielo abstractas que se asemejan a una cara, con facciones crudas, grandes, distorsionadas.

Terapeuta: ¿Hay una sola escultura o hay más?

Paciente: Hay varias pero todas comunican esa sensación.

Terapeuta: Quiero que te acerques a una de ellas. La que más te impacte. La que te dé más sensación de crudeza y dime de qué material es.

Paciente: Mezcla de hielo y piedra, un hielo sucio.

Terapeuta: Ahora te vas a acercar a la zona donde las facciones son más crudas o el hielo está más sucio, y según te

acercas pon las manos en esa parte y dime qué sensaciones te llegan y en qué parte de tu cuerpo las notas.
Paciente: En el pecho, en la garganta, en la cara.
Terapeuta: ¿Puedes sentir qué color tienen?
Paciente: Café, rojo...
Terapeuta: Ahora deja que esta sensación se amplíe y a través de ella vamos a retroceder a algún instante en tiempo atrás donde sentías eso mismo. Cuento: 3, 2, 1... ¿dónde estás?
Paciente: Estoy en el pasillo de la casa, estoy parado ahí en medio frente a la puerta de los vecinos. Siento el pecho comprimido y estoy bloqueado. Siento como si me estuviera disolviendo, como si me estuviera cayendo...

Ya ha entrado en regresión y tiene alrededor de 4 ó 5 años.

A partir de aquí el paciente retoma varias situaciones concretas con diferentes personas donde aparece un gran sentimiento de soledad y momentos de peligro que acechan a este niño. Esta conexión le acompañará durante toda la sesión regresiva. Vive experiencias con una tía sádica que era su maestra en el colegio y le hacía muchas humillaciones y castigos vejatorios, amenazándolo si se lo decía a los padres. Después, también vive experiencias con un padre autoritario e impositivo y por último, experiencias con un vecino que tenía 20 años del que confiaba siendo niño e intentó abusar sexualmente de él.

Todas estas situaciones concretas le van dando suficiente material para entender sus experiencias de soledad y vacío que vive en su presente. Salió un patrón de conducta que era "inmovilización", porque a cambio conseguía protegerse de los monstruos porque si se movía –por no importa que sitio–, nunca sabía dónde podría encontrar uno de ellos. Se sentía perdido. Moverse era peligroso pero si se quedaba engarrotado, rígido y duro como una piedra, eso le permitía protegerse. Este era el patrón de conducta que había estado utilizando durante muchos años de su vida: "Si me quedo como una piedra, puedo vivir".

A partir de ahí se inició la reconstrucción. El hombre adulto –el "yo" actual– le mostró al niño su patrón de conducta y sus consecuencias; después le aconsejó las cosas que tenía que decirle a cada uno de estos personajes, pudiendo permitirse liberar todas las emociones retenidas a lo largo de tantos años en su interior.

Más tarde pasó a la otra sala de la derecha –sus recursos– a buscar la escultura del mismo niño, pero ésta era obra de Miguel Ángel, muy clara, muy brillante, con un niño muy precioso, muy bello, muy lindo, y una expresión en su cara, tranquila, sonriendo, con felicidad (lloró de emoción). El niño que salió de esta nueva estatua es quien fue a la otra sala donde estaban las esculturas dañinas y amenazantes y las destruyó como si todo fuera el decorado de una película, haciendo que sobre esta sala se colocara una cúpula igual a la de Chernobil para que quedara todo sepultado.

Al volver a entrar a la sala principal, la escultura de piedra ya había cambiado, ya no era una roca y se podía apreciar cómo ese niño que estaba dentro *encapsulado,* ahora estaba saliendo de ella, liberándose de esa cárcel en la que se encontraba desde hacía tantos años. También amplió el espacio de la sala, levantó los techos y pintó de color todas las paredes, pudiendo sentir el movimiento dentro de él, la sensación de libertad y no de opresión como siempre había sentido. Estos son los comentarios que meses más tarde me hacía en persona sobre aquella experiencia tan importante en su vida:

"En esa sesión por fin logré destapar y limpiar a fondo algunas de mis historias de vida más viejas y atoradas que se habían quedado en espera durante mucho, mucho tiempo. ¡Qué experiencia tan poderosa y liberadora la de transportarse allá directamente, recapitular aquellas situaciones en carne propia, pero esta vez dejando las cosas bien, realmente BIEN! Y mejor todavía, permitir que lo viva EL NIÑO, ese niño que era yo, que en su momento no supo qué hacer y se quedó con miedo, angustia y malos aprendizajes; pero ahora, con mi apoyo y recursos de adulto, puede REHACER y REAPRENDER todo aquello de una manera mucho más saludable.

La regresión me llevó a descubrir, con asombro, cómo las manipulaciones de mi padre, cuando yo tenía apenas tres años, me llevaron a creer que yo era capaz de lesionarlo seriamente si le mostraba algún desacuerdo o contrariedad, o incluso, si tan sólo no cumpliera con sus expectativas. Lo que él hacía no era más que puro espectáculo –un simple acto teatral de "agobio profundo"– que seguramente le parecía una manera fácil e ingeniosa de "controlar" a su hijo. Así, efectivamente, consiguió mi obediencia, pero a un gran precio: me quedé con un miedo terrible de que en cualquier momento pudiera surgir de mi interior algo que prácticamente destruyera a mi propio padre. Cargué con ese miedo la mayor parte de mi vida, permaneciendo siempre en una especie de hipervigilia como si cualquier movimiento, sentimiento o emoción que provenía de mí, pudiera desatar algún peligro de dimensiones catastróficas.

Pero en esa sesión logré hacer algo único y contundente: desde mi pequeño ser de tres años de edad, enfrenté a mi padre y lo desenmascaré, expuse su artimaña, le dije que no le creía y que mejor ya no me engañara de esa manera. Hice todo eso temblando de miedo. Y, ¿cuál fue el resultado? Pues, ¡no le pasó nada! No murió ni se desbarató, sólo acaso se quedó un poco frustrado al darse cuenta de que ahora, como todos los padres, tendría que tener paciencia y buscar otras maneras un poco más *trabajosas* de lograr mi cooperación, como por ejemplo platicar conmigo, explicar las cosas, poner límites… pero me amaba y estaba dispuesto a hacerlo. ¡Qué alivio, qué liberación sentí en ese momento!

Al final de la sesión, de repente noté un cambio dentro de mí. Esa sensación de dureza, de bloqueo muy profundo que me había acompañado toda mi vida y era la "piedra angular" que ningún trabajo terapéutico anterior pudo tocar, ahora se estaba derritiendo, ablandando. Me vino la visión de una flor de jade que se estaba "despetrificando", desplegando sus pétalos, cobrando vida. Y para que esos pétalos se abrieran cada vez más, sólo tendría yo que ser gentil conmigo mismo y concederme las cosas buenas que mi corazón deseara.

Y esto es, justamente, a lo que me he dedicado desde aquella sesión: a actuar con el corazón, a estar moviéndome, a ir tras lo que quiero sin tantos "peros". Me he sentido fuerte y seguro; mucho más libre que antes para probar cosas, para atinarle o para equivocarme, para jugar y bromear, para disfrutar la gran aventura que estoy viviendo.

Parque de Atracciones

La intención con este escenario lúdico, es que a través de las analogías que puedan ir apareciendo en cada una de las diferentes atracciones, el paciente elabore diferentes estrategias para limpiar aquellas áreas o aspectos de su vida que aún queden pendientes de resolver o reestructurar.

Después de la relajación se sitúa al sujeto frente a un parque de atracciones "mágico" y alguien abrirá sus puertas para que se adentre. El trabajo consistirá en ir recorriendo las diferentes atracciones que hay en el mismo, y en cada una de ellas se esconderá una lección y un aprendizaje de vida para él. Al final del recorrido y salir del Parque, el paciente se llevará consigo todos los mensajes que este lugar "Mágico" tenía reservados como tesoros para entregarle y a partir de ese momento deberá actuar en consecuencia.

Independientemente de las atracciones que el paciente señale, usted deberá situarlo en las siguientes que van a servir como potenciador de las analogías que a continuación le describo:

- **Teatro guiñol:** Para Freud, la fantasía está detrás de todo síntoma y como un escudo protector permite mantener el equilibrio psíquico. La psicoanalista suiza Madeleine Rambert fue la primera psicoterapeuta que utilizó el títere como método terapéutico. A través de los muñecos de guiñol, ayudado por la ficción simbólica y favoreciendo el uso de la metáfora, permitimos al paciente que pueda exteriorizar sus conflictos y fantasmas internos que guarda ocultos en su inconsciente. En este teatro se le van a mostrar cosas de su vida personificándolo en diferentes muñecos. Debe escuchar lo que le dice cada uno de ellos y dejar que escenifique una historia acorde a su vida real con algunos personajes "tipo" y que sea él mismo quien desarrolle la trama. Usted sólo le mostrará los diferentes muñecos que van a actuar, pero él le asignará a cada uno su correspondiente rol.

- **Platillos volantes** que suben y bajan: es la atracción de los altibajos de la propia vida. A veces vemos las cosas desde lo alto, a veces desde abajo. Siempre se gira alrededor del mismo sitio pero es importante que uno sea capaz de manejar el volante de su propio destino, y saber cómo conducir sin estrellarse contra un muro. Cuando los conflictos los vemos desde lo alto del platillo, parecen ser más pequeños que como se ven cuando el platillo alcanzó el nivel del suelo. A través de esta atracción podemos hacer comprender al paciente que si es capaz de cambiar su ángulo de visión de los hechos ante una situación concreta en la vida, tal vez también consiga cambiar la emoción que éstas provocan en él. Al ver el problema en la distancia, alejado del mismo, la emoción de dolor se minimiza.
- **Casa del miedo o el tren de la bruja:** En esta atracción, el paciente tiene la posibilidad de enfrentarse a los fantasmas de su vida y ser capaz de ir desenmascarando a los personajes que se esconden detrás de las caretas. Es una manera de no huir y poder hacer frente a los problemas y a las personas que lo han afectado desestructurándolo emocionalmente a lo largo de su historia.
- **Enfrentarse a los esqueletos, vampiros:** Aprender a afrontar el miedo a la muerte. Si aparecen ataúdes representa la terminación de algo de su vida pasada, enterrar lo de atrás, los rencores, las rabias. Es renovación y renacimiento.
- **Montaña Rusa:** Ya que muchos pacientes nos refieren en consulta su sensación de vacío, en esta atracción uti-

lizaremos el momento del impacto en la bajada vertiginosa del coche para hacer analogías a través de esta emoción con momentos de su vida de caída al vacío. También es la superación del miedo, enfrentarse al riesgo y ver cómo después puede remontarse con fuerza.

- **La sala de los espejos:** En ella se puede ver el antes, el ahora y el después de la persona a través de la imagen que transmite en los diferentes espejos (los distorsionados del pasado, los de la realidad del presente y los de la esperanza del futuro).
- **El Tío Vivo/El Carrusel:** El giro continuo en círculo representa la inmovilización, las acciones compulsivas y repetitivas a lo largo de su vida. Es la esperanza de poder alcanzar algo nuevo pero sabiendo que sólo es una quimera que no se podrá lograr si no consigue salir del círculo vicioso impuesto. El paciente debe encontrar la analogía con su vida, descubrir las espirales en las que se ha visto envuelto a lo largo de los años, y darse cuenta de que no es saludable seguir encerrado en las mismas, repitiendo una y otra vez ese modelo nocivo para su salud. Simbólicamente, como resolución de esta atracción, usted deberá convencer a su paciente para que el "caballito" en el que se encuentra montado sea capaz de salir del carrusel (recuerde la película de *Mary Poppins* cuando, junto con los niños que cuida, se van volando con los caballitos pudiendo así contemplar muchas cosas que desde el "tío vivo" eran imposibles de apreciar).
- **Coches de choque:** En ellos las personas se golpean unas contra otras y resulta difícil la conducción. El individuo debe saber esquivar a los demás para no chocar de frente, observar quién le golpea por detrás, quienes por los lados, y también a quién se enfrenta él y de qué manera, cuáles son sus estrategias. Es una analogía a cómo avanzar por la vida. No podemos ir de frente ponién-

donos en contra de todo el que vemos, eso nos produce daño y nos dificulta el avance. Si sabes manejar bien el volante, el coche avanza y disfrutas del paseo. Si en el transcurso de la experiencia, su paciente relata que alguna persona en particular está golpeando constantemente y de manera obsesiva y compulsiva a su coche, o bien es él mismo quien con esta actitud se enfrenta a los demás, es el momento de encontrar esa agresividad en su vida y entender la necesidad del para qué sale proyectada con tanta rabia al exterior. Qué necesita revindicar.

- **Pitonisa:** Este lugar será siempre el que sirva como cierre antes de salir del Parque. Se proyecta a través del mismo el Súper Ego, la Ayuda Superior, la Supraconciencia. Le permite anclar sus objetivos y reforzarlos. La pitonisa hablará a su paciente de su porvenir, con respecto a las preguntas que él mismo le quiera hacer. Esta premonición será realizada a través de algún arte adivinatorio como pueden ser las cartas del *tarot*, la bola de cristal, los posos del café, lectura de manos, etcétera. Por último, la "Adivina" entregará un talismán a su paciente como refuerzo y síntesis de todo el trabajo realizado en el Parque, y el sujeto deberá encontrar el mensaje que hay para él en ese objeto.

Veamos la transcripción literal de una sesión con una paciente llamada Asunción:

Paciente: Según entro, veo varias atracciones.

Terapeuta: En cuál quieres subirte.

Paciente: Veo el tren de la bruja. Es como para dar miedo, pero no tengo. Me meto, está oscuro. Estoy excitada, siento como incertidumbre, sale un fantasma de tela.

Terapeuta: Ahora quiero que detengas el tren y jales la sábana a ver quién es ese fantasma.

Paciente: Sale un esqueleto y pasa lo mismo: Se va. Ahora sale una bruja por la izquierda. Es muy fea y desagradable, no me da miedo. Alza los brazos, pero no hace nada.

Terapeuta: Tira de su careta a ver quién es.
Paciente: Me llega la imagen de una compañera de trabajo; ahora me doy cuenta de que es más bruja de lo que pensaba.
Terapeuta: Pregúntale por qué está ahí.
Paciente: Para asustar, pero es como un juego.
Terapeuta: Entonces, ¿qué debes hacer para que no te afecten tanto las actuaciones de los demás?
Paciente: No debo tomar tan en serio las cosas, pero siento que ella me avasalla, no me deja hablar.
Terapeuta: ¿Y cómo puedes neutralizarla?
Paciente: Transformándola con una varita, soy un hada.
Terapeuta: Ahora quiero que esto lo lleves a tu vida real y hagas algo concreto con ella *(se le lleva a una situación concreta con su compañera y cómo es capaz de transformar las acciones de esta persona y sus respuestas ante esto. De esa forma, le desaparece toda la tensión).* Ahora vamos a salir del tren de la bruja y a continuar.
Paciente: Me subo en los coches de choque. La pista está llena; quiero avanzar pero hay otros que chocan contra mí y no me dejan. Me siento frustrada. Intento salir. Es como si fueran todos a mí y no tuviera vía de escape. He de utilizar la misma táctica que ellos: embestir para conseguir salir de aquí. Respiro con fuerza y embisto. Consigo salir del tapón y puedo circular mejor y esquivar a los que vienen de frente. Se circula mejor así, la gente te puede atacar e intentar cohibirte, pero no debo dejarme avasallar. Si sé usar sus mismas armas, puedo circular libremente.
Terapeuta: Vámonos a otra atracción.
Paciente: Subo en el "tío vivo". La atracción me parece sosa, pero tranquila. Me subo en un caballo, en el de al lado está mi hermano Aurelio. Se la pasa bien y me da alegría. Soy feliz porque lo veo contento. Mi madre está abajo mirándonos y está alegre. Aurelio me hace sentir bien, quizáss por su inocencia, su energía positiva. Debo utilizarla. Creo que lo que me quiere decir es que me ponga en su nivel y que sienta como él. Que tome las decisiones sin pensar que vienen con dobleces. Eso es lo que pienso hacer a partir de ahora.

Terapeuta: ¿Y cómo te sientes dando vueltas una y otra vez en el mismo sitio?
Paciente: No quiero seguir dando vueltas sin sentido en mi vida. Quiero bajarme de este carrusel y moverme a otro sitio.
Terapeuta: ¿Se te antoja subir a otra atracción?
Paciente: Sí. Me voy a la Montaña Rusa. Cuando voy subiendo siento miedo, pero a la vez me gusta. Al bajar siento miedo, pero me gusta esta sensación. Va muy aprisa. Creo que esto es el mensaje del "riesgo" y que a veces no arriesgo mucho. Si lo hiciera no pasaría nada. Es igual que cuando caes por la Montaña Rusa: parece que va a pasar algo malo y sin embargo, luego remontas sin problemas. Debo tener más coraje. Atreverme a dar el paso.
Terapeuta: Pues recuerda que a partir de ahora, cada vez que te veas en una situación de este tipo en tu vida, vendrá de manera automática a tu mente la imagen de esta Montaña Rusa y tu cara sonriendo al disfrutar de ella, alegre y sin miedo. Todo eso hará que te permita no sentirte bloqueada y ser capaz de dar ese paso hacia adelante *(se acaba de hacer un anclaje en la paciente para crear una nueva pauta de conducta).* Vámonos a otra atracción.
Paciente: Veo la Casa del Terror. Me meto, es muy rara, no veo a la niña del *Exorcista.* Sólo veo gente violenta que quiere matar. Me da miedo y desconfío, me da la sensación de que... a ver, yo confío en la gente pero tengo miedo, hasta que no me hacen algo no cierro las puertas, tengo miedo a que me hagan daño.
Terapeuta: Ahora quiero que te pongas frente a uno de esos personajes que quieren matarte.
Paciente: Estoy frente a *Freddy Krueger.*
Terapeuta: Quítale la careta.
Paciente: No hay nadie, ha desaparecido.
Terapeuta: Ahora quítale la careta al de la sierra mecánica
Paciente: Es un robot.
Terapeuta: ¿Qué mensaje te están queriendo enviar?
Paciente: Debo saber enfrentarme a las cosas y no salir corriendo. Si huyo, es una acción mecánica, sin sentimientos, como estos personajes que veo aquí.

Terapeuta: Bueno, pues ahora vas a salir de esa casa y nos vamos a la caseta de la Pitonisa.
Paciente: El lugar es pequeñito pero acogedor. La mujer es mayor y va vestida como una zíngara. Muy típica de las películas. Hay velas. Siento tranquilidad. Me dice que pase y me siente en la mesa frente a ella. Dice que me retrasé, que me estaba esperando.
Terapeuta: ¿Quieres preguntarle algo concreto?, ¿alguna cosa que te interese saber en estos momentos?
Paciente: Quiero saber sobre mis padres. La Pitonisa ha cogido un mazo de cartas, las barajea, me dice que corte con la mano derecha y las pone sobre la mesa. Me dice que con los años todo se va asentando y que acabarán sus vidas en paz y armonía. Ahora vuelve a barajar y me dice que levante una carta. Es el cinco de trébol, pero es verde, no es negro. Dice que yo soy el trébol del medio y que debo sentirme protegida por todos aquellos que me quieren y me rodean. Me dice que ese cinco de trébol es mi talismán *(aquí aparece un talismán del que veremos la utilización con detenimiento en un capítulo posterior).*

Para terminar, la paciente sale del Parque de Atracciones especial y mágico que se había abierto para ella y visualiza un camino de luz por el que se va alejando y volviendo a los estados de vigilia. Al girar y mirar hacia atrás, ve que el guardia que cuida el Parque es un Guía que en alguna ocasión apareció en otras sesiones de trabajo.

La sala de encuentros con mis "Yoes"

Este es un escenario que se realiza casi finalizando la terapia. En el mismo, el paciente irá al encuentro de experiencias inconclusas de vidas pasadas a través del diálogo con diferentes personajes que supuestamente vivió en otros tiempos, y estos serán sus Maestros para enseñarle los temas que aún siguen pendientes y están afectando a su vida actual.

Para llegar aquí es conveniente la puesta en escena de un lugar mágico y casi sagrado. Lo ideal es bajo una montaña en el Himalaya, donde reside –según la tradición tibetana– la Liga de los Hermanos de Luz o tal vez bajo una pirámide maya o egipcia donde se guardan secretos ancestrales. Una vez que se encuentre la puerta de entrada a este lugar secreto, el paciente recorrerá los diferentes pasillos que existen bajo tierrra hasta localizar una sala circular en la que estarán esperándole esas energías de las experiencias pasadas. A partir de ese momento deberá preguntar si alguno de ellos puede darle información o llevarlo al lugar adecuado de su pasado para reconocer cuál es el conflicto que lo tiene atrapado en su momento actual, qué es lo que debe aprender de esa experiencia y cómo resolver y diluir el problema de su presente.

A partir de ese momento simplemente se dejará llevar por el personaje que lo conducirá a través de los túneles hacia su pasado para enfrentarse al mismo y entender e integrar lo que no pudo comprender en su momento.

Cuando el trabajo en esa "supuesta vida pasada" haya terminado, de nuevo conduciremos a nuestro paciente a la sala circular donde inició su aventura para ver si hay algo más que los Maestros quieran comunicarle.

Para finalizar, regresaremos al plano de la conciencia guiándole a través de la salida de la montaña y la cuenta ascendente del 1 al 10.

Veamos la transcripción de una sesión en esta sala con un paciente que tenía una extraña atracción y a la vez miedo –*hipofobia*- a los caballos:

> **Terapeuta:** Muy bien, ¿has encontrado ese lugar especial que te comentaba?
>
> **Paciente:** Sí, es una pirámide azteca. Hay oscuridad aunque la temperatura ambiente es agradable. Hay muchos pasillos. Empiezo a andar... voy a ver si encuentro esa sala de la que me hablabas… hay una puerta de madera pero está cerrada.
>
> **Terapeuta:** ¿Y qué vas a hacer?
>
> **Paciente:** Voy a llamar para que me abran... llamo... ¡Anda! Me abre el *Oso*. *(Puso este apodo a un Guía que se le apareció en otras sesiones por el tamaño tan grande que tenía).* La sala es grande, redonda, y hay diferentes espacios libres para sentarse.
>
> **Terapeuta:** En este lugar debes esperar por si alguno de estos personajes del pasado que tú reconozcas, quieren decirte algo que tienes pendiente de resolver en esa vida y que te pueda servir en tu momento actual...
>
> **Paciente:** *Oso* me señala un libro rojo que hay en una estantería.
>
> **Terapeuta:** Acércate, tócalo y siente lo que tiene adentro.
>
> **Paciente:** *Oso* lo ha abierto y me lo enseña... es un anuario de carreras de caballos... creo que está escrito en inglés... me señala un punto concreto.
>
> **Terapeuta:** Deja que *Oso* te transmita lo que hay en ese apartado escrito.
>
> **Paciente:** Carrera de obstáculos de 1850. Fui el último de la carrera. Fue cuando me maté... *(Se está refiriendo a una vida pasada en la que fue un corredor de caballos inglés y que ya se había trabajado en sesiones previas).*

Terapeuta: Ahora deja que entre ese personaje que vivió esta experiencia en 1850 y obsérvalo. *(Por una de las puertas de esta sala entra el "jockey" John Ryan).*
Paciente: Es bajito y delgadito. Sé que fui yo pero me da una sensación mala... me recuerda a mi padre de mi vida actual... alguien que fue algo importante y no supo decir "no" ni retirarse a tiempo hasta la muerte... no supo decir hasta aquí...
Terapeuta: ¿Cuál es el mensaje que hay detrás de todo esto?... Escucha lo que John quiere decirte.
Paciente: *(Habla por boca de John)* Morirse es la ley de la vida pero no morir por cabezón... ya me he matado una vez. El empecinarse no conduce a nada, el perder una batalla no es perder la guerra, la victoria es la felicidad.
"No supe retirarme a tiempo y al final pues, como no supe ser buena persona cuando estaba arriba, reventé a mi caballo en esta última carrera sólo por conseguir el reconocimiento y al final morí como un perro... como me hice odioso cuando estaba arriba porque era muy prepotente, cuando estaba abajo todo el mundo me devolvió todas las humillaciones que yo infringí durante tanto tiempo... si cuando estuve arriba hubiera sido una persona normal, si me hubiera hecho querer, hubiera querido, habría tenido una vida normal; cuando por el declive de la edad obtuve una mala racha y me vine abajo, a la gente prepotente, a los dictadores y a toda la gente para la que su fuerza es el dinero, el poder, se les odia. A todos la vida nos pasa factura, no hay cosa más justa que la vida...
Terapeuta: ¿Somos producto de lo que hemos hecho?, ¿de nuestras acciones?
Paciente: ¡Claro! El día de mañana seremos lo que queremos ser... lo que hemos escrito. Si tú quieres, la gente te querrá, te acogerá. Si tú das, al final recibirás. Si cuando estás arriba eres arrogante, chulo, humillante y déspota, cuando estés abajo los demás disfrutarán con pisarte para vengarse. Hay que ser normal porque la vida da muchas vueltas... pero esto es accesorio... el que es buena persona es buena persona y el que es malo pues es malo. El tiempo pone cada cosa en su sitio. Es lo más justo que hay. El tiempo es inexorable y es justo.

John: Tuviste que pasar por esta vida para tener una nueva opción en la que ahora te encuentras.
Paciente: ¿Entonces debo hacer un cambio radical?
John: La vida tiene ciclos... todo el mundo somos cicloquímicos... el éxito en la vida es, en lugar de tener oscilaciones de más o menos el 50 por ciento, conseguir que llegue a ser un más o menos cinco por ciento. Una vida plana no es vivir, no padecer es estar muerto... de ahí a ser un maniacodepresivo... dejémoslo oscilar en ese cinco por ciento... el mecanismo perfecto no existe. Intenta escucharte algo más y siente, deja sentir lo que hay dentro de ti y mira con los ojos del alma.
Paciente: Me ha dado un abrazo y me dice que todo lo que podía hacer por mí ya lo ha hecho, que no repita otra vez y que sea feliz.
Terapeuta: ¿Qué hace *Oso*?
Paciente: También me da un abrazo y me dice que ya aprendí la lección, que está orgulloso de mí y de mi nueva vida.
Terapeuta: ¿Crees que te queda algo más pendiente de hacer aquí?
Paciente: No. Quiero volver, pero sé que esta sala conduce a uno de esos pasadizos que están bajo mi "Edificio" y me gustaría salir por él, subir por el ascensor y reconocer mi "Edificio".
Terapeuta: Pues vamos a ello. Busca la salida y encuentra tu ascensor. *(Después de un rato llega a la puerta del ascensor y sube hasta el "hall" de entrada).*
Paciente: Es el mismo "Edificio" pero el ascensor está cambiado, es más nuevo, más brillante e incluso tiene un espejo en el que me veo radiante de felicidad; me siento bien, me siento fuerte y feliz. Ya he llegado al *hall* y ahora salgo del edificio y lo miro por fuera. Es "mi edificio" y me siento orgulloso de él. Esta resplandeciente.

Se termina la sesión subiendo a los ritmos Beta a través de una salida con el sistema estándar.

Capítulo VI
La etapa intrauterina y el trauma del nacimiento

"En el fondo de nosotros mismos siempre tenemos la misma edad."

Graham Greene

Acaba de llegar un nuevo ser

El desarrollo embrionario y el periodo prenatal, constituye una etapa inicial fascinante de crecimiento y asentamiento de lo que más adelante será el niño y posteriormente un adulto. Ni más ni menos que el comienzo de una nueva vida.

En el momento de la concepción se producen dos sucesos simultáneos y trascendentales aunque de distinta naturaleza. Por un lado, el acontecimiento biológico de la fecundación del óvulo o célula reproductora femenina por el espermatozoide, célula sexual masculina, y por otro el deseo de engendrar un hijo, o por el contrario la ausencia de esa intención.

Una vez producida la fecundación, las circunstancias variables posibles que determinarán la existencia o ausencia de ese deseo reproductor, son por ejemplo: deseo tener un hijo en este momento de mi vida o, por el contrario, no lo deseo, no es el momento ahora, no es la pareja adecuada, etcétera, marcarán la evolución posterior hormonal y emotiva de la madre, así como el desarrollo del nuevo Ser que acaba de llegar.

Desde mi punto de vista y basándome en las experiencias terapéuticas que he vivido con miles de pacientes en estados regresivos, puedo afirmar que esta es la etapa que requiere más atención en el trabajo terapéutico, ya que en ella se irán configurando las bases que soportarán toda la estructura de la personalidad futura, aunque más tarde se vea reforzada con las experiencias diarias del entorno en el que se crece y vive.

A finales del siglo pasado y siguiendo las pautas e investigaciones marcadas por Freud y los especialistas del momento, se creía que la personalidad no se empezaba a formar hasta los dos o tres años de vida. Actualmente sabemos que hay un desarrollo emocional muy temprano y una importante relación con la madre durante esta vida intrauterina. La medicina moderna y las investigaciones científicas, confirman que a partir de la semana 28 ya existe la conciencia; así, antes de nacer ya tenemos desarrolladas las estructuras cerebrales que nos capacitan para el aprendizaje. Se ha comprobado que el inicio de las ondas cerebrales empieza entre la octava y novena semana de embarazo, aunque ya se han detectado en algunos casos en la quinta. A través de las técnicas regresivas comprobamos a diario que mucho antes de estos plazos científicamente establecidos y cambiantes, el ser humano tiene algún tipo de conciencia, entendiendo por ésta el conocimiento que el espíritu humano tiene de su propia existencia.

Las personas que trabajamos con la TRR, hemos comprobado, a través de miles de sesiones terapéuticas, que en el momento en el que la cabeza del espermatozoide *ganador* se funde con el óvulo para fertilizarlo y anidar en el útero materno, apareciendo así la primera célula de una nueva vida, ya experimentamos sensaciones, quizáss aprendidas por un complejo sistema de memoria genética, aunque en la actualidad no existen demostraciones científicas ni conocemos cuál es el proceso biológico preciso que puede responder a estas preguntas, pero no por ello deja de ser probable su existencia.

Desde este momento en el que bajo esta apariencia entramos en el útero de nuestra madre, empezamos a ser seres dependientes de otro, ya que no tenemos desarrolladas defensas propias como tiene el adulto. A lo largo de toda la vida intrauterina estamos expuestos a todo tipo de impactos emocionales, agradables o molestos, que nos llegan a través de las vivencias de nuestra madre.

Las investigaciones realizadas por el doctor Alfred Tomatis con una máquina que al igual que un "oído electrónico" reproducía los sonidos de la voz de la madre tal como la percibe el niño intrauterino, demostraron que el feto, desde su estado de embrión, está en condiciones ideales de escuchar y mantener un vínculo especial con la madre a través de su voz, pero no porque ésta venga a través de las paredes abdominales, ya que harían falta más de 110 decibelios para poder traspasarla, sino porque llega a través de una conducción ósea utilizando la columna vertebral como un puente vibrante entre la laringe y la pelvis.

Durante esos nueve meses vivimos encerrados en un mundo único, especial, en donde nada pasa desapercibido, donde no existe aún una clara separación entre mi "yo" y lo demás, y en donde sí tenemos una constante dependencia de la madre que es percibida como parte de nosotros mismos. El feto tiene una percepción enormemente desarrollada y el contacto con el mundo exterior lo realiza a través de la madre. No hay un tamiz que permita filtrar y ordenar cada uno de los impactos que recibimos e intentamos analizar. No tenemos desarrollado un hemisferio izquierdo que razone y entienda el por qué de las cosas; ese ser que está creciendo vive en un mundo en el que siente y aprende en función de las sensaciones que le llegan desde el exterior. Sentimos lo que mamá percibe y las experiencias son gozosas o traumáticas en función de cómo ella las recibe. No actuamos de forma separada a ella sino siendo su continuidad.

Tampoco existe el concepto de tiempo por cuyo motivo, una experiencia agradable o traumática puede vivirse y sentirse como algo eterno.

Si queremos sobrevivir, debemos adaptarnos con gran rapidez a todo lo que ocurre en ese "nuestro mundo" y comenzar a crear "mecanismos de defensa" para enfrentarnos a esas situaciones adversas. Estas defensas, como comentaba antes, irán definiendo al individuo que meses después deberá enfrentarse a otro mundo que le espera fuera de éste, en el que se encuentra actualmente y que sólo conoce a través de los receptores maternos.

Si somos conscientes de que dentro del claustro materno vivimos un mundo hecho a través de impactos transmitidos por nuestra madre, es fácil entender y aceptar que nueve meses viviendo en un ambiente de amor, afecto, paz y diálogo, fortaleciendo el vínculo y la relación de madre/hijo, tendrán unas consecuencias muy positivas permitiendo la estimulación constante del sistema nervioso del niño, el desarrollo de un "yo" fuerte y la seguridad para llegar a un nuevo mundo con confianza y aplomo. Por el contrario, el haber pasado ese mismo tiempo dentro de una madre asustadiza, con problemas de seguridad, afectivos, de rechazo... tendrá como resultado un aprendizaje basado en sensaciones y recuerdos que giran alrededor de un mundo hostil y amenazante.

Factores neuroendocrinos y desarrollo embrionario

No obstante y sin descartar lo anterior, existen investigaciones que apuntan a que este vínculo madre/hijo se realiza a través de circuitos neurohormonales. Cuando la madre vive una carga emocional ante un acontecimiento concreto, reacciona generando una emoción que se focaliza en el hipotálamo. Esto produce una respuesta a través del sistema nervioso autónomo y el sistema endocrino mediante la secreción de hormonas, como por ejemplo adrenalina, serotonina, noradrenalina, dopamina, entre otras, que llegan hasta el útero y a la placenta a través del torrente sanguíneo afectando al Ser intrauterino que sin saber ni entender el por qué, recibe estos cambios bruscos en su cuerpo.

Este tipo de experiencias puede tener profundas consecuencias, ya que estas emociones que estamos reteniendo pueden marcar y establecer las formas de comportamiento del futuro adulto, teniendo muchas posibilidades que de una madre enferma nazca un niño enfermo.

Existe en nosotros un instinto básico de supervivencia que hará que a cualquier precio sigamos adelante. El nuevo Ser necesita el afecto de sus padres, sentirse querido y, sobre todo, aceptado. Hay elementos compensatorios que utilizamos para agradar y adaptarnos lo más posible a las querencias de nuestros progenitores, por ejemplo: si mamá y papá esperan una niña y yo soy niño, quizáss en el futuro puedo ser *gay* para agradarles a ellos *(y por supuesto que esto no quiere decir que todos los padres de las personas "gays" deseaban tener un hijo del sexo contrario al que nació).*

Madre e hijo comparten conexiones neurohormonales, aunque cada uno tiene su propio sistema neurológico y de circulación sanguínea. Estos circuitos, aunque no son aún muy conocidos por su complejidad, son de suma importancia ya que permiten un diálogo emocional entre los dos.

No cabe ninguna duda que el embarazo constituye una interacción entre madre y niño. Dos seres que se unen en un viaje cuyo comienzo es la concepción y que, de alguna manera, no terminará nunca.

Durante todo el periodo de gestación, han hecho su aparición numerosas hormonas procedentes del ovario, útero, placenta, hipotálamo, páncreas, tiroides, pituitaria y glándulas suprarrenales. También el propio feto secreta hormonas fundamentales para su maduración intrauterina y para facilitar el parto. La inteligencia del cuerpo consigue que aparezcan nuevos efectos hormonales justo cuando se les necesita, todos ellos inducidos por la presencia fetal.

Proceso de trabajo durante la fase prenatal

Si a un arquitecto le encargan realizar un estudio de una casa donde se están produciendo grietas en las paredes y los suelos se están levantando, seguramente lo primero que hará será ver los pilares, los cimientos sobre los que se asentó el edificio.

Eso es exactamente el trabajo que nosotros tenemos que realizar: entrar en ese mundo en el que permanecimos por espacio de nueve meses, para revivir aquellas emociones intrauterinas que inconscientemente han sido la base para nuestro posterior desarrollo y nos siguen teniendo aprisionados, marcando la historia particular del adulto.

Hemos visto anteriormente cómo las sensaciones de la madre se han ido trasladando a través de ese medio interno por las redes neurohormonales hasta su hijo, y con ellas los primeros impactos emocionales en la naturaleza del niño. Es muy importante recordarlo y por esta razón será sustancial recabar toda la información posible que tenga nuestro paciente sobre esa etapa de su vida. Sabemos que todos los datos que nos ofrezca o pueda recopilar estarán muy mediatizados en función de las personas que le faciliten esta información, pero es interesante conocer más detalles sobre este periodo, empezando por indagar si fue un embarazo deseado o no, cómo se desarrolló el proceso de la maternidad, si hubo complicaciones de algún tipo, tanto físicas como psicológicas a lo largo del mismo y en el momento del parto, la relación existente en la pareja, otros hermanos, familiares, situación económica, tratamientos farmacológicos o cualquier trauma que haya podido vivir su madre mientras duró el embarazo o en el momento del parto, como puede ser la muerte de un familiar, la pérdida de un trabajo, una catástrofe de la naturaleza, etcétera.

Toda esta información deberá ser recopilada por el paciente y comentada en la consulta con el psicoterapeuta en estado de vigilia o Beta. Esto será el punto de partida, independientemente de lo que posteriormente usted trabaje en las sesiones terapéuticas dedicadas a esta fase de vida intrauterina y nacimiento, ya en estados Theta o regresivos.

El procedimiento que le propongo para trabajar el claustro materno es el siguiente:

1. El paciente debe encontrarse en un estado de conciencia donde predominen las ondas Theta –idealmente 4 Hz/segundo–. Para ello, usted habrá utilizado cualquier tipo de relajación aquí descrito o que personalmente conozca y quiera aplicar.
2. Llévelo al momento de la concepción y deje que afloren sensaciones físicas. Hay infinidad de técnicas para conducirlo al seno materno, recordando siempre la Ley de Desplazamientos y preferiblemente a través de lugares donde haya agua –recordemos que los seres humanos estamos compuestos en más de un 80 por ciento de agua. En nuestros primeros recuerdos en el útero materno, estábamos flotando en agua, líquido amniótico, y por esta razón se hará más fácil entrar a través de una analogía que utilizaremos como hilo conductor.

Por ejemplo, podemos hacer que se meta en agujeros, que profundice en un lago, acceda a un pozo, entre en cuevas, siempre en dirección descendente y a la cuenta de 3, 2, 1.

En ocasiones ocurre que el paciente empieza a describir todas las sensaciones del claustro materno pero a través de símbolos; es decir, no viéndose dentro del seno materno. Se puede encontrar en un lugar donde haya agua, paredes que se mueven, etcétera, pero lo describe dentro de una gruta en la que él es un explorador o algo similar. De suceder esto, hay que dejar que exteriorice sus emociones para más adelante hacerle alguna anotación del tipo: "Muy bien, ahora vas a ir a un momento de tu vida actual donde estuviste en algún sitio similar a éste en el que te encuentras y con este mismo tipo de sensaciones que estás viviendo". Normalmente el paciente entrará directamente en el interior del claustro.

También pueden darse casos en los que la experiencia que se vivió en el útero fue muy traumática, y los propios mecanismos de defensa de su inconsciente le impiden entrar directamente a revivir esos hechos. En estos casos deberá usted trabajar durante varias sesiones solamente utilizando simbologías que le permitan al paciente ir poco a poco drenando el dolor retenido y enquistado para que, en un momento concreto, sea capaz de mirar de frente el problema real que experimentó en su día sin necesidad de esconderlo o camuflarlo tras un símbolo.

1. Conducirle al momento en que su madre se entera de que está embarazada y ver cómo reacciona ante la noticia.
2. Revivir el momento en que se lo dice a su pareja o familia: Cuál es su respuesta, su expresión verbal. Hay veces que la madre tarda varios meses en comunicar su "nuevo estado" por miedo a las reacciones del marido, padre, hermanos, etcétera, y ya se podrá usted imaginar las consecuencias que impactarán al feto que se ve sometido durante todo ese tiempo a un constante estrés y miedo que le llegan directamente de las sustancias químicas que está generando la madre.
3. Avanzar mes a mes dejando que saque sensaciones físicas y emocionales; dejar que su mente rescate situaciones con contenido emocional intenso. Si durante este proceso su madre vive situaciones difíciles, es una buena técnica llevarlo dentro de la cabeza de ella para que se amplíe la perspectiva de nuestro paciente, ya

que sacarlo de sus zapatos y hacer que se meta en los de otro, promoverá un mayor autoconocimiento y conciencia, de modo que –simultáneamente– reforzará su vinculación materna. Nos detendremos en todos aquellos acontecimientos que llevando unida una gran carga energética, den al paciente sentido de sus actuaciones en la vida presente. Los hechos deben ser revividos en primera persona, reconocerlos tal como fueron en realidad y entenderlos con la capacidad que tiene hoy el adulto (recuerde que en la actualidad nos rige en gran medida un hemisferio izquierdo que es capaz de racionalizar, analizar, evaluar y ordenar los acontecimientos sucedidos en su momento, y que entonces no pudo realizarse porque aún no tenía desarrolladas estas funciones en su sistema nervioso).

4. Llévelo al momento del nacimiento. Es importante que el paciente reviva todas las sensaciones y escuche los pensamientos que en esos instantes está teniendo su madre. Allí se dan a veces mensajes del tipo: "Nunca tuve que quedarme embarazada", "esto no va a terminar nunca", "¿le va a pasar algo a mi niño?, ¿no lo voy a conseguir?".
5. Una vez fuera del vientre materno, es necesario que reviva el corte del cordón umbilical y su primera respiración de manera autónoma.
6. Reeducación. Estableciendo las conexiones entre lo experimentado en el seno materno y el nacimiento con patrones mentales actuales, ¿cómo le está afectando todo eso en su vida actual? En esta fase se produce la reeducación del adulto al niño; así se promueve que el paciente desde su visión adulta, trate de explicar con sus propias palabras al feto lo que allí está ocurriendo y el por qué de esos acontecimientos. Se potencia que el paciente sea el propio guía de sí mismo, el padre o la

madre ideal que tal vez nunca tuvo o el maestro que le abre los ojos al alumno para enseñarle lo que es la vida y marcarle pautas de actuación. Todas estas acciones suelen producir una gran liberación de energía bloqueada en esta etapa intrauterina y que las llevamos como un gran saco pesado a nuestras espaldas desde entonces, sin ser capaces de despegarnos de él.

7. Reconstrucción. Una vez comprendido y aceptado por la persona, comience con la fase de reconstrucción de esa vida intrauterina animándola a que vivencie una nueva gestación de la forma que considere más adecuada para ella. En esta fase el adulto tiene la oportunidad de rehacer su historia teniendo la ventaja de disponer ahora de mucha más información en sus manos sobre la historia personal y una percepción mayor de la que disponía en su momento. Ahora es la ocasión de empezar a cambiar o reforzar los cimientos de su propio edificio para evitar que se siga desquebrajando. Hay que pensar que nuestro cerebro no es capaz de distinguir entre lo que es real y lo que es imaginario, en cuanto a emociones se trate. Por eso, toda esta reconstrucción y las emociones que lleva unidas, debe vivirlas en tiempo presente como algo real que, al igual que la experiencia núcleo, originó una serie de reacciones internas en cadena que se fueron impregnando en todas sus células y dieron como resultado final una reacción o respuesta a estos acontecimientos en forma de "una manera de ser" y "una manera de actuar y vivir". Del mismo modo, la nueva experiencia podrá construir unos cimientos más saludables y enviar a todo nuestro organismo la energía que le permita ir produciendo cambios, desbloqueando nudos de su inconsciente y haciendo que gradualmente vaya eliminando los síntomas actuales que lo tienen atado en su presente, con el fin de mejorar su estilo de vida.

Así, la persona puede reconstruir, si lo desea, una vida intrauterina con otros padres "ideales" que le hubiera gustado tener, experimentar las sensaciones al ir creciendo en este entorno que le puede dar la seguridad que nunca tuvo en su vida real, y sentir algunas cosas que tuvo que asfixiar en su momento para que nunca salieran a la luz.

También puede, a lo largo de estas reconstrucciones, establecer una comunicación directa con la madre o el padre para hablarles de sus sensaciones y hacer sentir su presencia.

En cualquier caso es muy importante y fundamental en el transcurso de la terapia, que toda nueva creación mental surja de él mismo; la solución al conflicto y las imágenes y sensaciones unidas a ello, deben ser su producto interno. Él sólo tiene que encontrar la mejor solución y sentirse pleno con la nueva película que está experimentando ya que es el guionista, director y actor de la misma. Nuestro papel, a lo sumo, es ser un asesor y proponerle diferentes alternativas para su elección, sólo en caso de bloqueo.

En ocasiones, algunos pacientes no saben cómo pueden cambiar todo eso; se encuentran frente a una gran responsabilidad que el psicoterapeuta acaba de entregarles. Cuando estas personas han sido siempre dependientes de otros, intentarán por todos los medios que sea su psicoterapeuta quien tome las decisiones por ellos. Usted debe evitar caer en esta trampa, pues desde el comienzo el paciente debe asumir el principio básico de esta terapia que es ser un "paciente activo" y por tanto, las soluciones a los conflictos, si pretendemos que sean definitivos, deben partir de él, nunca del terapeuta.

Como he mencionado con anterioridad, el trabajo dentro del claustro materno es muy importante para llegar a entender toda la biografía de un individuo. Por ese motivo es necesario trabajar adecuadamente estos pasos sin prisas, ya que normalmente se requieren varias sesiones para llevar a término el proceso completo y para ello le dedicaremos todo el tiempo que sea necesario. En relación a esto, surje una pregunta que me realizan con frecuencia en los seminarios de formación de terapeutas y es la siguiente: ¿Y cuándo sé que ya elaboró el paciente todo lo que arrastra del claustro materno? La respuesta siempre es la misma: cuando lo lleves ahí, y no lo viva con sufrimiento.

Mario gozaba de un buen nivel económico, *status* social y una importante posición como ejecutivo de una gran empresa. Siempre había sido una persona brillante en los estudios y en el trabajo, obteniendo los primeros puestos en todo lo que se proponía. Era el más listo e inteligente de la familia y todo el mundo así lo reconocía en su vida. Tenía un hermano gemelo con el que se llevaba bien pero a veces había pequeñas rencillas. Su comentario era que el hermano nunca había conseguido grandes cosas y esto hacía que le tuviera envidia. Pensaba que su hermano podía sentirse perdedor, insignificante ante él que lo arrasaba todo. Aparentemente todo esto era muy positivo para Mario; sin embargo, había un gran vacío y soledad en su vida. Su situación familiar del momento era que estaba separado y me expresaba que en toda su vida sus relaciones afectivas habían sido muy intensas pero muy dolorosas. Siempre lo abandonaban o abandonaba a pesar de amar mucho. Estas son algunas de las frases entresacadas de su conversación conmigo: "Siempre me he sentido aplastado. Es una sensación extraña que a veces me bloquea". "Cuando tengo algún problema con alguien, siento un ahogo y un bloqueo en todo el cuerpo". "No me gusta enfrentarme a situaciones emocionalmente dolorosas. Trato de ponerlas a un lado para que pasen". Veamos cómo transcurre una sesión donde Mario vive su etapa intrauterina:

Terapeuta: Empieza a caminar a tu lado izquierdo. ¿Qué ves en este lado?

Paciente: Viene el agua, el cielo está oscuro, va a llover.

Terapeuta: Caminemos para allá, acerquémonos a ese lado; a lo lejos ves unas zanjas, unos conejitos que hacen zanjas, acércate hacia allá.

Paciente: Está resbaloso el piso.
Terapeuta: Camina con cuidado, ¿ya los viste?
Paciente: Está muy lejos.
Terapeuta: Debes ir acercándote poco a poco, con cuidado, ¿ya los tienes cerca?
Paciente: Sí. Tengo que dar mucha vuelta.
Terapeuta: Sigue caminando para allá, una vez que estés cerca, te agachas a observar cómo los conejitos hacen su zanja.
Paciente: Sí. Voltean para verme.
Terapeuta: Muy bien, ¿cómo te sientes al verlos?
Paciente: Bien, no se espantan.
Terapeuta: Ahora tú vas a hacer lo mismo que los conejitos. Empieza a hacer una zanjita tú también. El conejito que se rió contigo, que te acompañe a hacer el hoyito... entre los dos *(incorporo al conejito para hacer una analogía con su hermano gemelo)* van a cavar ese hoyo. El que estuvo riéndose a tu lado, ¿ya están juntos?, ¿te sigue sonriendo?
Paciente: Sí. Los demás nos ven.
Terapeuta: Muy bien, vayan hacia adentro. Hagan su hoyito. Empiezas cavando con las manos y vas metiendo la cabecita y cavando, van sacando la arena y se van yendo hacia adentro, bocabajo. El hoyito se hace cada vez más pequeño, cada vez están más cerca, el conejo y tú se unen más y los dos van cavando *(utilizo esta inducción de la madriguera para llevarlo hasta el claustro materno).* Te voy a contar del 10 al 1. Conforme voy contando, se va haciendo más pequeño el hoyo; junto con el conejo se van haciendo más pequeños: 10, 9... se hace el hoyo más pequeño, tú te haces más pequeño... 8, 7... cada vez más pequeño el hoyo, más pequeño tú y el conejo... 6, 5... sientes humedad... 4... más pequeño, más humedad... 3, 2, 1... ahí estás, en el claustro materno; el primer día que llegaste a la panza de mamá y mira... ¿qué sensación hay?, ¿qué sientes?
Paciente: Está fresco.
Terapeuta: ¿Cómo te sientes en este lugar, así como un puntito en un sitio tan inmenso, tan grande?
Paciente: Cálido.

Terapeuta: ¿Y qué más percibes en este lugar?, ¿es amplio?, ¿grande?, ¿pequeño?
Paciente: Bastante amplio.
Terapeuta: Bastante amplio. Y tú, ¿cómo te sientes?
Paciente: Tengo bastante espacio a mi izquierda.
Terapeuta: Tienes bastante espacio a tu izquierda... ¿estás bien aquí?, ¿hay alguna sensación?
Paciente: No. Nada especial.
Terapeuta: Nada te molesta, ¿verdad? Estupendo... fíjate porque ahora vas a vivir aquí durante una temporada; vas a estar aquí durante nueve meses creciendo en esta casa donde estás viviendo ahora. Mira, atención, porque ahora, cuando yo cuente del 3 al 1, tú vas a llegar al momento en que mamá se entera de que estás aquí. Mira, cuento: 3, 2, 1... mamá sabe que hay alguien dentro de ella, observa qué pasa en ti, qué sientes.
Paciente: Dice que no puede ser...
Terapeuta: ¿Qué no puede ser? A ver, ¿qué le pasa a mamá?, ¿cuál es la razón para decir que no puede ser?
Paciente: Que mi papá busque otra señora.
Terapeuta: ¿Qué busque otra señora? A ver, explícame eso. ¿Qué está pasando con mamá?
Paciente: Dice: ¡No madre mía!, ¡no puede ser!
Terapeuta: Y cómo dice eso... contenta o triste. A ver, qué sensación tienes tú de cómo mamá está diciendo eso.
Paciente: Está llorando.
Terapeuta: ¿Está llorando?, ¿y a ti cómo te hace sentir eso de ver que mamá dice que no puede ser y que llora?, ¿cómo te hace sentir?
Paciente: No sé qué va a pasar.
Terapeuta: ¿No sabes qué va a pasar? Pero tú sabes lo que sientes ahora. ¿Cómo te hace el saber que no conoces lo que va a pasar?
Paciente: Me da miedo.
Terapeuta: Te da miedo, ¿y qué haces cuando sientes miedo?, ¿haces algo? Eres ahí como un puntito, como un garbancito, ¿qué?

Paciente: Algo me duele.
Terapeuta: ¿Algo te duele? Sientes esa sensación, ¿verdad?
Paciente: Sí.
Terapeuta: ¿Y te gusta tener esa sensación?
Paciente: No.
Terapeuta: Pero la sientes ahí en ti, ¿puedes hacer algo o no puedes hacer nada?
Paciente: No puedo hacer nada. Soy sólo un punto.
Terapeuta: Todavía no tienes ni cuerpo ni nada, lo único que puedes hacer es sentir esa emoción, ¿verdad? Esa sensación... muy bien, pues vamos a seguir avanzando. Ahora vamos a dar otro salto al momento en que papá se entera de que hay alguien dentro de mamá: tres, dos, uno... Ahí papá se acaba de enterar...
Paciente: ¡Qué estúpida! ¡Para qué te embarazaste!
Terapeuta: ¿Eso dice papá?
Paciente: Sí.
Terapeuta: Y cuando dice eso papá, ¿mamá cómo se siente?
Paciente: Está llorando más fuerte.
Terapeuta: ¿Mamá llora más fuerte?
Paciente: Ella quería...
Terapeuta: ¿Ella quería?
Paciente: Sí.
Terapeuta: Pero cuando papá le dice eso y mamá se siente con más dolor, ¿tú cómo sientes dentro?
Paciente: Mucho dolor.
Terapeuta: Más dolor verdad, más sensación de esa... ¿y sigues sin poder hacer nada?
Paciente: Sí.
Terapeuta: ¿Pero puedes reconocer esa sensación en tu Ser?
Paciente: Sí.
Terapeuta: Ahora... tú sigues ahí, tú no puedes salir, no puedes moverte... sin embargo ese proceso continúa, sigue el camino y ya han pasado tres meses, tres meses ahí dentro... qué está pasando, qué pasa con tus sensaciones... cómo te sientes ahora.
Paciente: Más tranquilo.

Terapeuta: Oye, ¿tú puedes ver cómo te vas haciendo, cómo te vas formando ahí?, ¿lo ves?, ¿puedes sentir tu cuerpo?
Paciente: Sí. Tengo la cabeza muy gorda.
Terapeuta: Y ahora que estás más tranquilo, vamos a hacer una cosa: vamos a ver qué pasa con mamá afuera. Tú vas a seguir aquí adentro pero a la vez vas a poder ver lo que está pasando afuera con mamá: 3, 2, 1... ahí. Observa a mamá, ¿cómo está?
Paciente: Muy contenta.
Terapeuta: ¿Contenta?, ¿qué pasa para estar contenta?, ¿qué ocurre?
Paciente: Está cuidando a mis hermanos.
Terapeuta: ¿Tú tienes más hermanos?
Paciente: Sí.
Terapeuta: ¿Y cómo son tus hermanos?, ¿son mayores, son pequeños?
Paciente: Una está pelona.
Terapeuta: ¿Una está pelona?, ¿es una niña?
Paciente: Chiquita.
Terapeuta: ¿Y a ti qué te hace sentir el saber que tienes ahí afuera a más hermanos?, ¿te gusta?
Paciente: Está chillando.
Terapeuta: Está chillando pero... ¿mamá está contenta o triste?
Paciente: Contenta.
Terapeuta: ¿Y papá y mamá cómo se llevan ahora?
Paciente: Mira... mal, mi papá está borracho.
Terapeuta: ¿Y qué pasa cuando papá llega mal y está borracho?, ¿qué pasa con mamá?, ¿cómo se siente mamá?
Paciente: Está muy alterada.
Terapeuta: ¿Cuándo mamá se altera, tú puedes sentir lo que pasa con ella? Tú estás dentro, ¿que sensaciones tienes?
Paciente: Mucho enojo.
Terapeuta: Enojo, ¿y qué haces con el enojo?, ¿puedes hacer algo con él o no?
Paciente: No.
Terapeuta: Pero sí que lo puedes sentir, ¿verdad?

Paciente: Sí.
Terapeuta: ¿En que parte de ese cuerpo que se va haciendo lo sientes?
Paciente: En todo el cuerpo.
Terapeuta: Oye, ¿qué color tiene ese enojo?, ¿puedes sentir la energía del enojo… qué color tiene?
Paciente: Es negro.
Terapeuta: Negro, ¿cuánto ocupa de ti eso negro?, ¿cuánto tapa de ti?
Paciente: Todo. Es negro como mi sangre.
Terapeuta: ¿Tu sangre también es negra o la sientes negra?
Paciente: Sí, la siento o es, no sé.
Terapeuta: Fíjate muy bien porque esa sensación de negro viene de ahí, de lo que pasa afuera, de lo que siente mamá y te hace estar enojado. Pero tú no tienes ni brazos ni piernas, no tienes nada todavía, nada más puedes sentir… vamos a seguir creciendo; el tiempo pasa, son cinco meses ahí adentro y ahora puedes empezar a ver tu cuerpo cómo se está formando, cómo se van haciendo tus brazos, tus piernas… todo. ¿Cómo te sientes ahora?
Paciente: Aplastado.
Terapeuta: ¿Aplastado?, ¿hay algo que te aplasta?, ¿puedes empezar a sentir que algo te está aplastando?
Paciente: Un globo.
Terapeuta: ¿Un globo?, ¿y dónde está el globo?
Paciente: Encima, arriba…
Terapeuta: ¿Encima?
Paciente: Lleno de agua.
Terapeuta: ¿Un globo que está encima lleno de agua y te está aplastando?, ¿dónde te hace sentir?, ¿dónde te aprieta eso que te aplasta?
Paciente: Aquí *(señala el corazón).*
Terapeuta: Ahí te aplasta verdad, ¿y cómo te sientes tú cuando ves eso que te aplasta ahí?, ¿cómo te sientes?
Paciente: Me está pateando.
Terapeuta: Te está pateando esa "cosa" de ahí, y entonces… ¿tú estás más distante de mamá, más lejos o más cerca?

Paciente: Lejos.
Terapeuta: ¿Y qué haces cuando sientes que eso te patea, que te deja ahí abajo aplastado y eso se queda encima de ti?
Paciente: Siento que me ahogo.
Terapeuta: ¿Y qué haces con esa sensación?, ¿puedes hacer algo?
Paciente: Me pongo de lado.
Terapeuta: Te pones de lado, ¿y con esa sensación mejora?
Paciente: No mucho.
Terapeuta: Tú puedes empezar a observar y darte cuenta de qué es eso que hay ahí encima. Mira, ¿qué es eso que te está pateando que está ahí encima? Mira...
Paciente: Son unos pies.
Terapeuta: ¿Unos pies? O sea que hay alguien ahí que te está pateando, y… ¿cómo te sientes al ver que esos pies te están pateando?, ¿cómo te hace sentir eso?
Paciente: Mal.
Terapeuta: Y esa cosa que te está pateando, esos pies, ¿son de alguien que hay ahí?
Paciente: Sí.
Terapeuta: ¿Y ese alguien está más cerca de mamá que tú?
Paciente: Sí.
Terapeuta: Tú te quedas aquí abajo y esos pies están más cerca de mamá, y… ¿cómo te hace sentir saber que esos pies están más cerca de mamá que tú?, ¿qué sensación tienes?
Paciente: Me ahogo.
Terapeuta: ¿Cómo?
Paciente: Me ahogo…
Terapeuta: Y cuando te ahogas, ¿qué haces?
Paciente: Me muero.
Terapeuta: ¿Cómo?
Paciente: Me muero *(observo la posición completamente fetal que acaba de adoptar).*
Terapeuta: ¿Y te quedas doblado?
Paciente: A veces.
Terapeuta: A veces te quedas doblado... Pues bien, vamos a seguir; ya hemos descubierto que hay ahí unos pies de al-

guien que te está pateando, que te empuja para abajo, que estás más lejos de mamá que esos pies y tú te quedas aquí doblado sintiendo esa sensación de ahogo, y vamos a seguir porque continuas creciendo, te sigues haciendo más grande. Mira: 3, 2, 1... Ahora son siete meses, fíjate qué grande te estás haciendo y estás completamente formado. Mira todo tu cuerpo, está completamente formado. ¿Qué pasa ahora?, ¿qué pasa con esos pies?, ¿qué pasa con esa persona que hay ahí?, ¿qué ocurre? ¡Vamos! ¿Que pasa?

Paciente: Está más tranquilo.

Terapeuta: ¿Qué ha pasado? A ver, ¿cómo te sientes tú?

Paciente: Muy cansado.

Terapeuta: Muy cansado. Mira tu cuerpo a ver qué posición tiene. Oye, ¿sigue estando ese otro ahí encima?

Paciente: Sí.

Terapeuta: Y ahora, ¿te patea más o menos? ¿que pasa?

Paciente: Se mueve más.

Terapeuta: Se mueve más él, ¿y tú qué haces?, ¿te quedas parado, te mueves o qué haces tú?, ¿cómo estás?

Paciente: Me hago de lado.

Terapeuta: Te haces a un lado, ¿y cuando tú te haces a un lado, el otro se queda ahí grande?

Paciente: Sí.

Terapeuta: Tú de vez en cuando puedes sentir que mamá habla, mamá habla con lo que hay adentro, pero fíjate quién está más cerca de mamá.

Paciente: Él. Le habla a él, lo está acariciando.

Terapeuta: ¿Está acariciando a quién?, ¿mamá a quién acaricia?

Paciente: Se está acariciando el vientre y él se mueve.

Terapeuta: ¿Mamá se acaricia el vientre y él se mueve?, ¿le gusta a él que mamá se acaricie el vientre?

Paciente: Sí.

Terapeuta: ¿Y cuando mamá le acaricia el vientre a él...?

Paciente: Él está más calientito.

Terapeuta: ¿Más calientito que tú?

Paciente: Sí.

Terapeuta: ¿Y cómo te hace sentir saber que el está más calientito y que tiene las caricias de mamá y tú no?, ¿cómo te hace sentir eso?
Paciente: Quiero cambiarme y no puedo.
Terapeuta: ¿Quieres qué?
Paciente: Cambiarme arriba y no puedo.
Terapeuta: ¡Claro! A ti te gustaría estar encima y no puedes, ¿él ha tomado ese puesto antes que tú?
Paciente: Sí.
Terapeuta: Oye, y… ¿mamá sabe que tú existes?
Paciente: No, no me ve, no le veo los ojos.
Terapeuta: ¿Mamá qué?
Paciente: No le veo los ojos.
Terapeuta: ¿Y mamá habla contigo o nada más habla con él?
Paciente: Nada más con él y con mis hermanos.
Terapeuta: Nada más con él y con tus hermanos de afuera. Y cuando mamá nada más habla con ése que está encima, ¿cómo te sientes tú que estás aquí abajo? Mamá no sabe que estás aquí, ¿qué te hace sentir eso?, ¿cómo te hace sentir saber que mamá no sabe que estás aquí?
Paciente: Duele.
Terapeuta: Duele, y… ¿dónde te duele?, ¿dónde sientes?, ¿puedes notarlo en tu cuerpo?
Paciente: Todo, todo, todo…
Terapeuta: ¿Y qué color tiene ese dolor?
Paciente: Negro.
Terapeuta: Es el negro, ¿verdad?, ¿y qué haces cuando sientes dolor?, ¿qué haces para paliar el dolor?, ¿puedes hacer algo o no?
Paciente: No.
Terapeuta: ¿Qué haces entonces?, ¿qué hace tu cuerpo?
Paciente: Se quiere mover.
Terapeuta: ¿Se quiere mover?, ¿y puede?
Paciente: No.
Terapeuta: ¿Y ése de arriba?
Paciente: Se apodera de todo.
Terapeuta: Vamos a continuar. Seguimos avanzando y eres un poco más grande, casi, casi nueve meses… casi nueve

meses y mira, ahora estás más apretado… mira que pasa, ¿qué está pasando?
Paciente: Los huesos de mi hermano son negros *(se ríe porque se alegra de ello).*
Terapeuta: ¿Y qué ha pasado para que los huesos de tu hermano sean negros?
Paciente: No sé.
Terapeuta: ¿Y cómo te hace sentir saber que tiene los huesos negros?
Paciente: No, no, ¡son los míos! *(se derrumba y comienza a llorar).*
Terapeuta: Son los tuyos, y… ¿cómo te hace sentir saber que son los tuyos y que son negros? Mira lo que haces, mira lo que haces *(el paciente llora desconsoladamente y se refugia entre mis brazos buscando apoyo, un consuelo).* Vamos, siente eso, sácalo, saca eso… sácalo. ¡Venga! ¡Sácalo! *(en este momento siento la necesidad de abrazar y arrullar a Mario acompañándolo en su dolor)…* Tus huesos están negros, ¿verdad? Igual que las sensaciones que había adentro porque mamá no sabe que estás aquí. Ahora atención porque quiero que hagas una cosa, atención porque cuando yo te cuente del tres al uno, quiero que tu mente vaya a momentos de tu vida de adulto donde has tenido estas mismas sensaciones, momentos donde has sentido estas mismas cosas y te has doblegado como ahora para poder vivir *(este es el momento donde hago que el paciente hile toda su historia intrauterina con su vida actual y los problemas con los que se ve afectado en el presente).* Mira, atención, cuento: 3, 2, 1… ahí estás, quiero que sientas momentos de tu vida donde has notado eso, momentos donde has tenido que buscar esas relaciones, esas sensaciones para sentir esos vínculos con gente, pero que al final ha pasado algo donde has sentido esa soledad y ese mismo dolor que sientes ahora, ¿reconoces eso?
Paciente: Sí. Pasan muchos momentos y situaciones de vida donde he sentido exactamente lo mismo, la misma sensación, el mismo dolor.
Terapeuta: Sí, ¿verdad? Bien, qué bueno porque ahora estás empezando a reconocer de dónde llega ese dolor que el adulto tiene

y ha tenido durante mucho tiempo, y puedes llegar a comprender de dónde viene esa sensación de negrura, la sensación de muerte, la sensación de sentirte solo… pero eso es muy bueno porque tú vas a poder entender todo eso y te va a permitir cambiar, te va a permitir poder cambiar el rumbo de tu vida… ahora vamos a hacer una cosa: cuando cuente del 3 al 1, vas a empezar a nacer; mamá va a llegar a los nueve meses de que tú y tu hermano están ahí dentro y vas a salir; yo no sé cómo va a pasar, pero tú me vas a relatar qué está sucediendo; cuando él está ahí arriba, tú estás aquí abajo, a ver qué ocurre. Cuento: 3, 2, 1… todo eso se empieza a mover; mira… se empiezan a mover las paredes como si fuera un terremoto, todo se mueve y cuéntame, ¿qué está pasando? Ahí están, él y tú, a ver quién sale primero. Qué pasa, cuéntame qué ocurre. ¡Vamos! ¡Vamos! ¿Qué haces?

Paciente: Está muy seco.

Terapeuta: ¿Está muy seco? Y qué pasa, ¿se están moviendo las paredes?

Paciente: Sí.

Terapeuta: Las empiezas a notar en tu cuerpo. Te empiezan a mover. Mira qué pasa ahí, qué pasa, te está apretando todo eso, hay que salir, ¿quién va a salir primero?

Paciente: Él.

Terapeuta: ¿Él va a salir primero?

Paciente: Sí.

Terapeuta: Mira, cuéntame qué más pasa.

Paciente: Le está doliendo.

Terapeuta: ¿Le está doliendo a mamá?, ¿cómo te hace sentir cuando a mamá le duele eso? ¡Vamos! ¿Qué pasa?

Paciente: Le está doliendo.

Terapeuta: ¿Cómo te sientes tú cuando a mamá le duele? Cuéntame más.

Paciente: Le está doliendo, es el último hijo que tiene.

Terapeuta: Es el último hijo que tiene, ¿eso dice mamá?

Paciente: Sí, pero yo estoy adentro.

Terapeuta: ¿Tú estás adentro? Pero el último no es él, eres tú, ¿verdad? Y entonces, ¿qué pasa contigo si mamá dice que él es el último?, ¿qué puede pasar contigo?

Paciente: Me voy a morir si no salgo.
Terapeuta: ¿Y qué te hace sentir eso?
Paciente: Ella no sabe que estoy aquí.
Terapeuta: Pero tú estás vivo, ¿tú quieres salir? Qué pasa, ya han sacado a tu hermano, mira a ver qué más pasa. ¡Vamos! Ahora estás tú solo, ¿qué estás sintiendo?, ¿qué ocurre?
Paciente: Mamá está muy tranquila.
Terapeuta: Y tú, ¿qué pasa contigo?
Paciente: Estoy angustiado.
Terapeuta: Y, ¿qué haces?, ¿tú estás vivo o estás muerto?
Paciente: Estoy vivo.
Terapeuta: Entonces que… ¿qué vas a hacer?
Paciente: Nacer.
Terapeuta: Tú quieres nacer, y… ¿cómo pueden saber que tú estás aquí? ¡Vamos! Hay que nacer, hay que vivir. ¡Venga! Tienes que salir de ahí *(el paciente solloza desconsoladamente),* siente todo eso, es importante que lo sientas porque tú vas a nacer. Ahora vas a empezar a sentir que alguien te va a sacar de allí; ya se han dado cuenta y vas a salir, alguien te va a sujetar de la cabeza y vas a salir de allí. Mira, ahora nota, te están sujetando *(en este momento, refuerzo la experiencia sujetando físicamente su cabeza, girándola y tirando de ella como para sacarle al exterior),* siente cómo te cogen. ¡Vamos! Para afuera, vas a salir, vas a salir… ¡vas a salir!
Paciente: Sí, sí, sííí…
Terapeuta: Ya estás fuera
Paciente: Sí, sí, sííí…
Terapeuta: Sí, sí, sí… estás vivo, ¡estás ahí! ¡Vamos, mira! Ya te han sacado, mira quién está ahí.
Paciente: Mi mamá.
Terapeuta: ¿Ves a mamá?
Paciente: Sí.
Terapeuta: ¿Y qué hace al verte?
Paciente: Me acaricia.
Terapeuta: Y, ¿cómo te sientes?, ¿te gusta?
Paciente: Sí.

Terapeuta: Cuando mamá te toca, mira cómo se siente tu cuerpo.
Paciente: ¡Bieeeen!
Terapeuta: Ahora mamá te tiene en sus brazos y las sensaciones son buenas, agradables para ti y eso te hace sentir bien... bien, muy bien. Fíjate porque ahora desde ese lugar llega la calma, la tranquilidad y te permite empezar a entender todo esto; ahora lo vas a ver como si fuera una pantalla, desde afuera donde mamá está con ese niño y te puedes poner más a gusto y cómodo, porque ahora lo vas a ver en una pantalla frente a ti; una mamá que ha tenido dos bebés y uno de ellos está ahí acurrucado con su mamá, y eso te permite entender muchas cosas, te permite entender todo lo que pasó ese niño... y ahora puedes darte cuenta de todo, ¿verdad?
Paciente: Sí.
Terapeuta: Cuéntame que pasó con ese niño, ¿que vivió ese niño allí adentro de su mamá? Cuéntame.
Paciente: Estaba muy triste, muy solo.
Terapeuta: Estaba muy triste, ¿verdad?
Paciente: Se sentía solo.
Terapeuta: Siempre se sentía solo. ¡Claro! Porque el otro tomó el puesto ahí arriba, ¿verdad?
Paciente: Siempre buscaba el amor de mamá para sentirse vivo.
Terapeuta: Siempre buscaba el amor porque se tenía que sentir vivo, ¿verdad?
Paciente: Sí. Mamá no sabía que estaba ahí.
Terapeuta: Pero fíjate qué bueno porque él tuvo que ser un luchador muy fuerte para seguir vivo, para demostrarles que no estaba muerto, pero eso lo hizo más fuerte que su hermano, ¿no te parece? *(recuerde que las monedas siempre tienen dos caras, trate siempre de buscar el beneficio de lo que fue doloroso para el paciente. Como dicen en Gestalt: "Con lo que no me diste, qué me diste").*
Paciente: Sí, siempre fui más fuerte.
Terapeuta: Muy bien, ¡qué estupendo! El niño al final nació, no está muerto, está lleno de vida... y atención, porque ahora

que has visto todo eso, tú puedes llevártelo al plano de tu vida actual del adulto, y ver los momentos donde te sentiste así, momentos con éste dolor, momentos donde sentiste morir, estar solo; las relaciones que tuviste, las situaciones, todo lo puedes entender, de dónde llega todo eso, saber dónde empezó, el origen de todas las cosas. ¡Venga! Ahí *(el paciente busca mi mano y me la aprieta fuertemente para sentirme cerca como un apoyo)* vamos, eso es... muy bien, ¿tú quieres que el adulto siga sintiendo todas estas cosas?

Paciente: No.

Terapeuta: ¿Tú quieres que cambie y que el adulto ya sea feliz para siempre, y que no tenga necesidad de sentir ese dolor y ese sentimiento de muerte? *(pregunta siempre obligada por el terapeuta para iniciar la fase de la reconstrucción).*

Paciente: Sí.

Terapeuta: ¿Y estás dispuesto a hacerlo?

Paciente: Sí.

Terapeuta: Muy bien, pues ahora, cuando yo cuente del 3 al 1, tú de nuevo vas a regresar a la panza de mamá, el primer día que llegaste allí, solamente que ahora vas a tener una ventaja muy grande, ya que te vas a traer todo el conocimiento de un Ser adulto que vivió esa experiencia para poderlo cambiar y sentir, pero de otra forma, de una manera mucho más saludable para ti, mucho más sana donde ese niño no va a sentir nada de todas esas cosas feas y sí va a sentir otras cosas muy interesantes para él; yo no sé cuáles pero tú sí que las sabes y lo vas a hacer, ¿estás preparado para nacer a esa nueva vida?

Paciente: Sí.

Terapeuta: Muy bien, cuando yo cuente del 3 al 1 otra vez, estarás en el primer día en la panza de mamá: 3, 2, 1... ya estás ahí. Otra vez estás aquí y mamá todavía ni se ha enterado, pero tú vienes a este mundo porque tienes que hacer muchas cosas. ¿Cómo te sientes aquí? *(se inicia la reconstrucción).*

Paciente: A gusto.

Terapeuta: Tú sabes que aquí va a venir otro contigo, pero yo no sé qué vas a hacer, tienes que planear algo para que todo salga

estupendo y mamá y tú estén perfectamente bien, y quizáss tu hermano también. No sé, a ver, ¿localizas el otro puntito?
Paciente: Sí.
Terapeuta: Muy bien y qué... ¿cómo te hace sentir el saber que está ahí?
Paciente: Bien, no estoy solo.
Terapeuta: ¡Claro que no estás solo! Está tu hermano contigo, ¿verdad?
Paciente: Sí.
Terapeuta: Oye, pues a ponerse de acuerdo, dile un plan a tu hermano de lo que tienen que hacer para crecer aquí, ya que van a vivir en esta casa durante nueve meses, ¿cómo le van a hacer?
Paciente: Vamos a platicar.
Terapeuta: *Ok*, ¿y qué más cosas van a hacer?
Paciente: Vamos a jugar.
Terapeuta: A jugar, ¡estupendo! Y con el espacio, ¿cómo lo van a repartir?
Paciente: Por igual entre los dos.
Terapeuta: ¿Se van a intercalar el espacio, unas veces uno y otras veces el otro?
Paciente: Sí.
Terapeuta: ¿Qué le parece a tu hermano?
Paciente: Le gusta, vamos a jugar.
Terapeuta: Perfecto, ahora los dos, cuando yo cuente del 3 al 1, van a llegar al momento en que mamá se entera de que estás ahí, y además se entera de que están los dos, no uno; mamá sabe que están los dos: 3, 2,1... ¿qué pasa con mamá sabiendo que están dos ahí adentro?
Paciente: No, madre mía, perdóname, no quise decir eso *(habla por voz de su madre en la reconstrucción).*
Terapeuta: ¿Qué es lo que no quiso decir?
Paciente: Cómo uno, son dos, ¡son dos! ¡fantástico!
Terapeuta: Son dos, mamá tiene dos nenes, ¡qué bueno! Está tu hermano y estás tú, ¿cómo te hace sentir el saber que estás vivo, que vas a crecer y que mamá está esperándote para cuando salgas?

Paciente: Me va a querer.
Terapeuta: ¿Y cuando una mamá quiere a un niño, los niños se sienten solos?
Paciente: No.
Terapeuta: ¿Y cuando una mamá quiere a un niño, los niños tienen los huesos negros?
Paciente: No.
Terapeuta: ¿Y cuando una mamá quiere a los niños, los niños tienen energía negra en todo su cuerpo?
Paciente: No.
Terapeuta: ¿Y qué tienen entonces?
Paciente: Mucho amor.
Terapeuta: Fíjate qué suerte tienes de tener una mamá que da tanto amor.
Paciente: Sí.
Terapeuta: ¿Y a tu hermano también le da amor?
Paciente: Sí.
Terapeuta: ¡Claro! ¿Los dos están contentos?
Paciente: Sí.
Terapeuta: Muy bien, pues vamos a seguir. Ahora ya han pasado tres meses, ¡tres meses! Ustedes van creciendo, ¿siguen jugando?
Paciente: Sí.
Terapeuta: Y cuando juegas con tu hermano, ¿cómo te hace sentir?
Paciente: ¡Muy bien!
Terapeuta: ¡Estupendo! ¡Qué bueno! ¿Mamá está bien con vosotros?
Paciente: Sí.
Terapeuta: Perfecto, seguimos. Seguimos avanzando, tú sigues creciendo y llegas a los cinco meses; cinco meses allí adentro, ¿estás bien?
Paciente: Sí.
Terapeuta: Qué... ¿cómo van las cosas?
Paciente: Bien... estoy contento y juego con mi hermano.
Terapeuta: Tu hermano y tú, ¿cómo se llevan?
Paciente: ¡Muy bien!

Terapeuta: ¿Y mamá habla con vosotros?
Paciente: Sí. Con los dos.
Terapeuta: Oye, ¿tú notas cuando mamá se toca la panza?
Paciente: Sí.
Terapeuta: ¿Te llegan a ti también esas sensaciones?
Paciente: Sí.
Terapeuta: ¿Y habla con tu hermano y contigo también?
Paciente: Sí.
Terapeuta: ¡Qué bueno! Ahora también van a venir otras personas a tocar la panza de mamá. ¿Hay alguien de fuera que también toque la panza de mamá?
Paciente: Sí, mis hermanos.
Terapeuta: Tus hermanos tocan, ¿y cómo se sienten ellos?
Paciente: Muy contentos. Todos quieren tocarme.
Terapeuta: Y alguien más. A ver... alguien que es más grande que tus hermanos también llega, ¿quién es?
Paciente: Mi papá, pero está borracho.
Terapeuta: Pues a ver qué le vas a decir a papá, ¿tú quieres que esté borracho?
Paciente: No.
Terapeuta: ¡Pues venga! A ver qué le dices.
Paciente: Mientras yo crezco aquí, tú no vas a beber más porque yo quiero que me toques la panza y que sea feliz; tú no sabes a qué vengo, tengo muchas cosas qué hacer, voy a nacer...
Terapeuta: Muy bien, ¿y qué vas a conseguir cuando crezcas?
Paciente: Voy a hacer más cosas que tú, no somos inútiles, tú lo sabes.
Terapeuta: ¡Claro que no! ¿Y tú le vas a enseñar a papá que eres capaz de hacer muchas cosas, para que papá aprenda?
Paciente: Sí.
Terapeuta: Los papás son un poco tontos, no se enteran la mitad de las veces de nada, pero los niños sí que les pueden enseñar a ellos, ¿verdad?
Paciente: Sí. Yo le puedo enseñar muchas cosas.
Terapeuta: ¿Y tu hermano también te va a ayudar?
Paciente: Sí, él también va a participar.

Terapeuta: Perfecto, pues ahora dile a papá que también te toque.
Paciente: Sí papá, ven, acarícianos. Sí, sí, somos tus pollitos.
Terapeuta: ¿Cómo te hace sentir cuando papá te acaricia?
Paciente: Bien. Me gusta, es muy agradable.
Terapeuta: Muy bien, y ahora siente también a mamá.
Paciente: Sí, somos sus pollitos.
Terapeuta: Mira, mira cómo te acarician todos tus hermanos... siente sus manos, todos te están tocando.
Paciente: ¡La pelona!
Terapeuta: ¿La pelona también? ¡Qué bueno! ¿Te gusta?
Paciente: Sí.
Terapeuta: Oye, ¿y tus huesos cómo están?, ¿de qué color son?
Paciente: Bien, están bien, son blancos y tiernitos. Ahora tienen vida.
Terapeuta: Tiernitos, llenos de vida, ¿verdad? Muy bien, pues tú sigues creciendo... mira, son cinco meses, seis meses allí; mira qué grande te estás haciendo y tu hermano igual, los dos creciendo, creciendo... y ahora, atención porque vas a llegar a los nueve meses. Mira, nueve meses tienes ahí adentro, fíjate qué grande estás y tú hermano igual, los dos grandotes, ¿cómo te sientes?
Paciente: Aquí está mi hermano.
Terapeuta: Ahí está tu hermano. Oye, ¿tienes ganas de salir?
Paciente: Sí.
Terapeuta: ¿Y qué vas a hacer cuando salgas? Cuéntame.
Paciente: Muchas cosas.
Terapeuta: ¿Como qué?
Paciente: Hacer feliz a papá, a mamá, a mis hermanos.
Terapeuta: ¡Qué bueno! ¿Y para hacer felices a los demás, uno tiene que tener los huesos negros?
Paciente: No.
Terapeuta: ¿Cómo los tiene que tener?
Paciente: Blancos.
Terapeuta: ¿Y tiene uno que tener la energía negra?
Paciente: No, tiene que tenerla blanca.

Terapeuta: ¿Y cómo sabe uno desde afuera cuando está vivo o está muerto?
Paciente: El cuerpo de un vivo se mueve.
Terapeuta: ¿Y el de un muerto?
Paciente: No se mueve.
Terapeuta: ¿Y el tuyo cómo está?
Paciente: Bien.
Terapeuta: ¿El tuyo se mueve o no se mueve?
Paciente: Sí, se mueve.
Terapeuta: ¿Y el de tu hermano?
Paciente: También se mueve como el mío.

Hago todas estas preguntas para asegurarme de que el nuevo patrón saludable de vivencia está bien incorporado y que sirva de anclaje para los comportamientos futuros.

Terapeuta: Prepárate entonces porque vas a nacer. Ahora yo voy a contar del 3 al 1 y vas a empezar a nacer, y mamá se va abrir mucho, mucho; los dos van a nacer a la vez, sin luchar, sin ningún problema, los dos juntos de la mano; ¡venga! Los dos para afuera. ¿Preparados? Yo voy a contar del 3 al 1, y vas a ver cómo todo eso se empieza a mover y alguien los va a sacar a los dos muy suavemente. Tú vas a llegar al mundo a conocer a mamá desde afuera, a tus hermanos y a papá. Cuento: 3, 2, 1… mira, todo se empieza a mover, pero fíjate qué suave y poco a poco alguien te sujeta la cabeza; lo notas, empujas y sales, vas saliendo suavemente… hacia afuera… hacia afuera… ahí estás, los dos afuera, los dos empujando, los dos unidos de la mano, ¿qué sensación hay ahí?
Paciente: Es rico, sabroso, hay luz.
Terapeuta: ¿Te gusta? Hay mucha luz aquí… ¿ves a mamá, a papá?
Paciente: Sí.
Terapeuta: ¿Y cómo están ellos?, ¿están contentos de verlos?
Paciente: Sí. Se ríen.
Terapeuta: ¿Y tu hermano?
Paciente: Igual.
Terapeuta: ¿También? Los dos están felices. Ahora, ¿tú ves un cordoncito que te une a mamá?, ¿lo ves?, pues cuando yo

te diga, alguien va a llegar y va a cortar ese cordón, y va a ser la primera vez en tu vida que vas a respirar por ti solo, vas a tener toda la vida para ti, todo de manera autónoma; ya no vas a tener que depender de mamá para respirar, vas a hacerlo tú solo pero hay una cosa muy importante, muy importante que no quiero que se te pase de largo: en el momento en que corten ese cordón, tú vas a tomar una inspiración muy fuerte, muy fuerte... muy grande, muy grande que va a ser la primera inspiración de vida, te vas a llenar de toda la vida y de toda la fuerza para ser un niño muy grande, fuerte y muy seguro... ¿lo has entendido bien?

Paciente: Sí.

Terapeuta: ¿Estás preparado y dispuesto? Cuento: 3, 2,1... ¡vamos! Inspira, inspira fuerte. Ahí, ahí... muy bien. Siente cómo entra la vida, empiezas a respirar, tu cuerpo se mueve. Muy bien... ahí... lleno de oxígeno, eso es. Qué bien, ahí está, qué bueno, todo tu cuerpo está lleno de luz, lleno de energía blanca para impedir que jamás pueda entrar la energía negra, porque es un cuerpo fuerte, lleno de vida y que viene a este mundo para ayudar a mamá, a papá, a tus hermanos y a todos los demás que tengan necesidad... fíjate qué bien... ¿estás dispuesto a vivir?

Paciente: Sí. Voy a ser fuerte y viviré feliz. ¡voy a ser feliz!

Terapeuta: Qué bueno porque entonces mamá te va a cargar a ti y a tu hermano, uno en cada lado; los va a sujetar y los tres se unirán como si fueran uno solo ahí encima de mamá. Muy bien, te llenas de esa luz, de esa fuerza, y ahora vas a ver cómo llega papá, tus hermanitos, todos te ponen las manos encima y todos se sienten muy a gusto, muy tranquilos, sabiendo que vienes a hacer muchas cosas a este mundo; que ya nunca más te vas a sentir solo ni vas a tener la necesidad de estar constantemente buscando el reconocimiento ni el amor de mamá, porque ya mamá lo sabe, tú eres un ser que existe, que está vivo... y ahora ya, con todas estas sensaciones, te vas a quedar rodeado de todos tus seres queridos y vas a sentir como una gran aureola que te une a todos, una gran energía blanca y dorada, lleno de paz que te va a hacer sentir fuerte y protegido con toda la familia, y ya te quedas así tranquilamente, disfrutando de esta experiencia y sintiendo cómo va pasando el tiempo, van pasando los días, las semanas, los meses, los años... y vas creciendo haciéndote un niño grandote, seguro, fuerte, un adolescente asertivo, muy inteligente; y te haces un adulto, un adulto grande, fuerte, sin ningún problema, sin ningún complejo, sintiéndote vivo y estando muy presente y muy seguro en esta vida. Y con toda esa energía, vuelves a tu presente, a tu momento actual, sintiendo el lugar donde te encuentras, el diván donde estás, sintiendo el cuerpo entero lleno de vida y tus huesos blancos, limpios y oxigenados, y poco a poco te vas recuperando; tomas conciencia de tu cuerpo, cómo tu respiración vuelve a la normalidad y cuando tú decidas, podrás ir abriendo los ojos y recibiendo la nueva vida.

El corte del cordón umbilical

Analicemos esta acción desde el punto de vista médico y psicológico:

Durante miles de años el corte del mismo se efectuaba una vez que habían cesado los latidos de éste; sin embargo, en las últimas dos décadas –aproximadamente–, la práctica obstétrica cotidiana ha tomado la costumbre de cortarlo en los primeros instantes, sin dejar pasar más de 10 o 15 segundos después de nacer.

Investigaciones médicas señalan que cuando se produce el corte de manera muy rápida, se priva del suficiente suministro de sangre por parte de la placenta de la madre hacia el bebé. El punto crítico de esta situación es que la sangre de la placenta contiene una importante cantidad de hierro que si hay un déficit del mismo, podrá repercutir en el desarrollo y maduración del sistema nervioso así como en el correcto crecimiento de sus órganos. Si nuevamente volviéramos a las prácticas que a lo largo de los siglos fueron llevadas a cabo por los especialistas en esta materia y dejáramos que el bebé siguiera conectado a su madre durante 30 ó 40 segundos que puede ser el tiempo que dure hasta parar los latidos, tal vez conseguiríamos mejorar y hacer que los bebés, ya desde su nacimiento, fueran un poco más sanos y saludables.

Desde el punto de vista emocional, como vivimos en una sociedad terriblemente acelerada y saturada de trabajo, tampoco en los hospitales se deja el espacio y tiempo necesario para que madre e hijo se perciban en el exterior a través del tacto, antes de la separación de ambos; lo aconsejable sería que tal y como el niño sale, inmediatamente fuera situado encima del vientre de su madre y tras unos breves minutos, proceder al corte; sin embargo, en los hospitales no se actúa de este modo sino que se les separa de manera inmediata tras el nacimiento, provocando en el niño una experiencia demasiado brusca en esa primera inmersión en el nuevo mundo al que acaba de llegar. El bebé pasa de vivir en un entorno líquido a otro gaseoso, ya no es su madre la que lo mantiene vivo sino lo de afuera; esto es un impacto bastante fuerte, si encima añadimos otros factores como el cambio de un lugar en semioscuridad a otro con demasiada luz, donde ya no existe una amortiguación de los sonidos; el ambiente es más frío, le limpian con unas toallas que producen mayor sensibilidad en su piel y hasta hace bien poco también les pegaban un azote en la nalga... ¿Cómo se sentiría usted si en la actualidad le hicieran todo eso? Pues imagínese a un bebé que el único recurso que le queda es comenzar a llorar...

Poco a poco, médicos y *comadronas* sensibles a estos procedimientos, se van acercando a conocer este tipo de terapias –yo me encuentro cada vez más de ellos en mis cursos– y van dando un trato más humano y de mayor acercamiento emocional, tanto a la madre como al bebé recién nacido. Estas actuaciones permitirán en un futuro ofrecer un servicio hospitalario más cercano al ser humano y tras el alumbramiento, se permitirá dejar a madre e hijo durante unos instantes, aún con el cordón intacto para que se produzca esa vinculación entre ellos y a través de "ese diálogo", la mamá prepare al niño para esa primera separación física que se acaba de producir.

Durante la regresión, una vez vivenciado el nacimiento, cuando nos encontremos en la etapa de reconstrucción, es muy importante elaborar esta vivencia del corte de cordón; reside en el hecho del reconocimiento del bebé como un ser independiente de su madre, con su propia capacidad para pensar, analizar y decidir. No es saludable que la persona siga aferrada a las creencias y reacciones emocionales maternas, sino que, a partir de ese momento, exprese su propia individualidad como un ser diferenciado de ella. Una vez cortado, es bueno que visualicen y reconstruyan esa nueva vida siendo más autónomos, más libres, con mayores responsabilidades, pero también con mayores satisfacciones.

El modelo propuesto para trabajar este aspecto del nacimiento, es en el momento de la reconstrucción: inducir a que visualice a alguien que se acerca para cortar ese cordón –preferentemente su padre– avisándole que vamos a contar del 3 al 1 y cuando lleguemos al número uno y toquemos su frente, se producirá el corte. Justo en ese instante entrará la primera respiración que supone su independencia como Ser único y diferente a su madre, reforzando todo lo expuesto en los párrafos anteriores. Que vea cómo con cada inhalación entra la energía y la fuerza para poder conseguir una vida satisfactoria y plena.

En el caso de que la persona haya nacido con vuelta de cordón al cuello, es imprescindible trabajar con atención este apartado, como también en los casos en los que se haya presentado cualquier accidente, nudo o anomalía del cordón.

Los patrones de supervivencia

Este aspecto es tan importante que, en sí, es la piedra angular de la Terapia Regresiva Reconstructiva.

Los patrones de supervivencia son mandatos inconscientes que se gestan, principalmente, dentro del seno materno y que fueron creados para sobrevivir en esa cavidad o en el nacimiento, y permanecen en la vida posterior del adulto condicionando su comportamiento y modo de respuesta ante las agresiones externas.

Se crean ante sentimientos negativos que permanecen en la madre relacionados con la presencia de su hijo.

La diferencia entre emoción y sentimiento es precisamente su duración. La emoción es breve y se manifiesta en alguna parte del cuerpo, mientras que el sentimiento sería una emoción mantenida en el tiempo; por ejemplo, una emoción puede ser la alegría ante una buena noticia, mientras que una alegría desbordante y sostenida en el tiempo, produciría un sentimiento de euforia.

Es evidente que en un periodo de nueve meses existan emociones tales como ansiedad, tristeza, contrariedad, rabia, inquietud, etcétera, y la presencia de éstas no tiene por qué ser dañina para el bebé, siempre y cuando no permanezcan con elevada intensidad, ya que en este caso sí es muy probable que se produzca la secreción de picos hormonales y ya hemos visto cómo a través del entramado neuronal, el feto captaría esos mensajes dañinos para él y por tanto podría ver en peligro su supervivencia; por ello, el nuevo Ser debe contrarrestarlos rápidamente con una respuesta que será a partir de ese momento su defensa ante esa agresión que no puede controlar ni mucho menos entender.

Imaginemos a una mujer que sea víctima de malos tratos durante su embarazo por un marido violento; en este caso serán frecuentes los sentimientos de odio, vejación y humillación, entre otros, que en ciertos momentos serán simultáneos a sentimientos de rechazo ante esa criatura que lleva en su interior por temor a que esa violencia se dirija también al niño cuando nazca. En este ejemplo toda esa situación tan indeseada de embarazo generará determinados mandatos en el bebé antes de nacer, que es lo que denominamos "Patrones de Supervivencia".

Para entender todo el engranaje, hay que pensar que constantemente estamos envueltos en diversas situaciones en la vida, en las cuales tenemos que optar por diferentes alternativas. Ante una situación concreta, se demanda una acción y esta acción a su vez conlleva, por un lado, un Beneficio pero también por otro lado, unas Consecuencias. La acción que ejercemos es lo que nosotros llamamos "Patrón de Supervivencia". Para ilustrar todo esto con un ejemplo, imagínese que se encuentra en un desierto y lleva varios días perdido sin agua para beber *–esto sería la Situación–*. Ante este problema, de repente usted llega a un oasis donde hay agua, pero puede leer un letrero que dice: "Agua contaminada". Frente a esta "Situación", usted debe tomar una "Acción". En este ejemplo usted puede decidir no beber, pero sabe que si no lo hace morirá deshidratado, o bien optar por ingerir el agua contaminada aunque deberá atenerse a las consecuencias. Esta "Acción" –que es lo que llamamos "Patrón de Superviviencia"– le permite seguir vivo pero después deberá pagar un precio por ello –Consecuencias–. En este caso imaginemos que a partir de entonces usted siempre sufrirá fuertes dolores de estómago o tendrá colitis crónica. Este "Patrón de Supervivencia" de beber el agua contaminada, es lo que le permitió poder "Sobrevivir". El precio que tuvo que pagar es la colitis.

A lo largo de nuestra vida, sin darnos cuenta hemos estado creando "Patrones de Supervivencia" para seguir avanzando en esta jungla en la que nos movemos, pero ya es hora de que podamos permitir reconocerlos, comprender el motivo por el que los creamos, cuál es el precio que tuvimos que pagar y entonces poder cambiarlos para, a partir de ese momento, poder VIVIR en lugar de SOBREVIVIR. La Calidad y tipo de vida que iniciemos a raíz de transformar y crear nuevos modelos –patrones de vivencia– de comportamiento saludables, cambiarán radicalmente nuestra forma de vida y nos hará más felices.

A continuación, para ilustrar y ver cómo se producen estos patrones en nuestra vida y permitir una mejor comprensión de los mismos, extraigo parte de una sesión terapéutica en el claustro materno, momentos antes de nacer, con una persona que padece agorafobia en edad adulta y es el motivo de su consulta. Este formato de trabajo será para usted como una guía que le permita sacar a la luz esos mandatos inconscientes.

Situación:**Paciente:** No quiero salir.

Terapeuta: ¿Qué ocurrirá cuando salgas?

Paciente: Voy a ver a mi madre.

Terapeuta: ¿Y qué va a pasar cuando veas a tu madre?

Paciente: No me va a querer porque ella quiere un niño.

Terapeuta: ¿Y qué ocurrirá si mamá no te quiere porque ella espera un niño?

Paciente: Me abandonará.

Terapeuta: Y si mamá te abandona, ¿qué pasará contigo?

Paciente: Voy a sufrir mucho.

Terapeuta: Y si sufres mucho, ¿qué pasará después?

Paciente: No podré crecer.

Terapeuta: Y si no puedes crecer, ¿qué ocurrirá entonces?

Paciente: Que me moriré.

Terapeuta: Entonces, SI SALES DE ESTE LUGAR en el que estás, ¿qué te va a suceder?

Paciente: ME MORIRÉ.

Este es el cierre de la "Situación": No quiere nacer porque asocia que si nace se muere. Ante esta situación, debe tomar una "Acción", o sea un "Patrón de supervivencia" que se detalla a continuación:

Acción

Terapeuta: Entonces, si sales de ese lugar, ¿qué pasará?
Paciente: Me moriré.
Terapeuta: ¿Y tú quieres morir?
Paciente: No.
Terapeuta: Si no quieres morir, entonces… ¿qué quieres hacer?
Paciente: Vivir.
Terapeuta: ¿Y qué vas a hacer para vivir?
Paciente: Me voy a quedar aquí.

Este es el cierre de la "Acción": La decisión de quedarse ahí adentro. Este patrón le reportará un beneficio que aparecerá un poco más adelante.

Beneficio

Terapeuta: ¿Y qué conseguirás quedándote aquí?
Paciente: Estar protegida.
Terapeuta: ¿Y qué ocurre contigo cuando estás protegida?
Paciente: No me ven.
Terapeuta: Y si no te ven, ¿entonces?
Paciente: VIVIRÉ.
Terapeuta: Entonces, ¿qué vas a hacer para vivir?
Paciente: NO SALIR AL EXTERIOR.

Este es el cierre del "Beneficio": Si me quedo adentro puedo seguir vivo; pero a su vez, también el "Patrón de Supervivencia" le va a pasar factura cobrando unos intereses muy altos. Sus consecuencias…

Consecuencias

Terapeuta: ¿Y si no sales al exterior?
Paciente: Vivo.

Terapeuta: ¿Y si sales de este lugar?
Paciente: Me muero.
Terapeuta: Ahora quiero que tomes conciencia de lo que pasa contigo en tu etapa adulta cada vez que estás en un espacio abierto (*se le lleva a la realidad actual en el aquí y ahora... en lo que está viviendo a diario).*
Paciente: Siento que me muero.
Terapeuta: Y entonces, ¿qué haces?
Paciente: Me encierro para vivir.
Terapeuta: Y, ¿cuál es el precio que estás pagando para vivir?
Paciente: Debo estar encerrada.

Este es el cierre de las "Consecuencias": El pago para poder seguir viviendo: vivir para siempre encerrada.

La clave del terapeuta es poder detectar dónde se encuentran estos patrones y que el paciente sea capaz de sacarlos del plano inconsciente para llevarlos a la conciencia, y poder ser entendidos y analizados con el hemisferio izquierdo. A partir de este momento es cuando se empieza con la reconstrucción de nuevos modelos de patrones que sustituyan a los antiguos y que resulten más saludables para la persona.

Al llegar a este punto de la terapia la persona entenderá que muchas actitudes y reacciones internas, incomprensibles para ella hasta ese momento, van tomando forma y se van corriendo velos que le permiten ir conociéndose mejor. Esta fase de la terapia es muy reveladora, no sólo para el paciente sino también para ampliar su comprensión en relación a sus padres. Si somos capaces de identificar estos patrones y cambiarlos, entonces cambiaremos el mundo que nos rodea.

Retomando el ejemplo anterior, a partir de este momento es cuando se inicia la reprogramación y cambio de patrones:

Nuevo modelo

Terapeuta: ¿Y quieres vivir siempre encerrada?
Paciente: No, no.
Terapeuta: ¿Y qué es lo que vas a hacer?

Paciente: Tengo que salir.
Terapeuta: ¿Y qué harás para no sentir que te mueres al salir?
Paciente: Debo pensar que todo esto lo creé yo al nacer para poder seguir viviendo, pero que no voy a morir.
Terapeuta: Y si no mueres, entonces, ¿qué harás?
Paciente: Vivir, porque la vida está afuera, no adentro. Hay que salir al exterior para vivir.
Terapeuta: Repíteme, ¿qué pasa cada vez que sales al exterior?
Paciente: Vivo.
Terapeuta: ¿Y cuál va a ser tu nuevo modelo ahora?
Paciente: Vivir.
Terapeuta: ¿Y cómo lo vas a hacer?
Paciente: Saliendo al exterior donde está la vida.

Una ve anclado el nuevo modelo, se trabajará a nivel virtual recreando como el sujeto está actuando en su futuro con nuevas pautas de conducta que le generan equilibrio y estabilidad emocional.

Formas de nacer: las diferentes maneras de ver el mundo

Llegado el fin del noveno mes, el niño es totalmente consciente de ese mundo que le pertenece con todas sus sensaciones y se prepara para el nacimiento. Su universo se le ha quedado pequeño y comienzan las contracciones uterinas que lo empujarán hacia una experiencia que puede durar horas. En este tránsito su mente registra todos los movimientos, visiones y sensaciones. Totalmente formado, ya nada escapa a su atención, y en esta etapa de su viaje se alternan momentos de placer al masajear su cuerpo bañado de calientes líquidos con los músculos maternos con otros momentos de dolor, presión y miedo; de hecho, son las primeras experiencias sensuales de ese niño antes de nacer.

El instante del alumbramiento es una apertura por donde asoma el mundo exterior, aquello que está afuera esperándonos. Pasamos de un lugar que, en el peor de los casos, puede que no haya habido muchas sensaciones placenteras, pero al menos hemos estado protegidos, encapsulados por las paredes maternas, a otro donde las sensaciones de frío y extrema claridad, son referidas por todos los pacientes.

La experiencia del nacimiento es de suma importancia y cómo nazca el niño determinará su modo de enfrentarse al mundo. Nadie está libre de esta influencia del nacimiento y una parte de nosotros siempre mirará al exterior con los ojos de ese niño que sale de un universo para entrar en otro muy distinto.

Esta forma de nacer y presentarnos al mundo influirá en nuestra personalidad y en la manera de entablar las relaciones futuras con la sociedad en la que viviremos, ya que constantemente acudirá esa impronta del recuerdo que se nos quedó grabado a nivel inconsciente y que se disparará de manera automática.

Nuestro cerebro registra y almacena la información de todo lo vivido dentro de nosotros desde el momento de la concepción, y para tener acceso a ello sólo hay que estimularlo correctamente a través de la Terapia Regresiva Reconstructiva.

Evocar conscientemente todo el contenido emocional almacenado durante esta experiencia, lleva todo un proceso que tiene que ser dirigido, ya que el nacer tiene un efecto amnésico como consecuencia de la oxitocina que secreta la madre. Esta hormona que está implicada en el ritmo de las contracciones uterinas y la producción de leche, se ha comprobado que provoca amnesia. También es introducida, en muchos hospitales, de forma artificial con el goteo para provocar en la madre estas contracciones que faciliten el parto. Por esa razón, no podemos recordar normalmente el momento del nacimiento y otra mucha información que viene de más atrás y que el niño –sin embargo– puede percibir estando en el vientre materno.

Hay otra hormona que es la adrenocortitrofa que ejerce el efecto contrario: potencia la retención de los recuerdos. Esta hormona suele generarse cuando vivimos situaciones de tensión o miedo. Si durante el embarazo la madre vivió situaciones muy conflictivas que potenciaron la secreción de esta hormona, es frecuente encontrar fuertes impactos emocionales en el adulto que provienen de ese niño intrauterino.

Si somos capaces de pasar al plano de la conciencia aquel episodio de nuestra vida y entender en qué circunstancias llegamos al "nuevo mundo", entonces podremos liberarnos para siempre de esos patrones establecidos y cambiar el rumbo de nuestra vida hacia un estilo de vida de mayor calidad y bienestar para nosotros.

Este es el caso de Paz, que llevaba muchos años viviendo en depresión y sintiendo en numerosas ocasiones cierta atracción hacia la muerte. Era una mujer muy dependiente de los demás y tenía muchos problemas para poder conciliar el sueño. Comentaba que cuando llegaba la noche, era como sentir un despertador interno que la activaba y le impedía conciliar el sueño. Esta situación también le hacía estar físicamente muy débil ya que en el trabajo se sentía muy cansada y en ocasiones se quedaba dormida.

En una de las sesiones de trabajo se vió como un bebé de tres meses, en la cuna y al no ver a sus padres cerca de ella, comenzó a llorar:

Terapeuta: ¿Qué está pasando? ¿Qué sientes?
Paciente: Tengo miedo de que me hayan abandonado
Terapeuta: ¿Y que te puede suceder si esto es cierto?
Paciente: Me puedo morir de hambre. Tengo que llorar para que me escuchen. Ya llega mamá, me coge y ahora me está cantado. Me mece y me siento bien. Si estuviese muerta no hubiese sentido ese miedo. Eso me pasa por vivir.
Terapeuta: ¿Como te sientes ahora que dices eso?
Paciente: Muy mal, siento ahogo.
Terapeuta: Ahora quiero que amplies esa emoción y nos vamos a ir más hacia atrás al primer momento que reconociste esta sensación en tu vida, tres, dos, uno.
Paciente: Estoy dentro de mamá. En su panza. Lo que más me molesta es la humedad que siento. El líquido es muy asqueroso.
Terapeuta: Vamos más atrás. Al primer momento que sentiste esta sensación.
Paciente: Mamá está muy preocupada. Acaba de enterarse que estoy aquí. Aún no está casada y no sabe que hacer. Está pensando en abortar. Si ella aborta abría oscuridad, no existiría la luz. Si no hay luz hay muerte. Si hay luz hay vida. Si voy a la oscuridad hay muerte pero ya no seré un problema para mamá.
Terapeuta: Ahora quiero que esta imagen la veas en una pantalla y tú como adulta, me digas que te parece lo que estás viendo de ese bebé y sus pensamientos.

Paciente: La bebé se encuentra atrapada y muy asustada. Por eso entiendo ahora el porque no puede dormir por la noche. Es como sentir que se puede morir si está en la oscuridad.
Terapeuta: ¿Tú podrías ayudarla?
Paciente: Si. Voy a hablar con ella. Mira una cosa, en la oscuridad tu puedes descansar, no tienes por qué tener miedo; así, de día tienes más fuerzas para hacer muchas cosas.
Terapeuta: ¿Y como sabrá que hacer en la panza para que no sienta el miedo?
Paciente: Mira, mientras que estés creciendo dentro de tu mamá te vas a imaginar un tulipán. Solo con observarle y ver como crece, como esa imagen es tan bonita, te va a transmitir alegría y ganas de vivir. Es una creación maravillosa. Solo tienes que pensar en eso y verás como todo va a cambiar para ti y vas a estar contenta. Ya no tendrás más miedo y solo estarás esperando a crecer para salir al mundo a vivir.

Después de esto, se procedió a la reconstrucción haciendo que la bebé viviese una etapa intrauterina placentera y acogedora, sin miedos y con mucha luz, finalizando todo el proceso con una nueva forma de nacer llena de vida y alegría.

Esta carta de presentación que nos ofrece ese mundo exterior, puede ser natural… sin contratiempos, o por el contrario, ser un nacimiento que precise de cirugía o uso de material auxiliar de quirófano como fórceps, ventosas o incubadora. Desde luego que el parto por vía vaginal sin complicaciones, el denominado parto natural, es el más saludable emocionalmente.

Lo que presento a continuación, es fruto de la experiencia clínica y de la investigación llevada a cabo entre mis pacientes; no pretende en ningún caso presentar verdades absolutas sino plantear una tendencia observada en un porcentaje muy alto de las personas tratadas con Terapia Regresiva Reconstructiva. Veamos a continuación las diferencias entre los partos más comunes.

Nacimiento por cesárea

El médico de la mitología griega, "Aesculapius", fue el primer niño nacido por cesárea, siendo extraído del vientre de su madre Coronis por su propio padre Apolo.

Aunque todavía se estima que la cesárea conlleva un riesgo de mortalidad materna seis veces superior al parto vaginal, no es menos cierto que los avances tecnológicos actuales de la medicina moderna, han permitido que hoy en día este tipo de intervención quirúrgica ya no se vea con el horror que ocurría antiguamente, donde casi la totalidad de las mujeres que les era extraído un hijo por este método, morían en la intervención.

El nacimiento por cesárea o también llamado parto abdominal, generalmente se realiza con anestesia epidural o raquídea y consiste en dar a luz a un bebé a través de una incisión en el abdomen de la madre, abrir el útero, vaciar el líquido amniótico y sacar al bebé. Este tipo de intervenciones suelen llevarse a cabo cuando el parto vaginal no es posible o no es seguro para la madre o el bebé, y por lo tanto se realiza para salvar la vida de la persona, como en algunos casos de fibromas uterinos, en pacientes con cáncer de cuello uterino, mujeres con infecciones herpéticas activas, placenta previa o desprendimiento prematuro de la misma, bebés de gran tamaño, si la madre tiene infección de VIH, si el bebé está atravesado o va a salir de nalgas, si tiene espina bífida, partos múltiples...

Independientemente de este tipo de complicaciones, según la OMS –Organización Mundial de la Salud–, se estima que más de la mitad de las intervenciones por cesárea que se realizan hoy en día, realmente no son necesarias y en algunos casos son programadas por comodidad o beneficios económicos. En España el 23 por ciento de los nacimientos son realizados con este sistema. En EU la cifra aumenta al 26 por ciento y en algún país como Venezuela, nos encontramos con que los nacimientos por cesárea superan a los nacimientos naturales por el canal vaginal.

Estas formas de nacer, es cierto que son muy necesarias en problemáticas como las descritas anteriormente; sin embargo, no se comentan en los hospitales, o bien por intereses o tal vez por el propio desconocimiento de muchos de los médicos que trabajan en los mismos, de las repercusiones que puede traer a la mamá y al bebé el nacer por cesárea. Algunas de las complicaciones físicas más frecuentes de los bebés en estos nacimientos, pueden ser las dificultades para respirar, ictericia y adormecimiento durante un tiempo.

El premio Nobel, Niko Tinbergen, descubrió que había una mayor predisposición al autismo en este tipo de nacimientos, debido a los sedantes, anestesias y analgésicos que se facilitan durante este proceso.

Es frecuente y en muchos hospitales por política establecida en los mismos, que todos los niños nacidos por cesárea sean directamente llevados a las UCI –Unidades de Cuidados Intensivos–, y allí puestos en observación durante determinado periodo de tiempo que comprende entre una y más de 20 horas de separación de la madre, donde se le realizan múltiples pruebas de todo tipo que suponen una gran incomodidad y miedo del niño por sentirse tan agredido por este nuevo mundo al que acaba de llegar.

Durante todo este tiempo el bebé está sometido a una gran tensión emocional; piense que hasta ese momento la mamá para él ha sido todo en su vida, y el mundo exterior estaba estructurado en base a las experiencias y reacciones que mamá le ha ido transmitiendo a lo largo de todos estos meses. Ella es la vida, la nutrición, el calor, la comprensión; en definitiva, piense que si mamá no existe, el bebé no podría existir. Por eso, esa separación resulta tan dramática para el recién llegado y el mundo se le vuelve amenazante y se le viene encima. Esto produce en ambos –mama/bebé– una gran carga de ansiedad, sin saber si el otro estará bien o no, y genera el alejamiento del bebé de su madre al ser llevado a estos lugares.

Cuando por fin la madre ve a su hijo, suele estar cansada y dolorida por la intervención, y el bebé puede perfectamente captar esta falta de recibimiento cálido que es lo que él necesita en esos momentos. Además, también fue privado de sentir la oxitocina –la hormona del amor– que se segrega de forma natural en la madre en el momento del nacimiento a través de un parto natural y el rozamiento con las paredes vaginales que producen sensaciones de intenso placer y dolor (según Freud, "emociones primarias" y también precursoras de la sexualidad adulta).

La madre vive la sensación de "pérdida" por no poder tener el parto ideal ni haber estado presente y consciente de todo el proceso, apareciendo sentimientos de rabia por todo ello. Algunas se obsesionan al pensar que pueden haber cambiado a su hijo por otro y en algunos casos el sentimiento de no haberlo parido.

Y todas estas situaciones... ¿qué tipo de patrones de conducta generarán en la estructura de la personalidad de este Ser que está empezando una nueva etapa de su evolución?

1. En la práctica clínica se observa que personas nacidas mediante cesárea, suelen tener una necesidad intensa de contacto físico –el clásico oso de peluche que busca constantemente un brazo dónde apoyarse y que le acaricie– y dependencia psicológica de otros.
2. El bebé fue privado de la sensación de sentir amor y con el paso del tiempo podría presentar dificultades y distanciamiento en las relaciones afectivas madre/hijo,

y verse mermada la capacidad de amar en el adulto. Según los estudios científicos encabezados por el obstetra Michel Odent, fundador del Primal Health Research Centre –Centro de Investigaciones Primarias de la Salud– de Londres, cualquier alteración en el proceso del parto y durante la primera hora después del mismo, que origine la inhibición, reducción o atrofia de la secreción de oxitocina, puede causar trastornos en la capacidad de amar.

3. Este bebé fue sacado o extraído del seno materno sin esfuerzos por su parte, ya que otros hicieron el trabajo por él, por lo que en su vida adulta se aprecian tendencias a que las soluciones vengan de fuera, buscando que se lo den todo hecho.

Lorenzo, médico alópata de profesión y además especialista en homeopatía y bioenergética, asistió a uno de los cursos de introducción que imparto por diferentes lugares del mundo. Acudió junto con otro médico cirujano amigo suyo al que había animado para realizar esta formación. Después de terminar el primer curso de introducción, yo realizaba unos días más tarde otro curso de segundo nivel en la misma población, y Lorenzo decidió prolongar su estancia en esta ciudad para completar esa formación y tener una mayor visión de lo que era la Terapia Regresiva Reconstructiva. Coincidió que tanto él como su compañero se alojaron en el mismo hotel en el que yo estaba y los acomodaron en la habitación contigua a la mía, por lo que a lo largo de esos días quedábamos para desayunar juntos y entablamos el comienzo de una buena amistad que hoy permanece en el tiempo.

Pasados los primeros días percibí en Lorenzo como una dependencia grande de su amigo para salir del hotel, ir a pasear o incluso acercarse hasta el Centro que tiene en esa ciudad nuestra Asociación para recibir el curso en el que estaba inscrito. Uno de esos días me confesó que sentía agorafobia y le daba mucho miedo salir solo a cualquier sitio, razón por la que siempre dependía de alguna otra persona para poder seguir adelante: su mujer, un amigo, su secretaría o alguien que le abriera camino para sentirse seguro.

También me comentó que en ocasiones sentía claustrofobia y no podía estar más de unos cuantos minutos en un lugar que estuviera cerrado.

A medida que iba avanzando el curso, Lorenzo se sentía cada vez más fascinado por la Terapia que estaba aprendiendo, y dado que tuvimos un buen contacto personal y algunas noches cenábamos juntos, en una de esas charlas informales me comentó que también tenía un problema de tipo sexual, pues había veces que presentaba dificultades para mantener la erección cuando tenía relaciones con su mujer y le costaba mucho sentir ese contacto. Había tratado por diferentes medios pero nada había resultado del todo satisfactorio. Le pregunté si sabía algo sobre su nacimiento y me comentó que le habían dicho que nació por cesárea y con placenta previa.

Al comenzar el segundo curso y dado que yo tenía ya previamente esta información, lo animé a que vivenciara una experiencia en directo y trabajamos el escenario de la Montaña Sagrada a través del caldero de su vida actual, que lo llevó hasta la edad de seis meses, viéndose dentro de un huacal –una caja como las que se usan para meter frutas– y debajo de la cama donde lo metía su abuela para que se callara cuando lloraba mucho. Allí sentía oscuridad, miedo en todo el cuerpo y necesidad de moverse. Se notaba encerrado y lloraba sabiendo que no podía hacer nada para salir, puesto que la cama servía de tapadera e impedía que el niño pudiera liberarse de la caja.

Trataba de mover sus manos y sus pies porque así se sentía relajado. Estos movimientos los había incorporado en su vida como un patrón de supervivencia, ya que a lo largo del primer curso estos *tics* nerviosos eran continuos en Lorenzo; sus manos y pies se movían en un baile constante cada dos por tres, llegando a poner nerviosos a sus compañeros de al lado.

Terapeuta: ¿Qué sientes dentro de esa caja?

Paciente: Miedo, inmovilidad, bloqueo.

Terapeuta: ¿Y qué haces?

Paciente: Me muevo. Si sigo encerrado voy a ser infeliz. No voy a gozar la vida y entonces me pongo nervioso y tenso, por eso me muevo y eso me tranquiliza. Estoy esperando a que alguien me saque y nadie llega. Yo sigo moviéndome porque con eso puedo liberar tensiones y me siento mejor. Yo quiero salir de aquí porque vería la vida. Cuando uno está metido dentro de la caja, se siente muy mal y no puede ver la vida.

Terapeuta: Busca esas sensaciones en los momentos actuales de tu vida, ¿has llegado a sentir esto mismo?

Paciente: Sí, en muchas ocasiones. Por eso me doy cuenta de que no puedo estar mucho tiempo sentado, parado, sobre todo en lugares donde me sienta encerrado; debo moverme, salir. Mi Centro Terapéutico tiene dos niveles: Una planta baja y otra planta como un semisótano. Mi consulta la tengo en la parte de abajo porque allí me siento más seguro, pero de vez en cuando siento ahogo y necesito subir a la luz, salir al exterior para sentir el aire y tranquilizarme.

Terapeuta: ¿Dónde sientes esa energía que provoca esa sensación en ti?

Paciente: Lo siento como una energía negra en las manos, pies y corazón.

Terapeuta: Vuelves a estar en esa caja, cuéntame que más pasa.

Paciente: Doy vueltas en el cajón para tratar de salir. Si consigo salir, vivo la vida, pero no puedo salir de ese cajón. Me estorba la cama y no puedo salir. Me aprieta en la cabeza y entonces lloro. Este es el tope que me frena… si no salgo me puedo morir. Siento miedo entonces. Siento el miedo en el pecho, se acelera el corazón y tiemblo.

Decido hacer una técnica de encuadre con el efecto pantalla viendo al niño a través de esa imagen.

Terapeuta: ¿Qué sensación te produce ver a ese niño encerrado en esa caja?

Paciente: *(Comienza a llorar)* El niño se me queda mirando, yo quiero sacarlo de ahí. Voy a sacarlo de debajo de la cama y del cajón.

Terapeuta: ¿Y qué va a suceder cuando lo saques?

Paciente: Que va a ser libre y así no tendrá miedo, así se sentirá plenamente feliz. Si lo saco, vive.

Lorenzo intenta sacar al niño pero no puede…

Paciente: No puedo sacarlo, no puedo salir (acaba de pasar de hablar en tercera persona a primera persona y ahora se ha metido de nuevo en la vivencia del niño), no puedo salir. QUIERO SALIR (llora).

Terapeuta: Ahora vas a retroceder a otro momento de tu vida donde estabas en otro lugar del que también querías salir y sentías lo mismo que ahora.

Paciente: Estoy en un sitio oscuro; está muy oscuro, siento miedo.

Terapeuta: ¿Qué pasa aquí?

Paciente: Está oscuro, apretado. Se empieza a mover.

Terapeuta: Eso empieza a moverse, vas a salir.

Paciente: Me muevo pero no avanzo, no sé lo que pasa. Me pongo nervioso y me muevo mucho. Siento miedo, me siento encerrado, no voy a salir y entonces me voy a morir.

Terapeuta: Sigue avanzando, ¿qué más pasa?

Paciente: Siento una luz, arriba, por encima de mí, pero hay algo con lo que choca mi cabeza y no puedo salir (caso de placenta previa cuya característica es estar colocada obstruyendo el canal del parto impidiendo su salida). Tengo que salir pero yo no puedo hacerlo, tengo una sensación extraña por encima de mí. Ahora de repente hay mucha luz, mucho ruido. Tengo miedo de lo que pueda pasar ahí afuera. Me pueden hacer daño… ya estoy fuera... no sé lo que ha pasado pero ya estoy fuera. Ya veo a mi mamá, está acostada. Ya veo la claridad, veo a un doctor, me cargan, me siento más relajado, más tranquilo, pero me alejan de mamá y eso no me gusta, me da miedo, quiero estar con ella…

En estos momentos decido regresarlo nuevamente al claustro materno para que reconozca con mayor detalle lo que ha ocurrido allí adentro durante el nacimiento.

Terapeuta: Cuando cuente del tres al uno, volverás a estar en la panza de mamá y vas a ver con más detalles todo lo que está ocurriendo allí dentro: tres, dos, uno...
Paciente: Algo me aprieta en la cabeza, no puedo salir.
Terapeuta: ¿Qué pasa si no puedes salir?
Paciente: No voy a vivir.
Terapeuta: ¿Y cómo te hace sentir?
Paciente: Me voy a morir.
Terapeuta: Qué pasa con mamá.
Paciente: La están *rajando.*
Terapeuta: Si uno está en la oscuridad, se mueve y no puede salir. ¿Qué le puede pasar?
Paciente: Se queda uno ahí.
Terapeuta: Y si se queda uno ahí, ¿qué le puede pasar?
Paciente: Se puede morir.
Terapeuta: *Ok.* Repítemelo otra vez.
Paciente: Se puede morir *(se pone muy nervioso).*

Utilizo otra disociación con técnica de encuadre.

Terapeuta: Ahora quiero que veas en una película a una mujer que la han *rajado* y han sacado a un bebé. Ahora tú, desde afuera, puedes decirme qué le ocurrió a este bebé que tenía tanto miedo de salir de ese lugar cerrado y oscuro. ¿Qué le pasaba? Cuéntame.
Paciente: Se sentía solo y no se podía quedar ahí.
Terapeuta: ¿Y si se quedaba?
Paciente: Se podía morir y por eso entonces tenía miedo.
Terapeuta: Y a un bebé así, ¿qué le puede pasar de mayor?
Paciente: Le van a dar miedo las cosas. Cuando esté en lugares cerrados o cuando salga, siempre sentirá que lo pueden agredir en cualquier momento.
Terapeuta: ¿Y tú quieres que a ese bebé le den mucho miedo las cosas cuando sea mayor?
Paciente: No.
Terapeuta: Muy bien, pues vamos a hacer una reconstrucción y cuando cuente tres, tú vas a estar de nuevo en la panza de mamá.

A partir de aquí es el rol de adulto el que se responsabiliza de enseñar al bebé las cosas que debe hacer para que nazca sin miedo.

> **Terapeuta:** ¿A ti te gustó por donde nació este bebé?, ¿por ese sitio?
>
> **Paciente:** No.
>
> **Terapeuta:** Pues ahora tú le vas a enseñar otro canal por donde puede nacer mejor; ayúdale a nacer.

Se le refuerza en que va a salir bien, respirando hondo; que va a ir avanzando y abriendo camino entre esas paredes, y cuando pase por ellas sentirá que llega la libertad, le gustará rozarse con las paredes, conseguirá tranquilidad y libertad. Cuando salga y esté tranquilo y en paz, ya será libre de hacer todo lo que quiera. Se funden el adulto con el niño y revive el nacimiento pero a través del canal vaginal.

> **Paciente:** Ahora voy a poder salir solo, sin la ayuda de otros. Me quito todo lo negro, lo hago una bola y lo tiro a la basura. Empujo, ya nada tengo delante de la cabeza, puedo empujar y voy a salir.
>
> **Terapeuta:** ¿Y qué va a ocurrir cuando nazcas?
>
> **Paciente:** Voy a vivir, voy a vivir... ya salí... qué rica la sensación con el roce, me gustó mucho. Ahora no me alejan de mamá, ella me abraza, me dan ganas de llorar de alegría.
>
> **Terapeuta:** Pues si quieres puedes llorar con mamá de alegría, eso es muy bueno y te va a dar mucha paz y tranquilidad para que a partir de ahora, ya no tengas miedo de nada porque no hay nadie que quiera agredirte. Todo irá bien.
>
> A continuación, también reconstruyó la experiencia de la caja donde lo metía su abuela de bebé y consiguió romperla a patadas, levantar la cama y salir al campo a respirar y sentirse en movimiento.

Después de terminar aquella experiencia, Lorenzo tuvo una transformación sorprendente. Todos los compañeros de clase observaron durante los siguientes días del curso que ya no tenía esos movimientos constantes incontrolados de sus manos y pies, y para mí un dato muy significativo fue que desde el siguiente día, por las mañanas, ya no esperaba a nuestra Delegada de esa ciudad junto a mí para que nos recogiera en el hotel y llevarnos a la Asociación, sino que me comentó que prefería pasear y se iba andando hasta el lugar que estaba a unos 15 minutos de distancia del hotel. Por las noches, mientras cenábamos, me contaba sus experiencias de primera hora de la mañana como un niño fascinado por una nueva tarea que le han encomendado hacer. Realmente su cambio fue espectacular; esta experiencia ocurrió hace ya más de cuatro años y hace escasamente un mes he estado en su ciudad impartiendo un curso y he pasado varias horas con Lorenzo, y siguen sin observarse en él aquellos comportamientos que tenía antes de su sesión. Se siente muy feliz y contento. Es un hombre nuevo.

El nacimiento con fórceps

Los fórceps son unas pinzas con unas formas curvas que se adaptan a la cabeza del bebé, que fueron inventados en Inglaterra en el año 1600; desde entonces se utilizan ante una emergencia para facilitar la salida de la cabeza del niño cuando ésta se encuentra encajada en la pelvis. En la actualidad se practican muchos menos fórceps porque normalmente, cuando surge algún problema, se prefiere recurrir al parto por cesárea, recurso que era impensable en siglos pasados.

La utilización, tanto de los fórceps como las ventosas, han mejorado mucho con el paso del tiempo y se utilizan de la misma manera; normalmente suele hacerse una episiotomía -un corte en el perineo de la madre- entre la vagina y el ano para facilitar la salida, y entonces colocar los fórceps en la zona temporal del bebé, extrayendo al mismo con mucho cuidado y muy despacio para evitarle lesiones, siendo muy importante que sólo hagan uso de ellos médicos que han sido preparados y formados en esta técnica adecuadamente.

Suele procederse a esta intervención cuando el bebé tiene falta de oxígeno o su cabeza está encajada y ya no puede avanzar más por el canal de parto, y la madre está completamente agotada por empujar.

Un estudio hecho entre 4 000 jóvenes nacidos en Copenhague, indicó que la reanimación en los nacimientos es un factor de riesgo para los suicidios durante la adolescencia. Asimismo, se conoció que los bebés que nacieron con asfixia luego tienden a suicidarse con métodos de asfixia. Los fórceps o métodos mecánicos aplicados al nacer, pueden generar suicidios violentos.

Este tipo de nacimiento es más agresivo para el niño, ya que el uso de esta herramienta obstétrica provoca en el bebé daño físico y una fuerte presión en el lugar donde se encaja el fórceps, originando en muchas ocasiones marcas y hematomas en esas zonas donde se presionó, pudiendo llegar en ocasiones límite a oprimir algún nervio de la cara que pueda ocasionar una parálisis facial.

Estas personas, de adultos pueden presentar trastornos como migrañas o cefaleas tensionales; es frecuente que eviten llevar prendas en la cabeza –gorras, cascos, sombreros, etcétera–, ya que su mente inconsciente reproduce una analogía de la presión del fórceps. Al igual que los nacidos con cesárea, pueden presentar una tendencia en el comportamiento del adulto a que las soluciones vengan de fuera, del exterior, por lo que serán sujetos a quienes les cueste tomar la iniciativa y ejecutarla. También es posible que sus relaciones sexuales presenten disfunciones ya que el paso por ese canal fue precipitado y agresivo.

Transcribo a continuación dos experiencias que muestran el trabajo de este tipo de nacimientos: una con ventosas y otra con fórceps.

En la experiencia de nacimiento con ventosas, Lorena estaba rememorando una experiencia cuando era niña y se encontraba en casa de sus abuelos. Allí, siempre le habían metido miedo para que no se acercara a un pozo que había en esa casa –seguramente para prevenir cualquier peligro que le pudiera ocurrir a la niña si se caía en el mismo–. En la compilación de datos, al recabar su historial personal, me comentó que siempre había tenido miedo de meterse en cualquier agujero. Decía que una vez se quedó semiatrapada en la poza de un río y eso provocó que entrara en un ataque de pánico, aunque sólo fueron unos segundos y enseguida la ayudaron a salir. Esta es una de sus frases a lo largo de la entrevista: "Me trae de cabeza el sólo pensar que por cualquier circunstancia me quedara atrapada y no pudiera salir". Cuando vi la película *Terremoto* y veía a la gente atrapada bajo los escombros, también sentí una gran tensión y entré en un ataque de pánico.

En el escenario que estábamos recreando, rememorando su niñez con los abuelos, apareció el famoso pozo que había en aquella casa, circunstancia que aproveché para acercarla al mismo e iniciar la conexión emocional con su historia real:

> **Terapeuta:** Dime, ¿cómo es el pozo?
>
> **Paciente:** Me da mucho miedo, creo que me puede pasar algo.
>
> **Terapeuta:** Pero tú sabes que pase lo que pase todo será bueno para ti y para encontrar un sentido a los problemas de tu vida actual, así que vamos, sigue avanzando y descríbeme el pozo.
>
> **Paciente:** Es de piedra. Está viejo y veo el hierro que está un poco oxidado.
>
> **Terapeuta:** ¿Puedes ver si está tapado o abierto?
>
> **Paciente:** Creo que tiene una tapa puesta.
>
> **Terapeuta:** Pues ahora quiero que te acerces a él y vas a quitar la tapa y mirar hacia abajo para ver si hay agua.
>
> **Paciente:** Tengo miedo.... ¡Ay! Me enganchó, ¡me aprieta!, ¡me aprieta y me hace daño!
>
> **Terapeuta:** ¿Qué está pasando Lorena?
>
> **Paciente:** Al abrir la tapa, el tentáculo de un pulpo gigante salió del pozo y me enganchó la cabeza. Está tirando de ella y me quiere meter dentro, quiere matarme, quiere devorarme.

Desde esta emoción que Lorena estaba vivenciando, aproveché para usarla como hilo conductor para regresar al primer momento de su vida que sintió esa misma sensación en su cabeza.

> **Terapeuta:** ¿Dónde estás ahora?
>
> **Paciente:** Voy a nacer, pero estoy completamente atascada, hay una pared que me impide pasar y tengo mucho miedo.
>
> **Terapeuta:** Continúa avanzando las imágenes, ¿qué más ocurre?
>
> **Paciente:** Siento que algo está pasando afuera, noto a mamá muy asustada y eso me provoca mucho más miedo. Me han pe-

gado algo en la cabeza y ahora están tirando de mí hacia afuera. Me mueven hacia uno y otro lado y me duele mucho. Esto me va a hacer mucho daño, tengo miedo. No quiero salir...

En el caso que presento para el nacimiento con fórceps, es preciso decir que Anselmo era un chico muy joven de tan sólo 17 años cuando trató de suicidarse por primera vez. Cuando acudió a mi consulta ya había habido otro intento más, pero afortunadamente fallido. En este último había tratado de quitarse la vida dejando el coche en marcha dentro del garaje de casa y morir por los gases emitidos del tubo de escape que él pudiera inhalar. Afortunadamente un familiar lo encontró a tiempo.

A pesar de que era un hombre guapo, de facciones correctamente delineadas y muy agradables, él se sentía un ser diferente y me comentaba que no soportaba que nadie le tocara la cara, ni siquiera su novia. Cuando iba a la peluquería no dejaba que le lavaran la cabeza, ya que decía que esto lo hacía sentirse irritable y con ganas de llorar. Al preguntarle si sabía qué lo había llevado en varios intentos a tratar de quitarse la vida, su comentario fue: "No sé cuál es mi lugar, no me siento bien en ningún lado, ni dentro de casa ni fuera de ella. "Si estoy en casa quiero salir, pero cuando estoy fuera siento que tampoco aquí me encuentro bien y entonces me entra desesperación y desesperanza. He tratado de salir de mi depresión por muchos medios, pero al final me siento atascado, sin salida y lo único que consigo es que me vuelvan las migrañas. Mi cabeza parece que se parte en dos. Es horrible y desearía darme contra una pared para dejar de sufrir ese dolor". Trabajando su claustro materno, llegamos en una de las sesiones al momento del nacimiento que fue vivido por Anselmo de esta manera:

Terapeuta: Ahora ha llegado el momento de nacer. Ese lugar en el que te encuentras, va a empezar a moverse y vas a tener que salir. Dime, ¿qué está pasando?

Paciente: Estoy muy doblado, me siento muy angustiado. Yo quiero ya salir de una vez de aquí. No quiero seguir dentro.

Terapeuta: ¿Y qué vas a hacer?

Paciente: Trato de empujar pero por mucho que intento, no consigo salir.
Terapeuta: ¿Y qué vas a hacer entonces?
Paciente: Es que estoy completamente atascado, ¡No puedo empujar!
Terapeuta: Continúa a ver qué más ocurre.
Paciente: Siento como unas tenazas, como si fuera una pala mecánica que me engancha de la cabeza y tira con fuerza hacia el exterior. Me parece que me van a arrancar o a partir en dos. Ahora siento que estoy atascado en la mitad. Es como si tuviera medio cuerpo afuera y la otra mitad está adentro.
Terapeuta: ¿Y cómo te hace sentir esta situación?
Paciente: Desesperanzado, creo que no voy a poder vivir; me siento agredido por lo de afuera. Me pueden dañar si me sacan de aquí, pero el problema es que si me quedo aquí, tampoco estoy bien, no sé qué puedo hacer...
Terapeuta: Ahora quiero que veas si esta misma sensación que estás teniendo en este momento, la sientes tú a diario en tu vida actual...
Paciente: Sí, es exactamente lo que siento muchas veces; sobre todo por las noches en muchos sueños, me veo atrapado así, como si fueran muchas cabezas que como zanahorias, están en un huerto sobresaliendo de la tierra y llega un tractor y trata de arrancarlas de cuajo...

Después de sacar los patrones negativos que lo estaban atrapando en su vida, se procedió a la reconstrucción donde Anselmo pudo vivir una nueva experiencia con un nacimiento normal sin fórceps, y ser recibido con amor y cariño por todo el personal del hospital, su familia y principalmente, su madre. Esto le permitió comenzar a darle un sentido a su vida sin la carga negativa que traía arrastrando desde hacía tanto tiempo.

El nacimiento de nalgas

Es cuando el bebé se encuentra encajado en el útero al revés de la forma natural en la que tendría que salir; es decir, en lugar de estar su cabeza sobre el cuello del útero de su madre, lo que allí se encuentra son sus nalgas. Una opción que solía realizarse hasta hace poco tiempo, era girarlo manualmente antes de que comenzara el parto, pero esto está prácticamente ya en desuso por los riesgos que entrañaba para el bebé.

A veces, cuando se inicia el parto y después de que sale el resto del cuerpo, se puede quedar encajada la cabeza, por cuya razón se debe entonces hacer uso de los fórceps para sacar al niño, y cuando las mujeres son primerizas, en muchos hospitales deciden realizar directamente una cesárea.

Los niños nacidos de nalgas pueden plantear problemas del aprendizaje en la infancia, aunque acaban por llevar una vida normal. Este nacimiento es dificultoso y lento, se perturba la respiración durante instantes, donde el niño sufre con intensidad y esto puede producir ciertas tendencias psicológicas de inseguridad y miedo en el adulto; piense que el bebé, al estar encajado y vuelto hacia la salida, no ve la misma cuando está naciendo. No sabe hacia dónde va, tiran de él pero no controla nada, no ve la luz y de ahí que usted podrá encontrar expresiones en su paciente de adulto tales como: "Voy de *culo* por la vida", "no sé qué camino seguir", "me siento como perdido".

En su perfil de adultos, suelen ser personas que llegan tarde a todos los sitios y les cuesta un tremendo esfuerzo hacer las cosas, por lo que suelen quejarse de su mala suerte en la vida y buscar la ayuda de terceros. Piense que ese fue su primer aprendizaje en este mundo (otros lo hicieron por mí, pero gracias a eso estoy vivo).

Desde que inició el trabajo terapéutico, Juan Alberto empezó a dar material analógico de posibles conflictos en su vida intrauterina o nacimiento. Veamos algunos:

Sesión 1ª: Escenario de la Caja

Es estrecha. Siente que es muy húmeda y no le gusta nada estar allí. De repente comenta que la caja se le ha quedado incrustada en la cabeza y no lo deja respirar. Al salir le da una fuerte patada y la aleja de él *(recordemos que la Caja hace una analogía al claustro materno y aquí ya se muestra incómodo dentro de ella).*

Sesión 2ª: Paseo por el campo

Al llegar al pozo siente miedo. Dice que si se acerca puede caerse y morir. Siente el agua muy fría y sucia (de nuevo el pozo es analogía del útero y el paciente nos está dando indicios de que ha podido haber algún problema en el mismo).

Sesión 3ª: El Globo

En lugar de un globo aerostático, se ve como en un balón pequeño. Dice que es una vejiga hinchada –por tercera vez, el inconsciente continúa tratando de emerger, proyectando posibles conflictos no resueltos en el claustro materno–. Se siente muy incómodo y le aprieta la cabeza. Está doblado en posición fetal. No puede moverse. Al final consigue sacar un pie por un agujero del balón. Después saca el otro pie pero se queda atascado y siente que se ahoga. Al final consigue sacar la cabeza.

Sesión 4ª

Entramos a través del escenario del armario con probetas llegando a un cuarto oscuro donde siente susto tal y como relata.

Todo está negro y me comenta que tiene miedo de avanzar. Al encontrar las probetas localiza una que tiene el mismo color –negro– del miedo que siente dentro de él y le bloquea los brazos, estómago y cabeza. Esta probeta nos conduciría al origen de sus bloqueos. Así transcurrió esa parte de la sesión:

Terapeuta: Al abrir la probeta, tu mente va a regresar a donde empezó ese miedo, esa energía negra.

Paciente: ¡Ay! mamá...

Terapeuta: ¿Qué pasa con mamá?

Paciente: Me observa, me mira.

Terapeuta: ¿Qué edad tienes?

Paciente: Nada, muy pequeño, recién nacido... soy un bebé.

Terapeuta: ¿Dónde estás? Si mamá te observa estás en algún sitio.

Paciente: Estoy en un receptor de niños.

Terapeuta: ¿Y qué ocurre?

Paciente: Siento que no hay aire para respirar.

Terapeuta: ¿Qué pasa para que no haya aire para respirar?

Paciente: Un dolor.

Terapeuta: ¿Y de dónde llega ese dolor?, ¿qué hace que llegue ese dolor?, ¿de dónde viene?

Paciente: Viene de la ingle y entra en el estómago.

Terapeuta: ¿Es un dolor físico o emocional?

Paciente: Siento como una energía ahí que me produce dolor.

Terapeuta: ¿Qué sucede para que te produzca ese dolor? Avanza las imágenes.

Paciente: Respiro. ¡Ay, que rico! Ahora puedo respirar.

Terapeuta: ¿Qué ha pasado?

Paciente: Acabo de nacer.

Al intuir que algo ha tenido que pasar en el momento de nacer y quizás por ser doloroso, el paciente se lo salta tratando de evitarlo, utilizó la proyección en película viéndose nacer.

Terapeuta: Mira en esa película; hay una mamá y un bebé, cuéntame qué pasa.

Paciente: Le está costando que salga el bebé. No puede respirar.

Terapeuta: Qué pasa que le impide respirar bien.

Paciente: Saqué los pies primero y dejé la cabeza adentro, presionada. Me cuesta respirar.

Ya ha vuelto a entrar él solo en primera persona a revivir la situación.

Terapeuta: ¿Qué puede pasar si no puedes respirar?

Paciente: No voy a nacer.

Terapeuta: ¿Y si no puedes nacer?

Paciente: No puedo vivir.

Terapeuta: Entonces, ¿tú sabes realmente de qué tienes miedo?, ¿de dónde viene ese miedo?

Paciente: ¡Claro! Es el miedo paralizante que he tenido siempre y la misma sensación de no poder avanzar.

Se reconstruye haciendo que nazca normal, que respire bien y que vea cómo lo negro desaparece cuando puede respirar correctamente. Después lo dejo en los brazos de mamá.

Paciente: Siento ternura y me hace feliz *(se emociona y llora).*

Terapeuta: ¿Si mamá te abraza y te hace sentir feliz, el miedo se va?

Paciente: Sí, se va. ¡Qué rico!

Al volver al armario, derrama el líquido de la probeta por el desagüe de un lavabo.

Terapeuta: ¿Cómo está ahora la probeta?

Paciente: Tiene un poquito sucio todavía. Un poco manchado.

Eso es una señal de que aún faltan más cosas por trabajar en ese nacimiento para que se descargue toda la energía que aún permanece bloqueada. Por cuestión de tiempo y dado que el paciente ha realizado un buen trabajo, se decide cerrar aquí la sesión haciendo una gratificación para continuar la siguiente semana.

Sesión 5ª

En la noche previa a esta quinta sesión, el paciente me cuenta que tuvo cuatro pesadillas seguidas que siempre eran lo mismo. Varias personas lo sujetaban y tiraban de las piernas mientras otro le ponía una bolsa en la cabeza y se la apretaba en el cuello hasta ahogarlo.

En esta sesión, a través de un escenario donde veía un prado de trigo, se le llevó a una zona en su lado izquierdo donde había una madriguera de topos. A través de esa madriguera se le condujo por analogías al útero. El embarazo trascurrió con normalidad; él se sentía muy a gusto aquí adentro a pesar de que mamá estaba un poco triste porque discutía con papá. El lugar era acogedor y no le gustaba lo que podía haber afuera, porque oía chillar y eso ponía triste a su mamá. Nos vamos hasta el momento del parto:

> **Paciente:** Ya he crecido mucho, estoy un poco preocupado porque siento como que voy perdiendo el contacto con mi cuerpo.
>
> **Terapeuta:** Mira a ver qué pasa, ¿qué provoca esto?
>
> **Paciente:** Me siento tan cómodo aquí, que no quiero avanzar.
>
> **Terapeuta:** Pero todo el proceso sigue y tienes que nacer. ¿Qué vas a hacer entonces para no salir?
>
> **Paciente:** Ya me he dado la vuelta para el otro lado y ahora así, no salgo.
>
> **Terapeuta:** ¿Y qué vas a conseguir?
>
> **Paciente:** No nacer, no salir ahí afuera; es que soy perezoso.
>
> **Terapeuta:** ¿Tú sientes lo que pasa afuera?, ¿cómo es ese mundo donde vive mamá?
>
> **Paciente:** No me interesa lo de afuera, yo quiero estar aquí. Siento mucho jaleo afuera. Estoy un poco asustado. ¡Ayyy, ayyy!

Comienza el nacimiento.

> **Terapeuta:** ¿Qué pasa?
>
> **Paciente:** Hay uno que jala ahí afuera. Me engancha de los pies y tira… ¡ayyy! Me hace daño. ¡Ayyy! El de los pies. ¡MÁS SUAVE! Jala duro.
>
> **Terapeuta:** Qué más pasa.

Empieza a sentir que no puede respirar, tiene el cordón enredado y le aprieta.

Paciente: ¡Ayyy, ayyy! Aire, aire... siguen tirándome de los pies, ¡ayyy, ayyyy! Hay que salir de aquí.
Terapeuta: ¿Qué pasa?
Paciente: Me duele la cabeza, el cerebro, me duele aquí *(señala el cuello),* me aprieta mucho, no puedo respirar, me muero...
Terapeuta: Ahora ya te van a sacar del todo, ¿qué ocurre? *(Lanza un chillido porque no puede respirar, pero por fin sale y su cara cambia ya de color).* ¿Qué ha pasado ahora?
Paciente: Se destrabó.
Terapeuta: ¿Te apretaba mucho eso?
Paciente: Sólo cuando me jalaron.

A partir de aquí se vuelve a hacer el nacimiento pero en reconstrucción, limpiando todos los patrones y poniendo nuevos y saludables. El nacimiento se tuvo que realizar varias veces más puesto que en la primera volvió a nacer otra vez de pies. En el segundo intento se produce esta vez de forma natural y con la cabeza por delante.

Terapeuta: Acabas de nacer. Mira ahora, ¿tienes algo en el cuello?
Paciente: No. Ahora todo está bien.
Terapeuta: ¿Y cómo te sientes?
Paciente: ¡Sabroso!

Después se procedió a cortar el cordón umbilical virtual y en el mismo acto se introdujeron inducciones directas para facilitarle el respirar sin problemas, sintiendo la vida como entraba, a través del oxígeno, por torrentes dentro de todo su cuerpo. Aquí nos quedamos varios minutos para intensificar estas sensaciones y grabar los nuevos modelos, terminando la sesión con una felicitación.

El miedo siempre nos paraliza, pero sólo siendo capaces de conocer la verdad, podremos ser libres. Si no lo hacemos así, todas esas energías y patrones que incorporamos en nuestra vida desde antes de nacer, estarán pegados a nosotros para siempre. Uno nace para vivir, no para morir. Hay que vivir en libertad y no siendo prisionero de nuestro pasado.

El nacimiento con cordón alrededor del cuello

En aproximadamente el 20 por ciento de los nacimientos vaginales, los niños vienen con cordón enredado, ya que en el momento que se está produciendo el parto, el cordón puede enrollarse alrededor del cuello del bebé y presionar fuertemente, impidiendo que el flujo sanguíneo sea el normal y no llegue suficiente oxígeno al cerebro produciendo así un sufrimiento fetal.

Hoy en día se tiene bastante bien controlado con el monitoreo fetal y el médico o *comadrona* lo maniobra con precaución, y desenreda el mismo sin que suelan presentarse mayores problemas; pero para evitar secuelas en el feto, si se observan complicaciones, se procede rápidamente a realizar una cesárea.

La parte del cuerpo que se vió más afectada en el momento de nacer para el bebé, fue sin duda su cuello –piense qué sensación le daría a usted saber que le ponen una soga en el cuello y aprietan de ella–. En estos casos las personas nacidas con este contratiempo, tienden a sufrir problemas de garganta, tiroides o trastornos relacionados con las cervicales, y también pueden presentar dificultades en el habla.

Comentan a menudo "tener un nudo en la garganta" que les impide exteriorizar lo que les ocurre, como algo atragantado que no pueden sacar.

No suelen nunca llevar cosas apretadas en su cuello e incluso en algunos casos les produce cierto tipo de alergias (collares, pañuelos, *jerseys* de cuello alto, corbatas).

Carla acudió a Terapia Regresiva Reconstructiva y estas son algunas de las frases que recogemos durante la toma de su caso:

"Siempre me aterró el pensar en la muerte, desde que tengo uso de razón. Cuando discuto con alguien me quedo paralizada y siento que me falta aire para respirar, me siento atada, noto un gran dolor en el pecho y esa opresión no me deja ver el momento. Tuve varios quistes en el pecho".

Su nacimiento fue con el cordón alrededor del cuello y en un primer momento pensaron que había muerto. Tuvieron que reanimarla y ponerle una inyección porque estaba completamente amoratada. Después la llevaron a cuidados intensivos y permaneció un tiempo en incubadora.

Cuando Carla vivenció y reprodujo toda su etapa intrauterina, sintió cómo su madre se quedó embarazada de ella pero sin estar casada. Le aterraba la idea de que su padre se pudiera enterar de ello y reaccionara de manera muy violenta, y prefirió mantenerlo durante varios meses en secreto, con la consiguiente carga de ansiedad y angustia que esto le generaba a diario por no poder expresar lo que llevaba dentro.

Durante todo este tiempo pasó por su cabeza en varias ocasiones la idea de abortar, y a su vez la lucha interna porque no quería hacerlo. Al final se lo dijo a la madre y a sus hermanos quienes la animaron a que siguiera adelante, que se casara y tuviera a su hija. Ella también tenía mucho miedo al matrimonio ya que no sentía que su pareja fuera realmente el amor de su vida, pero al final y para seguir las formas establecidas convencionalmente, se casó.

Paciente: Ya no podrá seguir estudiando, tendrá que dejar la universidad, no quiere casarse. Hay mucha indecisión, quiere y no quiere constantemente. Yo creo que no me quiere. A mí me duele mucho el pecho. Si no me quiere, yo me puedo morir. Me siento muy triste y no puedo moverme. *(Carla está relatando la historia desde la percepción que ella vive dentro de su madre).*

Terapeuta: ¿Y qué hace tu cuerpo?

Paciente: Me encojo, cierro las manos, están tensas... siento frío.

Terapeuta: ¿Qué consigues cuando tu cuerpo se encoje?

Paciente: Me siento más protegida.

Al avanzar a través de los primeros cinco meses de gestación, se aprecia una mayor tranquilidad en el interior debido a que mamá se casó y ya todos sabían lo de la niña, incluido el abuelo y eso la hace bajar sus estados de ansiedad.

Saltamos a los siete meses.

Terapeuta: ¿Qué sientes en el pecho?

Paciente: Un color oscuro, negro.

Terapeuta: Ahora vas a subir a la cabeza de mamá para saber cómo se siente ella.

Paciente: Está brava, está sola en casa. Mi papá se fue y la dejó aquí sola. Vive con ella pero no sabe nunca dónde anda. Se va con los amigos. Es de noche y está sola. Casi todas las noches se va por ahí y la deja sola.

Terapeuta: ¿Y cómo se siente mamá cuando tu papá se va por ahí y las deja solas?

Paciente: Siente mucha rabia y a mí me llega esa rabia a través de un tubo, llega energía negra.

Terapeuta: Y tú, ¿que haces con eso?

Paciente: Está ahí y siento que cada vez el pecho se me inflama e inflama. Yo estoy ahí quieta, no me muevo.

Terapeuta: Repíteme otra vez qué haces cada vez que llega la rabia de mamá.

Paciente: Me quedo quieta.

Terapeuta: ¿Y qué siente tu cuerpo?

Paciente: Cada vez es más grande el dolor del pecho.

Terapeuta: Seguimos avanzando y ya han pasado siete meses aquí dentro. Tu cuerpo está todo formado, ¿qué sensaciones tienes ahora?

Paciente: Me veo más grande pero todavía sigo sintiendo eso feo en el pecho. Mi mamá está donde mi abuelita, está tranquila pero no es feliz. Se siente apoyada por ella pero está preocupada por el futuro. Mi papá bebe mucho alcohol y le

preocupa lo que pueda suceder después. No sabe lo que va a ser de ella ni de mí. Se arrepiente de haberse casado.
Terapeuta: Y tú que puedes captar todo eso estando dentro de mamá, ¿qué haces cuando esas sensaciones llegan a ti?
Paciente: Estoy toda inmóvil.
Terapeuta: Ahora vamos a ir al momento en que vas a nacer. Ya está ahí, ¿Cómo te sientes?
Paciente: Siento que algo me aprieta la garganta, está muy oprimida. Mamá está gritando, le duele mucho el cuerpo. Yo me siento muy triste y no quiero salir. Mamá va a sufrir mucho y yo también; aprieto para mantenerme aquí pero la cuerda me aprieta cada vez más la garganta. Me duele y tengo miedo. Me sujetan de la cabeza y tiran, pero mi garganta me duele mucho.
Terapeuta: ¿Qué puede pasar si te sigue apretando el cuello?
Paciente: Me voy a morir, siento dormido todo el cuerpo. Tengo miedo. Siento que entra como hielo que me paraliza y me congela *(llora)*. No me puedo mover, tengo mucho frío.
Terapeuta: Pero todo este lugar se va a empezar a mover y te van a sacar de ahí. Siente y experimenta lo que sucede en estos momentos. Ya estás afuera, qué está pasando aquí afuera.
Paciente: No sé, me siento casi muerta. Están presionándome en el pecho. Creen que estoy muerta, no puedo decirles que no, estoy paralizada.
Terapeuta: ¿Y cómo te hace sentir todo esto?
Paciente: Muy mal.
Terapeuta: Ahora quiero que en estas mismas emociones busques a ver si las reconoces en momentos de tu vida actual, en la mujer adulta que está aquí en la consulta conmigo.
Paciente: Siempre que me hacen algo no reacciono, me quedo quieta, paralizada, nunca me defiendo. Veo la imagen de mi mamá. Como ahora está separada de mi papá y no puede decirle a la cara todas las cosas que la lastiman, pues me las dice a mí, me llama por teléfono, me va a buscar a mi casa, me acosa y me genera mucha ansiedad y hostilidad hacia ella.
Terapeuta: Y entonces, ¿tú qué haces?

Paciente: Me quedo callada aunque por dentro siento mucha rabia en mi pecho.

Terapeuta: ¿Y reconoces dónde aprendiste ese primer modelo?

Paciente: Es igual que cuando estaba en la panza de mamá.

Al conectar con su vida actual, Carla empezó a encontrar muchas analogías de dolor, paralización, miedo y angustia que le permitieron comprender dónde estaba arraigado todo ese dolor. Sintió a una bebé abandonada en una urna de cristal –incubadora–, incapaz de volver sola a los brazos de mamá y entendió lo que provocaba la paralización de la misma. Sentía que había mucho fuego y pasión por vivir en ella, pero no sabía cómo hacerlo y a partir de aquí adquirió un compromiso consigo misma para ayudarse. Comenzó a buscar la fuerza en su interior y a sacar la llama de su fuego interno para calentar a ese bebé que estaba tiritando. Comenzó a reconocer su luz interior y después pudo iniciar la reconstrucción desde el rol de adulto para ayudar a desbloquear el cordón y reforzar todo para que comenzara a alejarse del miedo a la muerte. Se le enseñó a que ella sola se quitara el cordón del cuello y que cuando respirase, las cosas resultasen ser más sencillas de lo que parecían. Aprendió nuevos modelos de vida.

Para terminar este apartado, también es curioso comprobar cómo en muchas ocasiones, cuando trabajamos en "supuestas vidas pasadas" con personas que nacieron con el cordón enredado en su vida actual, podemos observar que murieron ahorcados. Una explicación para eso sería pensar que esa vida pasada es simplemente una proyección del trauma generado en la vida actual y que se camufla a través de esas imágenes de una película de fantasía creada en nuestra mente para que la persona comprenda y deje aflorar su historia personal, o bien es una carga energética que aún no pudo resolverse desde varias vidas atrás, y por esa razón busca la oportunidad para provocar en la vida actual una analogía real y tratar así de resolver el trauma original y su impacto energético que quedó bloqueado. Creo que difícilmente podremos descifrar este misterio y dar una respuesta concluyente. Cualquiera de las dos suposiciones serán válidas para mí si consiguen romper los patrones de supervivencia dañinos creados por el paciente ante esa situación, e incorporar nuevos modelos de vida que le ayuden a ser feliz.

Los bebés prematuros y la experiencia de la incubadora

El bebé prematuro es aquel que nace antes del tiempo establecido –nueve meses–. Lógicamente cuanta más antelación tenga, más impacto y carga emocional se notará en el mismo cuando sea adulto.

Es muy frecuente encontrar en estos pacientes adultos a personas que siempre acuden precipitadamente a sus citas, se anticipan a todo y por ello son frecuentes los trastornos por anticipación; son impacientes y se agobian con facilidad como si les faltara el tiempo o éste siempre se les echara encima. Cuando el nacimiento prematuro no ha sido por decisión del bebé, en la etapa adulta podrá mostrar signos de demasiada dependencia de la figura materna. En el caso contrario, si ha sido él quien ha decidido salir con antelación, creará una estructura totalmente autónoma e independiente. Piense que el bebé puede –en ese momento del parto– estructurar el patrón siguiente: "Gracias a que nací antes, hoy estoy vivo", "si no nazco antes… me muero". De ahí ese modelo de supervivencia en el que las anticipaciones son necesarias para poder seguir avanzando, puesto que lo contrario le supondría la muerte. Todo esto es un mandato que está oculto en su inconsciente pero que se activa de manera automática cada vez que se presenta en esta persona una situación análoga a su nacimiento.

Además de todo esto, para completar el desarrollo completo del recién nacido, se le lleva a una incubadora que hará las veces de un útero artificial donde se le someterá a determinadas pruebas, se vigilará y se le controlarán sus constantes vitales, teniendo un seguimiento exhaustivo durante un determinado tiempo –días o semanas– hasta asegurarse de que todo está correcto y el bebé fuera de peligro y en perfectas condiciones.

Esta experiencia también dejará sus huellas psicológicas en él, puesto que esta actuación de control por parte del cuerpo médico, es estupenda pero es sólo una cara de la moneda ya que la otra, es que a la vez –lamentablemente– afecta a la relación del bebé y la mamá al no poderse producir la natural vinculación de los dos, una vez que el bebé ya está afuera.

Piense que durante todo su ciclo de vida intrauterina el niño ha tenido un contacto permanente con su mamá que era su conexión directa con el mundo exterior y su vínculo de unión le estaba dando la vida al niño. Desde el momento de sacarlo del vientre de su madre y llevarlo a una incubadora, el bebé se queda aislado completamente de ese vínculo que ya reconocía, y por lo tanto lo hará entrar en un estado de ansiedad y crisis emocional, sintiendo que mamá lo ha podido abandonar o incluso mamá puede haber muerto. Ante está posible situación creada mentalmente en el bebé, automáticamente surge la pregunta: ¿Un bebé puede vivir si no tiene junto a él a una mamá –un adulto– que lo cuide? Es evidente que no es posible y eso mismo lo conoce el bebé, que ante esa situación crítica debe buscar una nueva mamá precipitadamente para seguir viviendo. Esa mamá, normalmente suele aparecer vestida de blanco –la enfermera encargada de las incubadoras– y el niño se aferrará emocionalmente a su nueva mamá y tratará de transmitirle todo su afecto para asegurar de esa forma su continuidad en la vida. Pero un tiempo más tarde –a veces una hora, a veces varias–, de repente desaparece la nueva mamá y el bebé vuelve a entrar en crisis hasta que llega una nueva sustituta –el cambio de turno de enfermeras– y entonces se vuelve a vincular afectivamente a esta tercera mamá, y es así como aprenderá un patrón de supervivencia que posiblemente se podrá repetir cuando sea adulto: "Para poder vivir hay que tener muchas mamás", ya que esta acción le produjo una recompensa.

Según mi experiencia con personas que permanecieron durante un determinado tiempo en incubadora, no solamente nos encontramos con que tienen una relación difícil con la madre sino que durante su vida se han vinculado con otras mujeres que han sustituido este rol materno durante intervalos de tiempo. Es como si andaran por la vida a la búsqueda de esa madre que no estaba al salir, de una forma naturalmente inconsciente y en muchos casos tenderán a la promiscuidad y al abandono de sus parejas antes de que ellas lo hagan. Recuerde que tienen como un mandato interior grabado y es que "si me abandonan... me puedo morir". Por esa razón, tenderán a hacerlo ellos antes.

También es común escuchar en ellos frases de este tipo: "Siento que me falta algo", "me siento más pequeño", "por mucho que repito las cosas siempre creo que hay algo pendiente por hacer". Sin duda alguna, usted podrá observar cómo en estas frases están haciendo alusión a algo que les quedó pendiente desde el momento de nacer: terminar su ciclo completo de nueve meses de vida intrauterina antes de llegar al nuevo mundo.

Paco era un joven de 28 años que cuando vino a la consulta, las primeras palabras que me comentó fueron: "Quiero conseguir desprenderme del control de mi madre", "también quiero una estabilidad con respecto a las mujeres. Nunca me he fiado de las novias que he tenido, creo que me pueden hacer daño". Según me relataba en la entrevista primera, siempre tuvo problemas de entendimiento con su madre y de hecho, cuando tenía 19 años, se fue de casa para liberarse de ese vínculo materno. Había encontrado un trabajo que le permitía ganar un poco de dinero y con ello vivir con otros dos amigos en un piso que tenían alquilado y ser autónomo. Lo malo, es que dos años más tarde perdió su puesto de trabajo y al no poder tener medios para sobrevivir, tuvo que volver a casa de sus padres donde resultó ser un infierno por un espacio de otro año más, hasta que por fin consiguió alejarse nuevamente de allí. A partir de entonces Paco había recorrido 13 países en esos años trabajando de cualquier cosa y conociendo mundo. Su infancia y juventud las recordaba con continuas disputas con su madre y castigos continuados por parte de la misma, con un total alejamiento afectivo y mucha ira y resentimiento acumulado por su parte. Cuando le pregunté sobre su nacimiento me comentó que había sido a los siete meses y que su madre, según le había comentado una de sus tías en alguna ocasión, intentó abortarlo en un par de ocasiones. Cuando me hablaba sobre sus sentimientos por la vida, me comentaba que notaba que le faltaba algo, aunque había realizado muchas cosas en tan pocos años de independencia; había conocido muchos países y gente, trabajado en mil actividades, pero sentía que algo le quedaba pendiente y no sabía lo que era, causándole todo eso mucho estrés. A su vez, también tenía síntomas claustrofóbicos cuando se sentía en algún espacio muy cerrado o cuando conocía a alguna chica que quería tenerlo demasiado sujeto a ella.

Al trabajar el claustro materno pude observar algunas de sus pautas de conducta adquiridas y que directamente podían explicar sus comportamientos. Aquí relato la experiencia vista desde los ojos de mi paciente, dentro del útero materno en el intento de aborto:

> "Aparece una cara pintada, fea... es como las caretas chinas. Pretende asustarme pero no siento miedo. De repente veo que tiene en la mano un gran tridente pintado de color rojo y lo dirige con gran violencia y fuerza hacia mí. Veo cómo un bloque de hielo lo frena, el tridente atraviesa el hielo y justo en el momento que lo veo salir, por el otro lado siento como que algo explota y sale agua. Es como si se hubiera roto una bolsa de agua –creo que estoy en el claustro materno y la sensación es como si alguien quisiera agredirme–. Siento cómo el tridente trata de llegar hasta mí pero yo me

repliego y no alcanza a tocarme. Encojo mis piernas y permanezco quieto e inmóvil para que no me localice. Siento miedo, debo quedarme callado, no decir nada, no hablar, no moverme si quiero sobrevivir. Debo crecer rápidamente y salir de aquí lo más pronto posible antes de que me hagan daño. No sé quién es esa persona de fuera, no puedo verle la cara porque la careta que lleva puesta me lo impide. Por indicación de mi terapeuta lo hago pequeño como si fuera un ratón y nuevamente trato de desenmascararlo, pero se ha hecho demasiado pequeño y mis dedos son muy grandes y abarcan casi todo su cuerpo. Entonces decido ver desde afuera al personaje en cuestión, tal como apareció la primera vez la imagen; sigo viéndolo con la careta puesta, lo veo ahora por detrás, tiene puesta una bata blanca de médico y está observando y mirando hacia adelante, creo que hay una mujer acostada y tengo la sensación de que yo estoy dentro de ella; puede que esté en la panza de mamá. Ahora de nuevo intento quitarle la careta a esa persona y aparece la imagen de un señor con bigote y gafas de manera inmediata; en cuestión de segundos se le superpone otra imagen; está semienterrado, puedo ver la mitad de su cara, sus gafas sueltas en otro lado, rotas, veo una mano sobresaliendo entre la tierra. No sé lo que está pasando ya que las imágenes aparecen de manera muy rápida. Siento pena y desolación el ver este cuadro *kafkiano* ante mí. Vuelvo a ver a este personaje y ahora me parece que tiene como dos utensilios puntiagudos largos en sus manos, como si fueran dos cinceles… se convierten en dos cuchillos, me resultan muy agresivos. Mi mente analítica, en esos momentos, está elaborando que quizáss están intentando producir un aborto.

Todo esto ha sucedido muy aprisa, aunque quizás sólo han pasado segundos ya que en estos estados de ampliación de conciencia el tiempo es relativo; de nuevo escucho la voz de Luis Antonio que se conecta conmigo y pregunta qué quiero hacer con el hombre de la máscara. Sin pensarlo dos veces, le dirijo un tremendo puñetazo a la cara y siento cómo toda la imagen se rompe en mil pedazos al igual que un espejo que salta hecho añicos al ser golpeado con un objeto contundente. –Ahí sale mi espíritu del Guerrero hasta la muerte– En esos momentos llega otra imagen: estoy en un quirófano; me veo conectado a un electroencefalograma. Veo el gráfico de lectura de los impulsos cerebrales, las constantes vitales y cómo poco a poco las ondas de banda ancha van aumentando y descendiendo hasta llegar al nivel '0', la línea continua. Oigo el pitido continuo... ¡muerte cerebral! Siento cómo me desprendo del cuerpo material y me elevo por encima de él, observo desde una altura de dos metros; desde arriba puedo ver todo lo de mi entorno, en ese instante se crea una espiral en sentido inverso a las agujas del reloj que empieza a envolverlo todo y a modo de un tornado comienza a llevarse cualquier cosa que hace ruido a su paso: el electro, las luces, la camilla, todo el decorado y por fin, yo...

Me veo mirando hacia arriba al otro 'yo' desdoblado que está observando en plan expectante. Desde la otra perspectiva veo como la imagen del hueco de una tumba abierta que se está formando a mi lado izquierdo. Allí contemplo cómo mi cuerpo físico se queda abajo.

Observo a mi madre con su cara seria y emociones reprimidas; caretas, huesos, gente que pasó por mi vida, carne putrefacta... es como si debajo de mi tumba hubiera muchas cosas, muchas personas, muchas vivencias pasadas, muchas ilusiones rotas, mucha mierda enterrada, demasiadas capas ocultas, quizás demasiado dolor almacenado en un mismo cuerpo o, ¿quizás sea el lastre y la enfermedad de una familia entera?

Inmediatamente en ese instante, me viene a la mente que a lo mejor mi madre quería abortar y por esa razón yo siempre he tenido ese conflicto con ella y ese miedo y desconfianza hacia el sexo femenino: Nunca me fío de una mujer porque puede hacerme mucho daño... ¡Claro que puede hacerme daño! Si lo que estoy viendo de mi experiencia es cierto... ¡joder, qué mal lo pasé...!

No sé lo que ocurre en ese momento, hay muchas dudas, siento que toda esta información pasa por mi cabeza en cuestión de instantes, que no ha pasado realmente el tiempo... y continúo con la historia viendo cómo se siguen abriendo nuevas capas de esa tumba llena de personas y símbolos que están todos rotos, incompletos...

De repente, la tumba se sitúa en el lado izquierdo del escenario del camino deteriorado que he visto al inicio de la sesión... hay un cartel de publicidad de carretera en ese lado; en él veo un hombre que está mirando hacia abajo, a la tumba y a todo lo que contiene. Lo veo que escupe en la sepultura. A mí me gustaría ser yo quien hiciera eso. Intento ver que soy yo el del cartel. Eso me cuesta un poco pero al final consigo hacerlo y escupo en esa tumba dos veces –sé que cuando lo hacía dije algo pero ya no me acuerdo qué fue–. Escupo fuerte al tiempo que siento cómo afuera la gente se separa para evitar que caiga una lluvia no deseada que emana bilis de mi garganta con rabia, fuerza y asco por lo que veo allí guardado –creo que es aquí el momento en que después vomito, pero no estoy seguro–. Inmediatamente después de hacerlo, siento que realmente no había hecho falta, que después de todo, las cosas están enterradas y los muertos deben descansar en su sitio.

De repente veo como un manantial de agua clara que comienza a teñirse de sangre. El manantial se hace como una cañería por donde sale ese agua ensangrentada. Pienso que puede ser un símbolo de la vagina ensangrentada después de ese intento de aborto. Según escribo esto, siento y entiendo por qué no puedo estar confinado en espacios cerrados –consecuencia del hecho 'si me quedo encerrado... me muero. Patrón de supervivencia = debo salir para seguir viviendo'–. Por esa razón, debo estar en movimiento permanente, esta es la fijación de mi vida.

Nuevamente estoy en el claustro materno creciendo. Ya me siento fuerte y tengo que salir cuanto antes, este lugar puede ser peligroso y debo escapar, no puedo quedarme quieto. Me muevo, me muevo porque quiero salir ya, quiero irme de aquí de una vez. Estiro todo mi cuerpo en el momento del nacimiento. Quiero enterrar todo lo pasado: mi historia, mis miedos, mi rabia desbordada e incontenida, mi desconfianza, mis miedos hacia la figura femenina, la rabia hacia mi madre... quiero acabar con todo eso de una vez por todas. Me veo cubriendo la tumba con palas de arena para tapar todo eso definitivamente. Siento cómo la imagen que veía antes de mí, se va hundiendo en la tumba y un agujero negro comienza a absorberla desde abajo. La imagen que veo del antiguo Paco se va alejando y se despide de mí que lo estoy viendo desde arriba. Está contento de lo que he decidido hacer y dar carpetazo de punto final al pasado. Me saluda con la mano al tiempo que va desapareciendo y agradeciéndome la decisión tomada".

Hermanos gemelos. Dos roles: vencedor y vencido

Aquí nos encontramos con tres pasajeros que comparten el viaje. ¿Cuál de ellos cree usted que tendrá en su consulta?

En la actualidad y gracias a los avances de la tecnología dentro del mundo de la medicina, la mayoría de las mujeres de países occidentales, al poco tiempo de quedarse embarazadas son conocedoras de que son uno, dos o más seres los que moran en su interior; sin embargo, esto no era así hace unos años; las mujeres desconocían si el embarazo era gemelar, por lo que siempre constituía una gran sorpresa el parto múltiple. El problema es que esta falta de información hacía que la madre sólo tuviera pensamientos y atenciones volcadas en un sólo bebé y por lo tanto para el otro, su presencia en ese lugar era como no tener demasiado sentido, como si no existiera, ya que todas las comunicaciones de la madre iban siempre dirigidas al otro hermano. Esta situación permanente durante nueve meses, generaba sentimientos de dolor y soledad que más tarde en el adulto, se traducirían en patrones de aislamiento, sensaciones de "sentirse paquete" (estorbar en todos los sitios y no ser tenido en cuenta en ninguna parte).

Antes de producirse el nacimiento los niños ya están colocados, por lo que uno será el primero en nacer; y éste, ya desde el principio de la gestación, adoptó el rol de vencedor, mientras que el segundo será el vencido. Uno siempre va tras el otro, el primero es el que triunfa con el género opuesto y el que se las lleva de calle, mientras que el vencido adopta sentimientos ambivalentes en relación a su hermano: lo quiere y lo admira aunque también le fastidia. Están durante toda su vida muy unidos emocionalmente, y es una realidad que en muchos aspectos llevan vidas paralelas, como profesiones similares, parejas con rasgos comunes... y es que han compartido mucho juntos...

Cuando se produce la muerte de uno de ellos en el momento del nacimiento, puede que el otro –el vencedor– tenga la sensación de haberlo abandonado o matado, se sienta culpable de ello y lleve esta carga encima durante toda su vida, intentando hacer cualquier cosa para poder compensar ese daño que cree causó a su hermano. Este es el caso de Verónica, el suyo fue un embarazo no deseado por sus padres, ya que en esos momentos estaban atravesando serios problemas de pareja. Ella, en una sesión donde está reviviendo su etapa intrauterina, se da cuenta de todo lo que sucede afuera: los conflictos que viven los padres entre sí, y conecta con la cabeza del padre y con la furia que lleva dentro al enterarse de que su mujer está embarazada y esto le produce a ella mucha rabia, localizando la misma en sus dientes y mandíbulas –de adulta siempre tuvo problemas de bruxismo y bloqueo en mandíbulas–, y a su vez siente cómo toda esa energía negativa le crea como una bomba inflable de color negro dentro de su pecho. En ese momento aparece un patrón de supervivencia que incorpora a su estructura mental:

"Quiero salir, voy a crecer y ser fuerte para defender a mamá", que la acompañará a lo largo de todo el periodo de gestación. Tanta es su obsesión por salir, que el parto se adelanta y nace *sietemesina* pero sin darse cuenta de que tenía a otra compañera de viaje junto a ella. A partir de aquí reproduzco esta parte de la sesión literal, tal como se desarrolló:

> **Terapeuta**: ¿Y qué vas a hacer ante esta situación que sientes que ocurre ahí afuera con tus papás?
> **Paciente**: Voy a crecer *(esta es la acción que decide tomar y por lo tanto es el "Patrón de Supervivencia").*

Terapeuta: Vas a crecer, ¿y para qué te va a servir el crecer?, ¿qué vas a hacer?

Paciente: Voy a ser fuerte *(este es el beneficio que va a obtener).*

Terapeuta: Y cuando seas fuerte, ¿qué va a pasar?, ¿qué pasará cuando seas fuerte?

Paciente: *(Llorando)* Voy a defender a mamá... *(consecuencia positiva del patrón establecido).*

Terapeuta: Muy bien, tú ya tienes ahí un objetivo: defender a mamá. Pero vamos a seguir avanzando. Mira, ahora vamos a ir justo cuando tienes siete meses ahí y vas a nacer... vamos a llegar a esos momentos. Preparada: cuento tres, dos, uno... mira... ¿cómo te ves?

La llevo directamente a nacer con siete meses porque tengo previamente esa información facilitada por la paciente en la entrevista de recopilación de datos de su historial.

Paciente: Grande, muy grande...

Terapeuta: ¿Y quieres salir ya de aquí?

Paciente: Sí.

Terapeuta: Ya tienes muchas ganas, ¿verdad?, ¿vas a salir?

Paciente: Quiero estar libre.

Terapeuta: Atención, porque ahora cuando cuente del tres al uno, va a ocurrir algo en ese lugar. Yo no sé qué, se van a mover las paredes y tú vas a salir.

En este momento es cuando se produce la toma de conciencia de que había otra hermana con ella en ese lugar.

Paciente: ¡No! ¡Ocupé mucho espacio! *(Empieza a llorar).*

Terapeuta: ¿Qué pasa ahí?, ¿hay alguien más ahí?

Paciente: ¡Ayyy! ¡LE QUITÉ ESPACIO! *(Solloza desconsoladamente).*

Terapeuta: Míralo tranquila, ahora lo vas a ver en una pantalla *(decido utilizar esta técnica de encuadre para aliviar un poco el dolor tan grande que está sintiendo).*

Paciente: ¡No la vi! ¡No la vi! ¡No la vi! Le quité espacio.

Esta es la consecuencia negativa del patrón. Piensa que le quitó espacio a su hermana gemela y por eso ella murió.

Terapeuta: Ahora vas a notar que va a pasar algo desde afuera y tú vas a salir: tres, dos, uno (no puedo pararme en esa emoción en la que ella se encuentra bloqueada, puesto que la realidad de su vida es que a ella la sacaron de aquel lugar y el proceso no se detuvo).

Paciente: No, no, no puedo, por favor. No, no...

Terapeuta: Te están sacando, notas cómo tiran de tu cabeza y te sacan.

Paciente: Ella, ella, ella...

Terapeuta: ¡Venga! Ahora te sacan.

Paciente: Por favor... ella, ella... NO QUIERO SALIR! ¡NOOOO! ¡FALTA ELLA!

A partir de ese momento siempre sentirá la falta de su hermana y se sentirá culpable de su pérdida, teniendo que hacer constantemente cosas para repararla.

Terapeuta: Ya te han sacado, ¡ya está!

Paciente: ¡NO ESTÁ ELLA! *(gritando).*

Terapeuta: Observa afuera, quiero que veas qué hay afuera. Mira... a ver, ¿ves a mamá?

Paciente: No.

Terapeuta: ¿A quién ves? Cuéntame qué vez.

Paciente: A un hombre.

Terapeuta: Bueno. Ahora...

Paciente: ¡No la están sacando a ella! ¡SÁQUENLA! *(continúa chillando y llorando desesperadamente).*

Terapeuta: Ahora están contigo, están contigo... y fíjate porque ahora alguien te va a agarrar, ¿ves la cuerda que te une a mamá?

Paciente: Sí.

Terapeuta: Atenta, fíjate porque ahora te van a cortar esa cuerda.

Paciente: No quiero salir de ahí sin ella *(continúa con la sensación fija en su hermana que no sale).*

Terapeuta: Ahora ellos van a cortar... ellos siguen con su trabajo y te cortan esa cuerda, y mira lo que está pasando cuando empiezas a respirar por ti sola, ¿qué ocurre?

Paciente: Ella, ella, ¡por favor! ¡ELLAAAA!

Decido sacarla de ese impacto emocional y alejarla rápidamente en el tiempo para que se disminuya el sufrimiento.

Terapeuta: Ahora atenta, fíjate porque ya te sacaron y pasa una semana, pasa un mes, pasan dos; ya han pasado cuatro meses... ¡Venga! Ahí está. Muy bien, ya ha pasado, ya estás fuera de aquello... ya estás lejos de aquella experiencia... pero fíjate porque ahora quiero que te veas desde la mentalidad del adulto. Acabas de revivir todo eso y tu mente acaba de entender muchas cosas, y eso te permite liberar mucha tensión, muchas cosas, y tú sabes...

Paciente: Ella no vivió.

Terapeuta: Pero tú no tuviste la culpa...

Paciente: Yo le quité su espacio.

Se siente culpable por "quitarle el espacio".

Terapeuta: Tú no le quitaste nada y ahora vas a hacer una cosa: Ahora, cuando yo cuente del tres al uno, tú sencillamente vas a empezar a respirar, tranquila y relajadamente... y a medida que empiezas a relajarte con esa respiración, vas a mirar hacia arriba, a una puerta dorada, un lugar muy lindo, ¿la ves?, ¿puedes verla?

Se le va preparando para una gratificación y posterior reconstrucción.

Paciente: Sí.

Terapeuta: Muy bien, pues por esa puerta, ahora cuando yo cuente del tres al uno, vas a ver a alguien, a alguien que necesita decirte algo. Míralo, ¿quién está ahí?

Paciente: *(Llora)* Es mi hermana, yo la quería...

Terapeuta: ¡Venga! Abrázala, la quieres y ella te quiere a ti, ¿o no te quiere?, ¿te odia? Abrázala, ¡venga! Tú vas a hacer eso por ella, por tu madre y por todo el mundo... y quiero que la escuches porque ahora tu hermana te va a decir un mensaje con su abrazo; yo no sé cuál pero escúchala porque vas a sentir su abrazo y escucha bien lo que tiene que decirte, deja que llegue a tu corazón, que llegue ese abrazo y ese mensaje a donde está la bomba esa negra. Abrázala: tres, dos, uno...

Paciente: *(Llora)* Ayyyy, es tan linda... tan bella...

Terapeuta: Bien, siéntela por dentro y disfruta de ello, por esto no te cobran, es gratis.

Paciente: Yo también la quiero.

Decidí que tuviera el reencuentro con su hermana, puesto que pensé que sería la única persona que podría reconfortarla y hacerle entender que ella no fue culpable de nada. Su hermana llega desde una puerta que está arriba –recuerde la Ley de Desplazamientos– sin sentimientos de negatividad; todo lo contrario, le trae amor y tranquilidad. Esto provoca por primera vez en Verónica una sensación de paz en todo su cuerpo, que hasta ese momento había estado durante una hora en completa tensión.

Terapeuta: ¡Claro que sí! y ella lo sabe, lo sabe de sobra. Pero fíjate porque ahora tu hermana te va a decir lo que tienes que hacer cuando vuelvas otra vez a la panza de mamá, para que cambies algo que te haga sentir bien. Escúchala, ¿quieres que te ayude? ¡Venga! Escúchala y pregúntale.

Paciente: Dime, ¿qué puedo hacer ahora porque yo sé que voy a volver a la panza de mamá para que pueda cambiar las cosas?, ¿qué hago para que sea más feliz y esté a gusto, tranquila y se vaya la bola negra?

La hermana le ayuda para hacer la reconstrucción del claustro materno.

Paciente: Me dice que ella no va a estar, que no hace falta... que no me preocupe pero estará dentro de mí... *(sonríe).*

Terapeuta: ¿Estás preparada para volver otra vez allí, a la panza de mamá siendo un puntito?

Paciente: Sí.

Terapeuta: Vamos a reconstruir todo eso de forma que te ayude y entiendas todo lo que ha pasado, ¿vale?

Paciente: Si quiero.

Terapeuta: Muy bien, ahora deja que tu hermana se funda contigo, que se una… ahí está... y ahora atención porque cuento del tres al uno y nos vamos otra vez al claustro, y ahora vas a ser un puntito: tres, dos, uno… ¡Ahora! Ya estás ahí, ¿qué tal?, ¿cómo estás?

Al fundir a su hermana con ella, no hay sensación de separación ni vacío. Está dentro y eso tranquiliza a Verónica.

Paciente: ¡Bien!

Terapeuta: Muy bien, pero tú ya conoces esta historia, ahora tienes una ventaja y vas a hacer cosas para que tú aquí estés muy a gusto, estés muy tranquila y crezcas fuerte; y si afuera tienen problemas, a ti te da igual. Cuando tengan problemas tú vas a saber qué hacer para que no te afecten.

Paciente: ¡A la mierda todos!

Esta decisión planteará cambios importantes en su vida a partir de ese momento.

Terapeuta: ¡Eso es! Y con esa decisión vas a empezar a crecer, y llega el día en que mamá se entera de que estás aquí, pero tú ya sabes lo que pasó antes y a ti ya no te va a afectar, porque tú vienes aquí por tus cosas... mamá se ha enterado y tú estás aquí adentro... ¿qué pasa?, ¿qué haces?

Paciente: Está bien.

Se van reconstruyendo las diferentes etapas del embarazo de forma positiva.

Terapeuta: Todo está bien, a ti no te importa lo que ocurre afuera, ¿verdad? Muy bien, pues tú tienes un objetivo, ¿qué vas a hacer? *(Se le hace esa pregunta para sacar nuevo patrón).*

Paciente: Crecer tranquila *(el nuevo patrón).*

Terapeuta: ¿Y qué vas a conseguir cuando crezcas tranquila?

Paciente: No tener afán *(el beneficio del patrón nuevo).*

Terapeuta: ¿Y si creces tranquila, tendrás bombas de esas negras?

Paciente: No *(una consecuencia positiva de ese nuevo patrón).*

Terapeuta: Y si creces tranquila, ¿te dolerá la boca y las mandíbulas y apretarás fuerte?

Paciente: No *(otro beneficio/consecuencia).*

Terapeuta: ¿Y eso te gusta?

Paciente: Estoy bien.

Terapeuta: ¡Pues venga! ¡A crecer toca! A vivir *de gorra* ahí adentro sin hacer nada. ¡Venga! Vas creciendo y ahora ya tienes tres meses ahí adentro, tres meses... ¿qué tal?, ¿cómo van las cosas?

Paciente: Cómoda, estoy bien.
Terapeuta: Tus mandíbulas, tu boca, tus dientes, ¿cómo está eso? *(son preguntas sobre zonas que sabemos dañadas como consecuencia del patrón antiguo).*
Paciente: Bien *(la reconstrucción es positiva).*
Terapeuta: Estás relajada, ¡estupendo! Pues vamos a seguir avanzando y pasa el tiempo y te vas haciendo una *chicota* muy fuerte y ahora ya son cinco meses los que tienes ahí, ya estás grande y tienes la cabeza gordota.
Paciente: Sí.
Terapeuta: ¿Y qué tal?
Paciente: Bien, me gusta.
Terapeuta: Oye, de vez en cuando puedes hacer una cosa: ves la cuerda que te une a mamá, pues si quieres cógela como si fuera un teléfono y dile que tú existes.
Paciente: No me importa...
Terapeuta: ¿Pasas de ella?
Paciente: Corto el teléfono, estoy mejor sin enterarme.

Nueva acción en el cambio de patrón. Decide que es mejor desconectarse de ellos.

Terapeuta: Cortas y tú sigues ahí, pero tendrás que hacer algo para entretenerte...
Paciente: Juego.
Terapeuta: ¿Te lo pasas bien?
Paciente: Sí.
Terapeuta: Y en el sitio éste, ¿hay espacio?
Paciente: Estoy cómoda.
Terapeuta: Muy bien, perfecto. Pues vamos a seguir porque la vida continúa avanzando y ahora ya vas a tener siete meses, siete meses de vida. Cada vez eres más grande pero además, tú sabes que no te toca nacer ahora, tienes que crecer un poco más porque aquí estás cómoda, ¿verdad? O quieres salir y largarte ya.
Paciente: No me importa. Voy a seguir aquí.
Terapeuta: Mejor, porque si te quedas aquí más tiempo te harás más fuerte, ¿no crees?
Paciente: Sí.

En la reconstrucción siempre hay que hacer que la persona nazca a los nueve meses y que se sienta totalmente completa antes de salir.

Terapeuta: Muy bien, pues entonces vamos a aprovechar. Además, como no te cobran el alquiler... ¡venga para adelante! Sigues creciendo, ya son ocho meses y sigues creciendo preparándote para esa nueva vida que vas a tener ahí afuera; nueve meses de vida, ¡nueve meses! Fíjate, ya está todo perfectamente formado, estás más grande que antes, ¿verdad que sí?

Paciente: Estoy bien.

Terapeuta: Fíjate porque como ya está todo perfectamente formado, mira tus mandíbulas, mira tu boca, está ligera, ahora está todo suelto y blando.

Paciente: Sí.

Terapeuta: ¿Y a qué se debe?

Paciente: Estoy contenta.

En el nuevo modelo de vida intrauterina, todas las sensaciones ya han cambiado y se siente ahora contenta porque va a nacer.

Terapeuta: ¿Y cuando estás contenta se te crea tensión?

Paciente: No.

Terapeuta: Muy bien, y mírate el pecho, ¿cómo está eso?

Paciente: Bien, ahí viene mi hermana.

Terapeuta: ¿Y cómo te sientes?

Paciente: Rico.

Terapeuta: Tu hermana ya sabe que vas a nacer, ¿preparadas las dos? Pues cuando cuente del tres al uno, todo se va a empezar a mover como si fuera un terremoto y todas las paredes se mueven… vas a empezar a salir, tú vas a empujar fuerte. Vas a ver un orificio de salida y vas a meter la cabeza por ahí, con fuerza, con ganas; y además, dile a mamá que te ayude, eso de que tú sola empujes, de eso nada… las dos. Muy bien, ¡pues venga! Tres, dos, uno, ¡vamos! Vas a salir. Aprieta haciendo fuerza y empujando la cabeza por ese agujero; se aprieta y se suelta de vez en cuando, pero tú sigues. ¿Para qué tienes ganas de salir?

Paciente: Para sentir el aire.
Terapeuta: Y cuando tengas aire, ¿cómo te vas a sentir?
Paciente: Rico.
Terapeuta: ¡Pues venga! Seguimos y mira ahora, unas manos te van a sacar… Ahí están, ya sales… mira, ¿ves a mamá?
Paciente: Sí.
Terapeuta: ¿Y cómo está?
Paciente: Pendiente de mí, quiere verme.
Terapeuta: ¡Venga! Que te saquen y te pongan cerca de ella. Ahí estás *(llora de alegría)*. ¡Mira! Tenía ganas de que nacieras, mamá está contenta de que nazcas, ¿verdad?, ¿y tú de ver a mamá?
Paciente: Mucho.
Terapeuta: ¿Cómo te sientes?
Paciente: Fuerte. Muy fuerte y segura de mí.
Terapeuta: Eres una niña grande, feliz, con las mandíbulas sueltas; no hay nada en tu pecho, ¡muy bien! *(Se le recuerda que todos los daños ya no están para que pueda anclarlo en su mente).*

Para Verónica, esta sesión fue muy reveladora mostrándole la manera que ella había tenido de actuar a lo largo de toda su vida. El sentimiento de culpa la había acompañado siempre y por esa razón ella se había creado un patrón de "jamás quitaré espacio a nadie", eso le había supuesto estar siempre en un segundo plano con respecto a los demás, aunque en su profesión era una persona brillante. De hecho es una afamada psicóloga clínica en su país, y toda su vida –con más de 20 años de trayectoria profesional– la ha "entregado" a los demás. Volvió a ser un común de los humanos sin necesidad de tener que ser la heroína perfecta mejorando su vida en todos los sentidos, pero qué mejor manera de reflejar su experiencia que a través de sus propias palabras que me envió escritas:

"Aquella sesión de Terapia Regresiva Reconstructiva fue la llave que me permitiría acceder a la libertad de mi espíritu. A partir de aquel momento muchos cambios se presentaron en mi vida, y sólo hasta cuando se hicieron evidentes fui atando cabos y encontrando las terribles huellas que aquella experiencia de nacimiento habían dejado en mí. Quizás enumerarlas sea más sencillo":

1. El haber experimentado que mi gemela murió a mis espaldas; es decir, que no había notado su presencia hasta que su cadáver salió del vientre, fue la mayor de las culpas. Entendí por qué me exigía con tanta rigidez estar permanentemente atenta a las personas que me rodeaban, que quería o que simplemente eran mis pacientes; lo hacía de las siguientes maneras:
    a. Por años fui la única psicóloga de mi ciudad que prestaba servicio durante 24 horas. Independientemente de las fechas, la condición en la que me encontrara, jamás había dejado sin atender alguna de las llamadas que me hacían por temor a que mi descuido cobrara vidas o hiciera daño alguno.
    b. Siempre me ofrecí de voluntaria para atender a todos los hospitalizados de mi familia y amigos, no podía evitar asegurarme de que estarían seguros.
    c. Por años contesté mis teléfonos y atendí a quien me necesitara, pasando por encima cualquiera de mis necesidades personales, horarios o condiciones en las que estuviera.
    d. La necesidad de garantizar la vida de los demás llegó a tales extremos que me ofrecí como socorrista voluntaria desde muy jovencita, y aún en circunstancias en las que fui víctima de un accidente automovilístico, siendo la peor librada de todos, no me permití sentir mis heridas hasta no asegurarme que mis seres queridos se encontraban a salvo.
2. Haber notado que mi rabia hacia mi padre y mi necesidad de defender a mi madre me había llevado a crecer tanto y con ello, quitar espacio a mi hermana, generó la otra gran culpa...

a. Jamás me había permitido incomodar a nadie de forma alguna, siempre me aseguraba de que los demás tuvieran su lugar, su silla, su comodidad antes que la mía, llegando incluso a ceder hasta lo más imprescindible para mí.
b. A la hora de repartir alimentos me aseguraba de que todos tuvieran lo suficiente, aunque ello significara que para mí nada quedara.
c. Siempre me sacrifiqué en pro del bienestar de los demás, renunciando a todo tipo de comodidades o beneficios que otros pudieran disfrutar.
d. Intenté pasar desapercibida, no pedir, no exigir, no molestar, no ocupar… en fin, no existir para no quitarle el aire a los demás.

A partir de aquel día puedo desconectar mis teléfonos sin sentir culpabilidad, suspendí mi atención 24 horas y puedo disfrutar de una fiesta, un paseo o simplemente un rato de descanso sin interrumpir mi bienestar. Busco quién haga cosas por mí, que antes sólo yo hacía; respeto mi descanso, mis horas de alimento, mi sueño, mi derecho a divertirme, a gozar, a perder el control… a vivir… simplemente a vivir…

Hoy puedo decir que pongo mis límites, antepongo mi paz y mi bienestar sobre todas las cosas, no hago nada que no sienta hacer y no permito que nadie invada mi espacio. El mundo a mi alrededor quedó desconcertado; aquella que jamás protestaba, que a todo se adaptaba y se sometía sin queja alguna, se dió el permiso de nacer, pero esta vez a la vida.

Y por ese maravilloso nacimiento, doy gracias infinitas al Universo y a mis terapeutas regresivos, unos rostros que quedaron impresos en mi memoria celular como símbolo de Vida y Libertad.

Y desde aquel maravilloso día, renuncié:

- A callar lo que pienso, a esconder mis deseos, a reprimir mis necesidades, a la inercia, a la oscuridad, a la muerte, a ocultarme, a acomodarme a los demás.

- A esperar que los demás obtengan primero lo que quieren para que sólo así yo sienta el permiso de obtener lo que me corresponde.

Acepté y me dispusé a:

- Decir lo que siento, a expresar mis necesidades, fantasías y sueños, al igual que mis impresiones, sensaciones e insatisfacciones.
- A la vida, la luz, al movimiento, a la abundancia y al derecho de no esperar.
- A la aventura, la expansión, la alegría, la salud, la locura... a ser fiel a mi libre voluntad".

Partos con anestesia

Cuando llega el momento del parto, muchas mujeres solicitan ayuda para aliviar su dolor. Idealmente sería estupendo que toda mujer hubiera pasado por un proceso de trabajo en Terapia Regresiva Reconstructiva, ya que al experimentar a través del escenario del "Intrabody" el contacto con su hijo, tendría una suficiente práctica con las técnicas de relajación e integración que sin duda le ayudarían en ese momento tan importante para ella y su hijo sin necesidad de un apoyo químico. Estoy convencido de que todo esto haría que los nacimientos fueran más rápidos y sencillos, y que el número de partos vaginales sin complicaciones y sin necesidad de anestesia, se incrementarían con los consiguientes beneficios que hemos podido observar, repercutiendo en el bebé al evitar crear patrones de comportamiento inadecuados en el momento de venir al mundo.

La realidad es que hoy por hoy tenemos muchos nacimientos en los que la medicina convencional utiliza la anestesia en la intervención del parto haciéndolo más llevadero para la madre al inyectarle sustancias que alivian su dolor físico. La administración de las mismas puede ser con anestesia general o regional –epidural y/o espinal–. La ventaja de esta última es que rara vez afecta al bebé, aunque su principal inconveniente es que no alivia el dolor total de las contracciones durante el parto.

También se maneja la anestesia local cuando hay que hacer una episiotomía, que es un pequeño corte entre la vagina y el recto –perineo– para facilitar la salida del bebé a su nuevo mundo.

Analicemos ahora las características de cada una de ellas:

Anestesia General

Este tipo de anestesia se efectúa por vía intravenosa o haciendo que se respire gas anestésico, provocando rápidamente la pérdida de conciencia de la paciente.

Normalmente se utiliza cuando hay complicaciones durante el alumbramiento por cesárea de emergencia, fórceps, ventosas, placenta previa, y la sangre no puede coagular bien y no es posible utilizar la anestesia local.

Al poderse administrar con mucha rapidez, se intenta usar sólo en la fase de la expulsión, para que el medicamento anestésico pase a la sangre del niño en la menor cantidad posible.

Cuando se utiliza la anestesia general, la madre no está despierta ni siente ningún dolor del parto pero tampoco puede hacer ella nada para ayudar a su hijo a salir al mundo. Al inyectar la anestesia se corta la comunicación con la madre y el bebé puede sentir que mamá ha muerto o le ha abandonado. Por lo tanto, todo el trabajo lo tiene que hacer él solo con el *handicap,* en el caso de tardar mucho para salir y de tener que vivenciar cómo el efecto de la droga no sólo se hace sentir en su madre sino también en él, por lo que el niño percibe sensaciones de muerte inminente, de abandono y de soledad junto con la pérdida de sensibilidad corporal por el efecto de la anestesia, pudiendo presentar problemas de respiración muy lenta y necesitar de medicamentos para corregirlo. La anestesia puede tardar hasta tres días en eliminarse completamente de su cuerpo.

A nivel emocional, se produce un fuerte impacto ya que el bebé tiene que salir sin ayuda de nadie y con sus sentidos adormecidos, por lo que nos podremos encontrar en el tiempo con niños más inactivos que presenten menos coordinación psicomotriz. En la vida adulta, estas personas tienen comportamientos similares, son luchadores, activos y autosuficientes con tendencia a la soledad, sentimientos de pérdida y abandono. Estos estados, sin embargo, no son duraderos pues sus patrones de supervivencia son: "Si no salgo yo solo, aquí me muero". Eso sí, en solitario, ya que lo de afuera "puede desaparecer". Por esa razón, de adultos suelen haber aprendido un patrón de comportamiento que los lleva a levantarse cada vez que caen o tropiezan con algo. Luchan contra las tempestades pero son capaces de sobrevivir a ellas sin necesidad de pedir ayuda a otras personas. Son el timonel de su propio barco.

Anestesia Epidural

Este tipo de anestesia afecta parcialmente al control muscular de la parte baja del cuerpo dejándolo adormecido –bajo vientre, paredes vaginales, muslos– y aliviando así el dolor del parto, aunque no lo hace desaparecer por completo; pero lo bueno, es que la madre no pierde la conciencia ni la sensación de tacto y presión, permitiéndole empujar cuando es necesario. Normalmente se inyecta cuando la mujer ha entrado en el parto activo y la dilatación cervical alcanza los cinco centímetros. Entonces se introduce una aguja especial entre las vértebras lumbares que inyectará la anestesia. La ventaja es que el líquido no suele penetrar demasiado en la circulación sanguínea como ocurre por vía intravenosa o anestesia general, pero a veces, como consecuencia de que las venas que quedan en el espacio epidural se hinchan durante el embarazo, puede que la anestesia se inyecte en ellas llegando al bebé. El efecto de esta anestesia dura normalmente entre 60 y 90 minutos.

El inconveniente que puede tener, es que en muchas ocasiones produce un descenso de la tensión arterial y esto podría ocasionar sufrimiento fetal como consecuencia de esa bajada de presión.

Ahora se utiliza la anestesia epidural continua que permite la permanente administración del anestésico en poca cantidad, a medida que disminuye su efecto. Suele optarse por ella cuando hay demasiado dolor provocado por las contracciones y la madre no puede colaborar como hubiera deseado, cuando la dilatación del cuello del útero es muy lenta o cuando se piensa que se utilizarán los fórceps por alguna razón.

Aunque la madre no pierde la conciencia y no se produce la desconexión del contacto con el bebé, como en el caso de la anestesia general, sin embargo en ocasiones –sobre todo si se tarda mucho desde que es inyectada hasta que el bebé es extraído– también le llega parte del anestésico al bebé y esto le produce un aturdimiento que interferirá en él de modo similar a la anestesia total.

Anestesia Espinal

El método es semejante al epidural, sólo que se utiliza una aguja mucho más delgada que en la primera y la anestesia se aplica directamente en el saco lleno de líquido que rodea la médula espinal, necesitando mucha menos cantidad de anestesia y provocando con mucha rapidez el adormecimiento de la zona. Por esta razón se puede aplicar justo en el momento de dar a luz y de ese modo al bebé no le da tiempo de recibir tanta dosis en su cuerpo.

Cada uno de los tipos de anestesia que hemos visto, experimentada por el bebé a la hora de nacer, crearán en él una serie de patrones de comportamiento que repercutirán en su forma de actuar y marcarán parte de su carácter.

Si tuviéramos que elegir, desde luego siempre serían mejor los anestésicos locales, ya que estos no circulan o lo hacen muy poco en la sangre, viéndose afectado por ellos al mínimo el bebé.

Sin embargo, volviendo al modelo ideal, sería preferible que la madre pudiera tener a su bebé de la forma más natural del mundo, participando en todo momento en ese acontecimiento tan importante para ambos y sin necesidad del apoyo de sustancias químicas externas para calmar el dolor. Es mejor que aprenda cómo manejar su respiración y control corporal, y enseñarle a tomar contacto con el niño para que entre los dos, sean capaces de hacer de este momento el recuerdo más importante de sus vidas. Nada mejor que escribir un pequeño fragmento de una sesión de nacimiento con anestesia para entender lo que he tratado de explicarle en este apartado.

Uno de los motivos por los que Aidé acudió a mi consulta, fue porque sentía mucha rabia contra el mundo. Decía ser curioso cómo por un lado mantenía una rivalidad con su madre pero a la vez había una necesidad de ser reconocida por ella, abrazada y tomada en cuenta. Como esto no se daba con frecuencia, entonces Aidé sentía episodios continuos de soledad y aislamiento actuando con rabia contra su madre, pero a la vez, aunque caía en pequeñas depresiones y se obsesionaba con la muerte, era capaz de resurgir como el Ave Fénix y conseguir todo lo que se proponía, tanto en su vida familiar como en el terreno profesional. Sin embargo siempre andaba tras una quimera que nunca se llegaba a cumplir: Encontrar la estabilidad emocional, tener una persona a su lado y poder formar un hogar.

En ocasiones había buscado algún hombre con el cual poder obtener todo esto, pero su manera de establecer esas relaciones de convivencia la llevaban de fracaso en fracaso, hasta el punto que en el momento actual, estaba buscando una vía alternativa a través de relaciones de tipo homosexual. En definitiva y según ella misma me comentaba, "soy una eterna amazona, no paro de trotar aunque a veces no sepa a dónde debo llegar, pero siempre consigo todo lo que me propongo. Salvo en este tema tan complejo de la relación de pareja".

Cuando decidimos trabajar el útero materno, se encontró con grandes sorpresas que la harían entender gran parte de su eterna búsqueda:

Ella fue una niña no deseada e incluso su madre trató durante varios meses de ocultar su embarazo, ya que tenía miedo a la reacción que pudiera tener su marido al enterarse, puesto que siempre comentó que no quería tener más hijos.

Aunque no era deseada, ella misma había decidido crecer y salir al mundo, y si no la querían sería problema de ellos –los papás–, pero ella nacería. Lógicamente esta anulación por parte de la madre hacia el bebé, hizo que generara en Aidé una gran rabia y deseos de vengarse cuando estuviera afuera. En el útero sentía la opresión generada por mamá al utilizar a diario ropa interior muy apretada para que no le notaran el embarazo. A pesar de eso, Aidé comentaba que era el medio en donde le había tocado vivir y tendría que luchar contra él, costara lo que costara. Siempre debía estar en una eterna lucha sin bajar la guardia. Reconoció cómo la opresión que sentía físicamente adentro, era la misma que detectaba Aidé adulta en su vida actual. Se notaba encajonada e inmovilizada, igual que me describía su forma de vida actual, y cuando esto pasaba reaccionaba de forma violenta contra la persona que estuviera más cerca de ella, pudiendo en muchas ocasiones herir emocionalmente a su pareja.

Complicaciones en el último momento del parto hicieron que el equipo médico tomara la decisión de utilizar anestesia general para la intervención, y toda esta experiencia Aidé la pudo vivir y sentir desde dentro. A la hora de nacer y sintiendo ya la presión del espacio estrecho en el que se encontraba, comenzó a relatar:

Paciente: No está, no está, estoy sola.

Terapeuta: ¿Quién no está?

Paciente: Mamá. De repente he dejado de sentirla.
Terapeuta: ¿Y cómo te hace sentir todo esto a ti?
Paciente: Me da miedo, no sé por qué mamá no se mueve. Mamá… Tengo miedo.
Terapeuta: ¿Qué es lo que te hace sentir miedo?
Paciente: Creo que mamá se ha muerto.
Terapeuta: ¿Y entonces?
Paciente: Si mamá se ha muerto, yo me voy a quedar aquí encerrada.
Terapeuta: ¿Y qué ocurrirá si te quedas encerrada?
Paciente: Me voy a morir. Tengo que salir. Todo está muy apretado, me siento muy extraña sin estar ahí mamá. Afuera oigo gente pero no a mamá, me han dejado sola pero, ¡todavía no he salido! Siento a mamá, no está muerta pero es una sensación muy extraña, como de lejanía. Se ha desconectado de mí. Se que está pero no la puedo sentir. Otra vez sola, como siempre me ha pasado: sola para todo. Quiero salir *(empieza a empujar muy fuerte).* Siento a mamá pero no la siento, es muy raro. Está dormida y no hace nada *(comienza a llorar muy fuerte),* tengo que salir, tengo que salir, me mareo, siento algo muy extraño, algo me está pasando que me mareo, tengo que salir *(está percibiendo el efecto de la anestesia en su cuerpo).*

Una vez afuera se procedió a hilar toda la experiencia con su vida actual, y Aidé pudo ir uniendo las piezas de su rompecabezas hasta poder colocarlas todas y entender el modelo creado. Decidió reconstruir recreando un nacimiento con parto natural, sin la sensación de opresión ni el miedo a la pérdida o abandono de su mamá, dejando mucho espacio para poderse mover dentro de la panza sin sentir opresión en su cabeza, liberando por fin esa sensación de tener siempre que estar luchando para vivir y sintiéndose por primera vez en libertad total.

Trabajando con mujeres embarazadas: el contacto con el feto y sus implicaciones

El trabajo con mujeres embarazadas llevándolo a cabo con prudencia y todo el respeto que merece, es muy gratificante tanto para la futura madre como para el terapeuta, pues sirve para fomentar el vínculo entre madre e hijo, favorecer el diálogo emocional e incluso para que el parto resulte sencillo y sin complicación alguna. Es algo muy hermoso y recomendable para aquellas mujeres que planeen tener hijos.

Mi recomendación es que si usted es un terapeuta que está empezando con esta terapia, cuando se encuentre frente a una mujer embarazada, simplemente canalice a esa paciente a otro compañero que tenga más experiencia para que se asegure de que en todo momento la salud emocional, tanto de la madre como del futuro bebé, estará perfectamente controlada. Una vez que haya pasado varios años de práctica profesional y experimentado con diferentes problemáticas mentales dentro de la Terapia Regresiva Reconstructiva, entonces será el momento apropiado para iniciar sesiones de este tipo. También se puede dar el caso de que durante el transcurso de una terapia, su paciente se embarace; esto *a priori* no tiene por qué ser un condicionante para abandonar la terapia, siempre y cuando se tomen precauciones y usted pueda evaluar que la problemática por la que su paciente acudió a consulta, no presenta riesgos y cambios emocionales extremos para el bebé que lleva dentro.

Puede que usted decida continuar trabajando con su paciente; en ese caso, se va a encontrar con que a partir de este momento va a tener dos seres en uno; por ello, es adecuado y conveniente que pueda entrar en contacto con el bebé que está en mamá para comentarle lo que va a ocurrir en cada una de las sesiones, para que todo esto no le afecte al mismo. La forma de realizarlo es la siguiente: en primer lugar, comenzaremos induciendo una sesión de relajación a nuestro paciente como ya es habitual, y una vez que veamos que la madre se encuentra en ese nivel de conciencia ampliada, entonces tocamos el vientre de ella y nos dirijimos a establecer el contacto con el bebé que hay dentro de ella para comentarle algo parecido a esto:

> "Hola pequeño –llamarle por su nombre si ya lo han decidido los padres– soy… –nombre del terapeuta– y estoy tratando a tu mamá para ayudarle a solucionar problemas relacionados con su vida; esto no tiene nada que ver contigo, y este trabajo que estamos llevando a cabo tu mamá y yo, es para que nazcas en un ambiente de mayor armonía, para que en casa te den todo el amor y cariño que tú te mereces, y para eso mamá tiene que resolver cosas pendientes, cosas que ya sucedieron en su vida para que le permitan limpiarlo todo.
> Quiero que sepas que todo lo que mamá sienta y reviva mientras esté hablando conmigo, no tiene nada que ver contigo, por lo que no debes preocuparte; ella te quiere mucho, por lo que te pide que descanses ahí dentro feliz. Verás que por esa *cuerdecita* que los une a los dos, tal vez comiencen a llegar colores oscuros que no te gusten y que transportan energías muy feas; por esa razón, tú vas a colocar allí, en mitad de ese cordón, un filtro para que todas esas cosas feas que queden allí pegadas, dejen sólo pasar las energías positivas. Debes saber que todas las emociones que mamá pueda exteriorizar van a ser muy interesantes y saludables para ella, y de esa forma, cuando tú nazcas, tendrás una mamá muy feliz y contenta y podrán disfrutar mucho el uno del otro".

A continuación, seguir con la terapia y el escenario que hayamos decidido utilizar según la fase en la que nos encontremos.

En relación a estos escenarios, es aconsejable utilizar la técnica del "Intrabody" –ver Capítulo VII–. Entrar por la nariz y dirigirse a la cabeza. Desde allí conectar con el "canal energético" que conduce hasta el corazón. Que se deslice por él y baje a través del canal "corazón-bazo" hasta llegar al vientre para contactar con el niño que está allí desarrollándose. Una vez allí, dejar que se produzca el diálogo entre los dos.

Si al niño se le explica lo que va a suceder en el momento del parto, éste ayudará más y la unión madre-hijo hará que todo sea mucho más sencillo y rápido. Del mismo modo, si se le prepara y se le habla de la vida en el exterior de manera positiva, esto reafirmará el carácter del que va a nacer y le dotará de mayor seguridad y confianza para enfrentarse a los altibajos que pueda tener a lo largo de su vida. Veamos parte de una sesión de trabajo con Amparo en su noveno mes de embarazo:

> **Paciente:** Ya estoy en el corazón, le estoy diciendo una cosa. Ya voy.
>
> **Terapeuta:** ¡Pues venga! Toma el camino que va hacia abajo y seguimos avanzando.
>
> **Paciente:** Espera, ya voy, es que no quiero ir aprisa, siempre voy con prisas a todos lados.
>
> **Terapeuta:** No tienes que ir aprisa, pero es importante que me digas todo lo que vas viendo o sintiendo, ¿vale?
>
> **Paciente:** ¡Vaaale! Voy bajando por un río, por el lateral. Voy con Lucas *(es un perro de peluche que lleva para regalárselo a su hija).* Estoy nerviosa.
>
> **Terapeuta:** ¿A qué se deben esos nervios?
>
> **Paciente:** Es que tengo ganas de ver a mi hija. También le llevo unas florecitas muy bonitas que he recogido para Lara *(el nombre elegido para el bebé).* Ahora, para poder pasar, hay una trampilla. Está muy fuerte y cuesta levantarla.
>
> **Terapeuta:** Si no puedes, que te ayude Lucas.
>
> **Paciente:** Es que Lucas no es un perro de esos fuertes, es pequeñín y juguetón. Se pone a jugar. Está dando vueltas por ahí, ¿estará bien Lara?
>
> **Terapeuta:** ¿Cómo no va a estar bien? Ya verás.
>
> **Paciente:** ¡Ayyy! Estoy nerviosa. Bueno, me meto *(empieza a llorar).*

Terapeuta: ¿Qué ocurre que te provoca lágrimas?
Paciente: Está ahí la bebita, está durmiendo.
Terapeuta: ¿Te gusta verla?
Paciente: Tiene pelo, tiene pelito y es de *pincho,* ¡qué bonita es! Se está chupando el dedo, ha abierto los ojitos.
Terapeuta: Ahora puedes hablar con ella.
Paciente: Es que es mucho más grande que yo.
Terapeuta: Pues hazte tú más grande para que puedas estar a su altura; ahora la sala se va a hacer muy grande para que tú puedas crecer, y hacerte una mamá de tamaño natural y hablar con Lara. ¡Venga! Contamos: tres, dos y uno...
Paciente: ¡Espera! Que tiene la cuerda ésta liada en una piernecita, no te líes con esto bebé. ¡Uyyy, es preciosa! Qué boquita.... la barriguita...
Terapeuta: Ve por la zona donde se une a ti, ese cordón que hay por ahí. Mira que esté todo bien porque por ese cordón llega su alimento y todas las emociones bonitas de mamá y ella las siente. Revísalo todo.
Paciente: ¡Qué boquita!, ¡es preciosa! Tiene tres marquitas en el entrecejo, son como seis puntitos rojos muy chiquitines... qué rico... la voy a poner más derecha... como está bocabajo se le lían los piececitos un poquito... ¡qué deditos tiene!, ¡tiene uñas!
Terapeuta: Ahora, cuando yo te cuente del tres al uno, vas a estirar tus dos dedos índice y Lara te los va a tomar con sus manitas; y en cuanto lo haga, te vas a poder comunicar con ella. ¡Venga! Tres, dos, uno... ¡Ahora! ¿Qué dice?
Paciente: ¡Ayyyy! ¡Qué bonita es!, ¡es preciosa!
Terapeuta: Pregúntale alguna cosa.
Paciente: (*Se ruboriza)* Es que no sé qué decirle, ¡es tan bonita!
Terapeuta: Pregúntale a ver si le gusta el nombre que le has puesto, a ver qué te dice.
Paciente: Dice que le da igual. Lo que le gusta es que le llamen bebé y que le gustan mucho las canciones que le canto. Le gusta el nombre de Lara pero le gusta más "bebé". Le gusta Lara... sí.

Terapeuta: ¿Y está a gusto ahí adentro?

Paciente: Está cansada de tanto movimiento. Se acaba de fijar en Lucas. ¡Le ha encantado!, ¡me lo quitó!, ¡se lo pone entre las manitas! ¡Me quiere mucho!, ¡está feliz!, ¡Qué color de ojos más raro tiene!

Terapeuta: Piensa que muchos bebés cambian el color de ojos en los primeros días de nacer.

Paciente: No, no me importa su color de ojos. Yo la quiero de todas formas, tenga los ojos como los tenga. ¡Te quiero mucho!, ¡mucho!

Terapeuta: Pregúntale si tiene cosas qué decirte a ti.

Paciente: Me dice que no tenga miedo, que disfrute.

Terapeuta: Tú le puedes contar lo que va a pasar cuando nazca.

Paciente: Ya lo sabe. Se lo he contado muchas veces desde que llegó. Sabe que le va a molestar un poquito. Ella lo ve todo y siente todo lo que pasa afuera; dice que no le gusta que yo me ponga nerviosa porque eso lo nota...

Terapeuta: Y ahora quiero que tú le enseñes una clave secreta para que cuando vaya a nacer, le ayude a salir de forma rápida... Mira, cuando empiecen las contracciones, tú vas a hacer una inspiración a la vez que vas a juntar tus dos dedos, pulgar y meñique, y en ese momento le va a llegar a ella la señal y va a saber que es hora de nacer, y entonces Lara también va a empujar contigo para que todo sea más fácil, ¿qué te parece?

Paciente: Me dice que le gusta y que Lucas también me va a ayudar.

Terapeuta: También quiero que le digas que nada más al nacer, en el momento que salga, que sienta mucha energía y que piense: "Que bien, por fin llego a este mundo, voy a vivir siendo feliz". Díselo *(la madre se lo transmite al bebé y hace que ésta lo repita varias veces y se lo aprenda).*

Paciente: Está contenta. Le gusta todo esto y tiene ganas de salir. Está muy contenta.

La sesión se termina despidiéndose madre e hija y saliendo por el camino que entró.

Al día siguiente de esta sesión, nació Lara. Según los comentarios de la madre, esa misma noche la bebé le avisó y le dijo que se fueran al hospital, que ya tenía muchas ganas de estar fuera. El parto fue muy sencillo y apenas doloroso. En sesiones anteriores a esta, se le había enseñado a relajarse y visualizar su parto sin dolor y sencillo.

Otro dato más a destacar: la bebé nació con seis puntitos rojos en el entrecejo en el mismo sitio donde los visualizó su madre.

Mujeres con dificultades para quedarse embarazadas

Siempre que no haya problemática de tipo orgánico, en algunos casos he observado que este tipo de personas tuvieron un nacimiento muy rápido e incluso estuvieron a punto de perderlas –alumbramiento imprevisto en la calle, en un coche, en medio del campo–. También puede ocurrir que en otras vidas hayan fallecido en el momento de dar a luz a un hijo y por esa razón, cada vez que intentan ahora quedarse embarazadas, analógicamente saltará el patrón creado de "si me quedo embarazada y tengo un hijo, me muero". Veamos un ejemplo con el caso de Marcela:

Estaba en terapia por otras razones que no eran la imposibilidad de tener hijos sino una depresión que llevaba produciéndose desde hacía varios años. Marcela era una mujer joven, y tanto ella como su marido, aparentemente no tenían ningún problema orgánico que los imposibilitara para tener hijos. Los especialistas que la habían tratado así se lo habían confirmado a la pareja, y habían decidido intentar la fecundación "in vitro". En una de las sesiones de regresión, Marcela se fue a otra vida donde era una mujer campesina que vivía en una casa un poco separada del pueblo. Queda embarazada y vamos recorriendo paso a paso los diferentes momentos de gestación hasta que aparece una situación que complica su vida:

Terapeuta: ¿Qué está ocurriendo ahora?

Paciente: Empiezo a sentir las contracciones. Mi marido está en el campo y yo no puedo ir a buscarlo. Estoy muy nerviosa porque siento que ya está encima el momento del parto…

Terapeuta: ¿Qué estás haciendo?

Paciente: Me he acostado sobre la cama, me duele, siento como si fuera a reventar. Quiero que llegue Ramón.

Después de pasar así un tiempo, al final aparece su marido, el cual se pone muy nervioso de ver a la mujer en ese estado y quiere correr para ir a buscar al médico del pueblo.

Paciente: No, no quiero que se vaya, quiero que se quede conmigo porque el niño ya va a nacer, necesito que me ayude... tengo miedo.

Momentos más tarde nace un bebé, pero ella tiene una hemorragia muy grande que no es capaz de parar.

Terapeuta: ¿Qué estás sintiendo ahora?

Paciente: Estoy tranquila porque ya nació el niño, pero yo siento que me estoy muriendo.

Terapeuta: ¿Dónde está el niño ahora?

Paciente: Ramón lo está limpiando y ahora me lo trae y lo tomo entre mis brazos.

Terapeuta: ¿Qué sientes al tenerlo así?

Paciente: Es muy lindo, es precioso. Se parece a su padre, siento que se me van las fuerzas. Ramón está llorando, no sabe qué hacer, sólo me dice que aguante, que todo irá bien, pero yo sé que no es así, yo sé que me estoy muriendo; me voy, pero mi bebé está vivo. Yo me estoy muriendo pero él vive...

Estas fueron las últimas palabras que dijo antes de morir, y esa "sentencia" se la trajo consigo a esta nueva vida. Después de esta sesión, Marcela pudo trabajar la conexión de aquella historia con su situación actual y sacar al exterior el miedo que realmente estaba oculto en ella señalándola constantemente en que si se quedaba embarazada, podría morir como ya había sucedido en otra ocasión.

Este patrón de supervivencia generaba una energía de color negruzco y gris que sentía y visualizaba justo en sus ovarios, y que tenía como una forma de nudo que los aprisionaba. Después de reconstruir toda esa historia y desatar ese nudo, Marcela un día me llamó muy feliz porque por fin estaba embarazada.

La fórmula perfecta para el mejor parto

Según Morris Notherton, deberían darse estas circunstancias para el nacimiento ideal:

- Padres con una buena preparación previa psicológica.
- Madre preparada para concebir un hijo.
- La concepción debe ser algo natural causado por la relación de amor y el deseo entre los padres.
- En el parto, el padre debe estar presente y apoyando a la madre.
- El médico o *comadrona* debe ser elegido por los padres y sentirse a gusto con él/ella, y no asignado por decreto.
- En el paritorio debe haber una luz suave[2].
- Nacer en un entorno líquido.
- Debe haber música de fondo y de ser posible la misma música que la madre haya escuchado a lo largo del embarazo.
- Cuando se empieza con las contracciones, hay que hablar con el bebé e involucrarlo en todo el proceso. Explicarle lo que va a suceder y que participe en el mismo.
- Cuando el bebé nace, todos tendrían que tocarlo para que sienta la relación externa.

---

[2]. Según los tibetanos, la luz eléctrica muy fuerte destruye en el momento del nacimiento, ciertas células que tenemos en los ojos, que son las que no permitirán poder apreciar el áurea, -el cuerpo etérico- y tener ciertas dotes de clarividencia.

- Mantener al bebé encima de la panza de su madre hasta que el cordón deje de latir y que pudiera ser el padre quien corte el cordón umbilical.
- Al nacer, el bebé debe escuchar palabras y frases bonitas y alentadoras y sentir la sonrisa en las personas que están a su alrededor.

Índice

Editorial LibrosEnRed

LibrosEnRed es la Editorial Digital más completa en idioma español. Desde junio de 2000 trabajamos en la edición y venta de libros digitales e impresos bajo demanda.

Nuestra misión es facilitar a todos los autores la **edición** de sus obras y ofrecer a los lectores acceso rápido y económico a libros de todo tipo.

Editamos novelas, cuentos, poesías, tesis, investigaciones, manuales, monografías y toda variedad de contenidos. Brindamos la posibilidad de **comercializar** las obras desde Internet para millones de potenciales lectores. De este modo, intentamos fortalecer la difusión de los autores que escriben en español.

Nuestro sistema de atribución de regalías permite que los autores **obtengan una ganancia 300% o 400% mayor** a la que reciben en el circuito tradicional.

Ingrese a www.librosenred.com y conozca nuestro catálogo, compuesto por cientos de títulos clásicos y de autores contemporáneos.

CPSIA information can be obtained at www.ICGtesting.com
Printed in the USA
BVOW05s1848140814

362953BV00001B/35/P